LIVING LANGUAGE®

INGLÉS
E S E N C I A L

Also available from Living Language®

Complete Courses: Basic-Intermediate (Revised & Updated)
Spanish* Italian* Japanese*
French* German* Russian*
Portuguese* Inglés/English for Spanish Speakers*

Ultimate Series: Basic–Intermediate and Advanced Courses
Spanish* Italian* Japanese*
French* German* Russian
Inglés/English for Spanish Speakers
Chinese (Basic-Intermediate only)
Portuguese (Basic-Intermediate only)

Easy English

American English Pronunciation Program

English for the Real World
for Chinese Speakers for Korean Speakers
for Japanese Speakers for Spanish Speakers
for Russian Speakers

Essential Spanish Guides
Essential Spanish for Law Enforcement
Essential Spanish for Healthcare
Essential Spanish for Social Services

International Foreign Language Guide for Hotel Employees

In-Flight

Spanish	Italian	Portuguese	Dutch
French	Russian	Czech	Greek
German	Polish	Hungarian	Swedish
Japanese	Korean	Mandarin Chinese	Thai
Arabic	Hebrew	Inglés	Turkish

Business Companion
Chinese
German
Spanish

With Random House Español:
Inglés para recién llegados (English for New Americans)
Para el uso diario (Everyday Life)
Para el cuidado de su salud y su seguridad personal (Health & Safety)
Para el trabajo y la escuela (Work & School)

*Available on Cassette and Compact Disc

Available in bookstores everywhere

Visit our Web site at **www.livinglanguage.com** for more information

INGLÉS

ESENCIAL

NIVEL INTERMEDIO–AVANZADO

ESCRITO POR

MARÍA ISABEL CASTRO CID, PH.D

TEACHERS COLLEGE,

COLUMBIA UNIVERSITY

REDACTADO POR

HELGA SCHIER, PH.D.

MERRICK WALTER

LIVING LANGUAGE®

A Random House Company

Published by Living Language®, A Random House Company,
280 Park Avenue, New York, New York, 10017.

Random House, Inc. New York, Toronto, London, Sydney, Auckland
www.livinglanguage.com

Living Language and colophon are registered trademarks of
Random House, Inc.

Printed in the United States of America

Library of Congress Cataloging-in-Publication Data
is available upon request.

ISBN 0-517-88502-6

10 9 8 7 6 5 4

First Edition

ACKNOWLEDGMENTS

I wish to thank each and every one of my dear friends for their love and constant encouragement, and for their great sense of humor. I also wish to extend my deepest gratitude to my family for their patience, endurance, and love. Many thanks to my editors, Merrick Walter and Helga Schier. Thanks also to Crown's Living Language® staff: Kathryn Mintz, Ana Suffredini, Lisa Alpert, Christopher Warnasch, Germaine Ma, John Sharp, Pamela Stinson-Bell, and Lenny Henderson. Special thanks also to Sam Levering, Janet Langon, and Marcella Dominguez.

LISTA DE MATERIAS

LIVING LANGUAGE®

INGLÉS
ESENCIAL

INTRODUCCIÓN

Living Language® Inglés Esencial, intermedio a avanzado es la continuación del primer libro para principiantes *Inglés Esencial*. Si usted ya domina las estructuras básicas del inglés, bien sea por haberlo estudiado en la escuela, haberlo practicado en sus viajes, o haberlo estudiado a través de otros cursos de *Living language,* entonces el nivel 2 de *Inglés Esencial* es perfecto para usted.

El curso completo incluye este texto y ocho horas de grabaciones. Sin embargo, si usted ya sabe pronunciar el inglés puede usar el libro solo.

Con *Inglés Esencial, intermedio a avanzado* usted continuará aprendiendo como hablar, entender, leer, y escribir el inglés idiomático. El programa también le dará la oportunidad de conocer algunos aspectos de la cultura y el mundo de los negocios en los Estados Unidos. Usted podrá participar en conversaciones interesantes sobre una variedad de temas, y además podrá reconocer y responder a diferentes estilos, formales e informales, del habla.

El curso lo llevará a distintos lugares, desde Ellis Island hasta una oficina virtual, para que así usted pueda familiarizarse con distintas expresiones y una variedad de vocabulario. Usted podrá leer artículos del periódico e interpretar informes económicos. También aprenderá más sobre las sutiles diferencias culturales en las relaciones interpersonales, tales como cuándo insistir en pagar por una cena y cuándo no hacerlo, que le ayudarán en sus viajes al exterior.

LOS MATERIALES DEL CURSO

EL MANUAL

El libro *Inglés Esencial, intermedio a avanzado* contiene veinte lecciones, cuatro lecturas y dos secciones de repaso. Las lecturas aparecen después de cada cinco capítulos. Hay dos secciones de repaso, una después de la lección 10 y otra depués de la lección 20. Es mejor que lea y estudie cada lección antes de escucharla en las grabaciones.

DIALOGUE (DIÁLOGO): Cada lección empieza con un diálogo en el cual se utiliza un lenguaje idiomático y estándar para presentar una situación real—una entrevista de trabajo, la búsqueda de un apartamento, la matriculación en una universidad—en un lugar de los Estados Unidos. Todos los diálogos tienen una traducción al español.

NOTES (NOTAS): Las notas por lo general se refieren a expresiones y frases específicas del diálogo. Presentan los antecedentes culturales e históricos pertinentes a una expresión en particular y le permiten ver algunas reglas gramaticales y vocabulario "en acción."

GRAMMAR AND USAGE (GRÁMATICA Y USOS): Después de un breve repaso de la grámatica básica del inglés, usted se concentrará en formas gramaticales más avanzadas y su uso. Aprenderá como expresarse mejor y más apropiadamente utilizando formas idiomáticas del inglés. El título de cada tema corresponde al título presentado en la lista de materias.

IDIOMATIC STUDY (ESTUDIO IDIOMÁTICO): Esta sección destaca las expresiones idiómaticas del inglés. Aprenderá cómo expresar que está en desacuerdo con algo o cómo presentar una queja en la misma forma en que lo haría un hablante nativo del inglés. También conocerá algunas de las más pintorescas expresiones idiomáticas del inglés. Este estudio detallado del vocabulario le ayudará a mejorar el uso de expresiones coloquiales evitando así errores muy comunes.

STRICTLY BUSINESS (HABLEMOS DE NEGOCIOS): En está sección exploraremos diferentes áreas de la economía estadounidense, así como también información cultural e histórica relacionada con la etiqueta en los negocios. Esta sección trata temas como la forma de vestir, la importación y la exportación y la publicidad para que usted aprenda cómo hacer negocios en los Estados Unidos.

EXERCISES (EJERCICIOS): Esta sección le permite repasar la gramática y el vocabulario presentado en la lección. Puede comparar sus respuestas con las respuestas en la sección *Answers* (Respuestas) que aparece después de la Lección 20.

READING (LECTURA): Las cuatro lecturas—que aparecen después de la Lección 5, 10, 15 y 20—no están traducidas. El material discutido en las lecciones anteriores, así como las notas sobre el vocabulario, le permitirán inferir el significado de la lectura, tal como lo haría al leer un artículo del periódico o un informe de negocios en el exterior.

REVIEW (REPASO): Las dos secciones de repaso aparecen después de las Lecciones 10 y 20. En su estrucutra son similares a los ejercicios. Estas secciones le permitirán integrar y evaluar su dominio del material presentado en las lecciones anteriores.

APPENDIXES (APÉNDICES): Hay cuatro apéndices: una tabla de pronunciación, un resumen de gramática, una lista de verbos irregulares y una sección sobre correspondencia.

GLOSSARY (GLOSARIO): El glosario (inglés-español y español-inglés) que se encuentra al final de este manual es una guía de referencia que le será muy útil al estudiar el idioma y al usarlo al viajar al exterior.

INDEX (ÍNDICE): El manual termina con un índice que contiene todos los puntos de la gramática que se han discutido en las lecciones.

Los apéndices, el glosario y el índice hacen de este manual una excelente fuente de referencia y estudio para el futuro.

LAS GRABACIONES (Series A y B)

Este curso contiene ocho horas de práctica auditiva. Hay dos series de grabaciones que se complementan una a la otra: la primera está diseñada para usarse con el manual, mientras que la segunda se puede usar sin el texto. Al escuchar e imitar a los hablantes nativos, usted podrá mejorar su pronunciación y comprensión mientras aprende a usar frases y estructuras nuevas.

LAS GRABACIONES QUE SE USAN CON EL MANUAL (Serie A)

Este grupo de grabaciones están diseñadas para dar cuatro horas de práctica auditiva sólo en inglés presentando los diálogos de las veinte lecciones. El material grabado aparece impreso en **negritas** en el manual. Primero escuchará a hablantes nativos del inglés leyendo el diálogo completo a un ritmo normal de conversación y sin interrupciones. Después tendrá la oportunidad de escuchar el diálogo por segunda vez y podrá repetir cada frase en las pausas que se hacen con este propósito.

Si usted desea practicar su comprensión, escuche primero la grabación sin consultar la traducción del manual. Escriba un resumen de lo que usted cree que trata el diálogo, y luego escuche la grabación una segunda vez verificando cuánto entendió con la traducción en el manual.

Después de escuchar cada lección y practicar con la Serie A, puede continuar con el segundo grupo de grabaciones (Serie B) que pueden usarse en cualquier lugar—mientras conduce, corre, viaja, o trabaja en casa.

GRABACIONES PARA USAR EN CUALQUIER LUGAR (Serie B)

Este grupo de grabaciones está diseñado para dar cuatro horas de práctica auditiva en inglés y en español. Debido a que estas grabaciones son bilingües, la Serie B se puede usar sin el manual, en cualquier lugar que sea conveniente para aprender.

Las veinte lecciones en la Serie B corresponden a las del texto. Un narrador bilingüe lo guiará a través de las cuatro secciones de cada lección.

La primera sección presenta las frases más importantes del diálogo original. Primero escuchará una versión corta del diálogo a un ritmo normal de conversación sin interrupciones. Luego lo escuchará otra vez, frase por frase, con la traducción al español y las pausas para que usted repita la frase en inglés.

La segunda sección sirve para revisar y ampliar el vocabulario más importante del diálogo. Usted practicará palabras y frases del *Dialogue* (Diálogo), *Notes* (Notas), *Idiomatic Study* (Estudio idiomático), y *Strictly Business* (Hablemos de negocios). Algunas expresiones adicionales muestran la forma en que las palabras se pueden usar en otros contextos. Una vez más, tendrá tiempo para repetir las frases en inglés.

En la tercera sección podrá explorar las estructuras gramaticales más importantes de la lección. Después de un rápido repaso de las reglas, usted podrá practicar con frases y oraciones ilustrativas.

Los ejercicios de conversación en la última sección integran lo que ha aprendido y le ayudan a generar sus propias oraciones en inglés. Usted participará en breves conversaciones, responderá preguntas, transformará oraciones y de vez en cuando traducirá del español al inglés. Después de responder, escuchará la respuesta correcta dicha por un hablante nativo del inglés.

El enfoque interactivo de esta serie de grabaciones es la forma idiomática de la palabra hablada y le enseñará a hablar, entender y *pensar* en inglés.

Y ahora, comencemos.

LESSON 1
ARRIVING IN THE U.S.A.   La llegada a los EE.UU.

A. DIALOGUE (Diálogo)

WHERE'S MY LUGGAGE?

Gloria is a sales representative for a leather company in Argentina. This is her first trip to the United States. She's arriving in New York where she will have to clear customs and take a connecting flight to Missouri,[1] her final destination. She's sitting next to Herman, a businessman from San Francisco whom she's never met before.[2]

CAPTAIN: Ladies and gentlemen, this is the captain speaking. We will be landing in approximately 15 minutes. The current temperature at J.F.K.[3] is 45 degrees[4] under cloudy skies. Flight attendants will be handing out customs declaration forms and I-94 forms.[5] Please complete them before landing.

GLORIA: Excuse me, do you have a pen I could borrow?[6]

HERMAN: Here you are.

GLORIA: Thanks. Oh, it's so bumpy. It's difficult to write. I'm sorry to bother you again, but do you happen to know the flight number?

HERMAN: Uumm, it's flight 351.

GLORIA: Thanks. By the way, I'm Gloria.

HERMAN: I'm Herman. Nice to meet you. Is this your first trip to the States?

GLORIA: As a matter of fact, it is. I'm very excited[7] about it. Are you from New York?

HERMAN: No, I'm from San Francisco. I have to catch another flight in about an hour, and we still have to go through customs.

GLORIA: I understand it's a nightmare.

HERMAN: Actually,[8] it's not that bad.

FLIGHT ATTENDANT: Ladies and gentlemen, please make sure all your forms are filled out and ready along with your passport when you leave the plane. We hope you've enjoyed your trip. Thank you for flying United.

GLORIA: Thanks for the pen, and have a good trip to San Francisco.

HERMAN: You too. Enjoy your stay.

Later at the Baggage Claim area.

GLORIA: Excuse me, where did you get that cart?

ANOTHER PASSENGER: Sorry lady, I'm afraid I can't help you. I've got to get my bags. Why don't you ask the skycap[9] over there?

GLORIA: Excuse me, I need to get one of those carts.

SKYCAP: They're on the other side of the hall under the sign that says "Baggage Carts."

GLORIA: Thanks. Do they cost anything?

SKYCAP: A dollar fifty.

GLORIA: Oh, no. I don't have any change.[10] Do you have change for a twenty?

SKYCAP: I'm afraid not. There's a currency exchange counter over there, on the right ma'am. I'm sure they'll be able to help you.

GLORIA: Thank you. You've been very helpful.

Gloria gets some change, picks up a cart, and waits near the baggage carousel for a long time without seeing her suitcases.

HERMAN: Hi there! You look a little worried. Anything I can help you with?

GLORIA: Well, I've been standing here forever, and my suitcases are nowhere to be found. They're filled with leather bags and shoes for the trade show in St. Louis tomorrow. I just can't afford to lose them. Look, almost everyone else already has their stuff!

HERMAN: The problem is you're standing at the wrong carousel. This one is for flight 361; ours was 351.

GLORIA: I'm so embarrassed.[11] I should have worn my glasses. Thank you so much.

HERMAN: No problem. Come on, I'll help you get your baggage.

¿DÓNDE ESTÁ MI EQUIPAJE?

Gloria es la representante de ventas de una compañía de artículos de cuero de Argentina. Este es su primer viaje a los Estados Unidos. Está llegando al aeropuerto de Nueva York donde tendrá que pasar aduana y tomar otro vuelo hasta Missouri. Está sentada al lado de Herman, un hombre de negocios de San Francisco a quien nunca ha visto antes.

CAPITÁN: Señoras y señores, les habla el capitán. Estaremos aterrizando en aproximadamente 15 minutos. La temperatura en el aereopuerto Kennedy es de 45 grados y el cielo está nublado. Las azafatas están distribuyendo los formularios para declaración de aduanas y el formulario I-94. Por favor, completen los formularios antes de aterrizar.

GLORIA: Disculpe, ¿podría prestarme un bolígrafo?

HERMAN: Aquí tiene.

GLORIA: Gracias. Este avión se mueve tanto que es difícil escribir. Siento molestarlo otra vez, pero ¿cuál es el número de vuelo?

HERMAN: Mmmm, es el vuelo 351.

GLORIA: Gracias. Por cierto, me llamo Gloria.

HERMAN: Y yo Herman. Mucho gusto. ¿Es este su primer viaje a los Estados Unidos?

GLORIA: Sí, lo es. Estoy feliz de estar aquí. ¿Es usted de Nueva York?

HERMAN: No, soy de San Francisco. Tengo que tomar un vuelo de conección en una hora y todavía tenemos que pasar por aduana.

GLORIA: Me han dicho que es una pesadilla.

HERMAN: No es tan malo.

AUXILIAR DE VUELO: Señoras y señores. Por favor asegúrense de tener todos los formularios completos y a mano junto con su pasaporte al salir del avión. Esperamos que hayan disfrutado del viaje. Gracias por volar con *United*.

GLORIA: Gracias por el bolígrafo y que tenga un buen viaje a San Francisco.

HERMAN: Usted también. Disfrute de su estadía.

Más tarde en el área de reclamo de equipaje.

GLORIA: Disculpe, ¿dónde consiguió ese carrito?

OTRO PASAJERO: Lo siento señora, no puedo ayudarle. Tengo que tomar mi equipaje. Pregúntele a ese maletero que está ahí.

GLORIA: Discúlpeme, necesito conseguir uno de esos carritos.

MALETERO: Están al otro lado de la sala, debajo de la señal que dice "Carritos para equipaje."

GLORIA: Gracias. ¿Tengo que pagar algo?

MALETERO: Un dólar con cincuenta.

GLORIA: Ay, no tengo cambio. ¿Tiene usted cambio de un billete de veinte?

MALETERO: Me temo que no. Hay un puesto para cambio de moneda allá a la derecha. Estoy seguro que le podrán ayudar.

GLORIA: Gracias. Ha sido usted muy gentil.

Gloria consigue cambio, toma un carrito y espera cerca del transportador de equipaje por un buen rato sin que aparezcan sus maletas.

HERMAN: ¡Hola! Se ve un poco preocupada. ¿Le puedo ayudar en algo?

GLORIA: Bueno, he estado aquí por un buen rato y mis maletas no aparecen. Tengo una muestra completa de bolsos y zapatos de cuero para mostrar mañana en la feria de St. Louis. No puedo darme el lujo de perderlos. ¡Mire, casi todo el mundo ha encontrado sus cosas!

HERMAN: Lo que ocurre es que usted está parada junto al transportador equivocado. Este es para el vuelo 361, nuestro vuelo era el 351.

GLORIA: ¡Qué embarazoso! Debí haberme puesto los anteojos. Muchas gracias.

HERMAN: No hay de qué. Venga, le ayudaré a cargar sus maletas.

B. NOTES (Notas)

1. El estado de *Missouri* está cerca de lo que se conoce como *Great Plains* o la zona de las praderas, al este de las Montañas Rocosas. Una de las ciudades más famosas es *Saint Louis,* llamada también the *Gateway to the West* debido al gigantesco arco que se encuentra al este de la misma. Fue fundada en 1764 por exploradores franceses. Hoy en día es la sede de compañías como *Anheuser-Busch* y *McDonnell Douglas* entre otras.

2. La ciudad de *San Francisco* está en el estado de *California.* Es una ciudad relativamente pequeña, famosa por su arquitectura, sus calles empinadas y el puente *Golden Gate.* Entre sus vecindarios se encuentran el famoso barrio chino o *Chinatown, Nob Hill* y sus grandes mansiones, *SoMa* o *South of Market,* conocido por sus galerías de arte, y el distrito financiero con sus rascacielos y vista a la bahía.

3. *J.F.K.* es la sigla con la que se conoce al aeropuerto internacional John F. Kennedy en Nueva York. Otros aeropuertos de Nueva York son *La Guardia* y *Newark*.

4. La temperatura en los Estados Unidos se mide en grados *Fahrenheit*. La fórmula de equivalencia es:

$$(°F − 32) × 5/9 = °C$$
$$(°C × 9/5) + 32 = °F$$

$$10°C = 50°F$$
$$21°C = 70°F$$
$$32°C = 90°F$$

5. El formulario *I-94* es el registro de Inmigración para entradas y salidas y confirma que usted ha sido admitido a los Estados Unidos legalmente. También indica el lapso de tiempo al que tiene derecho a permanecer en el país. Al salir del país, debe presentar este documento otra vez.

6. *To borrow* significa "pedir prestado." Es importante no confundirlo con el verbo *to lend,* que significa "prestar."

7. *To be excited/exciting* significa "estar emocionado/ser emocionante." Es uno de esas palabras fáciles de confundir, ya que en español existe el verbo "excitar" y el adjetivo "excitante" que tienen una connotación sexual.

8. El adverbio inglés *actually* no corresponde en significado al adverbio español "actualmente." *Actually* significa "en efecto," "en realidad," o "efectivamente." "Actualmente" significa "en el momento presente" y podría traducirse al inglés como *at present* o *presently*.

9. El sustantivo *skycap* se utiliza en vez de *porter* y quiere decir "maletero."

10. La palabra *change* quiere decir "cambio en efectivo" y se refiere más exactamente a moneda suelta.

11. *To be embarrassed* es una frase adjetival fácil de confundir con la frase española "estar embarazada." *To be embarrassed* quiere decir "estar avergonzado." *To be pregnant* equivale a "estar embarazada."

C. GRAMMAR AND USAGE
(Gramática y usos)

1. THE ELEMENTS OF A SENTENCE
(LOS ELEMENTOS DE UNA ORACIÓN)

En inglés, al igual que en español, las oraciones tienen un sujeto y un predicado. La diferencia es que el inglés es más estricto en cuanto al orden de las palabras.

Una oración puede constar de sujeto y un verbo:

(S)	(V)
Birds	*fly.*
Los pájaros	vuelan.

Puede formarse con un sujeto, un verbo y un objeto (directo y/o indirecto):

(S)	(V)	(O)
The passenger	*called*	*the flight attendant.*
El pasajero	llamó	a la azafata.

(S)	(V)	(O.D.)	(O.I.)
The passenger	*gave*	*his bag*	*to the immigration officer.*
El pasajero	le dió	su maleta	al oficial de inmigración.

A una oración se le puede añadir complementos al comienzo, en el centro o al final, pero siempre debe seguirse el orden Sujeto + Verbo + Objeto.

(S)	(V)	(O. D.)
The passenger,		*what the official was*
who didn't speak English,	*couldn't understand*	*saying.*
El pasajero,	no podía entender	lo que el oficial
que no hablaba inglés		decía.

2. PERSONAL PRONOUNS (PRONOMBRES PERSONALES)

Los pronombres se utilizan para reemplazar a un sustantivo, a otros pronombres o frases en una oración. Tal como en español, en inglés hay dos tipos de pronombres personales: aquellos que toman el lugar del sujeto y aquellos que toman el lugar del objeto de la oración.

a. Subject Pronouns (Los pronombres sujeto)

SINGULAR:	primera persona	*I*	yo
	segunda persona	*you*	tú/usted
	tercera persona	*he/she/it*	él/ella
PLURAL:	primera persona	*we*	nosotros/as
	segunda persona	*you*	Uds./vosotros
	tercera persona	*they*	ellos/as

En español el pronombre sujeto puede omitirse. En inglés, en cambio, es absolutamente necesario.

Gloria called the flight attendant. She wanted a glass of water.
Gloria llamó a la azafata. (Ella) quería un vaso de agua.

The flight attendant asked passengers to put their seats in the upright position. She was preparing the plane for landing.
La azafata le pidió a los pasajeros que enderezaran sus asientos. (Ella) estaba preparando el avión para el aterrizaje.

The passengers were a little nervous when they realized they were in the middle of a storm.
Los pasajeros se pusieron un poco nerviosos al darse cuenta de que (ellos) estaban en medio de una tormenta.

Nótese el uso del pronombre impersonal *it. It* se utiliza para referirse a objetos, animales y con expresiones de tiempo, distancia o temperatura. También se puede utilizar para referirse a un bebé cuando se desconoce su sexo.

Where is the baggage claim area? —It's on the other side of the room.
¿Dónde queda el área para reclamo de equipajes? —Está al otro lado de la sala.

Look at that dog! It's an airport police dog.
¡Mira ese perro! Es un perro de la policía del aeropuerto.

That baby looks sick. It cried throughout the entire trip.
Ese bebé se ve mal. Lloró durante todo el viaje.

En inglés se utiliza *it* con expresiones impersonales, especialmente con expresiones de tiempo:

It's raining.
Está lloviendo.

What time is it? —It's six.
    ¿Qué hora es? —Son las seis.

What's today's date? —It's the third of March.
    ¿Qué fecha es hoy? —Tres de marzo.

What day is it? —It's Monday.
    ¿Qué día es hoy? —Hoy es lunes.

It también se utiliza cuando el sujeto de la oración es un verbo en infinitivo. Es decir que el pronombre *it* tiene el mismo significado y se refiere al verbo:

It's easier to work as a flight attendant than as a waitress in a restaurant.
    Es más fácil trabajar como azafata que como camarera en un restaurante.

El sujeto de la oración es: *to work as a flight attendant.* Esta oración podría construirse también sin tener que utilizar el pronombre *it:*

To work as a flight attendant is easier than to work as a waitress in a restaurant.
    Trabajar como azafata es más fácil que trabajar como camarera en un restaurante.

It's a pity to go to New York for only three days.
    Es una pena ir a Nueva York por sólo tres días.

To go to New York for only three days is a pity.
    Ir a Nueva York por sólo tres días es una pena.

O cuando el sujeto de la oración es una frase y el pronombre *it* la reemplaza:

It never occurred to me that flying with a cold would be dangerous.
    Nunca pensé que viajar con un resfriado sería peligroso.

El sujeto de la oración es la frase *that flying with a cold would be dangerous.*

La oración podría también construirse de esta forma sin utilizar el pronombre *it* (nótese que en español esta inversión sólo es posible con frases impersonales): *That flying with a cold would be dangerous never occurred to me.*

It's odd that he hasn't called to let us know he arrived.
    Es extraño que no nos haya llamado para avisarnos que ha llegado.

That he hasn't called to let us know he arrived is odd.
    Que no nos haya llamado para avisarnos que ha llegado es extraño.

Finalmente, *it* se usa para referirse a una frase o verbo que se ha mencionado anteriormente:

Although smoking on the plane is not allowed, he did it anyway.
Aunque está prohibido fumar en el avión, (él) lo hizo de todas maneras.

He suggested flying, but I thought it would cost too much.
(Él) sugirió que voláramos, pero me pareció que sería demasiado costoso.

b. *Object Pronouns* (Los pronombres objeto)

OBJETO DIRECTO E INDIRECTO

SINGULAR:	1ra. persona	*me*	me
	2da. persona	*you*	te/le
	3ra. persona	*him/her/it*	le/la/lo/se
PLURAL:	4a. persona	*us*	nos
	5a. persona	*you*	les/os
	6a. persona	*them*	les/las/los/se

Nótese que en inglés existe la diferencia entre pronombre sujeto y pronombre objeto para todas las personas excepto la segunda persona del singular y del plural en donde la forma es igual *(you).*

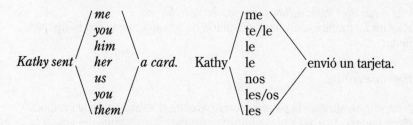

En inglés el objeto indirecto puede estar antes del objeto directo:

(s)	(v)	(oi)	(od)
I	*gave*	*the immigration officer*	*my passport.*
I	*gave*	*him*	*my passport.*
(Yo)	le di	al oficial de inmigración	mi pasaporte.
(Yo)	le di	a él	mi pasaporte.

Cuando el objeto directo está antes del objeto indirecto, el objeto indirecto va acompañado de una preposición (*to* o *for*):

(s)	(v)	(oi)	(od)
I	*gave*	*my passport*	*to the immigration officer.*
I	*gave*	*my passport*	*to him.*
I	*gave*	*it*	*to him.*
(Yo)	le di	mi pasaporte	al oficial de inmigración.
(Yo)	le di	mi pasaporte	a él.
(Yo)	se	lo di	a él.

(s)	(v)	(oi)	(od)
She	*bought*	*a roundtrip ticket*	*for Mary.*
She	*bought*	*a roundtrip ticket*	*for her.*
She	*bought*	*it*	*for her.*
(Ella)	compró	un boleto de ida y vuelta	para Mary.
(Ella)	compró	un boleto de ida y vuelta	para ella.
(Ella) lo	compró	para ella.	

3. *THERE + TO BE*

La frase *there + to be* equivale al verbo "haber" en español y se utiliza para denotar la existencia de algo.

There is a customs declaration form you have to fill out.
Hay un formulario para la declaración de aduana que usted tiene que llenar.

There is a mistake.
Hay un error.

Nótese que aunque la palabra *there* parece ser el sujeto de la oración, el verdadero sujeto es el sustantivo que aparece después del verbo *to be*. A diferencia del español, si el sustantivo es singular, el verbo *to be* toma la forma singular, y si es plural, toma la forma plural.

There were twenty passengers who lost their luggage.
Había veinte pasajeros con maletas extraviadas.

There was a mistake.
Hubo un error.

14

D. IDIOMATIC STUDY
(Estudio idiomático)

INTRODUCTIONS (CÓMO PRESENTAR A ALGUIEN)

Al conocer a alguien por primera vez se acostumbra estrechar la mano con cierta firmeza. Al presentar a alguien se utiliza el verbo *to introduce* (presentar).

FORMAS FORMALES

I'd like to introduce you to _____.
Me gustaría presentarle a _____.

Let me introduce you to _____.
Permítame presentarle a _____.

I'd like you to meet _____.
Me gustaría que conociera a _____.

FORMAS INFORMALES

This is _____.
Este/a es _____.

I'd like to introduce you to one of my colleagues, Mr. John Smith. John, this is Sarah Jones, our new director.
Me gustaría presentarle a uno de mis colegas, el señor John Smith. John, te presento a Sara Jones, la nueva directora.

FORMAL

Encantada/o de conocerle.   *(I'm) pleased to meet you.*
    (I'm) happy to meet you.

INFORMAL

Encantada/o de conocerle.   *(It's) nice to meet you.   (It's) nice meeting you.*
    (I'm) glad to meet you.

It's been a pleasure meeting you.
Ha sido un placer conocerle.

Al iniciar una conversación con una persona desconocida se pueden utilizar las siguientes frases:

(Excuse me, but) I don't think we've met. My name is _____.
(Disculpe, pero) creo que no nos han presentado. Me llamo _____.

Allow me to introduce myself.
Permítame presentarme.

Al saludar a alguien se utilizan frases cortas y no se espera una contestación larga y detallada:

Good morning.	Buenos días.
Good afternoon.	Buenas tardes.
Good evening.	Buenas noches.

How do you do?	¿Cómo está usted?
How are you?	¿Cómo está?
How are you doing?	¿Cómo está?
How have you been?	¿Cómo ha estado?

Fine thanks.	Bien, gracias.
Very well, thank you.	Muy bien gracias.

Otras frases un poco más informales que se usan son:

Hello.	Hola.
Hi.	Hola.
What's up?	¿Qué pasa?
What's new?	¿Qué hay de nuevo?
How's it going?	¿Qué tal?
How are things?	¿Cómo van las cosas?

All right.	Bien.
Okay.	Bien.
Not bad.	Nada mal.

E. STRICTLY BUSINESS
(Hablemos de negocios)

1. *ENTRY FORMS* (DOCUMENTOS NECESARIOS PARA ENTRAR A LOS EE.UU.)

Para viajar a los Estados Unidos usted necesita un pasaporte. Al llegar a los EE.UU. es importante registrar su pasaporte en el consulado o la embajada de su país. De esta manera si lo pierde, es más fácil reponerlo. Es un requisito del gobierno de los EE.UU. que su pasaporte tenga vigencia de no menos de seis meses.

Departamento de Justicia de EE.UU.
Servicio de Inmigración y Naturalización

ciudadanos

en tránsito

extranjero

registro de llegada

legiblemente

registro de
salida

U.S. Department of Justice
Immigration and Naturalization Service

OMB 1115-0077

Admission Number

Welcome to the United States

895617535 04

I-94 Arrival/Departure Record - Instructions

This form must be completed by all persons except U.S. Citizens, returning resident aliens, aliens with immigrant visas, and Canadian Citizens visiting or in transit.

Type or print legibly with pen in ALL CAPITAL LETTERS. Use English. Do not write on the back of this form.

This form is in two parts. Please complete both the Arrival Record (Items 1 through 13) and the Departure Record (Items 14 through 17).

When all Items are completed, present this form to the U.S. Immigration and Naturalization Service Inspector.

Item 7-If you are entering the United States by land, enter **LAND** in this space. If you are entering the United States by ship, enter **SEA** in this space.

Form I-94 (04-15-86)Y

Admission Number

895617535 04

Immigration and
Naturalization Service

I-94
Arrival Record

1. Family Name
   G A L V A N O

2. First (Given) Name
   G L O R I A

3. Birth Date (Day/Mo/Yr)
   2 2 0 4 6 5

4. Country of Citizenship
   A R G E N T I N A

5. Sex (Male or Female)
   F E M A L E

6. Passport Number
   A 8 3 3 2 8 5

7. Airline and Flight Number
   U A 3 5 1

8. Country Where You Live
   A R G E N T I N A

9. City Where You Boarded
   C O R D O B A

10. City Where Visa Was Issued
    C O R D O B A

11. Date Issued (Day/Mo/Yr)
    1 0 0 8 9 7

12. Address While in the United States (Number and Street)
    1 1 8 3 9 M A Y F I E L D

13. City and State
    S T. L O U I S, M I S S O U R I

Departure Number

895617535 04

Immigration and
Naturalization Service

I-94
Departure Record

14. Family Name
    G A L V A N O

15. First (Given) Name
    G L O R I A

16. Birth Date (Day/Mo/Yr)
    2 2 0 4 6 5

17. Country of Citizenship
    A R G E N T I N A

---

1. Apellido paterno

2. Primer nombre

3. Fecha de nacimiento (día, mes, año)

4. País de ciudadanía

5. Sexo (masculino o femenino)

6. Número de pasaporte

7. Línea aérea y número de vuelo

8. País donde Ud. vive

9. Ciudad donde tomó el avión

10. Ciudad donde se emitió su visa

11. Fecha de emisión (día, mes, año)

12. Su dirección mientras esté en los Estados Unidos (Número y calle)

13. Ciudad y Estado

14. Apellido paterno

15. Primer nombre

16. Fecha de nacimiento (día, mes, año)

17. País de ciudadanía

WELCOME TO THE UNITED STATES

DEPARTMENT OF THE TREASURY
UNITED STATES CUSTOMS SERVICE

FORM APPROVED
OMB NO. 1515-0041

CUSTOMS DECLARATION

19 CFR 122.27, 148.12, 148.13, 148.110, 148.111

Each arriving traveler or head of family must provide the following information (only ONE written declaration per family is required):

1. Name: GALVANO GLORIA
   Last _First_ _Middle Initial_

2. Date of Birth: 22 /04 /65 3. Airline/Flight UA 351
   Day _Month_ _Year_

4. Number of family members traveling with you: O

5. U.S. Address: 11839 MAYFIELD
   City: ST LOUIS State: MISSOURI

6. I am a U.S. Citizen YES ☐ NO ☒
   If No, Country: ARGENTINA

7. I reside permanently in the U.S. YES ☐ NO ☒
   If No, Expected Length of Stay: 3 weeks

8. The purpose of my trip is or was ☒ BUSINESS ☐ PLEASURE

9. I am/we are bringing fruits, plants, meats, food, soil, birds, snails, other live animals, farm products, or I/we have been on a farm or ranch outside the U.S. YES ☐ NO ☒

10. I am/we are carrying currency or monetary instruments over $10,000 U.S. or foreign equivalent. YES ☐ NO ☒

11. The total value of all goods I/we purchased or acquired abroad and am/are bringing to the U.S. is (see instructions under Merchandise on reverse side): $ 250
    US Dollars

► MOST MAJOR CREDIT CARDS ACCEPTED.
SIGN ON REVERSE SIDE AFTER YOU READ WARNING.
(Do not write below this line.)

INSPECTOR'S NAME

STAMP AREA

BADGE NO.

Paperwork Reduction Act Notice: The Paperwork Reduction Act of 1980 says we must tell you why we are collecting this information, how we will use it and whether you have to give it to us. We ask for this information to carry out the Customs, Agriculture, and Currency laws of the United States. We need it to ensure that travelers are complying with these laws and to allow us to figure and collect the right amount of duties and taxes. Your response is mandatory.

Statement required by 5 CFR 1320.21: The estimated average burden associated with this collection of information is 3 minutes per respondent or recordkeeper depending on individual circumstances. Comments concerning the accuracy of this burden estimate and suggestions for reducing this burden should be directed to U.S. Customs Service, Paperwork Management Branch, Washington, DC 20229, and to the Office of Management and Budget, Paperwork Reduction Project (1515-0041), Washington, DC 20503.

Customs Form 6059B (092089)

FRONT

DESCRIPTION OF ARTICLES	PRICE	CUSTOMS USE
leather goods	3000.00	
TOTAL	3000.00	

IF YOU HAVE ANY QUESTIONS ABOUT WHAT MUST BE REPORTED OR DECLARED ASK A CUSTOMS OFFICER.

I have read the above statements and have made a truthful declaration.

Gloria Galvano _SIGNATURE_ 10/10/97 _DATE (Day/Month/Year)_

☆U.S.G.P.O. 1989-645-796 Customs Form 6059B (092089) (Back)

BACK

---

1. Apellido paterno/Primer nombre/Inicial del segundo nombre

2. Fecha de nacimiento (día/mes/año)

3. Aerolínea/No. de vuelo

4. Número de familiares que viajan con usted

5. (a) Dirección en los EE.UU. (Número y Calle/Hotel/Dirección Postal en los EE.UU.)

   (b) Dirección en los EE.UU. (Ciudad)

   (c) Dirección en los EE.UU. (Estado)

6. Soy ciudadano de EE.UU. de llegar a los EE.UU.

   Si no, país

   Sí   No

7. Soy residente de EE.UU. de llegar a los EE.UU.

   Sí   No

   Si no, duración de visita

8. El propósito de mi (nuestro) viaje es o fue: (Marque una o dos casillas, según corresponda) Negocios   Personal

9. Traigo (traemos) frutas, plantas, carnes, comida, tierra, aves, caracoles, u otros animales vivos, productos de animales silvestres, productos agrícolas; o he (hemos) estado en una finca o en una granja fuera de los EE.UU.: Sí   No

10. Traigo (traemos) moneda o instrumentos monetarios por un valor mayor de US$10.000 o su equivalente en moneda extranjera: Sí   No

11. El valor total de los bienes, que he (hemos) comprado o adquirido en el extranjero y que traigo (traemos) a los EE.UU. es de: $_____ (Dólares estadounidenses) (Vea las instrucciones en el reverso de este formulario bajo "mercancia")

Es también un requisito tener una visa vigente. Esta es otorgada por un funcionario del gobierno de los EE.UU. en la embajada o consulado en su país. La visa indica la fecha en que se le permitirá la entrada a los EE.UU. y el número de entradas permitidas después de esa fecha. El funcionario de INS *(Immigration and Naturalization Service)* que examine su pasaporte en el puerto de entrada a los Estados Unidos será el que determine por cuanto tiempo podrá permanecer en el país.

Hay varios tipos de visa dependiendo de la razón de su visita:

• *F-1 Academic Student Visa* o visa para estudios académicos para estudiantes de tiempo completo que han sido aceptados en universidades o colegios.

• *M-1 Vocational Student Visa* o visa para estudios vocacionales para estudiantes de tiempo completo que han sido aceptados en instituciones técnicas o vocacionales.

• *J-1 Exchange Visitor Visa* o visa para estudios de intercambio, generalmente a nivel de post-grado o para hacer investigación de naturaleza académica.

• *H-1 Temporary Work Status for Foreign Nationals* o visa de trabajo para extranjeros para aquellas personas que vienen a los Estados Unidos a trabajar temporalmente.

2. *SOCIAL ETIQUETTE* (LAS COSTUMBRES SOCIALES)

La sociedad en los Estados Unidos es particularmente compleja y diversa. De hecho, existen grandes diferencias de una región a otra. Sin embargo, hay algunas costumbres que son estándar en el país.

El estadounidense es muy particular en cuanto a su espacio físico. Entre más formal sea la ocasión, más importante será conservar una cierta distancia al hablar y evitar tocar o dar palmadas a la persona con quien se habla. El estadounidense se siente incómodo si la persona con quien habla se para demasiado cerca. La distancia apropiada es un poco más de un metro. El contacto físico es apropiado solamente cuando se quiere demostrar afecto y en situaciones más informales con amigos y familiares.

Al conocer a alguien por primera vez se acostumbra estrechar la mano. Los abrazos y palmadas en la espalda no son apropiados. Al saludar se puede estrechar la mano de la otra persona, aunque por lo general el saludo se hace solamente en forma verbal. De igual forma, al despedirse de alguien en una situación formal o de negocios se puede dar la mano pero se deben evitar los abrazos, palmadas en la espalda u otro tipo de contacto físico.

En situaciones de negocios o formales o con personas mayores que usted, se utiliza el título *Mr.* (señor), *Mrs.* (señora) o *Miss* (señorita) seguido del apellido de la persona, a menos que esa persona le indique que lo llame por su nombre.

A: *Good morning, Mr. Smith.*
Buenos días señor Smith.

B: *Good morning, and please call me John.*
Buenos días, y por favor llámeme John.

Por lo general las mujeres prefieren el título *Ms.* que se usa tanto para mujeres solteras como casadas. Es también muy útil cuando se desconoce el estado civil de la mujer.

3. VOCABULARY (VOCABULARIO)

abroad	en el extranjero
arrival	llegada
baggage	equipaje/maletas
baggage carousel	transportador de equipaje
to board	abordar
customs	aduana
to declare	declarar
departure	salida
duty free	libre de derechos
gate	puerta de salida
ground transportation	transporte urbano
to land	aterrizar
luggage	equipaje
to take off	despegar

EXERCISES (EJERCICIOS)

1. *Complete the following sentences using the appropriate subject or object pronouns.* Complete las siguientes oraciones con pronombres sujeto o pronombres objeto según el caso.

Immigration Officer: May __(a)__ see your passport, please.
Passenger: Yes, of course.
Immigration Officer: Are these your bags?
Passenger: Yes, __(b)__ are.
Immigration Officer: Who packed __(c)__ ?
Passenger: I did.
Immigration Officer: Do __(d)__ have any agricultural products?
Passenger: No, __(e)__ don't.
Immigration Officer: Are __(f)__ carrying currency over $10,000 dollars?
Passenger: No, __(g)__ only have traveler's checks.
Immigration Officer: Could __(h)__ please put your bag on this counter and open __(i)__ for me? Are these gifts?
Passenger: Yes. I bought __(j)__ for my family.
Immigration Officer: What is the total value of all the goods __(k)__ purchased abroad?
Passenger: About $700.
Immigration Officer: Are any family members traveling with __(l)__ ?
Passenger: Yes, my son. __(m)__ already went through customs and is waiting for __(n)__ over there.
Immigration Officer: __(o)__ seems that everything is in order. Thank you and welcome to the United States.

2. *Replace the underlined nouns with pronouns in each of the following paragraphs.* En cada párrafo, reemplace con pronombres los sustantivos que están subrayados.

When you arrive at the airport you can have a taxi drive you to your hotel. The taxi dispatcher will give you the taxi's identification number. (a) The identification number can be used to identify the taxi in case there is a problem.

Every major airport has a currency exchange counter. (b) The currency exchange counter is the place where you should go to exchange currency or get change.

Your passport is the most important identification document when outside your country of residence. (c) The passport is normally issued in your country. When you arrive in a foreign country an immigration officer will ask you to give (d) the passport to him/her. (e) The immigration officer will review (f) the passport. (g) The officer will also check that you have a current visa.

One of the passengers on this morning's flight suddenly got sick. He was *described as a male in his late forties. Cathy, the flight attendant, took care of* (h) *the sick passenger until the paramedics arrived.* (i) *The flight attendant gave the man some oxygen.* (j) *The man had suffered a heart attack. The doctor said* (k) *the heart attack was not serious. The doctor also said* (l) *the man would be well soon.*

3. *Complete the following sentences with "there" + "to be."* Complete las oraciones con la frase *there + to be.*

   a. _____ *no agricultural products in my bag.*
   b. _____ *several flights landing at the same time.*
   c. _____ *a different form for U.S. citizens.*
   d. _____ *not enough time for me to make my connection.*
   e. _____ *a few delays at the airport due to the weather.*
   f. _____ *some questions we'd like to ask you.*
   g. _____ *no reason for you to empty the contents of my suitcase.*
   h. _____ *a rent-a-car counter at the end of the hall.*
   i. _____ *public buses and trains you can take to the airport.*
   j. _____ *a mistake on this form.*

4. *Fill in the blanks with the appropriate word.* Llene los espacios en blanco con la palabra apropiada.

lend	excited	actually	present	embarrassed
presently	pregnant	borrow	exciting	actual

   a. *I was so _____ when I couldn't remember the name of Tom's wife.*
   b. *My car is broken. May I _____ yours?*
   c. *The _____ retail price of that dress is $150. I'm giving it to you for the bargain price of $80.*
   d. *Pia is three months _____. I'm hoping this time it'll be a baby girl.*
   e. *Ann is very _____ about her trip to Europe.*
   f. *I don't like to _____ my clothes to anyone.*
   g. *Two of our dearest friends are _____ visiting us.*

5. *Rewrite the following sentences to show the real subject.* Vuelva a escribir las siguientes oraciones mostrando el verdadero sujeto.

EXAMPLE: *It's scary to fly through a storm.*
          To fly through a storm is scary.

   a. *For most international flights, it's required to arrive at the airport two hours prior to departure.*
   b. *It's annoying to have to wait for a connecting flight.*
   c. *It's necessary to make flight reservations ahead of time during the holiday season.*
   d. *It's important to eat something before getting on the plane.*

LESSON 2

FAMILY RELATIONS.   Las relaciones familiares.

A. DIALOGUE

"CONVERSATIONS WITH CAMILA"

The popular television talk show[1] Conversations with Camila is taped in Los Angeles, California.[2] It airs every day at 4:00 P.M. and is watched[3] by millions across the country. Unlike many other talk shows, this one focuses on family matters.

CAMILA: Welcome to *Conversations with Camila*. In the past we've done several shows on moms.[4] Well, today's show focuses on dads[4] instead. Many of you are familiar with today's very special guest, psychologist Alfonso Cassid. His latest and very controversial book *Fatherly Instincts* has just been published to critical acclaim and commercial success. Dr. Alfonso Cassid is the founder of the Center for Fathers in Richmond, Virginia, where he offers counseling services. Please give a warm welcome to Dr. Alfonso Cassid.

The audience applauds and cheers.

CAMILA: Welcome to our show Dr. Cassid.

DR. CASSID: Thank you. It's a pleasure to be here.

CAMILA: Tell us a little bit about the Center for Fathers.

DR. CASSID: Well, our center has been operating since 1991. It's basically a place for men[5] to learn more about fatherhood.[6] You see, most men who become fathers find themselves woefully[7] unprepared. Many of today's fathers act as absentee benefactors, leaving their wives[5] to deal with the more important aspects of parenthood.

CAMILA: Do you mean to say that men[5] are poor[8] fathers because historically it's been the woman's[9] role to nurture and raise the kids?

DR. CASSID: Well, I can only speak of what's happened in the United States. The historical situation and development may be quite different in other countries. But, if you look at the history of this country, fathers were intimately involved with their children up until the Industrial Revolution.[10] They worked at home as farmers, smiths, or carpenters. Therefore, they were around to take part in their children's upbringing by teaching them their art or craft.

CAMILA: In other words, fathers were in charge of their children's[9] professional education.

DR. CASSID: Exactly. The Industrial Revolution caused changes in family relationships. Fathers were forced to look for work outside their homes and women had to take over the burden of nurturing and educating the children all by themselves. The father's role became that of the financial provider. Emotional support became the mother's domain.

CAMILA: Somebody from the audience is raising his hand. Yes, sir. What is your question?

PERSON IN THE AUDIENCE: I'm a father of two, and I work full-time. I find it very hard to set aside time for my family. Do you think that most of the problems we as fathers have today are due[11] to a lack of time or a lack of emotion?

DR. CASSID: Neither actually. While it is true that some fathers often have less time to spend with their[12] kids than mothers do, it is not true that they lack emotion. The problem is that most fathers do not have a role model. Most of the men who come to me have fathers who were never there[12] for them emotionally, and often not even physically.

CAMILA: Most of our fathers were concerned about putting food on the table[13] and making ends meet.[14]

DR. CASSID: You're absolutely right. Our fathers didn't know any different. So, while I believe that fathers today want to have an active part in their children's upbringing, they feel that they're moving into a territory they don't have a map for.

CAMILA: What do you think are the most difficult times for a father?

DR. CASSID: Many men come to counseling during the initial stages of fatherhood. A first time father often feels a sense of loss when his baby arrives. All of a sudden his wife is giving all of her attention to the newborn.

CAMILA: A tinge of jealousy?

DR. CASSID: Correct. However, with the wife's reassurance, these problems are easy to overcome. Another extremely difficult time for a father to go through is his son's or daughter's adolescence.

CAMILA: You mean that fathers, like mothers, find it difficult to let go?

DR. CASSID: **Some men might find it difficult to let go. Men feel they are losing[15] their youth. All of a sudden they look at themselves in the mirror and realize[16] they're getting old. Also, at this time most men are going through their mid-life crisis. So, it becomes a particularly tough time for all.**

CAMILA: **There's another comment from the audience. Yes, ma'am . . .**

PERSON IN THE AUDIENCE: **I'm a single mother of three children and I'm going through the same thing. I think most mothers also feel that way.**

DR. CASSID: **I'm sure they do. Most parents, but particularly fathers, go through power struggles with their adolescent children about curfews, dating, drinking, and the like. This destabilizes the entire family and increases the sense of loss most parents feel when their children become adults. Parents realize that not only their children are entering a new phase of life, but they themselves are as well. Traditionally women have been more adept at dealing with this than men.**

CAMILA: **We have to take a commercial break. When we come back we'll talk to a single father of three who says Dr. Cassid has changed his life. Stay tuned.**

"CONVERSANDO CON CAMILA"

El popular programa de televisión *Conversando con Camila* se graba en Los Angeles, California. Se transmite todos los días a las 4:00 de la tarde y millones a lo largo y ancho del país lo ven. A diferencia de muchos otros programas, éste se centra alrededor de temas familares.

CAMILA: Bienvenidos a *Conversando con Camila.* En el pasado hemos hecho varios programas sobre las madres. El programa de hoy en cambio es sobre los padres. Muchos de ustedes conocen a nuestro invitado de hoy, el psicólogo Alfonso Cassid. Su último y muy controversial libro *Instintos Paternos,* recientemente publicado, ha sido un éxito comercial. El Dr. Alfonso Cassid es el fundador del Centro para Padres de Richmond, Virginia, donde ofrece servicios de consejería. Demos un aplauso al Dr. Alfonso Cassid.

El público aplaude y vitorea.

CAMILA: Bienvenido a nuestro programa, Dr. Cassid.

DR. CASSID: Gracias. Es un placer estar aquí.

CAMILA: Cuéntenos un poco sobre el Centro para Padres.

DR. CASSID: Bueno, ha estado operando desde 1991. Es básicamente un lugar donde los hombres pueden ir a aprender más sobre la paternidad. Muchos hombres llegan a ser padres sin estar preparados. Muchos de los padres de hoy actuan como benefactores ausentes, dejando a sus esposas a cargo de los aspectos más importantes de la crianza de los hijos.

CAMILA: ¿Quiere usted decir que los hombres son deficientes como padres debido a que históricamente ha sido la mujer la que ha criado y educado los hijos?

DR. CASSID: Bueno, solamente puedo dar mi opinión sobre lo que ha ocurrido en los Estados Unidos. La situación histórica y el desarrollo pueden haber sido muy distintos en otros paises. Pero si usted mira la historia de este país, los padres estaban muy íntimamente involucrados en los asuntos de sus hijos antes de la revolución industrial. Trabajaban en el hogar como granjeros, herreros, o carpinteros. De esa manera les enseñaban a sus hijos su oficio.

CAMILA: En otras palabras, los padres estaban a cargo de la educación profesional de los hijos.

DR. CASSID: Exactamente. La revolución industrial causó cambios en las relaciones familiares. Los padres se vieron obligados a buscar trabajo fuera de sus casas y las mujeres tuvieron que empezar a criar y educar a los hijos por sí mismas. El papel del padre pasó a ser el de proveedor económico. El apoyo emocional se volvió algo del dominio materno.

CAMILA: Una persona del público ha levantado su mano. Sí, señor, díganos . . .

PERSONA DEL PÚBLICO: Yo tengo dos hijos y trabajo tiempo completo. Me parece muy difícil encontrar tiempo libre para estar con mi familia. ¿Cree usted que la mayor parte de los problemas que los padres de hoy en día tienen se deben a la falta de tiempo o a la falta de sentimientos?

DR. CASSID: Ninguno de los dos. Si bien es cierto que muchos padres disponen de menos tiempo para estar con sus hijos que las madres, no es cierto que no tengan sentimientos. El problema es que la mayoría de los padres no tienen un modelo para seguir. Muchos de los hombres que llegan al centro tienen padres que nunca estuvieron presentes emocionalmente, y a veces ni siquiera físicamente.

CAMILA: La mayor preocupación de muchos de nuestros padres era poner comida sobre la mesa y poder vivir de sus ingresos.

DR. CASSID: Es absolutamente cierto. Nuestros padres no conocían otra cosa. Pienso que los padres de hoy en día quieren tomar parte activa en la crianza de sus hijos, pero están entrando a un territorio desconocido para el cual no tienen una guía.

CAMILA: ¿Cuáles cree usted que son las etapas más difíciles para un padre?

DR. CASSID: Muchos hombres vienen a pedir consejo en las primeras etapas de su paternidad. La mayoría tiene un sentimiento de pérdida cuando nace el bebé. De repente su esposa le está dando toda su atención al recién nacido.

CAMILA: ¿Siente un poco de celos?

DR. CASSID: Sí. Sin embargo, con la ayuda de la esposa, es fácil resolver el problema. Otra de las etapas más difíciles para el padre es cuando su hijo o hija se vuelve adolescente.

CAMILA: ¿Quiere usted decir que tanto a los padres como a las madres les es difícil dejar que sus hijos emprendan su propia vida?

DR. CASSID: Es difícil para algunos hombres. Los hombres sienten que están perdiendo su juventud. De pronto se ven en el espejo y se dan cuenta de que están envejeciendo. Por esta misma época muchos hombres están pasando por la crisis de los cuarenta. Así que la vida se vuelve muy difícil para todos.

CAMILA: Otro comentario del público. Sí, señora, díganos . . .

PERSONA DEL PUBLICO: Soy una madre soltera y tengo tres hijos. Creo que estoy pasando por lo mismo. Creo que muchas madres también se sienten así.

DR. CASSID: Estoy seguro que sí. Esta es una etapa en la cual la mayoría de los padres y madres, pero en particular los padres, tienen luchas de poder con sus hijos sobre la hora de llegada, los noviazgos, las bebidas alcohólicas y cosas por el estilo. Esto desestabiliza a toda la familia y aumenta el sentimiento de pérdida que la mayoría de los padres sienten cuando sus hijos se vuelven adultos. Los padres se dan cuenta de que no solamente sus hijos están entrando en una nueva etapa de sus vidas, sino que ellos también lo están haciendo. Tradicionalmente las mujeres han sido más adeptas para lidiar con esto que los hombres.

CAMILA: Tenemos que ir a comerciales. Cuando regresemos hablaremos con un padre soltero que tiene tres hijos y que dice que el Dr. Cassid ha cambiado su vida. No se vayan.

B. NOTES

1. Los programas de televisión conocidos como *talk shows* están de moda en los Estados Unidos. Son programas en los que el anfitrión entrevista a una o a varias personas y el público puede también participar. Los más conocidos son: *Oprah Winfrey, Geraldo Rivera* y *Ricki Lake,* entre otros. Por lo general estos programas se centran en temas que tienen como base las relaciones humanas y fre-

cuentemente hay un invitado, que es considerado un experto en su campo, que da su opinión acerca del asunto que se discute.

2. *Los Angeles* está en el estado de *California,* en la costa oeste de los Estados Unidos. Es una ciudad famosa por las artes y los artistas que viven en ella. Es también el hogar de un sinnúmero de inmigrantes, convirtiéndola en una de las ciudades con más diversidad étnica en el país. Entre sus atracciones se encuentran el Museo de Arte Contemporáneo, *Chinatown,* y *Hollywood* con el edificio de *Capitol Records,* el paseo de las estrellas, donde están grabados los nombres de personajes famosos en estrellas rosadas ubicadas en las aceras y los estudios de *Universal* y *Warner Brothers.*

3. Al igual que en español, en inglés se hace la diferencia entre *to see* (ver) y *to look* (mirar).

After the surgery, she could not see.
Después de la operación ella no podía ver.

I looked at him and realized that he did not know what to do.
Lo miré y me di cuenta que él no sabía que hacer.

Existe el verbo *to watch,* que significa mirar u observar con atención. Tiene también el significado de "vigilar" o "cuidar":

to watch a movie/the news/a film/a program
mirar una película/las noticias/un film/un programa

I was watching the ten o'clock news when the phone rang.
Estaba mirando las noticias de las diez cuando sonó el teléfono.

Please, watch the children while I go to the store.
Por favor vigila a los niños mientras voy a la tienda.

4. Las palabras *mom* (mamá) y *dad* (papá) son formas informales para *mother* (madre) y *father* (padre).

5. Los sustantivos como *man* (hombre) y *wife* (esposa) tienen plurales irregulares: *men, wives.* Por favor vea la lección 3 para una explicación detallada.

6. El sufijo *-hood* se utiliza para designar una etapa o estado en la vida de una persona. *Fatherhood* describe la etapa o estado conocido como paternidad. Otros sustantivos a los que se les puede añadir este sufijo son:

parent	→	*parenthood*	paternidad y maternidad
mother	→	*motherhood*	maternidad
adult	→	*adulthood*	edad adulta
child	→	*childhood*	infancia

Existen también las palabras *sisterhood* y *brotherhood* que significan hermandad o congregación religiosa (en la lección 20 discutiremos sufijos y prefijos).

7. *Woe* es un sustantivo que significa "pesar," "aflicción" o "miseria." *Woefully* es el adverbio y significa "lamentablemente," o "tristemente."

8. El adjetivo *poor* en este contexto no quiere decir literalmente pobre. En este contexto toma el significado de "deficiente" o "inadecuado."

9. Nótese la forma del posesivo en inglés que se forma añadiendo un apóstrofe y una -*s* al final de la palabra. En español, en cambio, se utiliza una construcción más larga con la preposición "de." Para una explicación más detallada sobre este tema, veáse la lección 12.

the woman's role el papel de la mujer
the children's professional education la educación profesional de los niños

10. Se llama revolución industrial a los cambios sociales y económicos que ocurrieron como resultado del uso de máquinas y herramientas de alto poder, así como también a un crecimiento en la producción industrial a partir del siglo XIX.

11. *Due,* cuando se utiliza como un adjetivo, quiere decir "vencido, debido, adecuado, merecido, propio, esperado." Cuando se utiliza seguido de la preposición *to* quiere decir "debido a."

The due date for that project is March 1st.
La fecha de límite para ese proyecto es el primero de marzo.

With all due respect, I think you're making a mistake.
Con el debido respeto, creo que usted está cometiendo un error.

The train is due at six.
El tren debe llegar a las seis.

Due to bad weather, the airports are closed.
Debido al mal clima, los aeropuertos están cerrados.

12. No hay que confundir los homófonos *their, they're,* y *there. Their* es el pronombre posesivo de la tercera persona del plural (su/s). *They're* es la contracción de *they are* (ellos/as son). (Para una explicación

más detallada sobre la diferencia entre los pronombres posesivos y la construcción de sustantivos seguidos por *'s,* véase la lección 12.) *There* es un adverbio que indica dirección (allá). *There* también se puede utilizar con el verbo *to be (there is/are/was/were)* para indicar la existencia de algo, y corresponde al verbo "haber" en español. (Para una explicación más detallada veáse la lección 1.)

Their fathers never supported them emotionally.
Sus padres nunca les dieron apoyo emocional.

They're coming to the center next week.
Ellos vienen al centro la próxima semana.

There are about 50 fathers working there now.
Hay más o menos 50 padres trabajando allí ahora.

13. *To put food on the table* es una expresión coloquial similar a la expresión española "poner el pan en la mesa." Es decir, que la persona que trabaja es, por lo general, la que paga por los gastos del hogar.

14. *To make ends meet* es una frase coloquial que se utiliza con mucha frecuencia para indicar que "se está tratando de vivir con los ingresos disponibles." Es una frase que al utilizarse destaca el hecho de que el dinero no alcanza para cubrir todos los gastos.

15. La pronunciación del verbo *to lose* (perder) es semejante a la del adjetivo *loose* (suelto, flojo) y esto da pie a confusiones, especialmente al escribir. La diferencia está en que el verbo se pronuncia con una *-s* más fuerte y sonora [luz], mientras que el adjetivo mantiene el sonido suave de la *-s* [lus].

16. El verbo *to realize* es uno de esos amigos falsos y significa "darse cuenta de." El verbo "realizar" equivale en inglés a *to carry out,* o *to perform* (llevar a cabo).

C. GRAMMAR AND USAGE

1. *THE SIMPLE PRESENT* (EL PRESENTE SIMPLE)

a. Forma

EL AFIRMATIVO

En la forma afirmativa, el presente simple de todos los verbos tiene la misma forma del infinitivo sin *to* (que también se conoce como la forma simple del verbo). Es muy importante recordar que a la tercera persona del singular (él/ella) se le añade una -*s*.

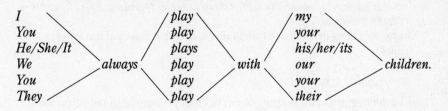

I			play		my	
You			play		your	
He/She/It			plays		his/her/its	
We	always		play	with	our	children.
You			play		your	
They			play		their	

Siempre juego con mis hijos.

Existen algunas excepciones: *to have, to be* y *to do,* que estudiaremos en la lección 8.

Si el verbo termina en -*o, -ss, -sh, -ch,* o -*x,* se añade -*es* para formar la tercera personal del singular.

to go	*She goes to school Monday through Friday.*
	Ella va a la escuela de lunes a viernes.
to fix	*My mother always fixes dinner for us on Sundays.*
	Mi madre siempre nos prepara la cena los domingos.
to teach	*Every Sunday he teaches his son how to play chess.*
	Todos los domingos él le enseña a su hijo a jugar ajedrez.

Aquellos verbos que terminan en una consonante seguida de -*y*, se les cambia la -*y* por -*i* y se añade -*es*. Si el verbo termina en vocal seguida de -*y*, se añade -*s*.

to carry	*He carries his books in his backpack.*
	El lleva sus libros en su morral.
to obey	*She never obeys the teacher.*
	Ella nunca obedece a la profesora.

EL NEGATIVO

El negativo en el presente simple se forma conjugando el verbo auxiliar *to do* y dejando al verbo principal en su forma simple de la siguiente manera:

Pronombre sujeto + *do/does* + *not* + verbo principal en su forma simple.

Nótese la forma de la contracción en paréntesis.

I do not (don't) read stories to them.
Yo no les leo cuentos.

You do not (don't) need to be a psychologist to be a good dad.
No es necesario ser un psicólogo para ser buen padre.

He does not (doesn't) understand the importance of spending a few hours a day with the children.
Él no comprende la importancia de pasar unas horas al día con los niños.

EL INTERROGATIVO

El interrogativo con respuesta corta en el presente simple se forma de la siguiente manera:

> *Do/Does* + pronombre sujeto + verbo principal en su forma simple.

Do you read stories to your children before they go to bed?
Yes, I do./No, I don't.
¿Les lees cuentos a tus hijos antes de dormir?
Sí, lo hago./No, no lo hago.

Does he think that men are poor parents because they lack a role model?
Yes, he does./No, he doesn't.
¿Piensa él que los hombres no son buenos padres porque no tienen un modelo que seguir?
Sí, lo piensa./No, no lo piensa.

Para preguntas con respuestas completas:

> *When/what/where/why/who/how* + *do/does* + pronombre sujeto + verbo en su forma simple?

Where do your parents live now?
They live in Los Angeles.
¿Dónde viven tus padres ahora?
Viven en Los Angeles.

How does your father communicate his emotions?
He cries when he's sad.
¿Cómo expresa tu padre sus emociones?
Llora cuando está triste.

b. Usos

El presente simple se utiliza para expresar eventos que ocurren habitual o rutinariamente. Generalmente se utilizan adverbios que indican una frecuencia de tiempo, tales como:

always	siempre
every day/year	todos los días/años
sometimes	a veces
often	a menudo/muchas veces
frequently	frecuentemente
seldom	rara vez
never	nunca

My husband always takes the kids to school.
Mi esposo siempre lleva a los niños a la escuela.

The show airs at 4:00 P.M. every day.
El programa se transmite todos los días a las 4:00 de la tarde.

El presente simple se utiliza cuando se habla de una verdad en general.

Most toddlers play with blocks.
La mayoría de los niños menores de 3 años juegan con bloques.

Parents make a lot of sacrifices for their children.
Los padres hacen muchos sacrificios por sus hijos.

Por último, se utiliza para sucesos que se consideran inevitables y que ocurrirán en el futuro.

The plane leaves tomorrow at 8:00 A.M.
El avión sale mañana a las 8:00 de la mañana.

2. *THE PRESENT CONTINUOUS* (EL PRESENTE CONTINUO)

a. Forma

EL AFIRMATIVO

El presente contínuo se forma con el presente simple del verbo *to be* y el participio presente del verbo principal:

> *am/is/are* + verbo + *-ing*

Nótese la forma de la contracción en paréntesis.

You are (you're) watching a TV show now.
Estás mirando un programa de televisión en este momento.

They are (they're) talking about what it takes to be a good parent.
Están hablando de lo que se necesita para ser buen padre.

I am (I'm) taking a course in child psychology.
Estoy tomando un curso sobre psicología infantil.

EL NEGATIVO

El negativo se forma de la siguiente manera:

> Sujeto + *am/is/are* + *not* + verbo + *-ing*.

La forma de la contracción aparece en paréntesis.

I am (I'm) not counseling them now.
No los estoy aconsejando en este momento.

She is not (isn't) taping any shows this summer.
Ella no está grabando ningún programa este verano.

They are not (they aren't) taking the program seriously.
Ellos no se están tomando el programa en serio.

EL INTERROGATIVO

La pregunta con respuesta corta se forma invirtiendo el orden de las palabras de la siguiente manera:

> *Am/Is/Are* + sujeto + verbo + *-ing?*

Are you teaching them to be better parents?
Yes, I am. / No, I'm not.
¿Les está enseñado cómo ser mejores padres?
Sí, lo estoy. / No, no lo estoy.

Is he watching the program?
Yes, he is. / No, he isn't.
¿Está mirando el programa?
Sí, lo está. / No, no lo está haciendo.

Are they going to take the course on how to survive a mid-life crisis?
Yes, they are. / No, they're not.
¿Van a tomar el curso sobre cómo sobrevivir la crisis de los cuarenta?
Sí, lo van a tomar. / No, no lo van a tomar.

Para preguntas con respuesta completa:

> *When/what/where/why/who/how* + *am/is/are* +
> pronombre sujeto + verbo + *-ing?*

What show are you watching?
I'm watching Oprah.
¿Qué programa estás viendo?
Estoy viendo el programa *Oprah*.

How is the psychologist helping you?
He's not helping me at all.

¿Cómo te está ayudando la psicóloga?
No me está ayudando para nada.

REGLAS DE ORTOGRAFÍA

A los verbos que terminan en *-e* se les quita la *-e* y se añade *-ing*.
Nótese que si el verbo termina en *-ee* no se le quita la última *-e*.

hope	*hoping*	esperar
become	*becoming*	volverse
prepare	*preparing*	preparar
flee	*fleeing*	escapar

A los verbos de una sola sílaba que terminan en una vocal seguida por una consonante (con excepción de la *-w* y la *-x*), se les duplica la consonante y se añade *-ing*.

stop	*stopping*	detenerse
rob	*robbing*	robar
beg	*begging*	suplicar

A los verbos de una sola sílaba que terminan en dos vocales seguidas por una consonante, simplemente se les añade *-ing*.

rain	*raining*	llover
dream	*dreaming*	soñar
sleep	*sleeping*	dormir

A los verbos de dos sílabas que llevan el acento en la primera sílaba, simplemente se les añade *-ing*.

cancel	*canceling*	cancelar
offer	*offering*	ofrecer
travel	*traveling*	viajar

A los verbos de dos sílabas que llevan el acento en la segunda sílaba se les duplica la consonante final y se les añade *-ing*.

begin	*beginning*	comenzar
prefer	*preferring*	peferir
control	*controlling*	controlar

Si el verbo termina en dos consonantes o en -y, sólo se la añade -ing.

start	*starting*	empezar
demand	*demanding*	exigir
enjoy	*enjoying*	disfrutar
buy	*buying*	comprar

Si el verbo termina en -ie, se cambia la -ie por -y, y se añade -ing.

die	*dying*	morir
lie	*lying*	mentir
tie	*tying*	atar

b. Usos

El presente contínuo se utiliza para expresar una acción o evento que ocurre en el mismo instante en que se habla o se escribe.

The television crew is preparing the stage for the next show.
El equipo de televisión está preparando el escenario para el próximo programa.

The audience is clapping and cheering because the host has just walked onto the stage.
El público está aplaudiendo y vitoreando porque la anfitriona del programa acaba de salir al escenario.

También se utiliza cuando se quiere afirmar o destacar que la acción no es permanente.

They are taping the show on location for a few weeks.
Están grabando el programa fuera del estudio por unas semanas.

Por último, se puede utilizar para expresar una acción que ocurre en el futuro.

Our neighbors are leaving on vacation tomorrow morning.
Nuestros vecinos se van de vacaciones mañana por la mañana.

He's going to the Center for Fathers on Tuesday for counseling.
El irá al Centro para Padres el martes para recibir asesoramiento.

c. Excepciones

Existen ciertos verbos que debido a su naturaleza no se pueden utilizar para indicar una acción contínua. Estos verbos describen estados o condiciones existentes y no actividades en progreso.

ESTADOS MENTALES

to believe	creer	*to prefer*	preferir
to doubt	dudar	*to realize*	darse cuenta
to feel	sentir	*to recognize*	reconocer
to forget	olvidar	*to remember*	recordar
to imagine	imaginar	*to suppose*	suponer
to know	saber	*to think*	pensar
to mean	significar	*to understand*	comprender
to need	necesitar	*to want*	querer

ESTADOS EMOCIONALES

to appreciate	apreciar	*to hate*	odiar
to care	cuidar	*to like*	gustar
to envy	envidiar	*to love*	amar
to dislike	no gustar	*to mind*	considerar
to fear	temer		

POSESIÓN

to belong	pertenecer	*to possess*	poseer
to own	ser dueño de		

SENTIDOS

to hear	oír

OTROS ESTADOS

to consist of	constar de	*to include*	incluir
to contain	contener	*to look like*	parecer
to cost	costar	*to owe*	deber
to exist	existir	*to seem*	parecer

D. IDIOMATIC STUDY

ASKING FOR CLARIFICATION
(CÓMO PEDIR UNA ACLARACIÓN)

Cuando usted no comprenda algo y necesite una aclaración, puede pedirla directamente:

What do you mean (by that)?
    ¿Qué quiere usted decir (con eso)?

What does that mean?
 ¿Qué quiere decir eso?

Could you clarify that for me?
 ¿Podría usted aclararme eso?

O utilizando una forma menos directa (y, por eso, más formal):

I'm afraid I'm not following you.
 Me temo que no comprendo.

I'm not really sure what you're getting at.
 No sé exactamente a que se refiere.

I'm not quite clear as to what you mean (by that).
 No tengo muy claro lo que usted quiere decir (con eso).

O parafraseando lo que ha escuchado:

Do you mean (to say) _____ ?
 ¿Quiere usted decir que _____?

Are you saying _____ ?
 ¿Está usted diciendo que _____?

Does that mean _____ ?
 ¿Eso quiere decir que _____?

CLARIFYING (CÓMO DAR UNA ACLARACIÓN)

Algunas frases útiles para ampliar o explicar lo que se está diciendo son:

Let me put it this way.
 Déjeme ponerlo de esta manera.

Let me put it another way.
 Déjeme ponerlo de otra manera.

What I'm (really) saying is . . .
 Lo que (realmente) estoy diciendo es que . . .

What I mean is . . .
 Lo que quiero decir es que . . .

What I'm getting at is . . .
 A lo que voy es a que . . .

In other words . . .
 En otras palabras . . .

E. STRICTLY BUSINESS

1. *FAMILY STRUCTURE IN THE U.S.*
(LA ESTRUCTURA FAMILIAR EN LOS EE.UU.)

Cada diez años el departamento del censo de los Estados Unidos obtiene información sobre los habitantes del país e investiga la manera como las tendencias familiares van cambiando. El departamento analiza la información para examinar aspectos tan importantes como el tamaño y la composición de la familia. Así se ha podido determinar que la familia tradicional es cosa del pasado.

De acuerdo con el censo de 1990, la familia tradicional estadounidense que se componía de padre, madre e hijos menores de 18 años está desapareciendo. En 1970, sólo un 40% de los hogares estaban compuestos de una familia tradicional, en 1980 sólo el 31% y en 1990 sólo el 26%. Más del 70% de los hogares en los Estados Unidos están formados por padres solteros e hijos, padres divorciados e hijos, parejas sin hijos, padres e hijos mayores de edad, personas solteras viviendo solas o personas adultas sin relación sanguínea compartiendo una misma casa.

El censo de 1990 también reveló que la tasa de divorcio y el número de niños nacidos de padres solteros aumentó con mayor lentitud en la década de los ochenta que en cualquier otra. Pero el número de parejas no casadas sigue aumentando rápidamente (casi un 80% más en la década de los noventa que en la de los ochenta). La tendencia hacia familias más pequeñas sigue en aumento con un promedio de 2.63 miembros en 1990.

El censo reveló que es cada día mayor el número de mujeres que trabajan fuera de sus hogares. De tal manera que los hombres están asumiendo algunas de las responsabilidades del hogar. Algunas compañías han empezado a hacer cambios para acomodar a los "nuevos" padres de familia. Compañías como la *General Motors* han empezado a ofrecer guarderías para los hijos de sus empleados.

Debido a que en muchos hogares ambos padres trabajan, los niños con frecuencia quedan al cuidado de terceros. En 1993 el presidente Clinton aprobó un proyecto de ley conocido como *the Family Leave Act* (Proyecto de ley para licencias familiares). Por medio de esta ley, una empresa que emplee a un mínimo de 50 personas debe ofrecer 12 semanas de licencia sin pago, al año, a cualquier empleado que necesite cuidar de un recién nacido, un niño adoptado o un familiar enfermo. Aunque el empleado no es remunerado durante este tiempo, su empleo está garantizado y su seguro de salud continua vigente.

2. VOCABULARY (VOCABULARIO)

babysitter	niñera
day care center	guardería
divorced	divorciado
home	hogar
married	casado/a
out of wedlock	sin estar casado/a
parents	padres (padre y madre)
relatives	parientes/familiares
siblings	hermanos/as
single	soltero/a
U.S. Census Bureau	departamento del censo
widow	viuda
widower	viudo

EXERCISES

1. *Complete the following sentences using "their," "they're" or "there."* Complete las siguientes oraciones con *their, they're* o *there.*

   a. _____ fathers were men who worked at home as carpenters, smiths, or farmers.
   b. _____ coming to the center to find out more about parenthood.
   c. _____ are a number of men who are truly concerned about _____ children's emotions.
   d. The center is _____ to help fathers deal with _____ fears and expectations about fatherhood.
   e. _____ two of the best psychologists I know. We're lucky _____ working for us.
   f. _____ fathers were never _____ physically or emotionally.

2. *Complete the following sentences using "to lose" or "loose."* Complete las siguientes oraciones con *to lose* o *loose.*

   a. When my father sits on the couch he _____ the _____ change in his pockets.
   b. I never _____ any sleep over my problems.
   c. Many parents feel they will _____ their children when they become adults.
   d. My father doesn't like me wearing _____ clothes.
   e. If you _____ your father when you're young, you also _____ one of your best role models.

3. Use either the simple present or the present continuous to complete the following sentences. Utilice el presente simple o el presente continuo para completar las siguientes oraciones.

   a. Dr. Cassid _____ (to write) another book this year.
   b. Today, more than ever, fathers _____ (to try) to improve their parenting skills.
   c. We _____ (to begin) each day with a group session. Each man _____ (to talk) a little about his experiences with his own father and his children. We _____ (to want) them to open up and to feel comfortable talking about their feelings.
   d. Today, the roles of men and women _____ (to change) very quickly. Men _____ (to begin) to understand that they _____ (to need) to be there both financially and emotionally for their children.
   e. When children become adolescents, fathers _____ (to feel) a sense of loss and abandonment. They _____ (to realize) that they _____ (to get) old.

4. Change the following sentences to the negative form. Cambie las siguientes oraciones al negativo.

   a. Most of the problems fathers have today are due to a lack of time.
   b. The host is interviewing fathers for her show today.
   c. Fathers today want to provide financial support.
   d. My husband is going through a mid-life crisis.
   e. Many fathers find it difficult to let go of their children.
   f. The television crew is taping two shows today.
   g. Most fathers give their children emotional support.
   h. This show airs everyday at 4:00 P.M.
   i. Some people in the audience know Dr. Cassid.
   j. He wants to ask him a question.
   k. The center solves all of your problems.

LESSON 3

COMPUTERS IN THE WORKPLACE.   Los computadores en el trabajo.

A. DIALOGUE

THE COMPANY THAT WASN'T

Frank Williams is a recent college graduate with a degree in Business Administration. A few weeks ago, he sent his resume to several companies in his hometown of San Antonio, Texas.[1] Today he has an interview with Alamo Mutual Funds, a respected investment firm.

RECEPTIONIST: May I help you?

FRANK: Yes, my name is Frank Williams, and I have a ten o'clock appointment with Judy Dobbs.

RECEPTIONIST: Please have a seat. She'll be with you shortly.

JUDY: Frank? Good morning! I'm Judy Dobbs. Nice to meet you.

FRANK: Nice to meet you, too. Sorry I'm a little late . . .

JUDY: That's all right. Traffic can be pretty bad.

FRANK: Actually, there wasn't much traffic. I wasn't sure if I had the right address or not. I guess I was expecting a large office building . . .

JUDY: Well, we used to have our own building downtown. But about six months ago, we created this virtual office environment. We still have over a hundred investment brokers working for us, but now just about everybody works from home.

FRANK: Oh yeah! I heard about these types of companies in one of my management courses. Exactly how does a virtual office work?

JUDY: It's pretty simple, really. In this business, just about everything is done with a computer and a telephone. All we had to do was move the equipment we had in the old building to the homes of our employees and hook them up to our network.

FRANK: But don't people ever need to come into the office?

JUDY: No, not really. Since our brokers spend most of the day on the phone, they can do their job just as easily from home. They can also access up-to-the-minute information on stocks, bonds, and mutual funds via the Internet. Whenever they do[2] have a scheduled meeting, they almost always go to their client's home or office.

FRANK: But what about your own staff meetings?

JUDY: We rely on teleconferencing. We can hear each other and hold[3] open discussions on the phone just as well as we can in person. Managers just have to send out e-mail with the time for everyone to dial in.[4]

FRANK: Speaking of managers . . . how do they monitor their employees?

JUDY: That wasn't much of a concern for us. Since most of our employees earn commission, they have to work hard regardless of where they are. However, we were surprised to see our quarterly earnings increase by almost ten percent in the first three months.

FRANK: That's pretty amazing. What brought that on?[5] Higher interest rates and stock dividends? Are people just investing more now that the economy is picking up?[6]

JUDY: Those factors have some bearing,[7] I'm sure. But most importantly, our brokers simply work better from home. Based on the needs of their clients, our employees decide how much they have to work and when. They really enjoy this flexibility, and they work with greater efficiency.

FRANK: So, what's this office for?

JUDY: Management decided that we still needed an office, although a very small one. The network mainframe is here, so MIS[8] is here as well. We also have an eight hundred number[9] for new clients, so we rotate a few brokers in every day to handle inquiries and generate new leads. And of course, we still have people drop by with deliveries and mail, so a receptionist is needed as well.

FRANK: Wow! It seems so strange, but I guess there's really no reason for your employees to come to work in an office.

JUDY: Not at all. It's an arrangement that more and more companies are seriously considering. It makes sense financially because it cuts down on operating costs. And it makes all the employees happy because they can make better use of their time to do what they really enjoy doing.

FRANK: This is very interesting.

JUDY: Now, what about this job interview I was supposed to be conducting here? You've been doing all the interviewing!

FRANK: I'm sorry . . .

JUDY: **Don't worry about it. I like an employee who can ask a good question every once in a while!**

LA COMPAÑÍA QUE NO EXISTE.

Frank Williams es un estudiante que acaba de graduarse de la universidad con un título en Administración de Empresas. Hace algunas semanas envió su curriculum a varias compañías San Antonio, Texas, su pueblo natal. Hoy tiene una entrevista en la compañía *Alamo Mutual Funds,* una firma de inversiones muy respetada.

RECEPCIONISTA: ¿En qué puedo ayudarle?

FRANK: Me llamo Frank Williams y tengo una cita a las diez con la señora Judy Dobbs.

RECEPCIONISTA: Tome asiento, por favor. Ella estará con usted en breve.

JUDY: ¿Frank? ¡Buenos Días! Soy Judy Dobbs. Es un placer conocerle.

FRANK: El placer es mío. Me disculpo por llegar un poco tarde . . .

JUDY: Está bien. El tráfico puede ponerse pesado.

FRANK: En realidad, no había mucho tráfico. Es sólo que no estaba seguro si tenía la dirección correcta. Creo que esperaba un edificio de oficinas más grande . . .

JUDY: Bueno, solíamos tener nuestro propio edificio en el centro. Pero hace seis meses creamos este espacio para una oficina virtual. Todavía tenemos más de cien corredores trabajando en la compañía, pero ahora casi todos trabajan desde sus hogares.

FRANK: ¡Ah sí! Escuché algo sobre este tipo de compañías en uno de mis cursos sobre gerencia. ¿Cómo, exactamente, funciona una oficina virtual?

JUDY: Es muy simple, realmente. En este negocio casi todo se hace por medio del computador y el teléfono. Todo lo que tuvimos que hacer fue mover el equipo que teníamos en el antiguo edificio a las casas de nuestros empleados y conectarlos a nuestra red.

FRANK: ¿Pero es que acaso no es necesario que la gente venga a la oficina?

JUDY: No, en realidad no. Como nuestros corredores pasan la mayor parte del día en el teléfono, pueden hacer su trabajo muy fácilmente desde sus hogares. Tienen también acceso a lo último en información sobre acciones, bonos y fondos de inversión a través del Internet. Casi siempre cuando tienen una reunión programada, van a la casa o la oficina del cliente.

FRANK: ¿Pero y sus propias reuniones de personal?

JUDY: Nos valemos de la teleconferencia. Podemos escucharnos unos a otros y tener conversaciones por teléfono igual que si lo hiciéramos en persona. Los gerentes sólo tienen que enviar un mensaje con la fecha y hora por correo electrónico para que todos se comuniquen.

FRANK: Hablando de gerentes . . . ¿cómo supervisan a sus empleados?

JUDY: No es algo que nos haya preocupado mucho. Como muchos de nuestros empeados trabajan por comisión, tienen que trabajar duro independientemente del lugar en que se encuentren. Sin embargo, nos sorprendió ver que las ganancias trimestrales aumentaron casi un diez por ciento durante los tres primeros meses.

FRANK: Eso es increíble. ¿Cuál fue la causa? ¿Intereses y divendos sobre acciones más altos? ¿Será que la gente está invirtiendo más ahora que la economía se ha recuperado?

JUDY: Esos factores tuvieron algo que ver, estoy segura. Pero creo que lo más importante es que los corredores simplemente trabajan mejor desde sus hogares. Según las necesidades de sus clientes, nuestros empleados deciden cuánto tienen que trabajar y cuándo. Ellos realmente disfrutan de esta flexibilidad, y trabajan más eficientemente.

FRANK: Entonces, ¿para qué es la oficina?

JUDY: La gerencia decidió que todavía necesitábamos una oficina, aunque fuera pequeña. La base de la red está aquí y el servicio para el manejo de información está aquí también. También tenemos una línea de teléfono gratuita para nuevos clientes, así que rotamos a unos cuantos corredores todos los días para que se encarguen de responder preguntas y hacer nuevos contactos.

FRANK: ¡Increíble! Parece tan extraño, pero supongo que realmente no hay ninguna razón para que sus empleados vengan a trabajar a la oficina.

JUDY: Para nada. Es un arreglo que más y más compañías están considerando seriamente. Económicamente tiene sentido, porque se reducen los costos de operación. Y hace felices a todos los empleados porque pueden aprovechar mejor su tiempo haciendo lo que realmente les gusta hacer.

FRANK: Es muy interesante.

JUDY: Ahora bien, ¿y qué hay de esta entrevista que supuestamente debo estar haciéndole? ¡Usted ha sido el que ha estado haciendo las preguntas!

FRANK: Lo siento . . .

JUDY: No se preocupe. ¡Me gustan los empleados que de vez en cuando hacen una buena pregunta!

B. NOTES

1. El estado de *Texas* está al sudoeste del país y su capital es *Austin*. *San Antonio* es una de las ciudades más bellas en *Texas,* famosa por la Plaza del Alamo, monumento a los 189 voluntarios que murieron en 1836 durante los 13 días de bloqueo al dictador mexicano, el General Santa Anna. Otra ciudad importante, por ser la cuarta ciudad más grande de los Estados Unidos y un centro del comercio internacional es *Houston.*

2. Como hemos visto en capítulos anteriores el verbo *to do* generalmente se usa con otros verbos como verbo auxiliar para formar el negativo y el interrogativo. Se puede utilizar en el afirmativo para dar énfasis al verbo principal. Es comparable con el uso del adverbio "sí" en español:

I don't know much about the Internet, but I do know there are different service providers.
No sé mucho sobre el Internet, pero sí sé que hay diferentes compañías que prestan ese servicio.

He doesn't know about computers, but I do.
Él no sabe de computadores, pero yo sí.

3. El verbo *to hold* en el contexto del diálogo se utiliza con el significado de "celebrar una sesión/reunión/junta." Pero, también se utiliza con otros significados:

TENER UN PUESTO

He holds the office of governor.
El tiene el puesto de gobernador.

OBLIGAR

They held him to his promise.
Lo obligaron a cumplir su promesa.

CREER

We hold these truths to be self-evident.
Creemos que estas verdades son evidentes.

LLEVAR A CABO

Australia will hold the next Olympic games.
Los próximos juegos olímpicos se llevarán a cabo en Australia.

The theory that there once was life on Mars still holds.
La teoría de que una vez hubo vida en Marte todavía es válida.

4. Nótese que el verbo to *dial* literalmente significa "marcar un teléfono/llamar." Con el avance de la tecnología y especialmente refiriéndose a los computadores, se utiliza con la preposición *in* y quiere decir "llamar/comunicarse con/tener acceso a."

5. *To bring on/about* quiere decir "causar" o "lograr algo exitosamente." Existen otras expresiones con el verbo *to bring:*

to bring back	devolver
to bring down	hacer bajar/hacer que algo caiga/matar (cazar)
to bring forth	producir/poner de manifiesto
to bring up	criar y educar un niño
to bring down the house	causar aplauso general

6. El verbo *to pick up* se utiliza en el diálogo con el significado de "mejorar/recobrarse." Puede también utilizarse con el significado de "alzar" o "entablar conversación con una persona extraña." Otras expresiones con el verbo *to pick* son:

to pick out	escoger
to pick on someone	molestar a alguien
to pick at something	tirar de algo con los dedos

7. La expresión *to have bearing on* quiere decir "tener que ver con."

8. *MIS* es la sigla para *Management Information Services.* Por lo general se trata del departamento que se encarga de administrar y mantener el sistema de comunicación de una compañía.

9. En los Estados Unidos cualquier empresa puede instalar un número de teléfono de larga distancia gratuito para sus clientes. Estos números son conocidos como "números ochocientos" porque independientemente de la zona del país donde se encuentre la compañía hay que marcar el número ochocientos antes de marcar el número local.

C. GRAMMAR AND USAGE

1. *NOUNS* (LOS SUSTANTIVOS)

En inglés los sustantivos se dividen en dos grandes grupos: los sustantivos de masa y los sustantivos contables.

a. Sustantivos contables

Los sustantivos contables son aquellos que, como su nombre lo indica, podemos contar porque denotan unidades independientes. Estos sustantivos, como en español, tienen una forma singular y una forma plural.

El plural de la mayoría de los sustantivos contables se forma añadiendo una *-s* al final:

computer(s)	computador(es)
desk(s)	escritorio(s)
street(s)	calle(s)
page(s)	página(s)
cable(s)	cable(s)

Si el sustantivo termina en *-sh, -ch, -ss,* o *-x*, se añade *-es:*

wish(es)	deseo(s)
match(es)	cerillo(s)
business(es)	negocio(s)
fax(es)	facsímil(es)

Si el sustantivo termina en una consonante + *-y*, se cambia la *-y* por *-i* y se añade *-es:*

technology	*technologies*	tecnología(s)
industry	*industries*	industria(s)
country	*countries*	país(es)

Si el sustantivo termina en *-fe* o *-f*, se cambia esta terminación por *-ves:*

wife	*wives*	esposa(s)
knife	*knives*	cuchillo(s)
calf	*calves*	ternero(s)
half	*halves*	mitad(es)
leaf	*leaves*	hoja(s)
life	*lives*	vida(s)

self	*selves*	mismo(s)
shelf	*shelves*	estante(s)
thief	*thieves*	ladrón(es)
wolf	*wolves*	lobo(s)

Excepciones son:

belief	*beliefs*	creencia(s)
chief	*chiefs*	jefe(s)
cliff	*cliffs*	peñasco(s)
roof	*roofs*	techo(s)

El plural de los sustantivos que terminan en -*o* se forma, en algunos casos, añadiendo solamente una -*s,* y en otros -*es:*

tomato (es)	tomate(s)
potato (es)	patata(s)/papa(s)
hero (es)	héroe(s)
echo (es)	eco(s)
mosquito (es)	mosquito(s)
zoo (s)	zoológico(s)
radio (s)	radio(s)
studio (s)	estudio(s)
piano (s)	piano(s)
soprano (s)	soprano(s)
photo (s)	foto(s)
auto (s)	auto(s)

Los siguientes sustantivos pueden formar el plural de cualquiera de las dos formas:

zero (es)/zero (s)	cero(s)
volcano (es)/volcano (s)	volcán(es)
tornado (es)/tornado (s)	tornado(s)

Existen otros sustantivos cuya forma plural es completamente irregular:

man	*men*	hombre(s)
woman	*women*	mujer(es)
child	*children*	niño/a(s)
person	*people*	persona(s)
ox	*oxen*	buey(es)

mouse	*mice*	ratón(es)
louse	*lice*	piojo(s)
foot	*feet*	pie(s)
goose	*geese*	ganso(s)
tooth	*teeth*	diente(s)

Aquellos sustantivos incorporados al inglés del latín también tienen formas plurales diferentes:

memorandum	*memoranda*	memorándum(s)
phenomenon	*phenomena*	fenómeno(s)
radius	*radii*	radio(s)

Y existen algunos sustantivos que tienen la misma forma tanto para el singular como para el plural:

deer	*deer*	ciervo(s)
fish	*fish*	pescado(s)
sheep	*sheep*	oveja(s)
offspring	*offspring*	prole(s)
species	*species*	especie(s)

b. Los sustantivos de masa

Los sustantivos de masa son aquellos que denotan lo siguiente:

líquidos: *water, milk, soup, coffee, tea*
sólidos: *ice, bread, cheese, meat, glass, paper*
gases: *air, oxygen, smoke*
partículas: *rice, flour, sugar, sand, salt*
conceptos abstractos: *luck, time, beauty, happiness, truth, wealth*
idiomas: *Italian, German, French, Spanish*
campos de estudio: *Chemistry, Biology, Math, History*
deportes: *soccer, football, baseball, basketball*
fenómenos de la naturaleza: *light, rain, snow, fog, heat, wind*
un grupo compuesto de partes similares: *furniture, clothing, jewelry, garbage, food*

Los sustantivos de masa no se pueden contar, ya que indican una masa indivisible y no tienen tampoco una forma plural. Cuando separamos la masa o la colocamos dentro de algún tipo de envase, podemos contar las partes en las que está dividida o los envases en los que está contenida. Así, podemos contar botellas de vino *(bottles of wine)*, sacos de arena *(bags of sand)*, trozos de información *(pieces of information)*, gotas de lluvia *(drops of rain)*, o maletas de equipaje *(suitcases)*.

2. *ARTICLES* (LOS ARTÍCULOS)

En inglés hay un artículo indefinido y un artículo definido.

ARTÍCULO INDEFINIDO

> *a* + sustantivo que comience en consonante o vocal que se pronuncie como consonante
>
> *an* + sustantivo que comience en vocal o una *h* muda.

a printer	una impresora	*a university*	una universidad
a cable	un cable	*a European town*	un pueblo europeo
an icon	un ícono	*an hour*	una hora
an error	un error	*an honorable man*	un hombre honorable

El artículo indefinido *(a/an)* se utiliza con sustantivos contables solamente para denotar algo en general. A diferencia del español, cuando se hace referencia a un sustantivo de masa o a un sustantivo contable en su forma plural no se utiliza ningún artículo.

ARTÍCULO DEFINIDO

> *the* + sustantivo

El artículo definido *(the)* se utiliza con sustantivos de masa y sustantivos contables (singulares y plurales) cuando se refiere a un sustantivo específico.

El siguiente cuadro resume el uso de los artículos:

	SUSTANTIVOS DE MASA	SUSTANTIVOS CONTABLES	
		SINGULAR	PLURAL
GENERAL/INDEFINIDO	Ø	*a/an*	Ø
ESPECÍFICO	*the*	*the*	*the*

SUSTANTIVOS DE MASA (GENERAL/INDEFINIDO)

Software is changing our lives.
Los programas de computación están cambiando nuestras vidas.

There's additional space here.
Hay espacio adicional aquí.

SUSTANTIVOS CONTABLES (SINGULAR, GENERAL/INDEFINIDO)

A second-hand machine will not be as fast.
    Una máquina de segunda mano no será tan rápida.

In an ideal situation, we'd have 10 computers.
    En una situación ideal, tendríamos 10 computadores.

SUSTANTIVOS CONTABLES (PLURAL, GENERAL/INDEFINIDO)

Color printers are more expensive than black ink printers.
    Las impresoras a color son más costosas que las de tinta
    negra.

Newer applications run on Windows'95.
    Los nuevos programas son compatibles con Windows'95.

SUSTANTIVOS DE MASA (ESPECÍFICO)

We need to review the software we ordered.
    Tenemos que evaluar los programas que ordenamos.

The space in my office is too small.
    El espacio en mi oficina es demasiado pequeño.

SUSTANTIVOS CONTABLES (SINGULAR, ESPECÍFICO)

The machine on the right is down.
    La máquina que está a la derecha no funciona.

The situation is more critical than I thought.
    La situación es más crítica de lo que pensé.

SUSTANTIVOS CONTABLES (PLURAL, ESPECÍFICO)

The printers are downstairs.
    Las impresoras están abajo.

The applications run faster on these machines.
    Los programas funcionan más rapidamente en estas
    máquinas.

Nótese que en inglés el artículo indefinido no tiene ni número ni
género como en español. El equivalente en inglés del artículo
indefinido plural (unos/unas) es *some.*

I have some documents I'd like you to take a look at.
    Tengo unos documentos que quiero que veas.

3. QUANTITY EXPRESSIONS
(EXPRESIONES DE CANTIDAD)

Al utilizar expresiones que indican una cantidad se debe tener en cuenta si se trata de un sustantivo contable en el plural o de un sustantivo de masa, así:

SUSTANTIVOS DE MASA	SUSTANTIVOS CONTABLES (PLURAL)	
much	many	mucho(s)
a little	a few	poco(s)
a lot of	a lot of	mucho(s)
some	some	algún(os)
any	any	cualquier(a)
no	no	ningún(os/as)

Nótese que estas expresiones no pueden usarse con sustantivos contables en singular.

How much memory does each machine have?
¿Cuánta memoria tiene cada máquina?

How many computers do we need to buy?
¿Cuántos computadores tenemos que comprar?

There is little space in this office for a computer workstation.
Hay poco espacio en esta oficina para una estación de computadores.

There are a few programs I want you to look at.
Hay unos programas que quiero que veas.

I need some time to install the software.
Necesito un poco de tiempo para instalar los programas.

Some printers are not working.
Algunas impresoras no están funcionando.

4. "FEW" VS. "A FEW" AND "LITTLE" VS. "A LITTLE"
(FEW VS. A FEW Y LITTLE VS. A LITTLE)

Cuando se utiliza el artículo indefinido *a* con las expresiones de cantidad *few* y *little,* el sentido de la frase es positivo. Cuando se omite el artículo, el sentido es negativo.

SENTIDO POSITIVO

A few computers are hooked to a printer.
Unos (cuantos) computadores están conectados a una impresora.

We have a little money left to purchase additional software.
Tenemos un poco de dinero disponible para comprar programas adicionales.

Few computers are hooked to a printer.
Muy pocos computadores están conectados a una impresora.

We have little money left to purchase additional software.
Tenemos poco dinero disponible para comprar programas adicionales.

D. IDIOMATIC STUDY

INVITATIONS (CÓMO HACER UNA INVITACIÓN)

Para invitar a alguien a hacer algo existen algunas frases muy útiles:

Would you care/like to meet us for happy hour?
¿Le gustaría que nos reuniéramos después del trabajo?

Would you be interested in joining us for lunch?
¿Le interesaría acompañarnos a almorzar?

How about if we meet for a drink after work?
¿Qué tal si nos reunimos a tomar algo después del trabajo?

We'd like to invite you to have dinner at our place.
Nos gustaría invitarlo a cenar a nuestra casa.

I'd love it if you could join me for dinner this evening.
Me encantaría que me acompañara esta noche a cenar.

Luego de extender la invitación se puede hacer énfasis así:

Please try to come.
Trate de venir, por favor.

I hope you can come.
Espero que pueda venir.

We hope you can make it.
Esperamos que pueda venir.

I hope you'll be able to join me/us.
Espero que pueda acompañarme/nos.

See you soon.
Nos vemos pronto.

We look forward to having you over.
Tenemos mucha ilusión de tenerlo en casa.

Algunas posibles respuestas son:

I'd love to.
Me encantaría.

We'd like to.
Nos gustaría.

I'd be happy to.
Me encantaría.

We'd be glad to come.
Estaríamos encantados de ir.

Thanks for inviting me.
Gracias por invitarme.

Thank you for the invitation.
Gracias por la invitación.

We're looking forward to it, too.
Nosotros también tenemos ilusión de verlos.

I'd love to, but I won't be able to make it.
Me encantaría, pero no podré ir.

We'd like to, but we already have a previous engagement.
Nos gustaría, pero tenemos otro compromiso.

I'd be delighted, but I made plans earlier.
Me encantaría, pero tengo otro compromiso.

I'm afraid I won't be able to come.
Me temo que no podré ir.

E. STRICTLY BUSINESS

1. *THE VIRTUAL OFFICE* (LA OFICINA VIRTUAL)

En los años ochenta, los avances tecnológicos afectaron significativamente la forma de trabajar de los estadounidenses. El equipo tradicional que había existido por décadas, como las máquinas de escribir y los sistemas de teléfono por conmutador, fueron reemplazados por computadores y redes telefónicas avanzadas equipadas con un sistema de contestador automático. Pero justo cuando el mundo de los negocios se empezaba a acostumbrar a toda esta nueva tecnología, una nueva tendencia amenaza con acabar con el concepto tradicional de la oficina. Se trata de la muy popular idea de la oficina virtual.

El espacio para la oficina virtual tiene sus raíces a finales de los años ochenta, cuando grandes compañías con múltiples oficinas a lo largo y ancho del país comenzaron a implementar cambios que permitían que sus negocios funcionaran como una unidad más coherente. Ese desarrollo organizacional era la meta de muchas industrias, incluyendo aerolíneas, compañías de transporte y bancos, donde es importante que el cliente tenga acceso a la información y a un servicio similar sin importar el lugar en que se encuentre. Con la ayuda del fax y el teléfono, estando a cientos de millas de distancia, los empleados descubrieron que era posible trabajar juntos en el mismo proyecto al mismo tiempo. Pero más recientemente, con la tecnología de las redes de computadora, los empleados podían tener acceso a documentos e información contenida en el computador de cada cual sin importar el lugar en donde se encontraran.

El éxito que este tipo de compañías ha tenido ha sido un factor importante en la tendencia gerencial del momento. A medida que el costo de alquiler de espacios para oficina aumentó, algunos ejecutivos empezaron a darse cuenta de que podían ahorrar dinero al hacer que sus empleados trabajaran desde sus casas. Al principio, mucha gente pensó que se trataba de un concepto muy radical. Después de todo, los empleados y los gerentes estaban acostumbrados a ir a una oficina a trabajar, y hasta hace muy poco, nadie concebía la idea de manejar una oficina sin un espacio físico determinado.

Naturalmente, existen ciertos factores necesarios para crear una oficina virtual. El principal factor es la tecnología, especialmente una red de computadores y el Internet. Con un computador en casa que esté conectado a la red de la compañía, el empleado tiene acceso a la información que necesita para llevar a cabo su trabajo. Puede obtener y transmitir información a sus colegas a través de las líneas de la red y puede iniciar conferencias telefónicas con otros empleados. Además de la red de computadores de la compañía, la tecnología del Internet que se ha desarrollado en los últimos años permite que uno se comunique con compañías y empresas a nivel mundial. Un empleado puede utilizar el Internet para anunciar y vender sus productos, o para obtener información sobre cualquier tema. Aunque la tecnología por computador es el fundamento de la oficina virtual, un sistema sofisticado de teléfonos es también escencial. Hoy día se pueden llevar a cabo conferencias con varios empleados o clientes por medio del teléfono.

Desafortunadamente, la oficina virtual sólo es aplicable a un limitado número de profesiones. Sin embargo, ha probado ser un modelo organizacional exitoso para muchas compañías que ofrecen servicios financieros, legales, editoriales o cualquier otra compañía que tenga que ver con ventas. La oficina virtual parece ser beneficiosa tanto para el empleado como para el empleador. Como la mayoría de las oficinas que han creado este ambiente ya tienen la tecnología necesaria, los costos son por lo general muy razonables. Pero fuera de los aspectos financieros, las compañías se benefician porque la proporción de ausencias al trabajo son mucho menores. Aunque es difícil encontrar una explicación exacta, muchos creen que un empleado trabaja más en la oficina virtual porque está más contento. Al no tener que perder tanto tiempo yendo y viniendo al trabajo, las personas disfrutan más de su tiempo libre.

Aunque la oficina virtual es todavía una excepción, es un sistema organizacional que muchas compañías están empezando a considerar. Y si esta tendencia continúa, en el futuro más y más individuos trabajarán en un ambiente similar.

2. *VOCABULARY* (VOCABULARIO)

bug	error
code	código
computer	computador/ordenador
conference call	conferencia por teléfono
cursor	cursor
data	datos
debug	limpiar un programa
download	copiar información
e-mail	correo electrónico
font	tipo (de letra)
hard disk	disco duro
network	red
print	imprimir
RAM (Random Access Memory)	memoria de acceso aleatorio
save	guardar/almacenar
software	programas de computación
switchboard	conmutador
typewriter	máquina de escribir
virtual office	oficina virtual
voice mail	contestador automático
workplace	lugar de trabajo/oficina
word processor	procesador de palabras

Muchos de los términos relacionados con el computador le serán fáciles de aprender ya que en español el vocabulario que utilizamos se deriva directamente del inglés. El siguiente diagrama muestra algunos de los términos utilizados con mayor frecuencia y que usted seguramente necesitará conocer.

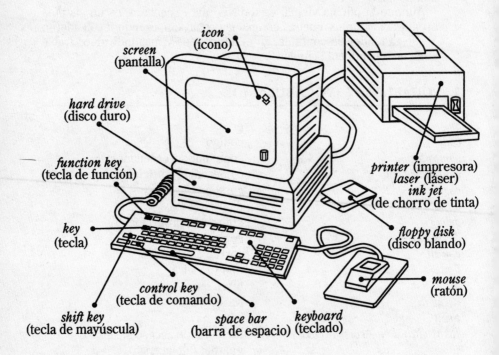

icon
(ícono)

screen
(pantalla)

hard drive
(disco duro)

function key
(tecla de función)

key
(tecla)

control key
(tecla de comando)

shift key
(tecla de mayúscula)

space bar
(barra de espacio)

keyboard
(teclado)

printer (impresora)
laser (láser)
ink jet
(de chorro de tinta)

floppy disk
(disco blando)

mouse
(ratón)

1. *Complete the following dialogue by filling the blanks with the appropriate article (a/an/the/ø).* Complete el siguiente diálogo llenando cada espacio en blanco con el artículo apropiado *(a/an/the/ø)*.

Cody: *Hello, PC Warehouse. This is Cody. How can I help you?*

Ms. Bailey: *I'd like to place __(a)__ order, please.*

Cody: *O.K. Will you be ordering from __(b)__ catalogue?*

Ms. Bailey: *Yes.*

Cody: *Do you have __(c)__ catalogue in front of you?*

Ms. Bailey: *As a matter of fact, I do. I'm interested in __(d)__ Power Center Series on __(e)__ page 21.*

Cody: *Are you interested in __(f)__ Power PC desktop model or __(g)__ Profile model?*

Ms. Bailey: *__(h)__ desktop model.*

Cody: *That model comes with 8MB of RAM and __(i)__ 850 MB hard-drive. It is currently quoted at $1995.*

Ms. Bailey: *How much would it be with 16MB of Ram?*

Cody: *$2995.*

Ms. Bailey: *Would you be able to give me __(j)__ discount if I purchased 15 computers?*

Cody: *I believe so. Let me check. Yeah, you'll get __(k)__ 20% discount on __(l)__ order of that size.*

Ms. Bailey: *O.K. We also need some network software and __(m)__ connectors.*

Cody: *__(n)__ machines already come with built in modem support and internet software.*

Ms. Bailey: *Great! Will this include __(o)__ installation?*

Cody: *No. But, we can arrange for __(p)__ technician to come to your office and set everything up. It will cost $30 per machine.*

Ms. Bailey: *That would be wonderful! I'll write up __(q)__ purchase order and send it out this afternoon. Should I call and make __(r)__ appointment with __(s)__ technician?*

Cody: *No. When we're ready to ship your purchase __(t)__ technician will call you.*

Ms. Bailey: *Very well. Thanks.*

2. *Choose a word form the list to complete each sentence.* Escoja una palabra de la lista para completar cada oración.

much	many	a little	a few
a lot of	some	any	no

a. *How _____ memory should I buy to upgrade my computer?*

b. *There are _____ printers that need to be repaired.*

c. _____ the work in this office is done with a computer.
d. *I need _____ information on how to run this program.*
e. *Are _____ of these computers not working?*
f. *No, there's _____ problem with the monitor. It's the keyboard that's not working.*
g. _____ *CD-ROM's are quite expensive.*
h. *Does this printer use _____ ink?*
i. *We need _____ paper for the printer.*
j. *I'm sure I'll learn this program in _____ days.*

3. *Decide whether the noun in parentheses should be in the singular or the plural form.* Decida si el sustantivo que está en paréntesis debe ir en singular o plural.

a. *Most _____ (business) are moving toward newer _____ (technology).*
b. *The United States is a country formed by _____ (people) with different _____ (belief), _____ (custom), and _____ (language).*
c. *I walked so much this morning that one of my _____ (foot) hurts.*
d. *Most _____ (child) today learn how to use _____ (computer) in kindergarden.*
e. *The _____ (echo) you hear is produced by sound _____ (wave) that hit against that rock.*
f. _____ *(Dentist) are using innovative ways to prevent _____ (tooth) decay.*
g. *One of her _____ (parent) is traveling around Europe.*
h. *The astronauts who returned from the moon kept talking about a series of strange _____ (phenomenon) they witnessed.*
i. *According to some psychologists, _____ (man) and _____ (woman) express fear in different ways.*
j. *We went fishing last week, and I caught five _____ (fish).*

4. *Match each of the words in list A with it's synonym in list B.* Una las palabras en la lista A con su sinónimo en la lista B.

A	B
innovate	*erase*
delete	*remove*
save	*go back*
return	*renew*
withdraw	*add*
insert	*keep*

LESSON 4
INSURANCE POLICIES.　Las pólizas de seguros.

A. DIALOGUE

THE ACCIDENT

Patricia Brien is a student at Harvard University.[1] Two weeks ago[2] she witnessed a traffic accident while she was having coffee with a friend at an outdoor café. The police took her name and number and gave it to the insurance companies of the parties[3] involved.

HANS: Hello, Ms. Brien. My name is Hans Shole. I work for Boston Auto Insurance, and I represent one of the parties involved in the accident you witnessed on[4] the 13th of July. For the purpose of our investigation, I need to get a statement from you.

PATRICIA: I'd be[5] happy to. I saw what happened very clearly.

HANS: First could you please state your name for the record?[6]

PATRICIA: My name is Patricia Brien.

HANS: Do I have permission to record your statement?

PATRICIA: Yes, you do.

HANS: Before we begin, do you have any questions?

PATRICIA: Yes, who did you say you represent?

HANS: I'm afraid[7] I can't tell you that. I need your statement first. I hope you understand.

PATRICIA: Well, I guess it's all right.

HANS: Do you remember what time the accident happened?

PATRICIA: Well, it must've been about 1:30 in the afternoon. We had just finished lunch and had already ordered coffee.

HANS: And what were the conditions like? Was it sunny or rainy? Were the roads wet?

PATRICIA: I remember that it was really hot that day, so there's no way the roads could have been wet.

HANS: Where, exactly, did this accident take place?[8]

PATRICIA: At the intersection of Chestnut and Charles Streets. A friend and I were sitting outdoors on the patio at the Season's

Café. I was facing Charles Street, so I was able to see everything.

HANS: Can you describe the vehicles that were involved?

PATRICIA: Well, one of the cars was a green BMW. The other car was red, but I don't remember the model.

HANS: Okay . . . now to the best of your knowledge, could you please describe exactly what happened?

PATRICIA: Sure, I remember seeing the red car make a left turn onto Charles. Then suddenly, the BMW broadsided[9] it in the middle of the intersection.

HANS: What direction was the BMW heading?

PATRICIA: Let's see . . . It was coming toward me from the left . . . so it must have been heading west on Chestnut.

HANS: And the red car?

PATRICIA: The BMW was heading west . . . so that means the red car was driving east on Chestnut . . . then it made a left turn . . . so it was turning to head north on Charles when it was hit.

HANS: Was there a traffic light controlling the intersection?

PATRICIA: There sure was.

HANS: Did you see who had the green light?

PATRICIA: I'm pretty[10] sure the red car did, because right after the accident, I saw the green left-turn arrow.

HANS: Are you saying that the BMW ran a red light and broadsided the red car?

PATRICIA: As far as I could tell, yes. I believe so.

HANS: Then what happened?

PATRICIA: Well, the red car spun[11] around and ended up[12] on the sidewalk in front of the café. The BMW was stuck in the intersection.

HANS: What did you do next?

PATRICIA: I ran inside the café and asked the owner to call 911.[13] Then I went back outside. I saw the driver of the red car wandering around the street, so I went to help her. She was pretty shaken up.

HANS: Can you describe the driver of the red vehicle for me? Could you tell if she was hurt or not?

PATRICIA: **The driver was an African-American** [14] **woman in her forties.** [15] **I don't think she was hurt physically, but she was definitely in shock. She was shaking all over.**

HANS: **Did you see any passengers in the car?**

PATRICIA: **There was another woman. She seemed to be more in control of herself. She was also African-American.**

HANS: **What about the people in the other car? Can you describe the driver?**

PATRICIA: **I didn't quite see them. It all happened so fast. Later, I saw a white man in a red shirt sitting on the sidewalk. I don't know if he was the driver. He was holding a towel or something to his head. I think he was the only person in the car.**

HANS: **All right. I think that's about it, unless there's anything else you'd like to add?**

PATRICIA: **No, I think I told you everything. I'd like to know which party you represent, though.**

HANS: **The woman in the red car.**

PATRICIA: **Good! I hope the information I've given you is helpful.**

HANS: **It sure is. Thanks for your time.**

EL ACCIDENTE

Patricia Brien es una estudiante de la universidad de Harvard. Hace dos semanas ella fue testigo de un accidente mientras tomaba café con una amiga en un café al aire libre. La policía tomó sus datos y se los dio a las compañías de seguros que representan a cada uno de los involucrados.

HANS: ¿Cómo está Srta. Brien? Me llamo Hans Shole. Trabajo con la compañía de seguros *Boston Auto Insurance* y represento a una de las partes involucradas en el accidente que ocurrió el trece de julio y del cual usted fue testigo. Con motivo de nuestra investigación necesito tomar su declaración.

PATRICIA: Con mucho gusto. Vi lo que pasó muy claramente.

HANS: ¿Podría darme su nombre, para que quede registrado, por favor?

PATRICIA: Me llamo Patricia Brien.

HANS: ¿Me da usted permiso para grabar su declaración?

PATRICIA: Sí, cómo no.

HANS: Antes de comenzar, ¿tiene usted alguna pregunta?

PATRICIA: Sí. ¿A quién representa usted?

HANS: Me temo que no puedo decírselo. Primero necesito su declaración. Espero que comprenda.

PATRICIA: Bueno, creo que está bien.

HANS: ¿Recuerda usted a qué hora ocurrió el accidente?

PATRICIA: Bueno, debe haber sido más o menos la 1:30 de la tarde. Acabábamos de terminar de almorzar y ya habíamos pedido el café.

HANS: ¿Qué tiempo hacía? ¿Hacía sol, llovía? ¿Estaban las calles mojadas?

PATRICIA: Recuerdo que hacía bastante calor ese día, así que las calles no podían haber estado mojadas.

HANS: ¿Dónde exactamente ocurrió el accidente?

PATRICIA: En la intersección de las calles Chestnut y Charles. Una amiga y yo estábamos sentadas afuera en el Café Season's. Yo estaba de cara a la calle Charles, así que pude ver todo.

HANS: ¿Podría usted describir los vehículos involucrados?

PATRICIA: Uno de los coches era un BMW verde. El otro auto era rojo, pero no recuerdo la marca.

HANS: Bien . . . ahora ¿podría usted describir exactamente lo que sucedió?

PATRICIA: Claro. Recuerdo haber visto al coche rojo girar hacia la izquierda por la calle Charles. De pronto, el BMW lo golpeó por un lado justo en la mitad de la intersección.

HANS: ¿En que dirección iba el BMW?

PATRICIA: Veamos . . . Venía hacia mí por la izquierda . . . entonces iba hacia el oeste por la calle Chestnut.

HANS: ¿Y el coche rojo?

PATRICIA: El BMW iba hacia el oeste . . . eso quiere decir que el auto rojo iba hacia el este por la calle Chestnut . . . luego hizo un giro a la izquierda . . . así es que estaba girando para ir hacia el norte por la calle Charles cuando lo golpearon.

HANS: ¿Había un semáforo controlando la intersecciòn?

PATRICIA: Claro que sí.

HANS: ¿Vio usted quién tenía la vía?

PATRICIA: Estoy segura que el coche rojo la tenía, porque justo después del accidente, vi la flecha para girar en verde.

HANS: ¿Está usted diciendo que el BMW se pasó el semáforo en rojo y golpeó al auto rojo?

PATRICIA: Según lo que vi, sí. Así lo creo.

HANS: ¿Qué sucedió entonces?

PATRICIA: El coche rojo giró y terminó en la acera, frente al café. El BMW quedó atascado en la intersección.

HANS: ¿Qué hizo usted después?

PATRICIA: Corrí adentro del café y le pedí al dueño que llamara al servicio de emergencia. Luego salí. Vi que la mujer que conducía el auto rojo estaba caminando sin rumbo por la calle, así que corrí a ayudarla. Ella estaba bastante agitada.

HANS: ¿Podría usted describir a la persona que conducía el auto rojo? ¿Se dio usted cuenta si ella estaba herida?

PATRICIA: Era una mujer de color de unos cuarenta años de edad. No creo que tuviera heridas físicas, pero estaba en estado de shock. Estaba temblando mucho.

HANS: ¿Vio usted a algún pasajero en ese auto?

PATRICIA: Había otra mujer. Parecía estar más controlada. También era morena.

HANS: ¿Y qué me puede decir de las personas en el otro auto? ¿Podría usted describir al conductor?

PATRICIA: No los vi bien. Todo ocurrió tan rápido. Más tarde vi a un hombre blanco con camisa roja sentado en la acera. No sé si era el conductor. Llevaba una toalla o algo contra la cabeza. Creo que era la única persona en el coche.

HANS: Bueno, creo que eso es todo, a menos que usted quisiera añadir algo más.

PATRICIA: No, creo que le he dicho todo. Sin embargo me gustaría saber a quién representa usted.

HANS: A la mujer en el auto rojo.

PATRICIA: ¡Qué bien! Espero que la información que le he dado le sea útil.

HANS: Sí, lo ha sido. Gracias por su tiempo.

B. NOTES

1. La universidad de *Harvard* está en *Cambridge* al otro lado de *Boston*, la capital del estado de *Massachusetts*. Fue fundada en 1636 y cuenta con dos museos de arte. El más famoso, conocido como *Fogg Art Museum*, tiene una colección de más de 80,000 obras de arte de todo el mundo. El museo *Arthur M. Sackler* se especializa en arte greco-romana, egipcia, islámica y china. Al sur de esta uni-

versidad se encuentra el famoso *Massachusetts Institute of Technology* o *MIT* (Instituto Tecnológico de Massachusetts).

Boston es una de las ciudades más grandes de Nueva Inglaterra, nombre que se da a los estados de *Maine, New Hampshire, Vermont, Massachusetts, Rhode Island* y *Connecticut.* Es también la cuna de la independencia, y sus edifcios son famosos por su historia. Personalidades como John Hancock, Paul Revere y Samuel Adams (héroes de la independencia) recorrieron sus calles haciéndolas famosas. Es también uno de los centros financieros, tecnológicos y culturales más importantes del país.

2. Nótese el uso del adverbio de tiempo *ago.* Equivale a "hace," la forma impersonal del verbo "hacer." Nótese también que el adverbio va después de la expresión de tiempo y no precediéndola como en español.

Two weeks ago she was still living in Boston.
Hace dos semanas todavía estaba viviendo en Boston.

3. El sustantivo *party* cambia de significado según el contexto. El significado más común es "fiesta" o "reunión." En el diálogo se refiere a "la parte o individuo litigante o interesado en." Puede también referirse a un partido político como el partido republicano o el partido demócrata *(the Republican/Democratic Party).*

4. Nótese el uso de la preposición *on* con una fecha o día específicos:

on Monday   *on the 12th*   *on Christmas day*

5. La contracción *I'd* equivale a *I would.*

6. *The record* es un sustantivo y quiere decir "el registro" o "el acta." Al pronunciarse se acentúa la primera sílaba *(ré-kord). To record* es el verbo y significa "registrar o grabar en disco o cassette." Al pronunciarse se acentúa en la última sílaba *(ri-kórd).* Nótese también el cambio en la forma de pronunciar la vocal en la primera sílaba.

7. *I'm afraid (that)* es una expresión muy frecuente que se utiliza coloquialmente para expresar pena o lamentarse de algo. En español utilizamos la expresión "me temo que" en la misma forma.

8. *To take place* (tener lugar) es un sinónimo de *to happen* o *to occur* (ocurrir). *To take* es un verbo irregular:

PRESENTE	PASADO	PARTICIPIO PASADO
take	*took*	*taken*

9. El verbo *to broadside* (golpear por el lado) se utiliza con frecuencia cuando se habla de un accidente automovilístico. Otros términos son: *to rear-end* (golpear por la parte de atrás), *to side-swipe* (golpear por el lado), y *to crash* (chocar contra).

10. *Pretty* en este caso funciona como un adverbio y quiere decir "casi." Cuando se utiliza como adjetivo, quiere decir "bonito/a."

11. *To spin* (girar) es un verbo irregular:

PRESENTE	PASADO	PARTICIPIO PASADO
spin	*spun*	*spun*

12. El verbo *to end up* significa "resultar" o "terminar" (refiriéndose al desenlace de algo). Otras expresiones similares son: *to wind up,* y *to turn out.*

13. El 911 es el número de emergencia y asistencia inmediata. Por lo general la operadora es una persona entrenada para dar asistencia por teléfono mientras el servicio de ambulancia llega al lugar de la emergencia.

14. *African-American* es un término que se utiliza en los Estados Unidos para referirse a las personas de color nacidas en los Estados Unidos. A veces se puede utilizar la palabra *black,* pero jamás se debe usar la palabra *negro,* ya que esto es considerado como un insulto.

15. Generalmente en inglés se utiliza el plural cuando no se sabe la edad exacta. En español diríamos "una mujer de veintipico de años" *(a woman in her twenties/20s)*.

C. GRAMMAR AND USAGE

1. *THE SIMPLE PAST* (EL PASADO SIMPLE)

a. Verbos regulares

Los verbos regulares forman el pasado simple añadiendo *-ed* a la forma del infinitivo.

to represent	*represented*	representar
to need	*needed*	necesitar

Si el infinitivo termina en *-e,* se añade solamente una *-d.*

to name	*named*	nombrar

Si termina en *-y,* se cambia la *-y* por *-i* y se añade *-ed* o *-d.*

to say	*said*	decir
to try	*tried*	tratar

A diferencia del español, todos los verbos regulares usan la misma forma para todas las personas.

I witnessed an accident last week.
Yo fui testigo de un accidente la semana pasada.

She helped the injured passenger until the ambulance arrived.
Ella ayudó al pasajero herido hasta que la ambulancia llegó.

You paid the hospital in advance.
Usted pagó el hospital por adelantado.

Reglas de ortografía para verbos regulares:

A los verbos que terminen en *-e,* simplemente se les añade una *-d.*

hope	*hoped*	esperar
date	*dated*	salir con alguien
prepare	*prepared*	preparar

A los verbos de una sola sílaba que terminen en una vocal seguida por una consonante (con excepción de la *-w* y la *-x*), se les duplica la consonante y se añade *-ed.*

stop	*stopped*	detenerse
rob	*robbed*	robar
beg	*begged*	suplicar

A los verbos de una sola sílaba que terminen en dos vocales seguidas por una consonante, simplemente se les añade *-ed.*

rain	*rained*	llover
dream	*dreamed*	soñar

A los verbos de dos sílabas que llevan el acento en la primera sílaba, simplemente se les añade *-ed.*

cancel	*canceled*	cancelar
offer	*offered*	ofrecer
travel	*traveled*	viajar

A los verbos de dos sílabas que llevan el acento en la segunda sílaba, se les duplica la consonante final y se les añade *-ed*.

prefer	*preferred*	peferir
control	*controlled*	controlar

Si el verbo termina en dos consonantes, sólo se le añade *-ed*.

start	*started*	empezar
demand	*demanded*	exigir

Si el verbo termina en una vocal seguida por *-y,* se añade *-ed*.

enjoy	*enjoyed*	disfrutar
pray	*prayed*	rezar

Si el verbo termina en una consonante seguida por *-y,* se cambia la *-y* por *-i,* y se añade *-ed*.

study	*studied*	estudiar
try	*tried*	tratar
reply	*replied*	responder

Si el verbo termina en *-ie,* se le añade solamente una *-d*.

die	*died*	morir
lie	*lied*	mentir
tie	*tied*	atar

b. Verbos irregulares

Los verbos irregulares tienen cada uno su propia forma y es igual para todas las personas. (Para una lista más completa, vea el apéndice.)

to buy	*bought*	comprar
to run	*ran*	correr
to see	*saw*	verto
to begin	*began*	comenzar

He saw the accident from the other side of the street.
Él vio el accidente desde el otro lado de la calle.

They bought a new insurance policy.
Ellos compraron una nueva póliza de seguros.

We ran inside to call 911.
Corrimos a llamar al servicio de emergencia.

The policeman began to ask the potential witnesses some questions.
El policía empezó a hacer preguntas a los posibles testigos.

c. Forma negativa

El negativo de verbos regulares e irregulares se forma utilizando la forma del pasado simple del verbo auxiliar *to do,* es decir:

> *did* + *not* + la forma simple del verbo

La contracción de *did not* es *didn't* y se usa con todas las personas.

I did not (didn't) pay the hospital in advance.
Yo no pagué el hospital por adelantado.

One of the witnesses did not (didn't) want to be identified.
Uno de los testigos no quiso ser identificado.

You did not (didn't buy) a new insurance policy.
Usted no compró una nueva póliza de seguros.

d. Forma interrogativa

El interrogativo de verbos regulares e irregulares se forma utilizando la forma del pasado simple del verbo auxiliar *to do.* El verbo principal se deja en su forma simple. A diferencia del español, el orden de las palabras es muy importante en inglés. En la forma del interrogativo el orden es el siguiente:
Para preguntas con respuesta corta, afirmativa o negativa:

> *Did* + sujeto + verbo en infinitivo?

Did you have an accident?   *Yes, I did./No, I didn't.*
    ¿Se accidentó?   Sí, me accidenté./No, no me accidenté.

Para preguntas con respuesta completa:

> *When/where/why/who/how* + *did* + sujeto + verbo en forma simple?

When did the accident occur?
    ¿Cuándo ocurrió el accidente?

How did it happen?
¿Cómo pasó?

e. El verbo *to be*

El verbo *to be* forma el pasado simple de manera diferente. Nótese que la terminación del verbo varía de acuerdo con la persona.

AFIRMATIVO

I	*was*
You	*were*
He/She/It	*was*
We	*were*
You	*were*
They	*were*

I was at the café when a truck hit the stop sign.
Yo estaba en el café cuando un camión chocó contra la señal de pare.

NEGATIVO

El verbo *to be* no necesita un verbo auxiliar para formar el negativo.

I	*was not/wasn't*
You	*were not/weren't*
He/She/It	*was not/wasn't*
We	*were not/weren't*
You	*were not/weren't*
They	*were not/weren't*

She wasn't at the corner when the accident happened.
Ella no estaba en la esquina cuando ocurrió el accidente.

El verbo *to be* tampoco necesita un verbo auxiliar para formar la pregunta.

PREGUNTA CORTA

Was	*I*
Were	*you*
Was	*he/she/it* ... ?
Were	*we*
Were	*you*
Were	*they*

Were you in the car when Mary was rear-ended?
 ¿Estaba usted en el coche cuando a Mary la golpearon por detrás?

PREGUNTA DE RESPUESTA COMPLETA

> *When/Where/Why/Who/How + was/were ... ?*

Where were you yesterday morning?
 ¿Dónde estaba ayer por la mañana?

What were the road conditions?
 ¿Cuál era la condición de la carretera?

Who else was in the car?
 ¿Quién más estaba en el auto?

f. Usos del pasado simple

El pasado simple se utiliza para describir sucesos o acciones que ocurrieron y se completaron en el pasado. Muchas veces, aunque el período de tiempo no se especifique, se da por hecho que se trata de un suceso o acción terminada.

Last year he had an accident that left him paralyzed below the waist.
 El año pasado sufrió un accidente que lo dejó paralizado de la cintura para abajo.

She didn't drive for a long time after the accident.
 Después del accidente ella dejó de conducir por mucho tiempo.

El pasado simple también se utiliza para indicar un suceso o acción habitual en el pasado. Se pueden utilizar adverbios de tiempo para indicar la frecuencia. Nótese que en inglés no hay una distinción entre el pasado simple y el imperfecto como en español.

I always crossed that intersection carefully because I knew it was not safe.
Siempre cruzaba esa intersección con cuidado porque sabía que era peligrosa.

I never liked to drive at full speed.
Nunca me gustó conducir a toda velocidad.

2. *USED TO* (SOLER)

La expresión *used to* (soler) + verbo en forma simple, se utiliza para indicar hábito o costumbre. (Nótese que en español frecuentemente se utiliza el imperfecto [terminación -ía/aba] en vez del verbo "soler.")

She used to work in the intensive care unit at the local hospital.
Ella solía trabajar (trabajaba) en la unidad de cuidados intensivos del hospital local.

When I was single, I used to go to that café.
Cuando era soltera, solía ir (iba) a ese café.

No confunda *used to* con *to be used to*. Como se dijo anteriormente, *used to* se utiliza para expresar un hábito en el pasado. *To be used to* en cambio quiere decir "estar acostumbrado a algo" *(to be accustomed to)*. Nótese también la diferencia en la forma de construir las frases:

```
used to + verbo en forma simple
            vs.
to be used to + verbo con terminación -ing
```

Peter used to work for an insurance company.
Peter solía trabajar para una compañía de seguros.

She is used to dealing with emergencies because she works as a 911 operator.
Ella está acostumbrada a manejar situaciones de emergencia porque trabaja como operadora del servicio telefónico de emergencia.

Existe también la expresión *to get used to* o *to get accustomed to* que quiere decir "acostumbrarse a algo."

I lived in Canada for twenty years, but I never got used to/accustomed to the long winters.
Viví en el Canadá por veinte años, pero nunca me acostumbré a los largos inviernos.

3. *THE PAST CONTINUOUS* (EL PASADO CONTÍNUO)

a. Forma

El pasado contínuo se construye con la forma del pasado simple del verbo *to be* + el participio presente del verbo principal (verbo + *-ing*). (Nótese que en español es más probable utilizar la forma del imperfecto del verbo.)

I was working.
Yo trabajaba. (Yo estaba trabajando.)

AFIRMATIVO

La forma afirmativa se forma de la siguiente manera:

> el pasado del verbo *to be* + el participio presente del verbo principal *(-ing)*

I was working on my report when the phone rang.
Estaba trabajando en mi informe cuando sonó el teléfono.

Nancy was driving too fast, so she got a ticket.
Nancy iba demasiado rápido, así que le dieron una multa.

NEGATIVO

La forma negativa se forma de la siguiente manera:

> el pasado del verbo *to be* + *not* +el participio presente del verbo principal *(-ing)*

He was not (wasn't) paying attention to the road when he crashed.
No estaba prestando atención a la carretera cuando se estrelló.

We were not (weren't) eating outside, so we didn't see the accident.
No estábamos comiendo afuera, así que no vimos el accidente.

INTERROGATIVO

La pregunta con repuesta corta se forma de la siguiente manera:

> el pasado del verbo *to be* + el pronombre sujeto + el participio presente del verbo principal *(-ing)*.

Were they watching television when the police arrived?
¿Estaban mirando televisión cuando llegó la policía?

Was the BMW speeding when it hit you?
¿Cuando el BMW le golpeó, iba a alta velocidad?

Where were you going last night?
¿A dónde ibas anoche?

How was she doing when you saw her?
¿Cómo estaba cuando la viste?

b. Usos

El pasado continuo se utiliza con sucesos o acciones en el pasado que tuvieron una duración y no se conoce o no es importante el tiempo que duraron.

Last year at this time, I was recovering from an accident.
El año pasado por esta época me estaba recuperando de un accidente.

The car was speeding north on Charles Street.
El coche iba por la calle Charles hacia el norte a toda velocidad.

El pasado continuo se utiliza cuando dos acciones ocurren simultáneamente en el pasado.

While the police were taking her statement, the suspect was trying to escape.
Mientras que la policía le tomaba su declaración, el sospechoso trataba de escapar.

The police were trying to calm her down, while the nurse was treating her injuries.
La policía estaba tratando de calmarla mientras la enfermera curaba sus heridas.

El pasado simple y el pasado continuo se utilizan en una misma oración cuando una acción que está en progreso es interrumpida por otra.

We were having dinner when we heard the crash.
Estábamos comiendo cuando escuchamos el choque.

I was going to look for help when the ambulance arrived.
Yo iba a buscar ayuda cuando llegó la ambulancia.

D. IDIOMATIC STUDY

DESCRIPTIONS (CÓMO HACER UNA DESCRIPCIÓN)

Al describir algo usted puede utilizar el verbo *to be* con un adjetivo:

His hair is red.
Su cabello es rojo.

Her nose is long.
Su nariz es larga.

Se puede también utilizar el verbo *to have* (tener). *To have* se utiliza para describir un aspecto o cualidad poseído por una persona u objeto:

He has red hair.
El tiene el cabello rojo.

She has a long nose.
Ella tiene la nariz larga.

The house has a brick roof.
La casa tiene un techo de ladrillo.

Muchas veces usted querrá utilizar varios adjetivos en una misma frase para hacer la descripción más real e interesante.

It was a cold and damp winter night. A tall, young girl was standing at the bus stop waiting for the bus to come. She was alone and frightened.
Era una noche de invierno fría y húmeda. Una muchacha alta y joven estaba de pie en la parada de buses esperando a que llegara el bus. Estaba sola y asustada.

Para que la descripción sea más precisa, usted puede hacer comparaciones:

His stomach was as round as a ball.
Su estómago era redondo como un balón.

I think he looks like his grandfather.
Creo que se parece a su abuelo.

El orden de los adjetivos en inglés es muy diferente al del español.

He bought three beautiful, big, old, brown, French marble tables.
Él compró tres bonitas, grandes, largas, antiguas mesas color café de mármol francés.

Her handsome, tall, 30 year-old, English, Catholic uncle got married.
Su tío, el Inglés de 30 años que es alto, guapo y católico, se casó.

Observe como se utilizan los adjetivos para dar una descripción en el siguiente diálogo:

After looking for his missing friend all afternoon, Andy approaches a police officer and asks for assistance.

ANDY WINTER: *Excuse me officer. Could you help me find a missing friend of mine?*
POLICE OFFICER: *Certainly. Could you describe your friend for me?*
ANDY WINTER: *He has dark hair.*
POLICE OFFICER: *What color is his hair?*
ANDY WINTER: *It's black.*
POLICE OFFICER: *Is it straight or curly?*
ANDY WINTER: *It's straight and quite long.*
POLICE OFFICER: *How long?*
ANDY WINTER: *I would say it's at least as long as yours.*
POLICE OFFICER: *Do you remember anything else about him?*
ANDY WINTER: *Yes, he has a funny walk.*
POLICE OFFICER: *What do you mean "funny"?*
ANDY WINTER: *Well, he walks as if one of his legs is shorter than the other.*
POLICE OFFICER: *So, he limps?*
ANDY WINTER: *Yes, I guess you could say that.*
POLICE OFFICER: *What was he wearing?*
ANDY WINTER: *Nothing.*
POLICE OFFICER: *Nothing?*
ANDY WINTER: *No. Nothing at all.*
POLICE OFFICER: *Anything else you'd like to add?*
ANDY WINTER: *Yes. The last time I saw him he was chasing a white cat.*
POLICE OFFICER: *Chasing a cat?*
ANDY WINTER: *Yes. Like most dogs, he hates cats.*
POLICE OFFICER: *A dog! We're looking for a dog?*

Después de buscar a su amigo toda la tarde, Andy se acerca a un oficial de policía para pedirle ayuda.

ANDY WINTER: Disculpe oficial. ¿Podría usted ayudarme a buscar a mi amigo que está perdido?
POLICÍA: Claro que sí. ¿Podría usted describir a su amigo?
ANDY WINTER: Tiene el pelo oscuro.
POLICÍA: ¿De qué color?
ANDY WINTER: Negro.
POLICÍA: ¿Es liso o crespo?
ANDY WINTER: Liso y bastante largo.
POLICÍA: ¿Qué tan largo?
ANDY WINTER: Diría que casi tan largo como el suyo.
POLICÍA: ¿Recuerda algún otro detalle?
ANDY WINTER: Sí. Tiene una forma de caminar cómica.
POLICÍA: ¿Qué quiere decir con "cómica"?
ANDY WINTER: Camina como si una de sus patas fuera más corta que la otra.
POLICÍA: ¿Entonces, cojea?
ANDY WINTER: Sí, creo que se podría decir que sí.
POLICÍA: ¿Qué llevaba puesto?
ANDY WINTER: Nada.
POLICÍA: ¿Nada?
ANDY WINTER: Sí. Nada.
POLICÍA: ¿Desea añadir alguna otra cosa?
ANDY WINTER: Sí. La última vez que lo vi, corría detrás de un gato blanco.
POLICÍA: ¿Detrás de un gato?
ANDY WINTER: Sí. Como la mayoría de los perros, él detesta los gatos.
POLICÍA: ¡Un perro! ¿Estamos buscando a un perro?

E. STRICTLY BUSINESS

1. *HEALTH INSURANCE IN THE U.S.* (LOS SEGUROS DE SALUD EN LOS EE.UU.)

En los Estados Unidos no hay (como en muchos otros países) un servicio o plan de salud nacional que pague por los servicios de emergencia o de accidente. El sistema de cuidados médicos está controlado por el sector privado. Por esta razón, hoy en día tener un seguro de salud es esencial. Generalmente el empleador se encarga de proporcionar a sus empleados y sus familias algún tipo de seguro médico. Sin embargo, muchos individuos tienen que pagar el seguro de salud por su cuenta o simplemente no tienen ningún tipo de seguro, bien sea porque el empleador no se lo paga o porque están desempleados.

Una enfermedad grave o un accidente serio pueden significar un desastre financiero si no se cuenta con un seguro que cubra los gastos.

Si usted considera que la prima que tiene que pagar es demasiado alta para su presupuesto o que tener un seguro es algo innecesario, es importante que tenga en cuenta el costo del servicio médico en los Estados Unidos, que puede llegar a ser de varios miles de dólares. El costo del hospital y el cuidado médico varía muchísimo a través del país y constantemente está subiendo. Por lo general las zonas urbanas son más costosas y el cuidado es mejor que en las áreas rurales.

Probablemente usted cuenta ya con un plan de seguros en su país. Muchos de estos planes no son apropiados para el sistema de salud de los Estados Unidos. Muchas compañías y hospitales simplemente no van a aceptar un plan de seguros extranjero. Así que usted tendrá que pagar los costos y cobrarle a su compañía los gastos. Es preciso asegurarse de que su compañía correrá con esos gastos. De lo contrario será mejor obtener un plan de seguros en los Estados Unidos.

PÓLIZA DE SEGUROS BÁSICA

Por lo general las pólizas de seguros cubren los costos de la consulta médica para enfermedades y los costos de hospital y de cirugía. Pero no cubren consultas para casos que no sean de gravedad. Muchas compañías tienen también un plan familiar.

SEGURO MÉDICO PARA ENFERMEDADES PROLONGADAS

Este tipo de póliza cubre los costos de enfermedades prolongadas o accidentes graves y funciona por medio de lo que se conoce como una "cláusula de deducción" *(deductible clause)*. Esto quiere decir que usted paga una cierta cantidad y la compañía de seguros paga el resto. Por lo general, la deducción es de $500 a $1,000 dependiendo del tipo de póliza y el tipo de cobertura. El límite de lo que la compañía va a pagar va de $5,000 (que no es suficiente) hasta $1,000,000. Se recomienda tener una cobertura de un mínimo de $25,000.

LIMITACIONES

La mayoría de las pólizas de seguros tienen un límite para cierto tipo de servicios como la habitación y el servicio de habitación. Esto dependerá de la compañía de seguros que usted escoja.

EXCLUSIONES

La mayoría de las pólizas de seguros no cubren lo siguiente:

•Maternidad—El seguro de maternidad debe adquirirse por separado y antes de que ocurra el embarazo. La mayoría de las pólizas cubren solamente dos días de hospital. Los costos para un embarazo normal son de aproximadamente $3,850 a $6,000.

•Odontología—Muy pocas compañías de seguros cubren los gastos de odontología. Es mejor ir al dentista antes de entrar a los Estados Unidos. Este servicio es uno de los más costosos. Aquellas personas que vayan a permanecer en los Estados Unidos por un largo tiempo pueden adquirir un seguro para odontología por separado.

•Oftalmología—Si usted usa anteojos, hágase un chequeo antes de entrar a los Estados Unidos. Traiga consigo un par de anteojos adicional y traiga también la receta. Las compañías de seguros solamente cubren heridas, pero no cubren el cuidado preventivo.

2. *OTHER INSURANCE* (OTROS SEGUROS)

SEGURO DE VIDA

En caso de que usted fallezca, la persona que usted ha nombrado como beneficiario recibe el pago de la póliza. Existen varias compañías que ofrecen diferentes tipos de seguros de vida.

EL SEGURO PARA AUTOMÓVILES

En la mayor parte de los Estados Unidos es obligatorio tener seguro para el automóvil. La extensión de la póliza varía de estado a estado. Si el automóvil no está asegurado, el dueño del auto es responsable por cualquier accidente o cualquier daño relacionado con el auto. Los costos legales de un accidente pueden llegar a ser bastante grandes, de ahí que es muy importante tener aunque sea el mínimo de cobertura del seguro.

3. *VOCABULARY* (VOCABULARIO)

to charge	cobrar
coverage	cobertura
deductible	deducción
dentist	dentista
illness	enfermedad
intensive care (I.U.)	cuidados intensivos
insurance policy	póliza de seguros
glasses	anteojos
health	salud
life insurance	seguro de vida
pregnancy	embarazo
preventive care	cuidado preventivo
premium	prima
sickness	enfermedad
statement	declaración

STATE OF CALIFORNIA
TRAFFIC COLLISION REPORT
CHP 555 PAGE 1 (Rev 2-92) OPI 042   92 63763

| SPECIAL CONDITIONS | | NUMBER INJURED | HIT & RUN FELONY ☐ | CITY |
| | | NUMBER KILLED | HIT & RUN MISD. ☐ | COUNTY |

LOCATION	COLLISION OCCURRED ON
	MILEPOST INFORMATION
	FEET / MILES OF
	☐ AT INTERSECTION WITH
	☐ OR: FEET / MILES OF

| PARTY 1 | DRIVER'S LICENSE NUMBER | | STATE | C |

DRIVER ☐	NAME (FIRST, MIDDLE, LAST)
PEDES-TRIAN ☐	STREET ADDRESS
PARKED VEHICLE ☐	CITY / STATE / ZIP

| BICY-CLIST ☐ | SEX | HAIR | EYES | HEIGHT | WEIGHT | MO. | BIRTHDATE DAY | Y |

| | JUDICIAL DISTRICT | LOCAL REPORT NUMBER |
| G DISTRICT | BEAT | |

| | MO. | DAY | YEAR | TIME (2400) | NCIC # | OFFICER I. D. |

DAY OF WEEK	TOW AWAY	PHOTOGRAPHS BY:
S M T W T F S	☐ YES ☐ NO	
	STATE HWY REL ☐ YES ☐ NO	☐ NONE

| VEH. YEAR | MAKE / MODEL / COLOR | LICENSE NUMBER | ST. |

OWNER'S NAME   ☐ SAME AS DRIVER

OWNER'S ADDRESS   ☐ SAME AS DRIVER

DISPOSITION OF VEHICLE ON ORDERS OF: ☐ OFFICER   ☐ DRIVER   ☐ OTHER

PRIOR MECHANICAL DEFECTS: NONE APPARENT ☐   REFER TO NARRATIVE ☐

| CHP USE ONLY | DESCRIBE VEHICLE DAMAGE | SHADE IN DAMAGED AREA |

PAGE   OF

traffic collision report = informe de accidente de tráfico

hit & run felony = delito de atropello y fuga

milepost = poste miliar

driver's license = licencia de conducir

pedestrian = peatón

bicyclist = ciclista

tow away = remolcar

state hwy rel. (state highway related) = pasó en una carretera estatal

make/model/color = marca/modelo/color

license number = número de licencia

damage = daño

81

vehicle =
vehículo

insurance carrier =
compañía de seguros

policy = póliza

*disposition of vehicle on
orders of* = disposición del
vehículo por orden de

EXERCISES

1. *Complete the following paragraph using the simple past tense of the verbs in parentheses.* Complete el siguiente párrafo utilizando el pasado simple del verbo en paréntesis.

   Last year I __(a)__ (to turn) 55 years old, and I __(b)__ (to decide) it was time to get some kind of life insurance. I __(c)__ (to think) that it would be a good idea to leave my spouse and children something they could depend on in case I died. I __(d)__ (to go) to Boston Life Insurance to obtain some information. They __(e)__ (to make) an offer I __(f)__ (can not) resist. Without spending a lot of money, their life insurance plan would provide my family with adequate health care insurance and pay for education and other on-going living expenses. The quote they __(g)__ (to give) me __(h)__ (to seem) very reasonable and affordable, so I __(i)__ (to sign up).

2. *Complete the following sentences using "used to," "to be used to" or "to get used to."* Complete las oraciones con *used to, to be used to* o *to get used to.*

   a. *When I was in medical school, I _____ not sleeping much. I often _____ get up at 5:00 A.M. to study.*
   b. *It's strange to drive an automatic car. I _____ driving a stick-shift.*
   c. *Rita _____ work at an insurance company for a long time, but now she doesn't.*
   d. *Doctors _____ seeing blood all the time. I don't think I would ever _____ it.*
   e. *My insurance policy _____ cover all dental problems. Now it's been changed and it only covers dental surgery.*
   f. *Insurance companies _____ cover pre-existing conditions, but now they don't.*

3. *Use the simple past or the past continuous of the verb in parentheses to complete each sentence.* Utilice el pasado simple o el pasado continuo del verbo en paréntesis para completar la oración.

   a. *The paramedics _____ (to try) to get the old man to breathe.*
   b. *I _____ (not to hear) the fire alarm go off because I _____ (to sleep).*
   c. *Stanley _____ (to climb) the stairs when he _____ (to trip) and _____ (fall). Luckily, he _____ (not to hurt) himself.*
   d. *When the insurance company _____ (to call), I _____ (to have) lunch with Mark.*
   e. *They _____ (to record) my statement when the lights _____ (to go out).*

4. *Suggested Activity. Write a paragraph describing a time when you were in an accident or when you witnessed an accident. What happened? What did you see?* Actividad sugerida. Escriba un párrafo describiendo una ocasión en que usted haya sufrido o haya presenciado un accidente. ¿Qué pasó? ¿Qué vio?

LESSON 5
DISCRIMINATION IN THE WORKPLACE.
La discriminación en el trabajo.

A. DIALOGUE

AN INTERVIEW

Teresa Miron, a reporter for Business Magazine *in Washington, D.C.,[1] is conducting an interview with Mr. Ted Chiarri, a retired businessman.*

TERESA: Age discrimination[2] has long been a fact of corporate life in the United States. Wall Street[3] has always emphasized youthful, dynamic management. Why do you think it's advantageous for a company to suggest early retirement[4] to highly paid older executives?

TED: I think it's very tempting for a company to cut expenses. Salary costs and pension liabilities are reduced if managers ask older employees to retire. At the same time, they are making room at the top for young achievers. And of course, early retirement is a viable way for a company to avoid massive layoffs—if the employees agree to retire voluntarily.

TERESA: What can an aging executive do if he or she suspects age discrimination has had something to do with being fired or asked to retire?

TED: If an employee does not want to retire, he or she should fight back. In fact, many executives have done just that by invoking[5] the protection of the Age Discrimination in Employment Act, also known as the ADEA.[6] There are quite a few corporations with age bias cases pending against them. Many have lost suits,[7] while many others have paid huge amounts of money to settle out of court.

TERESA: What is the success rate in cases like these?

TED: Very high. Because most cases go to a jury trial, the odds are in favor of the employee. When an employee confronts a large corporation on an issue in court, the jury tends to identify with the plaintiff.

TERESA: I understand this can become quite an expensive affair[8] for a company!

TED: You're absolutely right. The more people hear about these cases as more victims speak out, the bigger the problems will be for such corrupt corporations.

TERESA: You've experienced this type of discrimination first hand. Would you mind telling us about your case?

TED: Not at all. I was the director of financial affairs at a major broadcasting corporation[9] for over ten years. I was just about to turn sixty when I was fired. Along with my job, I lost my salary, my benefits, and a little bit of my self-esteem.

TERESA: On what grounds were you fired?

TED: My employer had been building up a dossier[10] of the little mistakes I had made in my years of employment there. At first, I felt they were right to have fired me. But then, I remembered that other executives before me had been forced out when they were around my age. Suddenly it dawned on[11] me that the issue at hand had never been my performance, but my age. That is discrimination.

TERESA: What did you do then?

TED: I got a lawyer who helped me prove that my performance was more than adequate and that the company could not show just cause for firing me.[12]

TERESA: How much time does an employee have to file an age discrimination claim?

TED: There's a six month deadline, but some states allow 300 days.

TERESA: What are some of the signs of age discrimination that an employee should watch out for?

TED: The signs are usually very subtle. Check your company's policy toward older employees in general—whether many older people are fired or whether the ones who leave voluntarily really want to retire. Make sure your colleagues keep you in the loop.[13] Having your responsibilities slowly taken away from you is a sure sign that you're being forced out. Then it's time to act.

TERESA: What is your advice for older employees?

TED: Build up your own dossier, keep notes and copies of all commendations, speak up if you suspect age discrimination, and most of all, do your job well. If your performance cannot be criticized, you have no reason to worry.

TERESA: Mr. Chiarri, thank you very much for this interview.

Una entrevista

Teresa Miron, una periodista de la revista *Business Magazine* de Washington, D.C., está entrevistando al señor Ted Chiarri, un hombre de negocios jubilado.

TERESA: En el mundo de los negocios, en los Estados Unidos, siempre ha existido la discriminación por edad. "Wall Street" siempre se ha destacado por tener adminstradores jóvenes y dinámicos. ¿Por qué cree usted que es ventajoso que una compañía sugiera a sus empleados de mayor edad y mejor pagados que se jubilen antes de tiempo?

TED: Creo que siempre ha existido la tentación de reducir gastos. De esta manera, se reducen los costos de salario y las obligaciones de pensión. Al mismo tiempo, se hace espacio para ejecutivos más jóvenes. Y claro, la jubilación temprana es una forma fácil de evitar despidos masivos— si el empleado accede a jubilarse temprano.

TERESA: ¿Qué puede hacer un ejecutivo si sospecha que fue despedido u obligado a jubilarse debido a su edad?

TED: Si no desea jubilarse debe pelear. De hecho, muchos ejecutivos se han defendido protegiéndose con la Ley contra la discriminación en el trabajo. Existen varias compañías con casos pendientes ante la ley. Muchas han perdido sus casos y muchas otras han tenido que llegar a un acuerdo por grandes cantidades de dinero.

TERESA: ¿Qué éxito puede llegar a tener un empleado en un caso de este tipo?

TED: Muchísimo. De hecho, debido a que la mayoría de los casos van directamente a un jurado, lo más probable es que estén a favor del empleado. Cuando usted enfrenta a una gran corporación con un empleado por un asunto como éste en la corte, no hay duda que el jurado simpatizará con el demandante.

TERESA: ¡Esto puede resultar bastante costoso para una compañía!

TED: Sí, es correcto. Mientras más gente sepa sobre estos casos y mientras más hablen sobre esto, mayores los problemas para las compañías.

TERESA: Usted ha sufrido este tipo de discriminación en carne propia. Cuéntenos su caso.

TED: Sí, por supuesto. Yo fui el director de asuntos financieros de una de las grandes corporaciones de radiodifusión por más de diez años. Estaba a punto de cumplir sesenta años cuando me despidieron. Con el trabajo perdí mi salario, todos mis beneficios y un poco de mi autoestima.

TERESA: ¿Cuáles fueron los motivos para el despido?

TED: Mi empleador llevaba un historial con todos los pequeños errores que yo había cometido durante los años de empleo allí. Al principio pensé que ellos tenían razón al despedirme. Luego recordé que a otros ejecutivos los habían forzado a jubilarse cuando tenían más o menos mi edad. De pronto me di cuenta de que no se trataba de mi desempeño en el trabajo, sino de mi edad. Eso es discriminación.

TERESA: ¿Qué hizo usted entonces?

TED: Conseguí un abogado para probar que mi desempeño era bastante adecuado y que la compañía no tenía razones justificables para mi despido.

TERESA: ¿De cuánto tiempo dispone el empleado para presentar la denuncia?

TED: Existe una fecha límite de seis meses, pero algunos estados tienen un período de extensión de hasta 300 días.

TERESA: ¿Cuáles diría usted son las señales de la discriminación por edad a las que un empleado debe prestar atención?

TED: Son muy sutiles. Usted debe estar familiarizado con la política de la compañía en cuanto a jubilación se refiere—si hay muchos empleados de edad que son despedidos y si los que se van voluntariamente realmente lo hacen por voluntad. Asegúrese también de que sus colegas lo mantengan informado. Una forma de detectar si lo están forzando a salir es cuando lentamente le van quitando ciertas responsabilidades. Es en ese momento que hay que actuar.

TERESA: ¿Qué consejo le daría a un empleado de edad?

TED: Mantenga su propio historial con notas y copias de todas las recomendaciones y alabanzas que haya recibido, no se quede callado si sospecha discriminación, y más que nada haga un buen trabajo. Si su desempeño no puede ser criticado, usted no tiene de qué preocuparse.

TERESA: Muchas gracias por esta entrevista, señor Chiarri.

B. NOTES

1. *Washington, D.C. (District of Columbia)* fue fundada en 1791. La capital del país, tiene varias atracciones turísticas además de los edificios del gobierno, como *The Capitol* (el capitolio), los monumentos y *The White House* (la Casa Blanca). La ciudad cuenta con uno de los más grandes museos del país, el museo *Smithsonian*. Está también la Galería Nacional de Arte, el Museo Nacional del Espacio Aéreo y el Museo Nacional de Historia Americana entre otros.

2. La Ley contra la discriminación por edad, decretada en 1967, prohibe discriminar al contratar, despedir, jubilar o compensar a personas entre los 40 y los 69 años de edad.

3. *Wall Street* está en el corazón de *Manhattan,* en la ciudad de Nueva York, donde está la bolsa de Nueva York. Es el centro financiero más importante de los Estados Unidos. En este contexto se hace referencia a las instituciones financieras, sus ejecutivos y su poder e influencia en el mundo de los negocios.

4. Por lo general un ejecutivo se jubila a la edad de 65 años. Algunas compañías jubilan a sus empleados antes de este tiempo para ahorrar dinero. Algunas compañías jubilan a sus empleados después de haber cumplido treinta años de trabajo, aun cuando el empleado no haya cumplido los 65 años de edad.

5. El verbo *to invoke* en este contexto tiene el significado de "apelar" o "utilizar." Puede usarse también con el significado de "llamar, conjurar, implorar o suplicar" como el verbo "invocar" en español.

The sorcerer was invoking the spirit of the old man's wife.
El brujo estaba invocando el espíritu de la esposa del anciano.

6. *ADEA* es la sigla para *Age Discrimination in Employment Act* o Ley contra la discriminación por edad en el trabajo.

7. El sustantivo *suit* en este contexto quiere decir "juicio." El verbo *to sue* significa "entablar juicio" o "demandar." *Suit* tiene también otros significados: "traje" (para hombre), "sastre" (para mujer), "palo de baraja."

She bought a blue suit for her interview on Monday.
Ella compró un sastre azul para su entrevista el lunes.

You have to play any card of the same suit.
Tienes que jugar cualquier carta del mismo palo.

If you harass me again, I'll sue you.
Si me hostiga una vez más, lo demandaré.

8. El sustantivo *affair* se refiere a un asunto o acontecimiento social o de negocios. También se utiliza cuando se habla de una aventura amorosa.

That account is my affair, so let me handle it.
Esa cuenta es mi asunto, así que déjeme manejarla.

He was fired because he was having an affair with his boss's wife.
El fue despedido porque estaba teniendo una aventura con la esposa de su jefe.

9. Existe gran cantidad de corporaciones de radiodifusion en los Estados Unidos. Entre ellas se destacan la *CNN,* la *ABC,* la *NBC,* la *CBS.*

10. Generalmente, en el departamento de personal de una compañía se guarda un historial *(dossier)* sobre cada empleado con las evaluaciones, recomendaciones, comendaciones y otros documentos pertinentes a su desempeño laboral.

11. *To dawn* es un verbo intransitivo y quiere decir literalmente "amanecer." Cuando se utiliza acompañado de la preposición *on* o *upon,* quiere decir "caer en cuenta de."

12. El verbo *to fire* se utiliza en este contexto con el significado de despedir a alguien por algún motivo relacionado con el desempeño de esa persona en el trabajo. También se puede utilizar el verbo *to let go.*

13. La frase *to be in the loop* se utiliza con mucha frecuencia en el contexto laboral y quiere decir "pertenecer a un cierto grupo." En español existen expresiones similares: "ser parte del clan" o "estar en la rosca."

C. GRAMMAR AND USAGE

1. *THE PRESENT PERFECT* (EL PRESENTE PERFECTO)

a. Forma

El presente perfecto se forma con el presente del verbo auxiliar *to have* y el participio pasado del verbo principal.

AFIRMATIVO

> sujeto + *have/has* + participio pasado

I have (I've) experienced this type of discrimination first hand.
Yo he sufrido este tipo de discriminación en carne propia.

Wall Street has always emphasized youthful, dynamic management.
Wall Street siempre ha destacado la juventud y el dinamismo en el sector administrativo.

> sujeto + *have/has* + participio pasado

She has not (hasn't) found a lawyer to take her case.
Ella no ha encontrado un abogado que tome su caso.

Although he's a victim of discrimination, he has not (hasn't) filed a suit yet.
Aunque él es víctima de la discriminación, no ha presentado una
demanda aún.

INTERROGATIVO

> *What/when/where/why/who/how* + *have/has* +
> sujeto + participio pasado?

También se puede utilizar la contracción en la pregunta. Nótese que la
contracción se hace no con el pronombre sujeto, pero sí con la palabra
interrogativa. Esta contracción es muy difícil de escuchar en la forma
hablada.

Where have (Where've) you been?
¿Dónde ha/has estado?

What has (What's) he done?
¿Qué ha hecho (él)?

How have (How've) you been?
¿Cómo ha/has estado?

What can an executive do if he or she suspects discrimination?
¿Qué puede hacer un ejecutivo si sospecha discriminación?

b. Usos

El presente perfecto se utiliza para expresar algo que ocurrió recientemente o algo que ocurrió en el pasado pero no se menciona el
momento en que ocurrió porque no es importante.

This corporation has forced six employees to retire early.
Esta compañía ha obligado a seis de sus empleados a jubilarse antes de
tiempo.

Have you ever been fired?
¿Ha sido despedido alguna vez?

Si se especifica el tiempo, entonces se debe usar el pasado simple.
Compare las oraciones anteriores con las siguientes:

Last month, this corporation forced six employees to retire early.
Esta compañía obligó a seis de sus empleados a jubilarse antes de tiempo el mes pasado.

Were you fired this morning?
¿Lo despidieron esta mañana?

Aquellos sucesos que ocurren en el pasado reciente generalmente tienen un efecto en el presente.

He has been fired. (He probably still doesn't have a job.)
Lo han despedido. (Probablemente aún no tiene trabajo.)

He hasn't heard from his lawyer yet. (So, he's still waiting.)
No ha sabido nada de su abogado. (Probablemente sigue esperando.)

Pero aquellos sucesos que se expresan utilizando el pasado simple no tienen un efecto en el presente. Es decir, los hechos son narrados como hechos que ocurrieron en un momento en el pasado pero se desconoce su efecto en el presente.

He was fired.
Lo despidieron.

He didn't hear from his lawyer.
El abogado nunca lo llamó.

El presente perfecto se utiliza también para indicar una acción que ocurrió repetidamente antes del momento presente. El momento exacto en que ocurrió no es importante.

I have had three evaluations so far.
Hasta el momento he sido evaluado tres veces.

I have called her several times.
La he llamado varias veces.

I have met many people at the employee lounge.
He conocido mucha gente en el salón de los empleados.

Es importante recordar que si se especifica el momento en el que ocurrió la acción se debe utilizar el pasado simple. Compare:

I had three evaluations last semester.
Fui evaluado tres veces el semestre pasado.

I called her several times this morning.
La llamé varias veces esta mañana.

Yesterday, I met many people at the employee lounge.
Ayer conocí a mucha gente en el salón de los empleados.

2. *"FOR" AND "SINCE"* (POR Y DESDE)

El presente perfecto se usa con *for* (por) y *since* (desde) para indicar una acción que empezó en el pasado y que continúa en el presente. *For* se utiliza con expresiones de tiempo que indican un período.

I have worked here for ten years. (And I still work here.)
He trabajado aquí por diez años. (Y todavía trabajo aquí.)

I have been traveling on business for two months. (I'm still traveling.)
He estado en viaje de negocios por dos meses. (Todavía estoy viajando.)

I have had this computer for two years. (I still have it.)
He tenido esta computadora por dos años. (Todavía la tengo.)

Since se utiliza con expresiones de tiempo que indican un momento en particular.

He has been on leave of absence since December.
Él ha estado de licencia desde diciembre.

We have been in charge of this project since 1993.
Hemos estado a cargo de este proyecto desde 1993.

He has not felt well since last Monday.
No se ha sentido bien desde el lunes pasado.

3. *THE PRESENT PERFECT CONTINUOUS* (EL PRESENTE PERFECTO CONTÍNUO)

Para destacar la duración de una acción reciente se puede utilizar lo que se conoce como el presente perfecto contínuo. Se forma con el presente del verbo auxiliar *to have,* el participio pasado del verbo auxiliar *to be* y el verbo principal con la terminación *-ing* (o participio presente):

> sujeto + *have/has* + *been* + verbo *-ing*

I have been thinking about making a career change.
He estado pensando en cambiar de profesión.

The company has been hiring new accountants since March.
Desde marzo la compañía ha estado contratando nuevos contadores.

Existe una diferencia entre el presente perfecto y el presente perfecto contínuo. Cuando se usa el presente perfecto sin una frase que indique el tiempo, se entiende que la acción ha terminado y puede que no sea muy reciente. En cambio, cuando se usa el presente perfecto contínuo, se entiende que la acción no ha terminado todavía o acaba de terminar.

I have read the newspaper.
He leído el periódico.

I have been reading the newspaper.
He estado leyendo el periódico.

I have interviewed a candidate for the job.
He entrevistado a un candidato para el puesto.

I have been interviewing a candidate for the job.
He estado entrevistando a un candidato para el puesto.

4. *THE PAST PERFECT* (EL PASADO PERFECTO)

El pasado perfecto se utiliza para expresar una acción que fue terminada antes de otra acción en el pasado. Se forma de la siguiente manera:

> pasado simple del verbo *to have (had)* + participio pasado del verbo principal

I had never heard about age discrimination until it happened to one of my colleagues.
Nunca había escuchado nada sobre la discriminación por edad hasta que le sucedió a uno de mis colegas.

The meeting had already begun when I arrived.
La reunión ya había comenzado cuando llegué.

Si se utilizan los adverbios *after* (después) o *before* (antes), no es necesario utilizar el pasado perfecto.

I felt better after I talked to a lawyer about my case.
Me sentí mejor después de hablar con un abogado sobre mi caso.

I went to see my therapist before I made up my mind.
Fui a ver a mi terapeuta antes de tomar una decisión.

5. *THE PAST PERFECT CONTINUOUS* (EL PASADO PERFECTO CONTÍNUO)

El pasado perfecto contínuo se utiliza para destacar la duración de una acción que estaba en progreso en el pasado. Se forma así:

> pasado simple del verbo *to have (had)* + *been* + verbo principal
> con terminación *-ing*

The employee had been building up a file to prove his adequate performance before taking his case to court.
El empleado había estado creando un archivo para probar que su desempeño era adecuado antes de llevar su caso a la corte.

The company had been firing people, but no one suspected discrimination.
La compañía había estado despidiendo gente, pero nadie sospechó que era discriminación.

También se usa cuando se quiere mostrar que una acción estaba en progreso y que ocurrió en forma reciente con respecto a otra acción en el pasado.

The man was out of breath because he had been running to make it on time.
El hombre estaba sin aliento porque había estado corriendo para llegar a tiempo.

I hadn't been paying attention to what the chairman was saying, so I couldn't give him an answer to his question.
No había estado prestando atención a lo que decía el presidente, así que no pude responder a su pregunta.

D. IDIOMATIC STUDY

VOICING A COMPLAINT (CÓMO EXPRESAR UNA QUEJA)

Al expresar una queja o cuando no se está satisfecho con algo es muy importante hacerlo sin parecer mal educado. Las siguientes frases son muy útiles:

I'm sorry, but I have a complaint about the constant noise from your apartment. It really disturbs my sleep.
Lo siento, pero tengo que quejarme sobre el ruido constante que hay en su apartamento. No me deja dormir.

I hate to say this, but this product does not work to my satisfaction.
Detesto tener que decir esto, pero el funcionamiento de este producto no me satisface.

I don't want to sound rude, but this situation is unacceptable.
No quiero parecer descortés, pero esta situación es inaceptable.

You may disagree, but I feel that you are not treating me fairly.
Usted puede no estar de acuerdo conmigo, pero pienso que usted no me está tratando justamente.

Excuse me for being so direct, but I do not deserve this kind of treatment.
Discúlpeme por ser tan directa, pero no merezco ser tratada de esta manera.

I hope you'll forgive my criticism, but I'm very disappointed in your work lately.
Espero que me disculpe por criticarlo, pero estoy muy desilusionado con su trabajo últimamente.

E. STRICTLY BUSINESS

1. *AGAINST DISCRIMINATION* (CONTRA LA DISCRIMINACIÓN)

A partir de los sucesos ocurridos como resultado del movimiento en pro de los derechos civiles de grupos minoritarios en los años 60, se crearon leyes y reglamentos que rigen la forma en que se debe proceder al emplear a alguien en una organización pública o privada. Estas leyes prohiben que un empleador discrimine en términos de compensación y otros aspectos del trabajo en base a la raza, el credo, el color, el sexo, la nacionalidad u origen, los impedimentos físicos o la edad de una persona. Las siguientes son las leyes más importantes:

Equal Pay Act of 1963 (Ley para la igualdad de pago). Por medio de esta ley se garantiza la igualdad en el pago a cualquier persona sin importar su sexo, raza, lugar de origen o religión.

Civil Rights Act of 1964 (Ley para los derechos civiles). Esta ley establece que todo individuo tiene derecho a votar, a no ser sometido involuntariamente a trabajos forzados, y a ser tratado con igualdad bajo la ley.

Affirmative Action Plan (Plan de acción afirmativa). En 1966 se creó lo que se conoce como el Plan de acción afirmativa. Por medio de este plan se evalúa cada compañía para saber cuantas mujeres y personas de comunidades minoritarias están empleadas, se compara el número de personas de varios grupos étnicos que trabajan en la empresa con el número de personas disponibles para ser contratadas, se establecen metas para corregir inequidades, se desarrollan planes para cumplir esas metas y se hacen auditorías informando al gobierno sobre el flujo de solicitantes. Contratar a un empleado simplemente por su raza o su sexo es tan discriminatorio como despedirlo por una razón similar.

Age Discrimination in Employment Act of 1967 (Ley contra la discriminación por edad). Esta ley prohíbe discriminar al contratar, despedir, jubilar o compensar a personas entre los 40 y los 69 años de edad. Al comunicarse con una persona en el lugar de trabajo no se debe mencionar su edad.

Equal Employment Opportunities Act of 1972 (Ley para la igualdad de oportunidades de empleo). Por medio de esta ley se prohíbe que al contratar a un empleado se le discrimine debido a su raza, sexo, religión o lugar de origen.

Vocational Rehabilitation Act of 1973 (Ley para la rehabilitación vocacional). Esta ley fija que las personas con impedimentos físicos deben tener las mismas oportunidades que las personas saludables. Un impedimento físico no debe ser razón para discriminar.

En 1980, la Comisión para la igualdad en las oportunidades de empleo *(Equal Employment Opportunity Commission)* publicó una serie de pautas definiendo lo que hoy se conoce como acoso sexual. Se considera acoso sexual cualquier solicitud de favores sexuales, proposiciones de orden sexual y todo tipo de conducta física o verbal de naturaleza sexual cuando:

1) el someterse a este tipo de conducta se hace implícita o explícitamente como condición de empleo;

2) el someterse o rehusar tal conducta se use en decisiones que afecten las condiciones de trabajo del individuo;

3) tal conducta tenga como propósito o efecto interferir con el desempeño laboral del individuo, o cuando cree un ambiente intimidante, hostil u ofensivo para el individuo.

Es completamente ilegal que un empleador amenace a un empleado. Si usted es víctima de acoso sexual debe tomar nota de los hechos que ocurrieron y la fecha en que ocurrieron, y deberá dirigirse a la oficina de personal donde le indicarán el procedimiento a seguir.

Es también ilegal que un empleador no ascienda a un empleado debido a su sexo, su estado civil o sus circunstancias personales sin tener en cuenta su desempeño anterior o sus capacidades laborales.

Si usted va a ser entrevistado para un trabajo, sus entrevistadores no pueden preguntarle si desea o no tener hijos, o pedirle que adjunte una foto a su solicitud o que indique cuál es su credo. La ley prohíbe que le pregunten por la nacionalidad de sus padres o le hagan cualquier pregunta que tenga que ver con su origen étnico, sus preferencias políticas, su edad, su estado civil o sus hábitos sexuales.

HARASSMENT OR DISCRIMINATION IN EMPLOYMENT

BECAUSE OF

Sex • Race • Color • *Ancestry*

Religious Creed • National Origin

Disability (Including HIV and AIDS)

Medical Condition (Cancer)

Age • *Marital Status*

Denial of Family and Medical Care Leave

Denial of Pregnancy Disability Leave

IS PROHIBITED BY LAW

The California Fair Employment and Housing Act

- *prohibits harassment* of employees or applicants and *requires* employers to take all responsible steps to *prevent* harassment. The *prohibition* against sex harassment includes a prohibition against sexual harassment, *gender* harassment, and harassment based on pregnancy, childbirth, or *related* medical conditions.

- requires that all employers provide information to each of their employees on the nature, *illegality* and *legal remedies* which apply to sexual harassment. Employers may either develop their own publication, which must meet standards as set forth in California Government Code Section 12950, or use a brochure which may be *obtained* from the *Department of Fair Employment and Housing*.

- requires employers to reasonably *accommodate* disabled employees or job applicants in order to enable them to perform the essential functions of a job.

- *permits* job applicants and employees to file com-

ancestry—	abolengo
religious creed—	creencia religiosa
disability—	incapacidad
marital status—	estado civil
to prohibit—	prohibir
harassment—	acoso
to require—	requirir
to prevent—	prevenir
prohibition—	prohibición
gender—	género
related—	relacionado
illegality—	ilegalidad
legal remedies—	remedios legales
to obtain—	obtener
Department of Fair Employment and Housing—	Departmento de empleo y vivienda igualitario
to accommodate—	acomodar
*to permit—*permitir	

plaints with the *Department of Fair Employment and Housing (DFEH)* against an employer, employment agency, or labor union which fails to grant *equal* employment as required by law.

- requires employers not to *discriminate* against any job applicant or worker in *hiring, promotions, assignments,* or *discharge. On-the-job segregation* is also prohibited, and employers may file *complaints* against workers who refuse to cooperate in *compliance.*

- requires employers, *employment agencies*, and unions to preserve applications, personnel and employment referral records for a minimum of two years.

- requires employers to provide leaves of up to four months to employees *disabled* because of pregnancy, maternity, or childbirth.

- requires employers of 50 or more persons to allow employees to take up to 12 weeks leave in any 12 month period for the birth of a child, the placement of a child for *adoption* or *foster care*, for an employee's own serious health condition, or to care for a parent, spouse or child with a serious health condition.

- requires employment agencies to serve all applicants equally; to *refuse* discriminatory job orders; to refrain from prohibited prehiring inquiries or help-wanted advertising.

- requires unions not to discriminate in member admissions or *dispatching* to jobs.

- forbids any person to *interfere* with efforts to *comply* with the act. Authorizes the DFEH to work affirmatively with cooperating employers to review hiring and recruiting practices in order to expand equal opportunity.

equal—igual

to discriminate—discriminar

to hire—contratar

to promote—promover

assignments—asignaturas

to discharge—despedir

on-the-job segregation—segregación en el trabajo

complaints—quejas

compliance—acatamiento

employment agencies—agencia de empleo

disabled—incapacitado

adoption—adopción

foster care—cuidado por adopción

to refuse—rehusar

dispatching—despacho

to interfere—interferir

to comply—acatar

REMEDIES TO INDIVIDUALS, OR *PENALTIES* FOR VIOLATION MAY INCLUDE:
hiring, back pay, promotion, reinstatement, damages for emotional distress, *cease-and-desist order*, or a fine of up to $50,000.

JOB APPLICANTS AND EMPLOYEES: If you believe you have experienced discrimination, DFEH will investigate without cost to you.

For information contact the Department of Fair Employment and Housing:
TOLL FREE 1-800-884-1684

This notice must be *conspicuously* posted in hiring offices, on employee bulletin boards, in employment agency waiting rooms, union halls, etc. For a copy contact the nearest DFEH office.

remedies— remedios

penalties— penalidades

cease-and-desist order— orden de terminar y desistir

conspicuously— visiblimente

2. *VOCABULARY* (VOCABULARIO)

attorney	abogado
attorney at law	procurador
civil rights	derechos civiles
to complain	quejarse
discrimination	discriminación
handicapped	minusválido
Human Resources	oficina de personal
to harass	acosar
sexual harrassment	acoso sexual
judge	juez
jury	jurado
law	ley
lawyer	abogado
minority	minoría
plaintiff	demandante
prosecutor	fiscal
to retire	jubilarse
salary	salario
to sue	demandar
trial	juicio
wages	sueldo

EXERCISES

1. *Complete the following sentences with the verbs in parentheses. You must decide whether the verb should be in the present perfect tense or the simple past tense.* Complete los espacios con el verbo en paréntesis. Debe decidir si el verbo debe ir en el presente perfecto o el pasado simple.

MEMORANDUM

TO: *Jane Bloom*
           Director of Human Resources
FROM: *Catherine Howard, President*
DATE: *November 5, 1995*
RE: *Age Discrimination*

I (to receive) __(a)__ a letter from the Equal Employment Opportunity Commission last week. The Commission wants to make sure that we are enforcing the 1967 Age Discrimination in Employment Act. Under this law any business that deprives a person of his or her job and pension benefits based on his or her age may be sued. (you, to know) __(b)__ about this?

Please check the personnel files on all our department's employees. Find out how many of them (to be) __(c)__ evaluated since 1993. Also, please find out if any (to receive) __(d)__ written commendations for good work or if any (to be) __(e)__ promoted to a higher position within the last two years.

I would like you to compile a list of employees who (to be) __(f)__ fired last year. Be sure to include the reason for such action. It would also be a good idea to have a list of those who (to retire) __(g)__ already.

Please report your findings within the week. Thanks.

2. *Complete the following sentences using "for" or "since."* Complete las siguientes oraciones utilizando *for* o *since.*

  a. *I have worked as a counselor to help unemployed white collar workers _____ six years.*
  b. *She has been on welfare _____ her husband abandoned her.*
  c. *The Age Discrimination in Employment Act has been in effect _____ 1967.*
  d. *These employees have been in a training program _____ two months.*
  e. *We have kept a dossier on each of our employees _____ the day they were hired.*
  f. *He has been preparing the case with his lawyer _____ one whole year.*
  g. *I have been working on my resume _____ ten hours.*
  h. *They have been interviewing candidates _____ nine o'clock this morning.*
  i. *The employee has been waiting outside _____ twenty minutes.*

3. *Indicate whether the verb used in the contraction is "to be" or "to have." Circle your answer.* Indique si el verbo utilizado en la contracción es *to be* o *to have*. Marque su respuesta con un círculo.

a. *It's been nice meeting you.*
   to be   to have

b. *She's been told that the company has a very successful in-house degree program for employees.*
   to be   to have

c. *It's definitely a good job offer. Why's he having doubts?*
   to be   to have   to be   to have

d. *How's that report going?*
   to be   to have

e *He's been preparing for this interview for months.*
   to be   to have

f. *My company's sending me abroad for two weeks.*
   to be   to have

g. *Where's the folder I just gave you?*
   to be   to have

h. *The employee's going to file a suit against the company.*
   to be   to have

j. *Where's she been filing these forms?*
   to be   to have

i. *The file's on top of the cabinet.*
   to be   to have

4. *Fill in the blanks with the appropriate word.* Llene los espacios en blanco con la palabra apropiada.

suit	lawyer	to let go	to retire	prosecutor

a. *Due to budget cuts, the company was forced _____ fifty employees.*
b. *The defendant's _____ wanted to set bail at $300, but the _____ refused.*
c. *I'd like _____ when I turn fifty.*
d. *It would be better if you wore a _____ when you stand before the jury next week.*

5. *Fill in the blank with the verb in parentheses. Use either the past perfect or the past perfect continuous.* Llene los espacios en blanco con el verbo en paréntesis. Use el pasado perfecto o el pasado perfecto continuo.

a. *I _____ (to finish) reading the newspaper when I heard the crash.*
b. *The woman _____ (to cry) because her son was killed in the accident.*
c. *The lawyer _____ (to leave) when I called his office.*
d. *The employee _____ (to come) late to work during the last few weeks because he was ill.*
e. *By the time the police arrived, the suspect _____ (to escape).*

READING I (LECTURA I)

Nowadays many people all over the world prefer to communicate via e-mail with friends, family and business colleagues rather than by phone. They feel that this is a faster and more convenient way of exchanging ideas.

And indeed, e-mail does offer several ways for people to communicate including discussion groups, BBS's or bulletin boards, and chat channels. Discussion groups are normally formed around a specific theme of interest to certain individuals and everybody in the group takes turns in the conversation. BBS's are electronic bulletin boards where people can post messages on specific subjects. Finally, chat channels enable users to communicate in real-time by interactive conversation similar to having a conference call on the phone. Of course the only difference is that you're typing the message on the computer rather than speaking on the phone.

Just like in any other type of communication, be it by phone, fax, or mail, e-mail users follow certain rules of etiquette. One of the most basic rules of on-line etiquette is to be brief and to the point. In that way, you get your point across and you save time and money. In trying to be brief and quick, a type of on-line shorthand has been created. There are a number of different acronyms that might be confusing to a person who's just beginning to use e-mail, but since they're so frequently used, they're fairly easy to learn. Some of the most common are:

AAMOF	As A Matter of Fact
BBFN	Bye Bye For Now
BTW	By The Way
CMIIW	Correct Me If I'm Wrong
EOL	End Of Lecture
IAC	In Any Case
IMHO	In My Humble Opinion
OTOH	On The Other Hand
TYVM	Thank You Very Much

When joining a discussion group for the first time it is advisable to "lurk," or observe what's going on, for a while before actually jumping in to participate in the conversation. However, eventually you should participate actively, because lurking without participating is considered rude. It is also considered rude to place offensive or inappropriate messages. This behavior is known as "flaming" and may make some members of the group quite angry. Another, inappropriate behavior is to place the same message several times on different areas of a board. This is known as "spamming" and it wastes the time and money of people who want to retrieve messages.

There are also several typing rules to follow. Using all uppercase letters is known as "shouting" and it can be considered rude if used inappropriately. On the other hand, using all lowercase, is known as "mumbling."

E-mail users personalize their messages by adding written clues known as "Smileys" or "emoticons" to express their mood and emotions. Smileys are formed by using different characters on the keyboard, such as:

:-)	*Smile*	:'-(	*Crying*	<G>	*Grinning*
;-)	*Winking*	:-\	*Undecided*	<S>	*Smiling*
:-(	*Frowning*	:-c	*Bummed out*	<L>	*Laughing*
:-|	*Indifferent*	:-o	*Surprised*		
:->	*Sarcastic*	:-@	*Screaming*		

And if you're in the romantic mood, you can always send a rose:-<-@

VOCABULARY

bulletin board	tablilla para fijar aununcios
character	símbolo
chat	charlar
flaming	enviar mensajes ofensivos o inapropiados
keyboard	teclado
lowercase	minúscula
to lurk	espiar
e-mail	correo electrónico
mood	estado de ánimo
to mumble	murmurar
to retrieve	retirar
shorthand	taquigrafía/estenografía
spamming	poner el mismo anuncio en diferentes lugares
to type	escribir utilizando el teclado
uppercase	mayúscula

LESSON 6

BUSINESS EXPANSION.   La expansión en los negocios.

A. DIALOGUE

A NEW STORE

Paul and Mary-Hope Adams own a small clothing boutique in the center of Winston-Salem, North Carolina.[1] Over the last couple of years business has been booming,[2] so they're thinking about expanding.

PAUL: You know the brand new[3] mall[4] that is under construction on the other side of town?

MARY-HOPE: Yes. What about it?

PAUL: I spoke to the building contractors yesterday. They told me it is designed to feature about forty upscale shops.

MARY-HOPE: What kind of shops?

PAUL: I've heard there will be a few department stores, several clothing boutiques, and a few jewelry stores. The mall is going to have one floor for fast food restaurants and another for entertainment, with three theaters and a bowling alley. Wouldn't it be perfect for us to open a second store there?

MARY-HOPE: That's an interesting idea. But, what I had in mind[5] was to expand by selling our products to other stores in the area.

PAUL: Let's discuss[6] this a little bit. Your idea is certainly less risky.

MARY-HOPE: If we distribute our products to other stores, we will be able to reach customers who don't frequently shop in the downtown malls.

PAUL: I disagree. Malls are becoming more and more popular each day. People don't go there just to shop, but also to escape weather conditions, to socialize, to go window shopping[7] or simply because they're bored.

MARY-HOPE: That's precisely what concerns me: window shoppers don't exactly go on shopping sprees.[8]

PAUL: You're being too negative. Think about it . . . we won't have to rely on advertising to gain sales. The big stores will do the advertising and we'll take advantage of the traffic that flows through the mall.

MARY-HOPE: **That's a good point.**[9]

PAUL: **Also, think of how our image will be affected. People will associate all those other upscale stores with ours.**

MARY-HOPE: **True, too. But, what about rent? It's going to be expensive, don't you think?**

PAUL: **Well, rent will be high. But think about your idea and how much it would cost to either purchase or rent trucks to deliver our merchandise, and to hire a few sales representatives and a truck driver. Not to mention the cost of advertising . . .**

MARY-HOPE: **We're going to have to hire new staff anyway if we open a second store.**

PAUL: **Definitely! But it wouldn't cost as much to hire a few sales clerks as it would to hire all those other employees.**

MARY-HOPE: **Are you aware that we'll have to work nights and weekends?**

PAUL: **Yes. But if we focused on selling and distributing our clothes to other stores, we would have to work extra hours anyway. So, do you like my idea?**

MARY-HOPE: **I think it's a bit more risky, but I guess there are more advantages than disadvantages to it.**

PAUL: **Great! I knew you'd agree with me. I'd better call the real estate people. They're waiting for our decision.**

MARY-HOPE: **So, you had this set up already!**

PAUL: **Come on, don't get upset. You know I'd never do anything without asking you first.**

MARY-HOPE: **You can say that again! Before you speak with the contractors, why don't we call your friend Robert? He knows a lot about retail. It would be good to get his input**[10] **on this, don't you think?**

Una nueva tienda

Paul y Mary-Hope Adams son dueños de una pequeña boutique en el centro de Winston-Salem, North Carolina. Durante los últimos años el negocio ha prosperado y ellos están pensando agrandarlo.

PAUL: ¿Te acuerdas del nuevo centro comercial que están construyendo en el otro lado del pueblo?

MARY-HOPE: Sí. ¿Por qué?

PAUL: Hablé con los contratistas ayer. Me dijeron que está diseñado para más o menos cuarenta tiendas exclusivas.

MARY-HOPE: ¿Qué clase de tiendas?

PAUL: Me han dicho que habrá unas cuantas tiendas por departamento, varias boutiques y unas cuantas joyerías. El centro tendrá un piso para restaurantes de comidas rápidas y otro para entretenimiento con tres teatros y una cancha de bolos. ¿No te parece que sería perfecto abrir una segunda tienda allí?

MARY-HOPE: Es una idea interesante. Pero, lo que yo tenía en mente era ampliar nuestro negocio vendiendo nuestros productos a otras tiendas de esta zona.

PAUL: Hablemos de esto un poco. Tu idea ciertamente implica menos riesgos.

MARY-HOPE: Si distribuimos nuestros productos en otras tiendas, podremos llegar a esos clientes que frecuentemente no hacen compras en los centros comerciales del centro de la ciudad.

PAUL: No estoy de acuerdo. Los centros comerciales se están volviendo más y más populares cada día. La gente no sólo va a comprar, va a escaparse de las condiciones del clima, a pasar el rato, a mirar vitrinas o simplemente porque están aburridos.

MARY-HOPE: Eso es precisamente lo que me preocupa: las personas que van a mirar vitrinas no son los que hacen compras.

PAUL: Eres demasiado negativa. Piénsalo . . . no tendríamos que depender de la publicidad para hacer ventas. Las grandes tiendas se encargarían de hacer la propaganda y nosotros sacaríamos ventaja del tráfico que fluya por el centro comercial.

MARY-HOPE: En eso tienes razón.

PAUL: También piensa como afectaría nuestra imagen. La gente asociaría la imagen de todas las otras tiendas exclusivas con la nuestra.

MARY-HOPE: Cierto. Pero, ¿y el alquiler? Va a ser costoso, ¿no lo crees?

PAUL: Bueno, el alquiler será más alto. Pero piensa en tu idea y cuanto costaría comprar o arrendar camiones para distribuir la mercancía, contratar unos representantes de ventas y un conductor para el camión. Sin mencionar los costos de la publicidad . . .

MARY-HOPE: De todas maneras tendremos que contratar nuevo personal si abrimos otra tienda.

PAUL: ¡Definitivamente que sí! Pero no será tan costoso contratar algunos vendedores como contratar a todos esos otros empleados.

MARY-HOPE: ¿Te has dado cuenta que nos va a tocar trabajar por las noches y los fines de semana?

PAUL: Sí. Pero si nos concentráramos en vender y distribuir nuestra ropa a otras tiendas, tendríamos que trabajar horas extra de todas maneras. Entonces, ¿te gusta mi idea?

MARY-HOPE: Creo que es un poco más arriesgada, pero veo que tiene más ventajas que desventajas.

PAUL: ¡Qué bien! Sabía que ibas a estar de acuerdo conmigo. Es mejor que llame a las personas de bienes raíces. Están esperando nuestra decisión.

MARY-HOPE: ¡Entonces esto lo tenías ya organizado!

PAUL: Vamos, no te enojes. Sabes muy bien que nunca haría nada sin consultártelo.

MARY-HOPE: ¡No tienes que repetirlo! Antes de que hables con los contratistas, ¿por qué no llamamos a tu amigo Robert? Él sabe mucho sobre ventas al por menor. Sería bueno conocer su opinión acerca de todo esto ¿no crees?

B. NOTES

1. El estado de Carolina del Norte se encuentra en el sureste del país. Su capital es *Raleigh* y la ciudad más grande es *Charlotte,* donde se encuentra el famoso museo "Lugar de los Descubrimientos" o *Discovery Place. Winston-Salem* queda al oeste de *Raleigh* y en ella se encuentra *Old Salem,* un pueblo fundado en 1766 por miembros de la secta protestante morava. Es el estado con el mayor número de campos de golf en el país. Su industria tabacalera e immobiliaria y el gran número de universidades que allí se encuentran hacen de este estado uno de los más atractivos para vivir.

2. En inglés existen muchos verbos onomatopéyicos como *to boom,* que literalmente significa "retumbar," "tronar" o "hacer explosión." En el contexto del diálogo y cuando se usa para hablar de negocios o del mercado en general, significa "gozar de prosperidad" o "desarrollarse rápidamente."

3. Cuando se utiliza la expresión *brand new,* se hace énfasis en la cualidad del adjetivo (enteramente nuevo, flamante). Al usarse como sustantivo, *brand* significa "marca de fábrica" *(brand name/trademark),* "marca" o "tizón." Se puede utilizar como un verbo con el significado de "marcar" o "grabar."

4. Originalmente el sustantivo *mall* se usaba para referirse a un camino para peatones solamente. Luego se empezó a utilizar para designar las calles para peatones con tiendas a ambos lados. Hoy en día se utiliza cuando se habla de los populares centros comer-

ciales o galerías cerradas con diversidad de tiendas, lugares de diversión y restaurantes.

5. *To have in mind* tiene su correspondiente en español: "tener algo en mente." Otras expresiones populares son:

to be in one's right mind	estar en su sano juicio
to be on one's mind	preocuparle a uno
to bear in mind	tener presente
to change one's mind	cambiar de idea
to bring to mind	recordar
to come to mind	ocurrírsele a uno
to lose one's mind	perder la razón
to speak one's mind	hablar con franqueza

6. ¡Cuidado con los amigos falsos! En el contexto del diálogo, el sustantivo *to discuss* significa "argüir," "razonar" u "objetar" pero implica un intercambio de ideas sin acaloramiento por parte de los involucrados. Por otra parte, *to argue* significa "discutir," "disputar" o "debatir." Por lo general implica que las personas involucradas sienten enfado o cólera y están en desacuerdo. Solamente cuando el sustantivo *argument* tiene el significado de razonamiento equivale al sustantivo español "argumento."

7. *To window shop* significa "mirar los escaparates de una tienda sin intención de comprar." Existe también el sustantivo *window shopper* para referirse a la persona que ejecuta tal acción.

8. *To go on a shopping spree* significa "hacer muchas compras," usualmente sin siquiera pensar en el costo.

9. La expresión *to make a point* es muy popular y se utiliza cuando alguien expresa su opinión y comprueba o establece su punto de vista. Otras expresiones similares son:

to be beside the point	no venir a cuento
that's just the point	allí está el detalle
the point is that . . .	el asunto es que . . .
to carry one's point	salirse con la suya
to get the point	ver el sentido de/caer en cuenta de
to miss the point	no entender
to get to the point	ir al grano

10. El sustantivo *input* en el contexto del diálogo significa "opinión" o "consejo." Es una palabra que como muchas otras se utiliza en el mundo de los computadores para referirise al acto de programar datos en un computador.

C. GRAMMAR AND USAGE

1. *THE FUTURE WITH "TO BE GOING"* (EL FUTURO CON *TO BE GOING*)

AFIRMATIVO

> sujeto + *to be* + *going* + el verbo principal en infinitivo

I am (I'm) going to hire a new assistant.
Voy a contratar un nuevo asistente.

He is (he's) going to buy more merchandise for the store.
El va a comprar más mercancía para la tienda.

We are (we're) going to open a new store in the mall.
Vamos a abrir una nueva tienda en el centro comercial.

NEGATIVO

> sujeto + *to be* + *not* + *going* + el verbo principal en infinitivo

He is not (he's not/he isn't) going to open a new store.
No va a abrir una nueva tienda.

We are not (we're not/we aren't) going to find a bigger space in the other mall.
No vamos a encontrar un espacio más grande en el otro centro comercial.

They are not (they're not/they aren't) going to fire any employees.
No van a despedir a ningún empleado.

INTERROGATIVO CON RESPUESTA CORTA

> *to be* + sujeto + *going* + el verbo principal en infinitivo

Is he going to get a loan to open the new store?
¿Va a pedir un préstamo para abrir la nueva tienda?

Are they going to buy some computers?
¿Van a comprar unos computadores?

> *What/When/Where/Why/Who/How* + *to be* + sujeto + *going* +
> el verbo principal en infinitivo?

How are we going to deliver the merchandise?
¿Cómo vamos a despachar la mercancía?

Who is she going to hire?
¿A quién va a contratar?

How many trucks are they going to need?
¿Cuántos camiones van a necesitar?

2. *THE FUTURE WITH "WILL"* (EL FUTURO CON *WILL*)

AFIRMATIVO

> sujeto + *will* + el verbo principal en su forma simple

He will (he'll) reach more customers by advertising in the paper.
Podrá llegar a más clientes poniendo un anuncio en el periódico.

We will (we'll) put our old merchandise on sale every month.
Pondremos la mercancía vieja en liquidación todos los meses.

NEGATIVO

> sujeto + *will* + *not* + el verbo principal en su forma simple

I will (I won't) work after five o'clock for nothing.
No trabajaré después de las cinco por nada.

They will not (they won't) buy more supplies.
No van a comprar más provisiones.

INTERROGATIVO CON RESPUESTA CORTA

> *Will* + sujeto + el verbo principal en su forma simple . . .

Will you deliver the order on time?
¿Entregarás el pedido a tiempo?

Will they be here when the store opens?
¿Estarán aquí cuando abran la tienda?

> *What/When/Where/Why/Who/How* + *will* + sujeto +
> el verbo principal en su forma simple?

What time will the store open tomorrow?
   ¿A qué hora se abrirá la tienda mañana?

How will she decorate the new store?
   ¿Cómo va a decorar la nueva tienda?

3. *THE USAGE OF THE FUTURE TENSE* (LOS USOS DEL TIEMPO FUTURO)

El futuro con *to be going to* se utiliza para expresar la intención de llevar a cabo una acción premeditada.

I'm glad you agree because I'm going to call the contractors this afternoon.
   Me alegro que estés de acuerdo porque voy a llamar a los contratistas esta tarde.

I've been thinking about expanding our business. I'm going to find out more about how to do it.
   He estado pensando en ampliar nuestro negocio. Voy a averiguar más sobre cómo hacerlo.

Cuando se quiere expresar que una acción determinada se hace voluntariamente o que se está dispuesto a hacer algo, se utiliza *will*.

If you'd like, I'll train the new employees.
   Si usted quiere, yo entrenaré a los nuevos empleados.

Cuando se hace una predicción sobre algo, o cuando se cree que algo ocurrirá en el futuro se puede utilizar *will* o *to be going to*.

He believes the new mall will be a big success.
   Él cree que el nuevo centro comercial será un gran éxito.

He believes the new mall is going to be a big success.
   Él cree que el nuevo centro comercial va a ser un gran éxito.

Renting a space there will be expensive, don't you think?
   Será costoso alquilar un local allí, ¿no lo crees?

Renting a space there is going to be expensive, don't you think?
   Va a ser costoso alquilar un local allí, ¿no lo crees?

4. *THE FUTURE WITH TIME EXPRESSIONS* (EL FUTURO CON EXPRESIONES DE TIEMPO)

Para aquellas oraciones en futuro que requieren una frase adverbial de tiempo, el adverbio deberá ir siempre seguido por un verbo conjugado en el presente simple:

When I see the contractors tomorrow, I'll ask them.
Cuando vea a los contratistas mañana, les preguntaré.

After I interview the person who applied for the sales position, I'll call you.
Después de que entreviste a la persona que solicitó el puesto de ventas, te llamaré.

Los adverbios de tiempo más comunes son:

after	después	*the first time*	la primera vez
always	siempre	*the last time*	la última vez
as	mientras que	*once*	una vez
as soon as	tan pronto como	*since*	desde
as long as	siempre y cuando	*until*	hasta
before	antes	*when*	cuando
by the time	para cuando	*whenever*	cuando (quiera)
every time	cada vez	*while*	mientras

5. *THE USAGE OF THE PRESENT TENSE TO EXPRESS THE FUTURE* (EL USO DEL TIEMPO PRESENTE PARA EXPRESAR EL FUTURO)

A diferencia del español, en inglés se puede utilizar el presente contínuo (lección 2) con expresiones de tiempo para indicar una acción en el futuro cuando se tiene la certeza de que algo que se ha planeado se llevará a cabo, y sólo se puede utilizar con verbos que indiquen acciones que se puedan planear. Por ejemplo, el verbo *to rain* (llover) no se puede utilizar con el presente continuo para indicar una acción en el futuro porque se trata de una acción imposible de planear.

He's signing the contract tomorrow at six.
Él firmará (va a firmar) el contrato mañana a las seis.

We're opening a new store in the mall in June.
Abriremos una nueva tienda en el centro comercial en junio.

It's raining (now). The weather report indicates that it'll rain tomorrow.
Está lloviendo. El informe del tiempo indica que mañana va a llover.

El presente simple se usa para expresar eventos que se han programado en el futuro.

My plane leaves at 6 A.M. tomorrow.
Mi vuelo sale mañana a las seis.

The meeting starts at 9 A.M. next Wednesday.
La reunión empieza a las nueve de la mañana el próximo miércoles.

D. IDIOMATIC STUDY

EXPRESSING AGREEMENT
(CÓMO EXPRESAR QUE ESTÁ DE ACUERDO)

A diferencia del español, en inglés existe el verbo intransitivo *to agree*. Es decir, que este verbo no requiere un objeto directo. Algunas frases útiles para expresar que se está de acuerdo con alguien son:

I agree (with you).
Estoy de acuerdo (con usted).

You're right.
(Usted) tiene razón.

That's right/true.
Eso es cierto.

Absolutely!
¡Absolutamente!

Definitely!
¡Definitivamente!

No doubt about it!
¡Sin duda alguna!

I feel the same way.
Pienso lo mismo.

I couldn't agree with you more.
No podría estar más de acuerdo.

That's just what I was thinking.
Precisamente estaba pensando lo mismo.

You can say that again!
¡Ya lo creo!

You took the words right out of my mouth!
¡Me ha quitado la palabra de la boca!

I suppose/guess you're right.
Supongo/creo que está en lo cierto.

You might be right.
Puede que tenga razón.

EXPRESSING DISAGREEMENT
(CÓMO EXPRESAR QUE ESTÁ EN DESACUERDO)

I disagree.
Estoy en desacuerdo.

I don't agree.
No estoy de acuerdo.

I don't think so.
No lo creo.

I hate to disagree, but . . .
Detesto estar en desacuerdo, pero . . .

I don't mean to disagree, but . . .
No quiero estar en desacuerdo, pero . . .

I don't want to get into an argument, but . . .
No quiero tener una discusión, pero . . .

I wouldn't say that.
Yo no diría éso.

E. STRICTLY BUSINESS

1. *THE LATEST IN RETAIL SALES*
(LO ÚLTIMO EN VENTAS AL POR MENOR)

Hoy en día, en los Estados Unidos, el mundo de las telecomunicaciones está revolucionando la compra y venta de productos al por menor. Las razones son varias. Las estadísiticas demuestran que el número de mujeres, uno de los grupos de consumidores más grandes, que trabajan tiempo completo fuera del hogar, aumenta año tras año. De tal manera que este grupo cuenta cada vez con menos tiempo libre para "ir de compras." Además, con los avances en tecnología, el consumidor en general se ha vuelto más exigente y menos flexible con su tiempo libre.

El consumidor estadounidense está empezando a comprar más por medio de catálogos especializados que llegan a su casa por correo, a través de programas de televisión destinados a promover un producto en particular, por medio de ventas por teléfono y por medio del computador y servicios *On-Line* del *Internet* (como *America Online, CompuServe* y *Prodigy,* entre otros) que promueven todo tipo de productos y servicios.

Este tipo de ventas al por menor funciona gracias a los adelantos de las telecomunicaciones. El consumidor tiene la opción, sin salir de su casa, de evaluar diferentes productos y precios. El pedido se puede hacer por correo, por teléfono, por fax, o por medio del computador. El vendedor recibe la orden, se comunica con el depósito electrónicamente y despacha el producto. Todo esto ocurre en cuestión de minutos. Simultáneamente, y en forma electrónica, se transfieren los fondos de un banco a otro.

Cuando el pedido se hace por correo, el distribuidor acepta únicamente un cheque o el número de cuenta de una tarjeta de crédito como forma de pago. En los demás casos, sólo se acepta la tarjeta de crédito. El costo del transporte y envío es relativamente pequeño y depende de la cantidad que se haya ordenado. Además, en algunos estados es obligatorio añadir el impuesto de ventas.

Las ventajas de comprar utilizando uno de estos servicios son muchas. De ahí que varias tiendas por departamento como *Macy's, Bloomingdale's, J.C. Penney y Sears,* han optado por ofrecer a sus clientes la opción de comprar en sus tiendas o por medio de sus catálogos. Al comprar por medio de un catálogo, se puede hacer el pedido de un día para otro utilizando el servicio de correo expreso o especificando el día en que el artículo debe ser despachado. También, si se trata de un regalo, muchos distribuidores no solamente lo despachan a la persona indicada, sino que también lo empacan para regalo o le envían lo necesario para que usted mismo lo envuelva. Por último, muchos de estos distribuidores ofrecen sus propias tarjetas de crédito sin cuota anual y con intereses un poco más altos que tarjetas como *American Express, Visa,* o *MasterCard.*

2. *VOCABULARY* (VOCABULARIO)

to charge	debitar/cargar a una cuenta
deferred billing	pago a plazos
gift wrap	empaque para regalo
item	artículo
merchandise	mercancía
method of payment	método de pago
order	orden
outlet	sucursal
purchase	compra
retail	al por menor/detal
to be on sale	estar rebajado
sales	ventas
to sell	vender
shipment	envío
shipping and handling	envío y manejo
subscription	suscripción
warehouse	depósito

1. *Decide if the events in the following sentences take place in the present or the future.* Decida si las siguientes oraciones expresan acciones en el presente o en el futuro.

   a. *As soon as we sign the rental contract, we're having a party.*
   _____ Presente _____ Futuro

   b. *I'm reading the terms of the contract.*
   _____ Presente _____ Futuro

   c. *He's interviewing potential candidates for the store manager position.*
   _____ Presente _____ Futuro

   d. *After the meeting, we're taking a tour of the new facilities.*
   _____ Presente _____ Futuro

   e. *She's calling tomorrow to let us know if she got the job.*
   _____ Presente _____ Futuro

   f. *We're going to need at least two trucks to be able to distribute our products around town.*
   _____ Presente _____ Futuro

   g. *The mall is opening next week.*
   _____ Presente _____ Futuro

2. *Complete the following memorandum using either "will"/"to be going to" or the present continuous of the verb in parentheses.* Complete el siguiente memorandum utilizando *will/to be going to* o el presente contínuo del verbo entre paréntesis.

MEMORANDUM

TO: *Henry Holt*
FROM: *Mary-Hope Adams*
DATE: *January 22, 1996*
SUBJECT: *Telecommunications in retailing*

Henry, as you know Paul and I __(a)__ (to think) about expanding our business. We __(b)__ (to consider) different options. What I had in mind was to expand by direct distribution. I believe that if we distribute our products to other stores, we would be able to reach more customers. Paul, on the other hand, believes that we would do better by renting a space at the mall.

We know that in the near future more people __(c)__ (to shop) at home with a video display catalog provided by participating retailers. We are also aware that presently more and more consumers __(d)__ (to buy) through catalogs instead of going directly to retail stores.

I ___(e)___ (to spend) the next two weeks researching this. I'd like to know if you have some information on the use of telecommunications in the retailing business.

We'd like to have your feedback on this and some information on operating costs. Thanks.

3. *Use the following expressions to complete each sentence. Remember to conjugate the verb according to its subject.* Utilice las siguientes expresiones para completar las oraciones. Recuerde que tiene que conjugar el verbo de acuerdo a su sujeto.

to speak one's mind	*to bear in mind*
to change one's mind	*to bring to mind*
to have in mind	*to lose one's mind*

a. *That picture _____ the old store we used to have on Maple Street.*
b. *When you look at me in that way I know you're planning something. What do you _____ now?*
c. *I think one salesperson will be enough for the new store. However, if you give me a good reason to hire two people, I will _____.*
d. *We asked him to give us his opinion about expanding our business because he's very honest and _____.*
e. *If this client doesn't stop calling every hour, I'm going to _____.*
f. *_____ that opening a store in the mall is going to increase our costs by 30%.*

4. *Combine the following sentences using the adverb given.* Combine las siguientes oraciones utilizando el adverbio indicado.

a. *(after)*
   You'll see the mall tomorrow.
   You'll want to open another store there.
b. *(as soon as)*
   I'll finish signing the contract.
   I'll call you.
c. *(When)*
   We'll hire new employees.
   We'll open a new store.
d. *(before)*
   You'll interview her.
   She'll take the typing test.
e. *(whenever)*
   You'll be ready.
   You'll sign the contract.

LESSON 7

BANKING IN THE UNITED STATES.   La banca en los EE.UU.

A. DIALOGUE

A New Bank Account

Robert Gremly recently arrived in Chicago[1] where he will be living for about two years. The company he works for, Big Ben Securities in England, is currently opening a branch in Chicago, and Mr. Gremly is in charge[2] of the operations. He has decided to open a checking account at a local bank in order to handle his personal transactions.

TELLER: Good morning. How may I help you?

MR. GREMLY: Good morning. I'd like[3] to open a checking account.

TELLER: You need to speak to one of our customer service representatives. Take the stairs to the second floor. They'll be able to assist[4] you there.

Mr. Gremly goes to the second floor. After a few minutes, a customer service representative comes to greet him.

MS. GREEN: Good morning. My name is Elizabeth Green. How may I help you today?

MR. GREMLY: Hello. My name is Robert Gremly. I'd like to open a checking account.

MS. GREEN: Are you interested in an individual or a joint account?

MR. GREMLY: An individual account, please.

MS. GREEN: Let me explain our service charges. For basic checking accounts there's a nine dollar and fifty cent monthly service fee and a seventy-five cent activity charge per check and ATM[5] withdrawal. Now if you have a monthly balance of more than one thousand dollars, all service charges and transaction fees will be waived.

MR. GREMLY: That sounds reasonable.

MS. GREEN: Would you like to go ahead[6] and open a basic account, or would you like to hear about our interest-bearing accounts?

MR. GREMLY: I think the basic service will be fine.

MS. GREEN: **All right. Just fill out this form and sign it on the back. How much do you wish to deposit?**

MR. GREMLY: **Fifteen hundred dollars.[7]**

MS. GREEN: **Will this transaction be in cash, money order, or check?**

MR. GREMLY: **Cash.**

MS. GREEN: **Very well. Do you have any questions?**

MR. GREMLY: **Yes, actually. When will I get my checks?**

MS. GREEN: **We'll give you temporary checks and a bank card right now. You should[8] receive your personalized checks and your permanent bank card in the mail in about a week.**

MR. GREMLY: **That's fine.**

MS. GREEN: **What color would you like for your checks—blue, green or beige?**

MR. GREMLY: **Green, please. And I'd like my address printed on the checks as well.**

MS. GREEN: **Okay. How about your phone number?**

MR. GREMLY: **No, thanks.**

MS. GREEN: **I almost forgot to tell you! There is a thirteen dollar charge for every two hundred checks. This charge will be automatically deducted from your account.**

MR. GREMLY: **No problem.**

MS. GREEN: **Along with our checking account we offer an overdraft[9] protection plan which lets you write checks without worrying if they will bounce.**

MR. GREMLY: **Are there any additional fees involved?**

MS. GREEN: **You will only pay a fee if you overdraw on your account, and then you'll only pay a finance charge on the amount you borrow.[10] Would you like to sign up for this option?**

MR. GREMLY: **Well, why not? I don't think I'll ever use it, but one never knows. If it's free, I might as well[11] get it.**

MS. GREEN: **Good. All you need to do is fill out this additional form. Now, I'll take you downstairs where one of our tellers will deposit your money and give you your temporary checks.**

MR. GREMLY: **Great. Thanks for all your help.**

MS. GREEN: **Certainly.**

Una nueva cuenta bancaria

Robert Gremly acaba de llegar a Chicago, donde vivirá por más o menos dos años. La compañía para la cual trabaja, *Big Ben Securities,* de Inglaterra, va a abrir una sucursal en Chicago y el Sr. Gremly está a cargo de la operación. Para poder manejar sus transacciones personales y comerciales, ha decidido abrir una cuenta corriente en uno de los bancos locales.

CAJERO: Buenos días, ¿en qué puedo servirle?

SR. GREMLY: Buenos días. Quisiera abrir una cuenta corriente.

CAJERO: Tiene que hablar con un representante de ventas y servicios. Por favor suba al segundo piso. Allí lo atenderán.

El señor Gremly sube al segundo piso. Unos minutos después lo viene a saludar la representante de ventas y servicios.

SRA. GREEN: Buenos días. Me llamo Elizabeth Green. ¿En qué puedo ayudarle?

SR. GREMLY: Buenos días. Me llamo Robert Gremly y quisiera abrir una cuenta corriente.

SRA. GREEN: ¿Desea una cuenta individual o una mancomunada?

SR. GREMLY: Una individual, por favor.

SRA. GREEN: Permítame informarle sobre nuestros costos. El costo del servicio es de neuve dólares y cincuenta centavos. El costo por actividad al cobrar un cheque y por usar el cajero automático es de setenta y cinco centavos. Pero si su saldo es de más de mil dólares, no se le cobra por ningún servicio o transacción.

SR. GREMLY: Me parece razonable.

SRA. GREEN: ¿Quisiera abrir una cuenta básica, o prefiere que le informe sobre las cuentas que devengan interés?

SR. GREMLY: La cuenta básica será suficiente.

SRA. GREEN: Bueno. Necesito que llene este formulario y lo firme por detrás. ¿Cuánto dinero va a depositar?

SR. GREMLY: Mil quinientos dólares.

SRA. GREEN: ¿Esta transacción va a ser en efectivo, en giro postal o en cheque?

SR. GREMLY: En efectivo.

SRA. GREEN: Muy bien. ¿Tiene usted alguna otra pregunta?

SR. GREMLY: Sí, de hecho. ¿Cuándo recibiré mis cheques?

SRA. GREEN: Le voy a dar una chequera y una tarjeta bancaria temporal ahora mismo. La chequera personalizada y la tarjeta permanente le llegarán dentro de una semana por correo.

SR. GREMLY: Está bien.

SRA. GREEN: ¿De qué color quiere que sean sus cheques—azules, verdes o beige?

SR. GREMLY: Verdes por favor. También quiero que aparezca impresa mi dirección.

SRA. GREEN: Bueno. ¿Y su número de teléfono?

SR. GREMLY: No, gracias.

SRA. GREEN: ¡Casi me olvido! Hay una costo de trece dólares por cada doscientos cheques. Esta suma será retirada automáticamente de su cuenta corriente.

SR. GREMLY: No hay problema.

SRA. GREEN: Con nuestra cuenta corriente ofrecemos un plan de protección de sobregiros que le permite girar cheques sin tener que preocuparse de que vayan a rebotar.

SR. GREMLY: ¿Hay que pagar algo por este plan?

SRA. GREEN: Mientras no lo use no le cuesta nada. Al usarlo se le cobra un honorario sobre el monto del préstamo. ¿Desea usted que lo incluya en este plan también?

SR. GREMLY: Bueno, ¿por qué no? No creo que lo use nunca. Si es gratis, vale la pena.

SRA. GREEN: ¡Qué bien! Todo lo que necesito es que llene este formulario. Ahora lo llevaré abajo para que uno de nuestros cajeros le deposite su dinero y le dé una chequera temporal.

SR. GREMLY: ¡Qué bien! Gracias por toda su ayuda.

SRA. GREEN: No hay de qué.

B. NOTES

1. *Chicago* está en el estado de *Illinois,* en el centro del país, cerca del lago *Michigan.* El sector financiero de la ciudad es famoso por sus rascacielos. La torre *Sears* es una de las más famosas. Se la conoce como la ciudad de los vientos *(windy city)* sobre todo durante el invierno. Es también una ciudad que ofrece toda clase de entretenimiento: teatro, ópera, ballet, música clásica y contemporánea, bares, clubes, restaurantes y parques.

2. *To be in charge of* quiere decir "estar a cargo de."

3. Nótese el uso de *would like* como forma cortés para pedir algo. Corresponde en español a la forma "quisiera." Es una forma más suave de pedirle a alguien que haga algo.

4. ¡Cuidado con los amigos falsos! La palabra *assist* en inglés significa "atender, ocuparse de, cuidar." No debe confundirse con *attend*, que significa "asistir, concurrir, hallarse presente" en español.

Mr. Gremly has to attend all of the bank meetings.
El señor Gremly tiene que asistir a todas las reuniones del banco.

His secretary assists him by handing out copies of the reports and taking notes.
Su secretaria se ocupa de repartir las copias de los informes y de tomar notas.

5. *ATM* es la sigla para *Automated Teller Machine* o cajero automático.

6. La expresión *to go ahead* se utiliza cuando se da consentimiento para que algo se lleve a cabo.

7. Es muy común en inglés que los números que vienen en miles se digan en centenas. Por ejemplo, el número 2,300 se dirá en inglés como *twenty-three hundred* en vez de *two thousand three hundred*.

8. En este caso *should* se utiliza para expresar que "tengo buenos motivos para esperar, pensar, o asumir que usted recibirá su chequera dentro de una semana." Pero por lo general *should* (deber o haber de) se utiliza en inglés para dar consejo o expresar una creencia.

You should always put some money away for savings.
Debes siempre ahorrar un poco de dinero.

In many countries, people believe that women should not leave their parents' home until they get married.
En muchos países se cree que la mujer no debe abandonar la casa de sus padres hasta que no esté casada.

9. *Overdraft* significa "sobregiro." Por lo general la mayoría de los bancos de los Estados Unidos ofrecen un plan de protección contra sobregiros que le permite girar cheques sin tener que preocuparse de tener suficiente dinero en su cuenta corriente. Básicamente es una línea de crédito para su cuenta corriente.

10. No hay que olvidar que en inglés existen dos palabras que el hablante de español suele confundir: *to lend* y *to borrow. To lend* quiere decir "prestar." Y *to borrow* quiere decir "tomar" o "pedir prestado."

Last week Mary borrowed $500 from John and now she wants me to lend her $300.
La semana pasada Mary le pidió prestados $500 a John y ahora quiere que yo le preste $300.

11. *Might as well* es una expresión coloquial que se utiliza para expresar algo así como: "por qué no . . ." o "más vale . . ."

It's already 3:00 A.M. I might as well stay up and finish this banking report.
Son las tres de la mañana. Más vale quedarme levantada y terminar este informe bancario.

C. GRAMMAR AND USAGE

1. *THE CONDITIONAL* (EL CONDICIONAL)

Las oraciones condicionales, al igual que en español, tienen dos partes: una frase precedida de la palabra *if* (si) que indica la condición, y otra frase que indica el resultado. El orden en que se coloquen las dos frases no importa, pero hay que separarlas con una coma cuando la frase precedida por *if* va primero.

You can't transfer money between the two accounts, if they're not linked.
Usted no puede transferir dinero de una cuenta a la otra si las dos cuentas no están unidas.

If they're not linked, you can't transfer money between the two accounts.
Si las dos cuentas no están unidas, usted no puede transferir dinero de una cuenta a la otra.

CONDICIÓN: *If they're not linked, . . .*
            Si las cuentas no están unidas . . .
RESULTADO: . . . *you can't transfer money between the two accounts.*
            . . . usted no puede transferir dinero de una cuenta a la otra.

Existen 4 tipos de condiciones:

a. Hábito

Estas son oraciones que indican un hecho o un hábito. Tanto la condición como el resultado se expresan utilizando el presente simple.

If you don't endorse the check, you can't cash it.
Si usted no endosa el cheque, no lo puede cobrar.

If you hear a beep, it means you have to take your card from the ATM.
Si escucha un sonido corto y agudo, quiere decir que tiene que retirar su tarjeta del cajero automático.

b. Probabilidad en el futuro

Estas son oraciones que expresan la probabilidad de que algo ocurra en el futuro. En este caso la frase que indica la condición utiliza el presente simple y la frase que indica el resultado utiliza *will, to be going to, can,* o *might* más la forma simple del verbo:

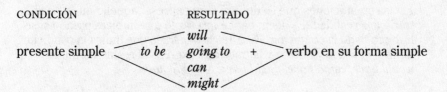

CONDICIÓN   RESULTADO

presente simple   *to be*   *will*   *going to*   +   verbo en su forma simple
                              can
                              might

If I get promoted, I'll buy a new house.
Si me ascienden compraré una casa nueva.

If he gets the loan, he can open a new store.
Si le dan el préstamo, podrá abrir una nueva tienda.

You might be able to cash the check if you get to the bank before three.
Tal vez alcances a cobrar el cheque si llegas al banco antes de las tres.

c. Especulación

Estas son oraciones que expresan una especulación acerca de algún hecho del presente o del futuro. La frase que indica la condición utiliza el tiempo pasado y la frase que indica el resultado utiliza *would* o *could.*

CONDICIÓN   RESULTADO

pasado simple   *would*   verbo en su forma simple
                 could

If I won the lottery, I could travel around Europe. (But I haven't won, so I can't.)
> Si ganara la lotería, podría viajar por Europa. (Pero no la he ganado. Así que no puedo hacerlo.)

If someone tried to blackmail me, I would notify the police. (But no one has, so I don't need to call the police.)
> Si alguien tratara de chantajearme, avisaría a la policía. (Pero nadie lo ha hecho, así que no necesito llamar a la policía.)

Con el verbo *to be,* se utiliza *were* tanto para los sujetos singulares como para los plurales. El uso de *was* no es correcto en este caso.

If I were you, I would invest my money in mutual funds.
> Si yo fuera tú, invertiría mi dinero en fondos mutualistas.

She would know what to do if she were here.
> Ella sabría que hacer si estuviera aquí.

d. Condiciones contrarias a la realidad

Estas son oraciones que se utilizan para expresar aquello que es contrario a la realidad. Es decir, para expresar lo que hubiera pasado si se hubiera dado la condición. En este caso la frase que indica la condición utiliza el pasado perfecto y la frase que expresa el resultado utiliza *would have, could have, might have,* o *should have.*

CONDICIÓN   RESULTADO

pasado perfecto
would have
could have   participio pasado del verbo
might have
should have

If she had signed up for the overdraft protection plan, she wouldn't have paid any overdraft fees.
> Si ella hubiera tomado el plan de protección contra sobregiros, no habría tenido que pagar las multas por sobregiro.

If we had known that the price of the shares would go down, we would have sold them.
> Si hubiéramos sabido que el precio de las acciones bajaría, las habríamos vendido.

If she hadn't saved her money, she might have gone bankrupt.
> Si ella no hubiera ahorrado su dinero, podría haber ido a la quiebra.

El siguiente gráfico resume las 4 posibilidades y las diferentes formas del verbo que se utilizan en cada caso.

SIGNIFICADO	CONDICIÓN	RESULTADO
hecho/hábito	presente simple	presente simple
probabilidad	presente simple	*will/going to/ can/might*
especulación	pasado simple	*would/could might/should*
contrario a la realidad	pasado perfecto	*would have/could have might have/should have*

2. *HOMONYMS* (LOS HOMÓNIMOS)

Los homónimos son palabras que se pronuncian en forma similar pero que tienen una ortografía y un significado diferentes. Los homónimos más comunes en inglés son:

a. *brake* (freno/frenar), *to break* (romperse)

He couldn't come to a stop because he had no brakes.
No pudo detenerse porque no tenía frenos.

Be careful with that vase. It could break.
Ten cuidado con ese florero. Podría romperse.

b. *to hear* (oir), *here* (aquí)

The teller couldn't hear me.
El cajero no podía oirme.

I work in this office right here.
Trabajo en esta oficina que está aquí.

c. *hole* (hueco), *whole* (entero)

The road to my house is full of holes.
La calle que va a mi casa está llena de huecos.

The employees were on strike for a whole week.
Los empleados estuvieron en huelga por una semana entera.

d. *its* (pronombre posesivo), *it's* (contracción—*it is*)

I took the overdraft protection plan because of its convenience.
Tomé el plan de protección contra sobregiros por su conveniencia.

It's a good idea to invest some money in the stock market.
Es una buena idea invertir un poco de dinero en la bolsa.

e. *knew* (pasado del verbo saber/conocer), *new* (nuevo)

He knew we were coming, but he didn't wait for us.
Sabía que vendríamos, pero no nos esperó.

She opened a new account for her daughter.
Ella abrió una nueva cuenta para su hija.

f. *know* (presente del verbo saber/conocer), *no* (no)

I know that man, but I can't remember his name.
Conozco a ese hombre, pero no recuerdo su nombre.

No, I don't have ten thousand dollars to lend you.
No, no tengo diez mil dólares para prestarte.

g. *passed* (pasado del verbo pasar), *past* (pasado)

I passed by the bank this morning, and I bumped into my former boss.
Pasé por el banco esta mañana y me encontré con mi antiguo jefe.

In the past, one couldn't do all of these banking transactions over the phone.
En el pasado, uno no podía hacer todas estas transacciones bancarias por teléfono.

h. *peace* (paz), *piece* (trozo/tajada)

The peace treaty was signed yesterday morning.
El tratado de paz se firmó ayer por la mañana.

I'd like another piece of that chocolate cake, please.
Me gustaría otra tajada de esa torta de chocolate, por favor.

i. *plain* (llanura/sencillo/llano), *plane* (avión)

I'd like to visit the Great Plains some day.
Me gustaría visitar las "Grandes Llanuras" algún día.

She wore a plain black dress to the dance.
Se puso un vestido negro sencillo para el baile.

The plane crashed just after take off.
El avión se estrelló justo después del despegue.

j. *right* (correcto/a mano derecha), *to write* (escribir)

You're right. I should print my phone number on the checks as well.
Está usted en lo cierto. Debería también imprimir mi número de teléfono en los cheques.

My office is on the right.
Mi oficina está a la derecha.

Please write down everything we need from the supermarket so we don't forget anything.
Por favor apunta todo lo que necesitamos del supermercado para que no se nos olvide nada.

k. *two* (dos), *too* (también), y *to* (preposición de dirección)

I have two thousand shares for sale.
Tengo dos mil acciones para la venta.

I would like to open a checking account, please. And I need to get a money order, too.
Quisiera abrir una cuenta corriente, por favor. Y también necesito un giro postal.

The interest rate is too high. I can't afford it.
La taza de interés es demasiado alta. No puedo pagarla.

To es un preposición que se utiliza para indicar dirección y no puede ir acompañada de ninguna otra preposición.

I will be going to the Caribbean next month.
El mes entrante voy a ir al Caribe.

I talked to the bank about getting a loan.
Hablé con el banco sobre un préstamo.

To también se usa para indicar el infinitivo del verbo.

I want to invest in mutual funds.
Quiero invertir en fondos mutualistas.

I would like to be able to save more money.
Me gustaría poder ahorrar más dinero.

Nótese que la preposición *for* (por/para) nunca se usa con el infinitivo:

Please call the airline to find out at what time the plane arrives.
Llama a la aerolínea para averiguar a qué hora llega el avión.

l. *threw* (pasado del verbo arrojar), *through* (a través)

He threw the keys out the window so I could get in.
Arrojó las llaves por la ventana para que yo pudiera entrar.

I'm afraid my neighbors can peek through my window.
Me temo que mis vecinos pueden mirar a través de la ventana.

m. *wear* (vestir), *where* (dónde)

What did you wear to the party last night?
¿Qué te pusiste para la fiesta de anoche?

Where did you park your car?
¿Dónde estacionaste el coche?

n. *whether* (condicional—si), *weather* (clima)

I'll have to decide whether to invest my money in bonds or stocks.
Tengo que decidir si debo invertir este dinero en bonos o en acciones.

The weather in Florida is too humid for my taste.
El clima en la Florida es demasiado húmedo para mi gusto.

o. *whose* (de quién), *who's* (contracción—*who is*)

Whose signature is this?
¿De quién es esta firma?

Who's the tall man with the hat?
¿Quién es el hombre alto y con sombrero?

D. IDIOMATIC STUDY

ASKING FOR A FAVOR (CÓMO PEDIR UN FAVOR)

Las siguientes frases se utilizan comúnmente cuando necesitamos pedir algo. Es muy importante recordar que en inglés es necesario, mucho más que en español, utilizar la palabra *please* (por favor) con *could* y *would* para suavizar la expresión y ser cortés. De lo contrario el oyente puede malinterpretar nuestra intención como una orden.

Nótese que las frases siguientes están ordenadas en grados de cortesía, siendo la última la forma más cortés.

Could you please . . . ?	¿Podría usted . . . ?
Would you please . . . ?	¿Podría usted . . . ?
Would you mind . . . ?	¿Le molestaría . . . ?

| *Might I trouble you to . . . ?* | ¿Se molestaría usted si . . . ? |
| *Would you be so kind as to . . . ?* | ¿Sería usted tan amable de . . . ? |

Estas serían las respuestas posibles:

FORMAL

Certainly.	Claro que sí.
I'd be glad to.	Con mucho gusto.
It would be my pleasure.	El gusto es mío.

INFORMAL

Sure.	Claro.
Of course.	Cómo no.
Here you go.	Aquí tiene.
No problem.	No hay problema.

E. STRICTLY BUSINESS

1. *BANKS IN THE U.S.* (LOS BANCOS EN LOS EE.UU.)

Los bancos en los Estados Unidos ofrecen servicios a individuos y a empresas. Los servicios a individuos incluyen financiamientos diversos, préstamos, transferencia de dinero y servicios de inversión. Dentro de los servicios a empresas se incluyen préstamos, líneas de crédito e inversiones.

Antes de depositar su dinero en un banco en los Estados Unidos, es bueno visitar varios bancos y comparar los servicios que ofrecen para encontrar el que mejor se ajusta a sus necesidades. Los tipos de cuentas que existen son muy similares en cada banco, pero las cuotas que hay que pagar varían de banco a banco.

CUENTA CORRIENTE

Esta es una cuenta bastante útil con liquidez diaria. Generalmente los bancos expiden chequeras de cien cheques cada una al abrir la cuenta por primera vez. Usted tiene la opción de imprimir su nombre, dirección y teléfono en los cheques sin costo adicional. Claro que al pagar con cheque es necesario que esta información esté impresa o no se lo aceptarán.

Cada vez que usted gire un cheque tendrá que mostrar dos formas de identificación al beneficiario, generalmente la licencia de conducir y otro tipo de documento. Su tarjeta de identificación del trabajo, su pasaporte o una tarjeta de crédito serán suficientes. La licencia de conducir tiene que ser internacional o de los Estados Unidos, ya que no se aceptan licencias de otros países. El departamento de vehículos del estado

Páguse a la orden de

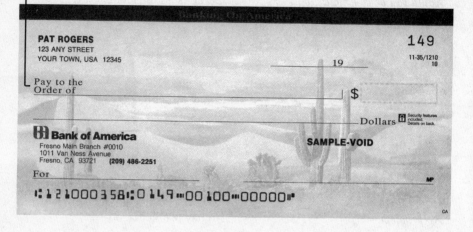

PAT ROGERS
123 ANY STREET
YOUR TOWN, USA 12345

149

11-35/1210
10

19

Pay to the
Order of

$

Dollars

Security features
included.
Details on back.

Bank of America
Fresno Main Branch #0010
1011 Van Ness Avenue
Fresno, CA 93721 **(209) 486-2251**

SAMPLE-VOID

For

MP

⑈121000358⑈0149⑈00100⑈00000⑈

CA

expide también unas tarjetas de identificación para aquellas personas que no sepan o no puedan conducir.

En algunas de las grandes ciudades no se aceptan cheques personales y muchos estados no aceptan cheques que sean de otro estado. De tal manera que siempre es mejor tener una tarjeta de crédito o dinero en efectivo.

SOBREGIROS

Si usted gira un cheque por una cantidad mayor a la cantidad que se encuentra en su cuenta corriente, el banco le cobrará entre $10 y $20 por cada cheque que rebote. El banco devolverá el cheque al beneficiario sin pagarlo. Si el beneficiario es una tienda o un negocio, por lo general le cobrará por lo menos $10 y posiblemente no le aceptará más cheques. Girar cheques sin fondo es considerado un fraude y se castiga con multas bastante altas, y si ocurre repetidamente hasta con encarcelamiento.

CUENTA DE AHORROS

La cuenta de ahorros ofrece un interés mucho más alto que la cuenta corriente (si se trata de una cuenta corriente que devengue interés, lo cual es muy raro). Usted puede retirar dinero en efectivo cuando así lo desee. Cuando necesite retirar grandes sumas de dinero, es preferible utilizar un cheque certificado por el banco, ya que es más seguro.

EL CAJERO AUTOMÁTICO

Los bancos por lo general ofrecen servicio de cajero automático 24 horas al día, al que usted tiene acceso utilizando su tarjeta bancaria. Con este servicio usted puede hacer retiros o depósitos, transferir fondos y obtener el saldo de su cuenta corriente o cuenta de ahorros. La cantidad de dinero que usted puede retirar a través del cajero automático varía de banco a banco (por lo general es entre $200 y $500 al día).

Al abrir una cuenta, bien sea corriente o de ahorros, el banco le dará una tarjeta bancaria. Con esta tarjeta y su código de identificación personal usted tiene acceso al cajero automático.

Y finalmente, si usted se encuentra corto de dinero, puede utilizar su tarjeta bancaria para pagar sus compras en el supermercado y otras tiendas (no todas las tiendas ofrecen este servicio). El débito se hace automáticamente de su cuenta corriente.

ESTADO DE CUENTAS

Periódicamente usted recibirá por correo el estado de cuentas (por lo menos una vez al mes). Algunos bancos también devuelven los cheques que se han cancelado y que han sido cobrados por el beneficiario.

CAJAS DE SEGURIDAD

Los bancos tienen cajas de seguridad que usted puede alquilar por mes o por año. Absolutamente ninguna otra persona (fuera de las personas que poseen la llave) tiene acceso a la caja o conoce su contenido. El banco solamente tiene acceso a la caja en caso de que la persona que la alquiló haya fallecido. Este tipo de servicio es útil cuando se quieren guardar objetos de gran valor, como pasaportes, joyas, moneda extranjera o documentos importantes.

SERVICIOS BANCARIOS POR TELÉFONO

La mayoría de los bancos cuentan con un servicio telefónico. De tal manera que no es necesario que usted vaya directamente al banco. Con su tarjeta bancaria y el teclado del teléfono, usted puede transferir dinero de una cuenta a otra, conocer su estado de cuenta y pagar sus tarjetas de crédito.

BANCOS EN LOS ESTADOS UNIDOS

Los ocho bancos más importantes de los Estados Unidos son: *Citicorp, Bank of America, Chase/Chemical, Nation's Bank, JP Morgan, Banker's Trust of New York, Bank One,* y *First Union.*

2. VOCABULARY (VOCABULARIO)

account	cuenta
Automated Teller Machine (ATM)	cajero automático
balance	saldo
banker	banquero
bank check	cheque bancario
borrow	pedir prestado
to cash, charge	cobrar
cashier's check	cheque de administración
certified check	cheque certificado
checking account	cuenta corriente
check	cheque
Department of Motor Vehicles	Departamento de vehículos del estado
deposit	depósito
to endorse	endosar
to issue	girar
joint account	cuenta mancomunada
to lend	prestar
overdraft	sobregiro
overdrawn check	cheque sin fondos
Personal Identification Number (PIN)	número de identificación personal
safety deposit box	caja de seguridad
savings	ahorros
savings account	cuenta de ahorros
savings bank	caja de ahorros
statement	estado de cuentas
trillion (in U.S. system)	billón
to withdraw	retirar
to yield	devengar, rendir

EXERCISES

1. *Complete the following conditional sentences with the correct form of the verb in parentheses.* Complete las siguientes oraciones condicionales con la forma correcta del verbo en paréntesis.

   a. *If you (to remember) _____ to transfer money into your checking account, the check wouldn't have bounced.*
   b. *If you tell me how much you are willing to invest, I (to help) _____ you decide which stocks to buy.*

c. *The money (to be) _____ available the day after tomorrow if you deposit the check in your account today.*

d. *I would change the present economic policy if I (to be) _____ the president of the United States.*

e. *That sounds like a good job offer. If I (to be) _____ you, I would accept it right away.*

f. *If he had someone to help him, he (to finish) _____ the job on time.*

g. *She might get the new account if she (to convince) _____ the client that her advertising strategy will be successful.*

h. *If the real estate agent lowers his fee, I (to take) _____ the apartment right away.*

i. *I (to be) _____ able to pay my son's school if the bank gives me a loan.*

2. *Complete the following sentences using "two," "too," or "to."* Complete las siguientes oraciones usando *two, too,* o *to.*

a. *I had _____ cups of coffee yesterday morning.*

b. *I would like to go to Rome this summer. My sister would like to go there _____.*

c. *I have been _____ Europe _____ times.*

d. *I can't apply for the overdraft protection plan. The fees are _____ high.*

e. *_____ cash a check at a bank, the bearer must endorse it.*

f. *I want _____ listen _____ the news broadcast.*

g. *_____ people were handing fliers _____ customers inside the bank.*

h. *I can use my bank card _____ buy groceries or dine at my favorite restaurant.*

i. *These _____ packages are _____ be signed by the supervisor.*

j. *It was _____ late _____ go _____ the movies, so we decided _____ rent one instead.*

3. *Combine the following sentences using the conditional ("if").* Combine las siguientes oraciones utilizando el condicional *(if)*.

a. *You need to present proper identification.*
   You want to cash a traveler's check.

b. *You buy a certificate of deposit.*
   You won't be able to withdraw the money until it matures.

c. *You will receive a yield of 10%.*
   You invest in these bonds.

d. *You don't have your address printed on your checks.*
   Your check will not be accepted.

e. *You should diversify your investments.*
   You want to minimize your risks.

4. *Fill in the blanks with the following words.* Llene los espacios con las siguientes palabras.

an overdraft	*a deposit*
a statement	*a joint account*
a broker	*a canceled check*

a. *My wife and I have a checking account in both our names. We have* _____.

b. *Because the amount of withdrawals were greater than the balance in the account, we charged you* _____ *fee.*

c. *A record of a person's deposits and withrawals is called* _____.

d. *I made* _____ *of $500.00 into my account yesterday.*

e. *You can use* _____ *as proof of purchase.*

f. *A person who buys or sells stocks and bonds is called* _____.

5. *Complete each sentence with the appropriate word.* Complete cada oración con la palabra apropiada.

a. *its   it's*
_____ *easy to open a bank account.*
The bank opens _____ *doors at 9:00 A.M.*

b. *know   no*
All I _____ *is that I have* _____ *money left in my checking account.*

c. *hear   here*
Could you please come over _____? *I can't* _____ *you because you're too far away.*

d. *whether   weather*
I can't decide _____ *I want the overdraft protection plan or not.*
The _____ *this week has been dreary.*

e. *whose   who's*
_____ *going to sign for this package?*
_____ *briefcase is this?*

LESSON 8

HEALTH CARE.   Los servicios para la salud.

A. DIALOGUE

A Visit to the Emergency Room

Pia and her eight year old son, Johnny, are on vacation with their family. This morning, Pia noticed that a rash[1] covered parts of her son's body. When the rash got worse, she decided to take him to the emergency room at the local hospital in Gardiner, Wyoming.[2]

PIA: Hi. I've brought my son in to see a doctor. He has a pretty bad rash.

NURSE: All right. Has he ever been treated here before?

PIA: No, he hasn't. We're from out of state.

NURSE: Oh really? Then we'll need you to fill out this patient information form. Now, do you have health insurance that covers[3] out of network visits?

PIA: I'm not sure, but I do have insurance. Maybe I should call our provider and check?

NURSE: Good idea. You have no idea how many people get stuck[4] with emergency medical costs. You're welcome to use this phone here.

A little later.

PIA: Well, my insurance said that the closest network physician is all the way in Grant Village. Since that's so far away, they'll let Johnny see a doctor here.

NURSE: Fine. Could I have your insurance card, please? I'll go ahead and get the paperwork started. But if you and Johnny would please take a seat, the doctor will be with you shortly.

Half an hour later, Johnny is called in to see the doctor.

PHYSICIAN: So, what do we have here? Looks like a pretty bad rash. How long has he had it?

PIA: I first noticed it this morning. At the time, I wasn't too concerned. Johnny has always had very sensitive skin. He was scratching his legs a lot, so I thought he had been bitten by mosquitoes or something. But then I noticed that the rash was spreading over the rest of his body, and he seemed to be running a fever.[5] I realized[6] it was some sort of allergic reaction, so I decided to bring him in.

PHYSICIAN: Has Johnny been out in the wilderness lately? Doing any camping, fishing, hiking?

PIA: Yes, actually. Our family went hiking on one of the trails near Mammoth Hot Springs[7] yesterday afternoon. Johnny did wander off[8] the trail for a while . . .

PHYSICIAN: Well, that makes sense, because it looks like poison ivy[9] to me. Let's[10] take a closer look. Does it itch?

JOHNNY: Yes, a lot.

PHYSICIAN: The blisters on his back look pretty bad. Did you apply[11] any lotion?

PIA: I used the calamine[12] lotion from our first aid kit. That seemed to help a little.

PHYSICIAN: It's good you brought him in. Some of the blisters are beginning to ooze and break. I'm going to prescribe a cream to relieve the itching and help the blisters heal.

PIA: How long will that take?

PHYSICIAN: They should clear up[13] within a week. Now, what did you do with the clothes he was wearing?

PIA: I put them aside with the rest of the laundry. Why?

PHYSICIAN: Poison ivy can be contagious, so it's important to wash any clothes or equipment he touched with a strong alkaline soap.

JOHNNY: Mom, I'm thirsty . . .

PHYSICIAN: Being thirsty is normal for someone with poison ivy. Make sure he drinks lots of liquids. And keep an eye on his temperature. It might still be a little high tomorrow, but if it doesn't rise any more, there's nothing to worry about.

PIA: Anything else?

PHYSICIAN: No, that's about it. Here's the prescription for the cream. Just apply it to the affected areas twice a day and cover with a sterile gauze pad. You can get the prescription filled[14] right here at the hospital pharmacy.

PIA: Thank you very much.

PHYSICIAN: You're quite welcome. So, are you going to be in the area much longer?

PIA: **Well, we plan to go to South Pass City**[15] **next. My husband wants the kids to see the gold camp there. Then we'll drive down to the Wyoming Territorial Prison Park.**

JOHNNY: **That's where Butch Cassidy once did time!**[16]

PIA: **He can't wait to see it! After that, we'll fly home.**

PHYSICIAN: **Well, enjoy your vacation, and no more walking off the trails through the bushes, young man.**

JOHNNY: **You bet!**

UNA VISITA A LA SALA DE EMERGENCIA

Pia y su hijo de ocho años, Johnny, están de vacaciones con su familia. Esta mañana, Pia notó un sarpullido que cubría algunas partes del cuerpo de su hijo. Cuando el sarpullido empeoró, ella decidió llevarlo a la sala de emergencia del hospital local en Gardiner, Wyoming.

PIA: Hola. He traído a mi hijo para que lo vea un médico. Tiene un sarpullido bastante feo.

ENFERMERA: Bueno. ¿Ha sido tratado aquí alguna vez?

PIA: No. Somos de otro estado.

ENFERMERA: ¿De verdad? Entonces necesitará llenar este formulario con información sobre el paciente. Ahora bien, ¿su seguro de salud cubre consultas a médicos no afiliados a su red?

PIA: No estoy segura, pero sí tengo seguro. ¿Tal vez debería llamar a mi seguro y averiguar?

ENFERMERA: Buena idea. No sabe usted cuantas personas tienen que pagar gastos médicos de emergencia. Puede usar este teléfono si quiere.

Un poco más tarde.

PIA: Los del seguro me dicen que el médico afiliado más cercano está en Grant Village. Como es tan lejos, me autorizan para que un médico de aquí vea a Johnny.

ENFERMERA: Muy bien. ¿Me permite su carné, por favor? Yo empezaré a adelantar el papeleo. Si usted y Johnny toman asiento, el doctor los atenderá en breve.

Media hora después, Johnny entra a ver al médico.

MÉDICO: A ver, ¿qué tenemos aquí? Parece un sarpullido bastante serio. ¿Cuánto hace que lo tiene?

PIA: Lo noté por primera vez esta mañana. No me preocupé demasiado. Johnny siempre ha tenido la piel muy delicada. Sólo tenía comezón en las piernas, así que pensé que era que lo habían picado los mosquitos o algo parecido. Pero luego me di cuenta que el sarpullido se le estaba extendiendo por el resto del cuerpo, y parecía tener fiebre. Me dí cuenta que se trataba de una reacción alérgica, así que decidí traerlo aquí.

MÉDICO: ¿Ha estado Johnny afuera entre la maleza? ¿De campamento, pescando o practicando el alpinismo?

PIA: En realidad, sí. Hicimos una excursión por una de las rutas cerca de los manantiales de Mammoth ayer por la tarde. Johnny anduvo caminando por entre la maleza un rato . . .

MÉDICO: Tiene sentido, porque parece que se trata de una hiedra venenosa. Déjeme ver más de cerca. ¿Te pica?

JOHNNY: Sí, mucho.

MÉDICO: Las ampollas de la espalda se ven bastante mal. ¿Le aplicó alguna crema?

PIA: Usé la calamina que tenía en el botiquín. Pareció aliviarlo un poco.

MÉDICO: Hizo bien en traerlo. Algunas de las ampollas están empezando a supurar y a romperse. Voy a recetarle una crema que le aliviará la comezón y que ayudará a sanar las ampollas.

PIA: ¿Cuánto tiempo cree usted que tardará?

MÉDICO: Desaparecerán dentro de una semana. Ahora, ¿qué hizo con la ropa que tenía puesta?

PIA: La puse con el resto de la ropa para lavar. ¿Por qué?

MÉDICO: La hiedra venenosa tiende a ser muy contagiosa, así que es importante que lave toda la ropa y el equipo que su hijo haya tocado con un jabón bastante alkalino.

JOHNNY: Mami, tengo sed . . .

MÉDICO: La sed es normal. Así que asegúrese de que tome muchos líquidos. Y preste atención a su temperatura. Puede que mañana todavía sea un poco alta, pero si no sube más, no hay nada de que preocuparse.

PIA: ¿Algo más?

MÉDICO: No, eso es todo. Aquí está la receta para la crema. Úntela en las áreas afectadas dos veces al día y cúbralas con una gaza esterilizada. Puede conseguir las medicinas aquí mismo en la farmacia del hospital.

PIA: Muchas gracias.

MÉDICO: Con mucho gusto. Entonces, ¿van a estar por estos lados por mucho más tiempo?

PIA: Bueno, queremos ir a *South Pass City* la próxima semana. Mi esposo quiere que los niños conozcan el campamento del oro. Después iremos al Wyoming Territorial Prison Park.

JOHNNY: ¡Ahí es donde Butch Cassidy cumplió una de sus condenas!

PIA: ¡Está loco por ir allá! Después regresaremos a casa.

MÉDICO: Bueno, disfruten de sus vacaciones y deja de andar entre la maleza.

JOHNNY: ¡Por supuesto!

B. NOTES

1. El sustantivo *rash* significa "sarpullido." Existe también el adjetivo, *rash,* que significa "imprudente," "arriesgado" o "precipitado."

2. El estado de *Wyoming* está al oeste del país, en las Montañas Rocosas. Su capital es *Cheyenne.* El parque *Yellowstone,* el primer parque nacional de los Estados Unidos, fundado en 1872, es quizá el más famoso del país. Muchos turistas visitan el área para esquiar, practicar el alpinismo, pescar o ir de camping.

3. El verbo *to cover* tiene significados diferentes dependiendo del contexto en que se utilice:

TAPAR

The doctor covered the wound with a bandage.
El médico tapó la herida con una venda.

CUBRIR

Your insurance plan only covers up to 80% of the cost of hospitalization.
Su plan de seguros sólo cubre hasta un 80% del costo de hospitalización.

ABARCAR

The runner covered a distance of 54 miles.
El corredor abarcó una distancia de 54 millas.

ENCUBRIR

The woman was covering her real motives with lies.
La mujer estaba encubriendo sus verdaderos motivos con mentiras.

4. *To get stuck* quiere decir literalmente "estar atascado/atollado/clavado." En el contexto del diálogo quiere decir "quedar con el peso de tener que hacer algo."

5. Nótese el uso del verbo "correr" en la expresión *to run a fever.* Se puede decir también *to have a fever.* Es importante recordar que en los Estados Unidos la temperatura se mide en grados Farenheit. O sea que la temperatura normal del cuerpo es aproximadamente 98.6°F.

6. *To realize* es una de esas palabras conocidas como amigos falsos. Quiere decir "darse cuenta de algo." En español existe la palabra "realizar" que tiene un significado muy diferente. "Realizar" quiere decir "ejecutar" o "llevar a cabo." El equivalente en inglés es *to perform, to carry out,* o *to put into effect.*

When he realized it was poison ivy, it was too late.
Cuando se dio cuenta que era una hiedra venenosa, ya era demasiado tarde.

He carried out the task without complaining.
Él realizó la tarea sin quejarse.

7. La palabra *spring* en este caso se refiere a un manantial. Se trata de manantiales de agua caliente. En otros contextos, el sustantivo *spring* significa también primavera o resorte.

I'm planting these seeds so that I'll have flowers in the spring.
Estoy sembrando estas semillas para tener flores en la primavera.

The springs in that couch are coming out through the fabric.
Los resortes de ese sofá se están saliendo por el forro.

8. El verbo *to wander* quiere decir "dar vueltas o andar sin rumbo fijo." Existe también el verbo *to wonder* (que se escribe en forma muy similar) que quiere decir "tener curiosidad por algo," "tener dudas" o "cuestionarse."

I wonder if we should take Johnny to see a doctor.
Me pregunto si deberíamos llevar a Johnny a que lo viera un médico.

9. *Poison ivy* es una hiedra venenosa que se encuentra por lo general en campos silvestres. La sustancia química que despide causa irritación y una sensación de ardor. En casos extremos puede llegar a causar ampollas. La mayoría de las personas son alérgicas a este tipo de hiedra.

10. La contracción *let's* corresponde a *let us.* La contracción es por lo general más popular y en muy pocas ocasiones se utiliza la forma

no contraida ya que suena más formal y es un poco arcaica. Una situación típica en la que esto se usa es en misa, cuando el sacerdote indica el momento de la oración y dice: *Let us pray* (Oremos).

11. Hay que tener mucho cuidado cuando se utiliza el verbo *to apply*. En este caso su significado es igual al del verbo aplicar en español, es decir, "emplear" o "poner una cosa sobre otra." En otras ocasiones este verbo se utiliza con el significado de "solicitar" o "hacer una solicitud."

You have to fill out that form in order to apply for the job.
Tiene que llenar ese formulario para solicitar el empleo.

12. *Calamine* (la calamina) es un polvo rosado a base de óxido de zinc que se utiliza en las cremas para irritaciones de la piel. Generalmente todo botiquín de primeros auxilios viene con una crema de este tipo.

13. El verbo *to clear up* es uno de esos verbos conocidos en inglés como *phrasal verbs*. Su significado varía de acuerdo al contexto en que se encuentre. En este caso significa "mejorar" o "desaparecer." Se puede utilizar con estos otros significados:

PONER EN ORDEN

I cleared up my desk before I began to write.
Ordené mi escritorio antes de empezar a escribir.

DESPEJARSE (EL CIELO)

After the storm, the sky cleared up.
Después de la tormenta se despejó el cielo.

14. *To fill a prescription* significa "preparar una receta médica" y se utiliza inclusive con el significado de "ir a la farmacia a adquirir un medicamento."

15. *South Pass City* es histórico porque fue uno de los campamentos de lo que se conoce como *the Oregon Trail* o la Ruta Oregón, que va desde el río Missouri hasta el río Columbia en Oregón. Esta ruta fue utilizada por la mayoría de los inmigrantes y buscadores de oro desde 1840 hasta 1860.

16. *To do time* es una frase coloquial que significa "cumplir una condena."

C. GRAMMAR AND USAGE

1. THE VERB "TO BE" (EL VERBO TO BE)

a. Forma

	PRESENTE SIMPLE	PASADO SIMPLE	PARTICIPIO PRESENTE	PARTICIPIO PASADO
I	am	was		
You	are	were		
He/She/It	is	was	being	been
We	are	were		
You	are	were		
They	are	were		

b. Usos

El verbo *to be* actúa como verbo auxiliar para formar el presente contínuo (*to be* + *verb* + *-ing*) como vimos en la lección 2. Pero también se puede utilizar como verbo principal, como veremos a continuación.

El verbo *to be* se usa con un adjetivo para describir algo:

I'm tall and thin.
Yo soy alto y delgado.

Se utiliza también para identificar algo:

He's a doctor, and she's a nurse.
El es médico y ella es enfermera.

The Wyoming Territorial Prison Park is where Butch Cassidy once did time.
El Parque Prisión del Territorio de Wyoming es donde Butch Cassidy cumplió una condena.

To be se utiliza también para describir una condición física o mental.

They are tired.
Ellos están cansados.

She was sick last week.
Ella estuvo enferma la semana pasada.

I was happy when I found out that the insurance would cover my surgery.
Me sentí feliz cuando supe que el seguro cubriría mi cirugía.

Es importante tener en cuenta que algunas frases que se construyen en inglés con el verbo *to be* + adjetivo, se expresan en español con el verbo "tener" + sustantivo.

TO BE + ADJECTIVE	=	TENER + SUSTANTIVO
cold		frío
hot		calor
hungry		hambre
right		razón
sleepy		sueño
thirsty		sed

En inglés el verbo *to be* se utiliza para indicar la edad, mientras que en español se utiliza el verbo "tener."

Her son is eight years old.
Su hijo tiene ocho años.

Se utiliza para indicar la altura o el peso de algo o de alguien.

How tall are you?/ What is your height?
¿Cuánto mide usted?

—*I'm 5 feet 4 inches tall.*
Mido cinco pies y cuatro pulgadas.

How much do you weigh?

¿Cuánto pesa usted?

—*I'm 120 pounds./ I weigh 120 pounds.*
Peso 120 libras.

Y se utiliza cuando se habla del precio de algo.

How much is your consultation fee?
¿Cuánto cobra usted por consulta?

2. *THE VERB "TO HAVE"* (EL VERBO *TO HAVE*)

a. Forma

	PRESENTE SIMPLE	PASADO SIMPLE	PARTICIPIO PRESENTE	PARTICIPIO PASADO
I	*have*	*had*		
You	*have*	*had*		
He/She/It	*has*	*had*	*having*	*had*
We	*have*	*had*		
You	*have*	*had*		
They	*have*	*had*		

b. Usos

El verbo *to have* actúa como verbo auxiliar para formar el presente perfecto, el presente perfecto continuo, el pasado perfecto y el pasado perfecto contínuo, como vimos en la lección 5. Al igual que *to be, to have* se puede utilizar como verbo principal. *To have* indica posesión de algo o de un atributo.

He has a new sports car.
El tiene un nuevo coche deportivo.

She has blue eyes.
Ella tiene los ojos azules.

Se utiliza también cuando se quiere indicar que se está bajo el efecto de algo.

The boy has a cold.
El niño tiene un resfriado.

Compárese con:

The boy is cold.
El niño tiene frío.

He has a very high fever, too.
Tiene también una fiebre muy alta.

Las siguientes son expresiones útiles que se usan con el verbo *to have:*

to have breakfast/lunch/dinner/food/drinks/a class
tomar el desayuno/el almuerzo/la cena/una comida/bebida/una clase

146

to have a party/guests
dar una fiesta/tener invitados

to have difficulties/trouble
tener dificultad/un problema

to have a good time/weekend
pasarla bien/disfrutar el fin de semana

We are having breakfast early tomorrow.
Vamos a desayunar temprano mañana.

She is having twenty people over for dinner next Monday.
Ella tiene invitadas a veinte personas el próximo lunes.

I'm having a wonderful holiday.
Estoy disfrutando de las fiestas.

3. THE VERB "TO DO" (EL VERBO *TO DO*)

a. Forma

	PRESENTE SIMPLE	PASADO SIMPLE	PARTICIPIO PRESENTE	PARTICIPIO PASADO
I	do	did		
You	do	did		
He/She/It	does	did	doing	done
We	do	did		
You	do	did		
They	do	did		

b. Usos

El verbo *to do* actúa como verbo auxiliar para formar la pregunta y el negativo en el presente simple (Lección 2) y el pasado simple (Lección 4). Pero al igual que *to be* y *to have*, se puede utilizar como verbo principal.

El significado principal equivale al verbo "hacer" en español. Pero existen otros usos con significados variados:

Para pedir o dar información sobre el estado o condición de alguien:

How's the boy doing?
¿Cómo sigue el niño?

He's doing just fine.
Está bien.

Para indicar que algo es suficiente o adecuado:

I don't have a lantern.
No tengo una linterna.

Will a candle do?
¿Una vela será
suficiente/adecuada?

Para expresar la velocidad a la que viaja un vehículo en forma coloquial:

The ambulance did 60 miles per hour.
La ambulancia iba a una velocidad de 60 millas por hora.

4. *TO DO* VS. *TO MAKE*

Para el hablante de español estos dos verbos parecen tener el mismo significado que el verbo "hacer" en español. La verdad es que cada uno se usa de manera diferente.
To make significa:

FABRICAR

While she waited for the emergency unit to arrive, she made her own tourniquet out of some old sheets.
Mientras esperaba a la unidad de emergencia, ella fabricó su propio torniquete con unas sábanas viejas.

PREPARAR

I made dinner for four.
Preparé una cena para cuatro personas.

CONFECCIONAR

I made this dress myself.
Yo misma confeccioné este vestido.

DEDUCIR/INTERPRETAR

What do you make of her reaction?
¿Cómo interpretas su reacción?

SERVIR PARA

A clean sheet makes a good tourniquet.
Una sábana limpia sirve bien como torniquete.

OBLIGAR

He made me drive to the University Hospital.
El me obligó a (me hizo) conducir hasta el hospital universitario.

NOMBRAR

The hospital director made her chief of surgery.
   El director del hospital la nombró jefe de cirugía.

PONER TRISTE

The news made me sad.
   La noticia me puso triste.

   To do significa:

PRODUCIR

The director of "Like Water for Chocolate" will do a sequel next year.
   El director de "Como agua para chocolate" producirá una segunda
   parte el próximo año.

ARREGLAR/LIMPIAR/LAVAR

Please do the dishes first, then do the floors, and then do the bedrooms.
   Por favor lave los platos primero, luego limpie los pisos y luego arregle
   las habitaciones.

TRABAJAR EN

The painters are now doing the hospital's entrance hallway.
   Los pintores están trabajando en el pasillo de entrada del hospital.

What does he do for a living?
   ¿En qué trabaja?

ESCRIBIR

She's doing a book on health care organizations.
   Está escribiendo un libro sobre organizaciones de la salud.

CUMPLIR UNA CONDENA

Butch Cassidy did his time in this prison.
   Butch Cassidy cumplió su condena en esta prisión.

RESOLVER

I did the math problem in less than 5 minutes.
   Resolví el problema de matemáticas en menos de cinco minutos.

D. IDIOMATIC STUDY

GIVING WARNING (CÓMO DAR AVISO)

En aquellos momentos en que tenga que actuar con rapidez y cuando sea necesario prevenir a alguien sobre un peligro, se pueden utilizar las siguientes frases:

> *Don't* + verbo en su forma simple . . .

Don't touch that plant! It's poisonous!
   ¡No toques esa planta! ¡Es venenosa!

(You better) get out of the way!
   ¡Es mejor que se quite/Quítese de ahí!

(You better) stay away from the edge of that cliff!
   ¡Es mejor que se retire/Retírese del borde de ese risco!

You'd better not stay out in the sun too long!
   ¡Es mejor que no esté demasiado rato al sol!

Careful! Look out! Watch out!
   ¡Cuidado!

Be careful!
   ¡Tenga cuidado!

En caso de una emergencia, tome el teléfono más cercano y marque el 911. Las siguientes son algunas frases útiles:

This is an emergency! Please hurry.
   ¡Esta es una emergencia! Por favor apresúrese.

There's a fire! Please hurry!
   ¡Hay un incendio! ¡Por favor apresúrese!

Help!
   ¡Ayuda!

Call an ambulance/the police/the fire department!
   ¡Llame a una ambulancia/la policía/los bomberos!

Cuando se quiere expresar que se está preocupado por algo, se pueden utilizar estas frases:

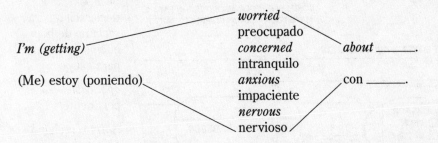

I'm (getting)

(Me) estoy (poniendo)

worried
preocupado
concerned   *about* _____.
intranquilo
anxious   con _____.
impaciente
nervous
nervioso

I'm getting a little worried about them because it's been twelve hours and they haven't called.
Me estoy poniendo un poco nerviosa porque han pasado doce horas y no han llamado.

Algunas posibles respuestas son:

I wouldn't be concerned.
I wouldn't worry.
No me preocuparía.

Don't worry.
Don't be concerned.
No se preocupe.

E. STRICTLY BUSINESS

1. *MEDICAL SERVICES* (LOS SERVICIOS MÉDICOS)

ORGANIZACIONES PARA EL CUIDADO DE LA SALUD

Conocidas simplemente como HMO's *(Health Maintenance Organizations),* estas son organizaciones que ofrecen una red de servicios médicos y cuidados hospitalarios a sus miembros. Básicamente, son entidades que combinan las funciones de una compañía de seguros con las de un médico u hospital a cambio de una prima anual. Hay dos tipos de HMO: el servicio para grupos y el servicio individual. El servicio para grupos funciona por medio de una asociación de médicos que operan en conexión con un hospital determinado y en una sede central. El servicio individual cuenta con médicos independientes que pertenecen a la red y que limitan su práctica privada para atender a pacientes asignados por la organización.

El paciente está limitado a escoger un médico general de una lista de médicos. Este médico se encarga de todos los exámenes, diagnósticos

Statement of Claim for Group Insurance Benefits

HOUSE, INC.

COMPLETE APPLICABLE ITEMS IN PART 1
HAVE YOUR DOCTOR COMPLETE PART 2

EMPLOYEE'S CERTIFICATION

'S NAME: FIRST   MIDDLE INITIAL   LAST

'S ADDRESS: STREET AND NO.   CITY   STATE

CLAIMS FOR
☐ SELF
☐ SPOUSE
☐ CHILD

T ON MEDICARE?
☐ YES ☐ NO

IS PATIENT DISABLED?

IF YES GIVE DATE OF DISABILITY

HAS PATIENT PREVIOUSLY BEEN TREATED FOR THIS OR A RELATED M

IS THIS CLAIM THE RESULT OF AN ILLNESS?	☐ YES	☐ NO	NATU
IS THIS CLAIM THE RESULT OF AN INJURY?	☐ YES	☐ NO	
WAS THIS ILLNESS OR INJURY SUSTAINED IN CONNECTION WITH ANY EMPLOYMENT?	☐ YES	☐ NO	IF AC
RESULT OF AUTOMOBILE ACCIDENT?	☐ YES	☐ NO	

ARE THERE ANY OTHER INSURANCE BENEFITS AVAILABLE FROM AN

ATION

☐ MALE   ☐ SINGLE   ☐ SEPARATED
☐ FEMALE   ☐ MARRIED   ☐ WIDOW
     ☐ DIVORCED   ☐ WIDOWER

DICARE?   IS PATIENT DISABLED? ☐ YES ☐ NO

IF YES GIVE DATE OF DISABILITY _____

A RELATED MEDICAL PROBLEM? ☐ YES ☐ NO IF YES, STATE WHEN AND GIVE NAME(S)

NATURE OF ILLNESS OR INJURY

IF ACCIDENT INVOLVED, GIVE DATE, HOW, AND WHERE ACCIDENT OCCURRED

E FROM ANY OTHER SOURCE? ☐ YES ☐ NO IF YES, GIVE DETAILS

EE IS MARRIED OR SEPARATED

IS SPOUSE EMPLOYED? IF YES, GIVE NAME AND ADDRESS OF EMPLOYER
☐ YES ☐ NO

---

state of claim for group insurance benefits = declaración para reclamo de beneficios de seguro para grupo

applicable = pertinente

claim = reclamo

self = sí mismo

spouse = esposa

child = niño/a

patient = paciente

disabled = incapacitado

previously = anteriormente

illness = enfermedad

injury = herida

nature of illness or injury = naturaleza de la enfermedad o herida

in connection with = en relación con

available = disponible

source = fuente

separated = separado

152

physician = médico

insured = asegurado

symptom = síntoma

diagnosis = diagnóstico

dependent child = niño dependiente

knowingly = con conocimiento

intent to defraud = intención de defraudar

materially false = materialmente falso

to conceal = ocultar

purpose = propósito

fraudulent insurance act = acto fraudulento de seguro

PART 2. TO BE COMPLETED BY THE ATTENDING PHYSICIAN

PATIENT & INSURED (SUBSCRIBER) INFORMATION

1. PATIENT'S NAME (FIRST NAME, MIDDLE INITIAL, LAST NAME)
2. PATIENT'S DATE OF BIRTH
4. PATIENT'S ADDRESS (STREET, CITY, STATE, ZIP CODE)
5. PATIENT'S SEX
   MALE   FEMALE
7. PATIENT'S RELATIONSHIP TO INSURED
   SELF   SPOUSE   CHILD   OTHER
9. OTHER HEALTH INSURANCE COVERAGE. ENTER NAME OF POLICYHOLDER AND PLAN NAME AND ADDRESS AND POLICY OR MEDICAL ASSISTANCE NUMBER.
10. WAS CONDITION RELATED TO
    A. PATIENT'S EMPLOYMENT
    YES   NO
    B. AN AUTO ACCIDENT
    YES   NO
12. I AUTHORIZE PAYMENT OF MEDICAL BENEFITS TO UNDERSIGNED PHYSICIAN OR SUPPLIER FOR SERVICE DESCRIBED BELOW

SIGNED (INSURED OR AUTHORIZED PERSON)

PHYSICIAN'S/SURGEON'S STATEMENT — COMPLETE FOLLOWING OR ATTA

13. DATE OF
    ILLNESS (FIRST SYMPTOM) O
    INJURY (ACC
    PREGNANCY (
14. DATE FIRST CONSULTED YOU FOR THIS CONDITION
16. DATE PATIENT ABLE TO RETURN TO WORK
17. DATES OF TOTAL DISABILITY
    FROM   THROUGH
18. NAME OF REFERRING PHYSICIAN
20. NAME & ADDRESS OF FACILITY WHERE SERVICES RENDERED (IF OTHER THAN HOME OFFICE)

22. DIAGNOSIS OR NATURE OF ILLNESS OR INJUR

A DATE OF SERVICE	B · PLACE OF SERVICE	C FULLY DESCRIBE PROCEDURES, MEDICAL SERVICES OR SUPPLIES FURNISHED FOR EACH DATE GIVEN		DIA
		PROCEDURE CODE (IDENTIFY:)	(EXPLAIN UNUSUAL SERVICES OR CIRCUMSTANCES)	

SPOUSE

IS SPOUSE EMPLOYED? IF YES, GIVE NAME AND ADDRESS OF EMPLOYER
☐ YES   ☐ NO

SPOUSE'S HEALTH INSURANCE CARRIER AND POLICY NUMBER

SPOUSE'S DATE OF BIRTH   SP

B. COMPLETE IF CLAIM YOUR DEPENDENT CHILD

AME   INDICATE IF   CHOOL AND OVER AGE 18, GIVE SCHOOL NA

CHILD LIVES AT   ☐ HOME   ☐ SCHOOL

MPLOYED?
☐ NO   IF YES, GIVE NAME AND ADDRESS OF EMPLOYER

CHILD'S HEALTH INSURANCE CARRIER AND POLICY NUMBER

RSON WHO KNOWINGLY AND WITH INTENT TO DEFRAUD ANY INSURANCE COMPANY OR OTHER PERS ONTAINING ANY MATERIALLY FALSE INFORMATION, OR CONCEALS FOR THE PURPOSE OF MISLEADING T MATERIAL THERETO, COMMITS A FRAUDULENT INSURANCE ACT, WHICH IS A CRIME.

153

y tratamientos preventivos. También se encarga de enviarlo a especialistas en caso necesario. El paciente tampoco está en libertad de escoger el hospital que desee.

En los Estados Unidos hoy en día hay más de 650 organizaciones de este tipo que sirven a más de 27 millones de personas. Y el 70 por ciento de los médicos tiene algún tipo de contrato con un *HMO*.

OTRAS COMPAÑÍAS DE SEGUROS

Existen también compañías de seguros de salud privadas sin ánimo de lucro, como *Blue Cross/Blue Shield*. Estas compañías permiten que el paciente escoja su propio médico. Cada compañía tiene sus limitaciones y formas de pago diferentes.

La mayoría de las compañías requieren que usted llene un formulario para recibir los beneficios.

MEDICARE

Éste es el programa del fondo del seguro social de asistencia médica y de hospital para personas mayores de 65 años. Funciona por medio de contribuciones hechas por el empleado y el empleador de acuerdo a los ingresos de cada persona. El sistema de *Medicare* no cubre gastos médicos en el exterior.

MEDICAID

Éste es el programa de asistencia médica del gobierno para personas de escasos recursos económicos. En teoría el servicio cubre absolutamente todos los gastos médicos, pero varía en cada estado. En algunas áreas los hospitales privados o comunitarios no aceptan pacientes con *Medicaid*.

2. *EMERGENCY SERVICES* (SERVICIOS DE EMERGENCIA)

En caso de emergencia lo mejor es preguntar al conserje del hotel, quien probablemente lo puede enviar a un médico general. La otra opción es ir al hospital universitario más cercano, ya que allí generalmente se ofrece el mejor cuidado médico en el área. Una vez dentro de la unidad de servicio de emergencia lo más probable es que lo atienda uno de los internos o médicos residentes, quien podrá evaluar la situación y tratarlo. En caso de un accidente automovilístico, el servicio de ambulancia lo llevará al hospital más cercano donde será tratado. En cualquier caso usted será admitido y tratado y tendrá que asumir los costos incurridos. Al viajar a los Estados Unidos es necesario consultar con su compañía de seguros para saber si cubre gastos médicos en el exterior.

Si se encuentra en una situación de emergencia y no sabe que hacer, tome el teléfono más cercano y marque 911. Este es el número del servicio de emergencia y atención inmediata.

3. VOCABULARY (VOCABULARIO)

to ache	doler
bandage	venda
blood test	examen de sangre
cast	yeso
cold	resfriado
cough	tos
diagnosis	diagnóstico
dose	dosis
fever	fiebre
headache	jaqueca (dolor de cabeza)
immunization	inmunización
injection	inyección
medication	remedio
medicine	medicina
on an empty stomach	(en) ayunas
pain	dolor
physician	médico
prescription	receta médica
prescribe	recetar
rash	sarpullido
shot	inyección
side effects	efectos secundarios
to sneeze	estornudar
stretcher	camilla
surgery	cirugía
surgeon	cirujano
syringe	jeringa
temperature	temperatura
vaccine	vacuna

EXERCISES

1. *Complete the following sentences with one of the following three verbs: "to be," "to have," "to do."* Complete las oraciones con uno de estos tres verbos: to be, to have, to do.

   a. *I don't feel well. I _____ a headache, and I _____ very thirsty.*
   b. *She hasn't eaten anything all day, and yet she _____ not hungry.*
   c. *You _____ right. The medicine _____ working.*
   d. *The boy _____ 12 years old, but he _____ very short for his age.*
   e. *How much _____ the antibiotic?*

f. *What does a chiropractor* _____ ?

g. *The dead man* _____ *about 140 pounds and* _____ *red hair. The ambulance is taking him to the morgue.*

h. *He* _____ *a very high fever. What should we* _____ ?

i. *The pharmacist will not give you the medicine unless he* _____ *a prescription signed by a doctor.*

j. _____ *you sure this pill doesn't* _____ *any side effects?*

2. *Complete the following sentences with the verb "to do" or the verb "to make."* Complete las oraciones con el verbo *to do* o el verbo *to make.*

   a. *The insurance company* _____ *me go back to the doctor's office to have him sign the claim form.*

   b. *They* _____ *a stretcher out of wood and carried the injured man on it.*

   c. *I didn't* _____ *well on the driver's test.*

   d. *I don't have any pain killers. Will aspirin* _____ ?

   e. *He didn't* _____ *what the doctor suggested, and now he's sick again.*

   f. *I'll* _____ *some chicken soup. I'm sure it will* _____ *you some good.*

3. *Complete the following sentences with the verb "to have" or "to be."* Complete las siguientes oraciones con el verbo *to have* o *to be.*

   a. *I think he* _____ *a fever because his forehead* _____ *very warm.*

   b. *I think Tom* _____ *as tall as Jack.*

   c. *Why don't we get together next week and* _____ *lunch?*

   d. *You* _____ *right. Let's take Johnny to the nearest hospital.*

   e. *She* _____ *thirsty, but she* _____ *not hungry.*

   f. *I* _____ *a very important meeting next week.*

   g. *He* _____ *twenty pounds overweight.*

4. *Complete the following crossword puzzle by answering the following questions. You may choose the answers from the list of words below.* Complete el siguiente crucigrama respondiendo a las preguntas correctamente. Puede escoger las respuestas de la lista que se da a continuación.

   HORIZONTAL

   1. *A* _____ *is used to inject fluids into the body.*
   2. _____ *are reponsible for the hereditary characters of each person.*
   3. *When a person suffers an injury such as a cut, doctors generally will cover it with a* _____ .
   4. *Spots on the skin produced as a result of an allergic reaction.*
   5. *Opposite of down.*
   6. *The temperature is below 0°F. It is* _____ .

   VERTICAL

   1. *Another word for operation.*
   7. *Another word for shot.*
   8. *When a person has a temperature of 104°F, it is called a* _____ .

9. *To expel air suddenly and noisely from the lungs as the result of an involuntary muscular spasm in the throat or to clear the air passages.*
10. *The exact amount of medicine to be taken at one time.*

surgery	itch	injection	fever	below	dose
genes	gauze	cold	amount	bandage	temperature
rash	sneezing	cough	operation	up	syringe

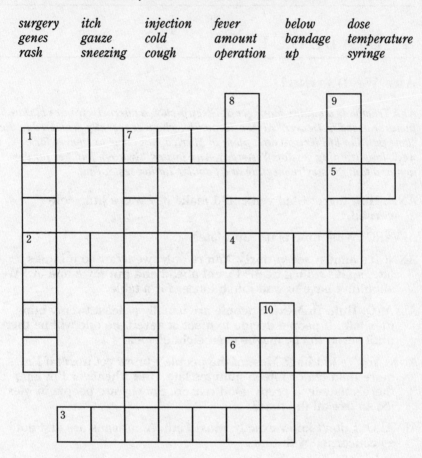

LESSON 9
SOCIAL ETIQUETTE.   La etiqueta en sociedad.

A. DIALOGUE

ARE WE DATING?

Ann Tremba is a quality manager at Electro-cute, a microelectronics manu-
facturer based in Denver.[1] Alvaro Jaramillo, who was recently promoted to the
same position at Electro-cute's plant in Mexico, has come to Denver for a
week-long training session. Yesterday, Ann invited Alvaro to join her for din-
ner, and tonight they're meeting at a popular Italian restaurant.

ANN: Hey, there! Glad you could make it! I was a little concerned.[2]

ALVARO: What time is it? Am I late?

ANN: It's almost seven thirty. You're only twenty or so minutes
late, so it's no big deal.[3] I went ahead and put my name in.[4] We
shouldn't have to wait much longer for a table.

ALVARO: Huh. In Mexico people are usually at least twenty minutes late. If people decide to meet at seven, no one will be there
until seven thirty, maybe even eight o'clock.

ANN: You're kidding? Most of the people I know get upset if I'm
more than ten or fifteen minutes late. And whenever I'm late,
there's usually a pretty good reason. So why are people in Mexico so late all the time?

ALVARO: I don't know exactly. Most Latin Americans are just not
as concerned with time.

ANN: I suppose you're right. We are pretty obsessed with it.

HOSTESS: Ann, party[5] of two? Ann, party of two?

ANN: That's us! Let's go.

ALVARO: This whole experience is pretty strange.

ANN: What do you mean?

ALVARO: Well, in my country, women don't invite men to dinner
very often.

ANN: Really? I suppose there are a lot of women in the U.S. who
won't ask men out[6] either. Many are afraid of rejection. But,
there are a lot of women who like doing it, like me. I'd rather
be the one in the driver's seat . . .[7]

ALVARO: I'm not sure I understand . . .

ANN: Well, I like to decide who I want to spend my time with and how. Whenever a guy asks me out, that usually means he's the one in charge. I'm not really comfortable with that.

ALVARO: So, are you in charge tonight? You asked me out, you picked the restaurant, you put your name on the table . . .

ANN: Come on! Quit giving me a hard time.[8] I figured you're here by yourself for a week and probably sick[9] of your hotel room. I was just trying to be nice . . .

ALVARO: So this isn't a real date?

ANN: Not at all! No offense, Alvaro, but aren't you engaged?[10]

ALVARO: Yes, I am. I just needed to make sure, you know? People in Mexico don't usually go on, how do I say it, this sort of casual date.

ANN: Huh. People here do it all the time. But believe me, I can understand your confusion. Sometimes even I can't tell what's a casual date and what's a real date. You never really know unless you talk about it.

ALVARO: Well, at home there's nothing to talk about. I would go out with a group of friends if I just wanted to have fun, but going out with just one woman would automatically be considered a date.

ANN: So, what looks good to you?

ALVARO: I don't know what I want. I'm actually not very hungry yet. This is a little early for me.

ANN: What are you talking about? It's almost eight o'clock. I'm starving!

ALVARO: Is this late for you? I usually don't eat dinner until nine or later.

ANN: Well at this rate, it might be nine o'clock before we get some food! Do you want some suggestions? The pasta with the garlic sauce is to die for.[11]

¿ESTAMOS SALIENDO?

Ann Tremba es la gerente de calidad de *Electro-cute,* una compañía de equipos electrónicos con sede en *Denver.* Alvaro Jaramillo, quien recientemente fue ascendido al mismo puesto en la planta de *Electro-cute* en México, ha venido una semana a *Denver* para unas sesiones de entrenamiento.

Ayer Ann invitó a Alvaro a comer, y esta noche van a encontrarse en un popular restaurante italiano.

ANN: ¡Hola! ¡Me alegro que hayas podido venir! Me estaba preocupando.

ALVARO: ¿Qué hora es? ¿Llego tarde?

ANN: Son casi las 7:30. Sólo estas retardado unos veinte minutos, así que no es gran cosa. Me adelanté y puse mi nombre en la lista de espera. No tendremos que esperar mucho tiempo por una mesa.

ALVARO: Mmm. En México la gente suele llegar hasta veinte minutos tarde. Si deciden encontrarse a las 7:00, nadie llega antes de las 7:30, inclusive las 8:00.

ANN: ¿Estás bromeando? La mayoría de personas que conozco se disgustan si me retardo más de 10 o 15 minutos. Y cuando me retraso, generalmente es por una buena razón. ¿Por qué se retrasa tanto la gente en México?

ALVARO: No lo sé exactamente. La mayoría de los latinoamericanos no andan tan preocupados por el tiempo.

ANN: Me supongo que tienes razón. Estamos obsesionados con él.

MOZO: ¿Ann, mesa para dos? ¿Ann, mesa para dos?

ANN: ¡Es para nosotros! Vamos.

ALVARO: Esta experiencia es muy extraña.

ANN: ¿Qué quieres decir?

ALVARO: Bueno, en mi país, las mujeres con frecuencia no invitan a los hombres a cenar.

ANN: ¿De verdad? Supongo que hay muchas mujeres en los Estados Unidos que tampoco invitan a los hombres a salir. Muchas temen ser rechazadas. Pero hay muchas mujeres a las que les gusta, como a mí. Prefiero tener las riendas en la mano . . .

ALVARO: No comprendo . . .

ANN: Bueno, me gusta decidir con quien pasar el tiempo y cómo. Cuando un muchacho me invita a salir, por lo general quiere decir que él está al mando. No me siento cómoda así.

ALVARO: Entónces, ¿estás al mando esta noche? Tú me invitaste a salir, tú escogiste el restaurante, tú pusiste tu nombre en la lista de espera . . .

ANN: ¡Vamos! Deja de molestarme. Pensé que estando aquí solo por una semana estarías probablemente cansado de tu habitación del hotel. Sólo estaba tratando de ser amable . . .

ALVARO: ¿Entonces esto no es una cita formal?

ANN: ¡No, de ninguna manera! No te ofendas, Alvaro, pero ¿no estás comprometido?

ALVARO: Sí, lo estoy. Sólo necesitaba estar seguro, ¿sabes? La gente en México no suele, como diría, salir en forma tan casual.

ANN: Mmm. La gente aquí lo hace todo el tiempo. Pero créeme, puedo entender tu confusión. Algunas veces hasta yo misma no puedo diferenciar entre una cita casual y una de verdad. No lo sabes hasta que no lo hablas.

ALVARO: En mi país no hay nada que hablar. Yo salgo con un grupo de amigos si quiero divertirme, pero salir con una mujer a solas sería considerado automáticamente como una cita.

ANN: ¿Qué te llama la atención?

ALVARO: No sé que quiero. No tengo mucha hambre. Es un poco temprano para mí.

ANN: ¿A qué te refieres? Son casi las 8:00. ¡Me estoy muriendo de hambre!

ALVARO: ¿Te parece que es tarde? Yo no como hasta las 9:00 y aún más tarde.

ANN: ¡Bueno, a este paso, serán las nueve antes de que veamos la comida! ¿Quieres una sugerencia? La pasta con salsa de ajo es de morir.

B. NOTES

1. La ciudad de *Denver* es la capital del estado de *Colorado,* ubicado al oeste del país, en la Montañas Rocosas *(Rocky Mountains)*. La ciudad es famosa porque cerca de ella se encuentran varios lugares para esquiar, practicar el alpinismo y el camping. El centro de la ciudad tiene varios clubes de jazz, restaurantes y galerías de arte. En la ciudad de *Boulder* se encuentra la Universidad de Colorado. Todos los veranos esta ciudad celebra un festival de música clásica y ofrece conferencias, teatro y otras atracciones a lo largo del año.

2. El verbo *to concern* equivale al verbo español "concernir" o "importar/interesar." Cuando se utiliza como en este caso, en su forma adjetival, *to be concerned* quiere decir "estar preocupado por."

3. La expresión *to put one's name in* quiere decir "poner su nombre en una lista de espera."

4. El sustantivo *party* en este contexto se usa con el significado de "grupo." Otros significados son: "fiesta," "partido político," o "parte involucrada en un asunto legal."

5. *To ask someone out* quiere decir "invitar a alguien a salir."

6. La expresión *to be in the driver's seat* quiere decir "tener el control de la situación" y equivale a la expresión "tener las riendas en la mano."

7. *To give someone a hard time* quiere decir "molestar a alguien." Otras expresiones populares con el verbo *to give* son:

to give someone a break	dejar de bromear
to give someone five	darle la mano a alguien como saludo o como felicitaciones
to give someone a buzz	llamar a alguien por teléfono
to give someone hell	hacerle pasar un mal rato a alguien/molestar

8. En el contexto del diálogo *to get sick of* quiere decir "estar harto de." También significa "estar fastidiado o disgustado." *Sick* significa también "enfermo," "enfermo mental," "mórbido" o "de mal gusto."

He's been sick for the last two weeks.
Ha estado enfermo las últimas dos semanas.

I'm sick of eating pasta every night.
Estoy harto de comer pasta todas las noches.

That was a sick joke.
Ese fue un chiste mórbido.

Otras expresiones son:

to be sick of it all	estar aburrido/cansado de todo
to be sick for	tener antojo de
to be sick at heart	estar afligido/angustiado

9. *To be engaged* quiere decir "estar comprometido para casarse." El sustantivo *engagement* significa "compromiso."

I'm afraid I won't be able to attend the party due to a previous engagement.
Me temo que no podré asistir a la fiesta debido a un compromiso previo.

10. *To die for* equivale a la frase española "ser/estar de muerte," es decir, "ser/estar delicioso." Otras expresiones con el verbo *to die* son:

to die from laughter	morirse de la risa

The clown made the audience die of laughter.
El payaso hizo que el público se muriera de la risa.

to die on someone   dejar de funcionar

My car died on me. I couldn't get it started.
Mi coche dejó de funcionar. No lo pude prender.

Existen también varias expresiones con el adjetivo *dead:*

to be dead broke	estar completamente quebrado
to be dead easy	ser extremadamente fácil
to be dead from the neck up	ser tonto, no aceptar nuevas ideas
to be dead in the water	inmóvil
to be dead on	dar en el blanco

C. GRAMMAR AND USAGE

1. *MODAL VERBS: FORM* (LOS VERBOS MODALES: FORMA)

Los verbos modales son verbos auxiliares y tienen una sola forma independientemente de que el sujeto sea singular o plural. La mayoría de ellos van seguidos por la forma simple del verbo principal:

AFIRMATIVO NEGATIVO

	AFIRMATIVO	NEGATIVO	
	can	*(cannot, can't)*	
	could	*(could not, couldn't)*	
	had better	*(had better not)*	
	may	*(may not)*	
	might	*(might not)*	
Sujeto +	**must*	*(must not)* +	forma simple del verbo principal
	*shall	*(shall not)*	
	should	*(should not, shouldn't)*	
	will	*(will not, won't)*	
	would	*(would not, wouldn't)*	

* En el inglés moderno, se utiliza con más frecuencia *will* en vez de *shall. Must,* que se utiliza para expresar una deducción, es considerado como una manera formal para expresar una necesidad. Se utiliza, en cambio, con más frecuencia *to have to.*

Algunas expresiones similares van seguidas por la preposicion *to* y la forma simple del verbo principal:

AFIRMATIVO:

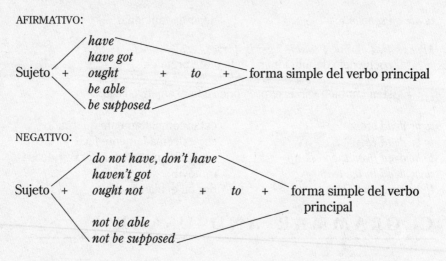

Sujeto + *have*
have got
ought + *to* + forma simple del verbo principal
be able
be supposed

NEGATIVO:

Sujeto + *do not have, don't have*
haven't got
ought not + *to* + forma simple del verbo principal
not be able
not be supposed

Nótese que algunos de estos verbos no tienen contracción en el negativo.

2. *MODAL VERBS: USAGE* (LOS VERBOS MODALES: USOS)

Los verbos modales son verbos auxiliares que sirven para expresar una actitud o un estado de ánimo y la intensidad del mismo. Como veremos ahora, algunos de ellos pueden tener más de un significado.

a. Ayuda *(will/would/can/could)*

Al pedir ayuda o la cooperación de alguien se utiliza *will you, would you, can you* o *could you*. El uso de *can* es tal vez el menos formal de todos.

Would/will you please ask Susan to give me a call when she gets back from work?
¿Podrías (por favor) decirle a Susan que me llame cuando regrese del trabajo?

Could you please bring me a glass of water?
¿Podrías traerme un vaso de agua, por favor?

b. Consejo *(should/ought to/had better)*

Los verbos *should, ought to* y *had better* se utilizan cuando se quiere expresar que una idea es buena, que algo es aconsejable o que es importante hacer algo. Nótese que por lo general el pasado del verbo *to have* es *had*. Sin embargo, en la expresión *had better, had* forma parte de una expresión idiomática y no se refiere al tiempo pasado. Esta expresión, al igual que las otras dos, se utiliza con el presente o el futuro, pero es un poco más fuerte en su significado y generalmente implica una advertencia o una amenaza con posibles consecuencias.

You shouldn't worry so much and go ahead with your dinner plans.
No deberías preocuparte tanto y seguir adelante con tus planes para la cena.

If it's a formal party, you ought to wear a cocktail dress.
Si es una fiesta formal, es aconsejable que te pongas un traje de cóctel.

I think you'd better ask them if they have a special diet.
Creo que sería una buena idea preguntarles si tienen una dieta especial.

You'd better eat well or you'll get sick.
Es mejor que comas bien o te enfermarás.

c. Deducciones *(must)*

Cuando se quiere expresar que se ha llegado a una conclusión por medio de una serie de deducciones lógicas a partir de información previa, se utiliza *must*.

Greg is having his second serving of lasagna.
→ *He must be hungry.*
Greg se está sirviendo lasaña por segunda vez.
→ Debe tener hambre.

The Blakes always bring their own food.
→ *They must be on a special diet.*
→ *They must not like anybody's cooking.*
Los Blake siempre traen su propia comida.
→ Deben estar haciendo una dieta especial.
→ No les debe gustar la forma de cocinar de nadie.

d. Habilidad *(can/could)*

Can se utiliza para expresar que se tiene o no una habilidad en el tiempo presente o el futuro, y *could* en el pasado.

She can cook really well.
Ella puede cocinar muy bien.

We couldn't call you to let you know we'd be late.
No pudimos llamarte para decirte que íbamos a llegar tarde.

e. Necesidad *(have to/have got to/must)*

Have to, have got to y *must* se utilizan cuando se quiere expresar que algo es necesario. Equivale en español a la expresión "tener que."

Nótese que *must* va seguido de la forma simple del verbo solamente. *Must* es también un poco más fuerte y expresa la idea de que algo es absolutamente necesario (casi obligatorio), de ahí que se utilice con menos frecuencia. Además, se considera más formal y se usa con poca frecuencia en la lengua hablada.

Have got to es la expresión más informal de las tres y se usa más en la lengua hablada que la escrita. Para expresar una necesidad en el tiempo pasado se utiliza *had to.*

I have to rent a tuxedo for my friend's wedding.
Tengo que alquilar un smoking para el matrimonio de mi amigo.

I've got to call all my friends to let them know the party has been canceled.
Tengo que llamar a todos mis amigos para avisarles que la fiesta ha sido cancelada.

If you're going to be late, you must/have to let me know.
Si vas a llegar tarde tienes que avisarme.

f. Permiso *(may/can/could)*

Generalmente se utiliza *may* para dar un permiso. Cuando se quiere ser un poco menos formal se puede utilizar *can* o *could,* siendo *could* un poco más formal.

I know you're on a very strict diet, so you may/can bring your own dinner if you'd like.
Sé que estás siguiendo una dieta muy estricta, así que puedes traer tu propia cena si lo deseas.

Could I bring a friend to your dinner party?
¿Podría traer un amigo a tu cena?

g. Petición *(may/can/could/will/would)*

Cuando se quiere hacer un pedido y el sujeto de la oración es la primera persona del singular *I,* se utiliza *may* o *could* en la forma formal y *can* en la forma informal.

May I come in?
¿Puedo pasar?

Could I borrow your silverware for the dinner party?
¿Podrías prestarme tus cubiertos de plata para la cena?

Cuando el sujeto de la oración es *you*, se utiliza *will, would* o *could*. El uso de *would* es un poco más formal y es el que con más frecuencia se usa.

Would/could you pass the sugar, please.
¿Podría pasarme el azúcar, por favor?

También se puede utilizar la frase *would you mind*, bien sea para pedir algo o para pedir permiso. Nótese que esta frase puede ir seguida por un verbo en tiempo pasado o en el gerundio.

Would you mind if, instead of cooking, I ordered some Chinese food?
¿Te molestaría que en vez de cocinar pidiera comida china?

Would you mind telling Tom not to be late?
¿Te molestaría decirle a Tom que no llegue tarde?

h. Possibilidad *(may/might/could)*

May y *might* se pueden utilizar indistintamente para expresar que existe la posibilidad de que ocurra algo en el presente o el futuro. La forma negativa es *may not* y *might not* respectivamente. Nótese que ninguno de estos verbos tiene contracción en el negativo. *Could* también puede usarse con este mismo significado.

The Blakes may/might call to ask me what I'm serving for dinner.
Es posible que los Blake me llamen a preguntarme qué voy a servir en la cena.

I may not/might not invite the Blakes to my next party.
Es posible que no invite a los Blake a mi próxima fiesta.

I could try to find out what their plans are, but I don't want to call them.
Podría tratar de averiguar cuáles son sus planes, pero no quiero llamarles.

i. Prohibición *(must not)*

Cuando se utiliza el verbo auxiliar *must* en su forma negativa, adquiere un significado más fuerte convirtiéndose en una manera de prohibir algo.

You must not smoke in areas that are designated for non-smokers.
Usted no debe fumar en áreas designadas para no-fumadores.

j. Sugerencia *(could/shall/should)*

Cuando se quiere sugerir algo se pueden utilizar *could* o *should*. Cuando se utiliza *should* la sugerencia es un poco más fuerte, casi como algo obligatorio.

You could make several dishes so that people who don't eat meat have a choice.
Podrías preparar varios platos para que las personas que no comen carne tengan otra opción.

Shall se utiliza con los sujetos *I* o *we* en la pregunta. Generalmente se usa cuando se hace una sugerencia y se desea saber si la otra persona está de acuerdo. Nótese que el uso de *shall* es más formal que el uso de *should*.

Shall I add more salt to this dish?
¿Crees que debo añadir más sal a este plato?

Should I bring more wine?
¿Crees que deba traer más vino?

D. IDIOMATIC STUDY

ASKING FOR PERMISSION (CÓMO PEDIR PERMISO)

Al pedir permiso en inglés es muy importante acordarse de empezar o terminar la frase con *please* (por favor). De lo contrario ciertas frases parecerán una orden.

Is it okay/all right to smoke?
¿Está permitido fumar?

May/Can I please have some more water?
¿Podrías darme un poco más de agua, por favor?

Would you mind if I brought a friend along?
¿Te molestaría si traigo a un amigo conmigo?

Would it bother you if I closed the window?
¿Le molestaría si cierro la ventana?

I'd like to bring a friend over, if that's all right with you.
Me gustaría traer a un amigo, si te parece bien.

Para dar un permiso se usan las siguientes expresiones:

Certainly.
Ciertamente.

Of course.
Claro que sí.

It's all right with me.
Está bien.

I don't see why not.
   No veo por qué no.

By all means. Go ahead.
   Pero claro. Adelante.

I don't mind at all.
   No me molesta.

Sure.
   Claro.

Para negar un permiso, generalmente se usan las siguientes frases:

I'd prefer/rather you didn't.
   Preferiría que no lo hicieras.

I'd rather you wouldn't.
   Preferiría que no lo hicieras.

I'm not sure it would be appropriate.
   No creo que fuera apropiado.

I don't think smoking is allowed in here.
   No creo que esté permitido fumar aquí.

You're not supposed to bring anyone who's not invited.
   No debes traer a nadie que no esté invitado.

You may not bring another guest.
   No puedes traer otro invitado.

E. STRICTLY BUSINESS

1. *SOCIAL ETIQUETTE* (LAS COSTUMBRES SOCIALES)

La gran variedad social y cultural que existe en los Estados Unidos hace difícil hablar con precisión de todas las diferencias y semejanzas que existen entre el mundo hispánico y ese país.

El estadounidense es por lo general algo más informal en sus relaciones profesionales y sociales. De tal manera que no es raro llamar a un colega, a su jefe, o a una persona que acaba de conocer por su nombre. Es quizá porque el estadounidense tiene una tradición democrática y no jerárquica, como ocurre en la mayoría de los países hispanos.

Al saludar no se acostumbra estrechar la mano de la otra persona a menos que sea la primera vez que se ven o en situaciones de negocios. Tampoco es costumbre abrazarse o besarse.

En el vestir, el estadounidense prefiere ante todo la comodidad y por lo general es mucho más informal. Para ir al trabajo las mujeres por lo general visten con trajes de línea europea y los hombres acostumbran llevar saco y corbata. Sin embargo no es nada raro ver a los hombres en mangas de camisa a la hora de la comida, especialmente durante la primavera y el verano. Es también costumbre que los viernes, denominados "viernes casuales" *(casual Fridays)* la gente vaya a la oficina en ropa de sport.

Y precisamente porque la comodidad reina, las mujeres dejan los tacones a un lado cuando se trata de caminar. Así que no es raro verlas de sastre y con zapatos tenis por las calles de la ciudad. En realidad, esta moda se originó en Nueva York a principios de los ochenta, cuando hubo un paro de transporte y la gente tuvo que ir a trabajar a pie. Así que muchas mujeres salieron a la calle con zapatos tenis y los tacones en el bolso. Muy pronto esta práctica se convirtió en moda y hoy es la norma.

En los EE.UU. hay una gran preocupación por el tiempo. En general el estadounidense tiende a respetar los horarios, sean de trabajo o de diversión, y se esfuerza por ser puntual. De tal manera que si usted tiene una invitación a cenar o queda de encontrarse con alguien a una hora determinada, lo apropiado será llegar puntualmente y no un cuarto de hora más tarde. Al estadounidense le molesta la impuntualidad. Debido a que el tiempo es un factor tan importante, el estadounidense tiende también a ser muy directo. No le gustan los rodeos y por lo general va directo al grano.

Al ir a la casa de alguien como invitado se acostumbra llevar un regalo. El regalo no tiene que ser muy costoso, es más bien un detalle de agradecimiento. Puede llevar unas flores, una botella de vino o unos dulces. Recuerde que las rosas, especialmente las rojas, tienen una connotación romántica.

En cuanto a las relaciones sociales, es costumbre que tanto las mujeres como los hombres inviten a hombres y mujeres a salir. La mujer por lo general no espera que el hombre sea el que pague y por lo general se acostumbra dividir la cuenta. Aunque tampoco es raro que la mujer sea la que pague. Si alguien lo invita a salir es apropiado ofrecerse a pagar, pero no es necesario insistir. Es importante recordar que el servicio en los restaurantes no está incluido en la cuenta. Y se acostumbra dejar una propina del 15%.

2. *VOCABULARY* (VOCABULARIO)

to be on time	ser puntual
to be late	llegar tarde
boss	jefe
colleague	colega
first name	nombre
to hug	abrazar
to kiss	besar

last name	apellido
nickname	nombre de pila/apodo
schedule	horario
to shake hands	estrechar la mano
sneakers	zapatos tenis
suit	sastre/traje

EXERCISES

---

1. *Decide whether the preposition "to" is necessary in the following sentences. If it is not necessary, write ø in the blank.* Decida si es necesario utilizar la preposicion *to* en las siguientes oraciones. Si no es necesario usarla, escriba ø en el espacio en blanco.

   a. *When attending a dinner party at someone's house, you might _____ want to bring a bouquet of flowers to the host.*
   b. *If you're attending a formal dinner, you must _____ be on time.*
   c. *You ought _____ confirm your attendance if you've been asked to do so on the invitation card.*
   d. *You'd better not _____ wear casual clothes to a formal dinner.*
   e. *You don't have _____ bring an expensive gift for the host.*

2. *Fill in the blanks with one of the auxiliary verbs given in parentheses.* Llene el espacio en blanco con uno de los verbos auxiliares que están en paréntesis.

   Nicholas: *I __(a)__ (have to, can) make a list of the people I'm going to invite. I __(b)__ (might not, can't) leave anyone out.*
   Pat: *That __(c)__ (could, shouldn't) be too hard. Have you gone shopping yet?*
   Nicholas: *No, I haven't. I'm not sure what to cook. Any suggestions?*
   Pat: *Well, I __(d)__ (could, would) make a vegetarian dish. You __(e)__ (can't, must not) go wrong with that.*
   Nicholas: *Yes, I __(f)__ (might, must) do that. But I __(g)__ (should, have to) check with Greg first. You know he loves steak.*
   Pat: *Yes, but he __(h)__ (will, should) know that not everybody is into eating meat. Plus, the dinner is for his colleague. As far as I know, he and his wife are vegetarian, aren't they?*
   Nicholas: *Yes, you're right. I'll go ahead and make a vegetable lasagna. __(i)__ (could, would) you like to come with me to the super-market?*
   Pat: *Sure. I'll meet you there, say, in thirty minutes?*
   Nicholas: *That's fine. I __(j)__ (had better, have got) hurry up and put together a shopping list. See you in a little bit.*
   Pat: *Bye.*

3. *Change the following sentences to the negative form.* Cambie las siguientes oraciones al negativo.

    a. *I might have enough time to bake a cake for tonight's party.*
    b. *People should invite an equal number of men and women to their dinner party's.*
    c. *She can bring a few guests to the graduation ceremony.*
    d. *If I were you, I would ask the host whether she needs any help.*
    e. *You have to bring a gift for the host.*

4. *From the list below, choose the phrase that best completes each sentence in the dialogue.* De la lista que se da a continuación, escoja las frases que mejor completen las oraciones del diálogo.

I'd rather you didn't	*I'm not sure it would be appropriate*
would it bother you	*certainly*
I don't mind at all	*is it all right*

Debbie: *Hi, Mary. I hope I'm not calling you at a bad time.*

Mary: *Not at all. I was just going through the last details of tomorrow's lunch party.*

Debbie: *As a matter of fact I was calling you precisely about that. Sally, a friend of mine, will be in town. __(a)__ if I brought her along?*

Mary: *Well, __(b)__ .*

Debbie: *I'm sorry, but I'm not following you.*

Mary: *Tom is also invited, you know?*

Debbie: *I still don't understand.*

Mary: *Well, she and Tom were dating a few months ago. They had a pretty nasty breakup, and __(c)__ for them to see each other.*

Debbie: *Well, __(d)__ with you if we came by after lunch just for a little while?*

Mary: *__(e)__ . But, I hate not having you over for lunch.*

Debbie: *Don't worry. __(f)__ . Plus, that way Sally and I will be able to catch up on things.*

LESSON 10
REAL ESTATE.   Los bienes raíces.

A. DIALOGUE

LOOKING FOR AN OFFICE SPACE

Mr. David Norton and Ms. Jane Blake are partners in a law firm. They have decided to open a new office in Atlanta.¹ Their real estate agent has already shown them an office in a downtown building. They are now looking at another office on the outskirts² of the city.

AGENT: So, here we are. As you can see, this building is more modern than the one we saw before. The office I want to show you is located on the 18th floor. Please follow me.

MS. BLAKE: How far did you say we are from downtown?

AGENT: About eight miles, but lots of companies and businesses have offices out here.

They take the elevator to the eighteenth floor and enter the office.

MR. NORTON: Wow! This office is huge, and look at that view! You're right, this is a much bigger space. I like the way it's set up.³ The other office doesn't have enough space for a reception area.

MS. BLAKE: I like the fact that there are two separate entrances. When we have office supplies delivered, we can do it without inconveniencing the clients sitting in the reception area.

MR. NORTON: Is there a conference room?

AGENT: Yes, right around the corner. It's a bit smaller than the one in the other building, but it has a nicer view.

MS. BLAKE: One thing I definitely like about this office is that it has a lot of built-in bookshelves. It's a shame that the wood has been painted white. I like wood.

AGENT: I'm sure we can take care of that. By the way, I don't know if you noticed, but there are two bathrooms.

MS. BLAKE: So, what do you think?

MR. NORTON: Well, I guess . . .

AGENT: I don't mean to interrupt,[4] but I almost forgot to mention that there's an underground private parking garage.[5] Each office has ten parking spaces.

MR. NORTON: That would be very convenient for our clients. I'd like to go over the rental conditions one more time. How much did you say the rent was?

AGENT: Twelve hundred[6] a month, and there's a security deposit of one month's rent. This money will be returned to you when the lease expires, granted that the office is in good condition. Also, the agency's fee is 10% of the annual rent.

MS. BLAKE: It's certainly less expensive than the other office.

AGENT: Yes, of course. In downtown Atlanta you're paying a lot more for less space.

MS. BLAKE: But downtown is a prime location. I'm a bit worried that we'll be too far from our clients out here.

AGENT: The proximity of the highway and easy access to public transportation makes this part of town as convenient as downtown. I don't think you need to worry about being too far out. Besides, a lot of people don't want to deal with the traffic downtown.

MS. BLAKE: I guess you're right.

MR. NORTON: Are the utilities[7] included in the rent?

AGENT: You'll only be paying for electricity. Water and heat are included.

MS. BLAKE: You said you'd take care of the bookshelves, am I right?

AGENT: No problem. Let me know if you need anything else repaired or painted. The building's maintenance staff is always available. You can make any changes you wish as long as it doesn't affect the structure.[8]

MR. NORTON: So, Jane, I guess we've pretty[9] much made up[10] our minds, haven't we?

MS. BLAKE: Yes, I think this is a much more functional space. This is by far the best office we've seen.

AGENT: Great! I'll give you a call once I have the lease ready for you to sign.

En busca de un local para oficina

El Sr. David Norton y la Sra. Jane Blake son socios de una firma de abogados. Ellos han decidido abrir una nueva oficina en Atlanta. El representante de bienes raíces les ha mostrado una oficina en el centro. Ahora están mirando otra en las afueras de la ciudad.

REPRESENTANTE: Bueno, hemos llegado. Como pueden ver, este edificio es más moderno que el que vimos antes. La oficina que quiero mostrarles está en el decimoctavo piso. Síganme, por favor.

SRA. BLAKE: ¿A qué distancia estamos del centro de la ciudad?

REPRESENTANTE: A unas ocho millas, pero hay muchas compañías y negocios que tienen sus oficinas aquí.

Toman el elevador al decimoctavo piso y entran a la oficina.

SR. NORTON: ¡Esta oficina es enorme, y qué vista tiene! Tiene razón, este espacio es más grande. Me gusta la distribucíon que tiene. La otra oficina no tiene suficiente espacio para la recepción.

SRA. BLAKE: Me gusta la idea de tener dos entradas diferentes. Así cuando nos traigan los suministros, los pueden subir sin molestar a los clientes que estén en la recepción.

SR. NORTON: ¿Hay sala de reuniones?

REPRESENTANTE: Sí, por aquí. Es más pequeña que la del otro edificio, pero tiene mejor vista.

SRA. BLAKE: Algo que definitivamente me encanta de esta oficina es que tiene muchas estanterías. Sin embargo, es una lástima que las hayan pintado de blanco. Me gusta la madera.

REPRESENTANTE: Estoy segura que podemos arreglarlo. Por cierto, no sé si se dieron cuenta que hay dos baños.

SRA. BLAKE: ¿Qué piensas?

SR. NORTON: Bueno, creo que . . .

REPRESENTANTE: Discúlpenme por interrumpir, pero casi se me olvida decirles que en el sótano hay un garaje privado para estacionamiento. Cada oficina tiene derecho a 10 espacios.

SR. NORTON: Eso sería muy conveniente para nuestros clientes. Me gustaría que examináramos las condiciones de arriendo. ¿Cuánto nos dijo que cuesta el alquiler?

REPRESENTANTE: Mil doscientos al mes, y tienen que hacer un dépósito equivalente a un mes de alquiler. Este dinero se les devolverá cuando el contrato haya expirado siempre y cuando la oficina esté en buen estado. Además, la agencia les cobra un 10% del alquiler anual.

SRA. BLAKE: Es definitivamente más barata que la otra.

REPRESENTANTE: Claro que sí. En el centro de Atlanta se paga mucho más por menos espacio.

SRA. BLAKE: Pero el centro es un lugar de primera. Me preocupa un poco que aquí vamos a estar muy lejos de nuestros clientes.

REPRESENTANTE: Esta parte de la ciudad es muy conveniente porque la autopista está muy cerca y hay transporte público. No creo que deban preocuparse por estar un poco lejos. Además, mucha gente no quiere lidiar con el tráfico en el centro.

SRA. BLAKE: Tal vez usted tenga razón.

SR. NORTON: ¿Podríamos negociar los honorarios que ustedes cobran?

REPRESENTANTE: Estoy segura que podremos arreglar algo. Tengo que consultar con mi jefe.

SR. NORTON: ¿Cuándo podremos hacer la mudanza?

REPRESENTANTE: No hay problema. Háganme saber si necesitan reparar o pintar alguna otra cosa. El servicio de mantenimiento del edificio está siempre disponible. Pueden hacer los cambios que deseen, siempre y cuando no se altere la estructura del edificio.

SR. NORTON: Bueno, Jane, creo que ya hemos tomado una decisión, ¿no?

SRA. BLAKE: Sí, creo que esta oficina es mucho más funcional. Es la mejor oficina que hemos visto.

REPRESENTANTE: ¡Qué bien! Les llamaré en cuanto tenga el contrato listo para firmar.

B. NOTES

1. *Atlanta* está en el estado de *Georgia,* en el sureste de los Estados Unidos. Es una ciudad que está creciendo muy rápidamente. Actualmente cuenta con más de 3 millones de habitantes. En el centro de la ciudad se encuentra el museo de la compañía Coca-Cola *(The World of Coca-Cola)* las oficinas de la CNN y el famoso centro comercial conocido como *The Underground.* El parque *Stone Mountain,* famoso por las gigantescas esculturas de Jefferson Davis, Robert E. Lee y Stonewall Jackson (héroes de la guerra civil) se encuentra al noreste de la ciudad. Los juegos olímpicos de 1996 se llevaron a cabo en esta ciudad.

2. La palabra *outskirt* utilizada en el singular significa "borde" o "linde." Cuando se utiliza en su forma plural, *outskirts,* significa "en las afueras de."

3. *To set up* tiene varios significados. En el diálogo quiere decir "la forma en la cual está distribuido el espacio." Pero también tiene otros significados:

EMPRENDER O ABRIR UN NEGOCIO

He is setting up a new supermarket outside of town.
El va a abrir un nuevo supermercado en las afueras del pueblo.

HACER PLANES PARA ALGO

I have set up the trip for the first weekend in July.
He planeado el viaje para el primer fin de semana de julio.

TENDER UNA TRAMPA A ALGUIEN

Her sister planted the gun in Tom's car to set him up.
Su hermana colocó la pistola en el auto de Tom para que lo acusaran a él.

PONER EN POSICIÓN VERTICAL/LEVANTAR/ARMAR

Please set up the tent.
Por favor arma la tienda de campaña.

4. Nótese que no es común interrumpir a alguien cuando está hablando. Por lo general, si alguien desea interrumpir, tiene que disculparse primero y justificar esa interrupción. Todo el mundo espera que el hablante termine de hablar para tomar la palabra. Por lo general, el estadounidense se ofende si alguien lo interrumpe o lo hace callar cuando está hablando.

5. La palabra *garage* tiene dos significados. En el diálogo significa un lugar para estacionar un automóvil o *parking garage.* Generalmente, cuando se utiliza la palabra sola, se refiere al lugar donde reparan automóviles o "taller."

6. Es muy común en inglés que los números que vienen en miles se digan en centenas. Por ejemplo, el número 2,300 se dirá en inglés como *twenty-three hundred* en vez de *two thousand three hundred.*

7. *Utilities* se refiere a los servicios de luz, agua y calefacción. En muchos lugares el inquilino paga solamente por la electricidad. El agua y la calefacción están incluidos en el alquiler, pero esto es algo que varía de estado a estado.

8. Para hacer cualquier tipo de cambio a la estructura exterior de una edificación se necesita tener un permiso de la oficina de planificación de la ciudad o el condado.

9. En este caso *pretty* no quiere decir "bonito/a." *Pretty* quiere decir "bastante" o "considerablemente."

He was pretty sure that the fee was negotiable.
Estaba bastante seguro de que podría negociar los honorarios.

He seemed pretty angry to me.
Me pareció que estaba bastante enfadado.

10. *To make up* es otro verbo que tiene diferentes significados dependiendo del contexto en que se encuentre. La expresión *to make up one's mind* quiere decir "decidirse" o "resolverse." Otros significados son:

COMPENSAR

Thank you for lending me your car. I will make it up to you soon.
Gracias por prestarme tu coche. Te compensaré pronto.

INVENTAR

Her daughter made up a lie in order not to go to school.
Su hija inventó una mentira para no ir a la escuela.

CONCILIAR

They had an argument and stopped talking to each other. Last night, they finally made up.
Tuvieron una discusión y dejaron de hablarse. Anoche finalmente se reconciliaron.

C. GRAMMAR AND USAGE

1. *THE COMPARATIVE* (EL COMPARATIVO)

El comparativo se utiliza para comparar dos sustantivos o acciones de cualidades diferentes. Es importante recordar que los adjetivos se utilizan para modificar sustantivos y los adverbios para modificar acciones o verbos. Se construye utilizando la siguiente fórmula:

> adjectivo/adverbio + *-er* + *than*
> o
> *more* + adjectivo/adverbio + *than*

This room is wider than the room in the back.
Esta habitación es más ancha que la habitación en la parte de atrás.

My rent is more expensive than yours.
Mi alquiler es más costoso que el tuyo.

El grado de la comparación en inglés se indica con dos formas (*-er* o *more*), que en español corresponden a la palabra "más."
    Si el adjetivo o el adverbio tiene solamente una sílaba se le añade la pártícula *-er* al final.

ADJETIVOS:	*old → older*	viejo → más viejo
	wise → wiser	sagaz → más sagaz
ADVERBIOS:	*fast → faster*	rápido → más rápido
	hard → harder	difícil → más difícil

Si el adjetivo tiene dos sílabas y termina en *-y*, se cambia la *-y* por *-i* y se añade *-er*. (Nótese que esta regla no se aplica a los adverbios).

busy → busier	ocupado → más ocupado
pretty → prettier	bonito → más bonito

Si el adjetivo o el adverbio tiene dos o más sílabas se utiliza la palabra *more.*

ADJETIVOS:	*famous → more famous*	famoso → más famoso
	expensive → more expensive	costoso → más costoso
ADVERBIOS:	*slowly → more slowly*	lentamente → más lentamente
	clearly → more clearly	claramente → más claramente

Al igual que en español, existen algunos adjetivos y adverbios con formas irregulares:

ADJETIVOS:	*good → better*	bueno → mejor
	bad → worse	malo → peor
ADVERBIOS:	*well → better*	bien → mejor
	badly → worse	mal → peor

El opuesto de *more . . . than* (más . . . que) es *less . . . than* (menos . . . que) y se utiliza de la misma forma.

This month my electric bill was less expensive than last month's.
La cuenta de la electricidad de este mes fue menos costosa que la del mes pasado.

Tom pays less rent than I do, and he lives in a nicer neighborhood.
Tom paga menos alquiler que yo, y vive en un mejor vecindario.

2. *THE SUPERLATIVE* (EL SUPERLATIVO)

El superlativo se utiliza para comparar un sustantivo o una acción con tres o más sustantivos de diferentes cualidades. Se construye utilizando la siguiente fórmula:

> *the* + adjectivo/adverbio + *-est*
> o
> *the* + *most* + adjectivo/adverbio

This building is the tallest in the city.
Este edificio es el más alto de la ciudad.

My rent is the most expensive of the building.
Mi alquiler es el más costoso del edificio.

El grado del superlativo se indica con dos formas (*-est* o *most*), que en español corresponden a: "el/la/los/las más."
Si el adjetivo o el adverbio tiene solamente una sílaba se le añade la párticula *-est* al final.

ADJETIVOS:	*old → the oldest*	viejo → el más viejo/el mayor
	wise → the wisest	sagaz → el más sagaz
ADVERBIOS:	*fast → the fastest*	rápido → el más rápido
	hard → the hardest	difícil → el más difícil

Si el adjetivo tiene dos sílabas y termina en *-y*, se cambia la *-y* por *-i* y se añade *-est*. (Nótese que esta regla no se aplica a los adverbios).

busy → the busiest   ocupado → el más ocupado
pretty → the prettiest   bonito → el más bonito

Si el adjetivo o el adverbio tiene dos o más sílabas se utiliza la palabra *most:*

ADJETIVOS:	*famous → the most famous*	famoso → el más famoso
	expensive → the most expensive	costoso → el más costoso
ADVERBIOS:	*slowly → the most slowly*	lento → el más lento
	clearly → the most clearly	claro → el más claro

Los irregulares se forman así:

ADJETIVOS:	*good → the best*	bueno → el mejor
	bad → the worst	malo → el peor
ADVERBIOS:	*well → the best*	bien → el mejor
	badly → the worst	mal → el peor

El opuesto de *the most* es *the least* y se utiliza en la misma forma.

The northeast part of the city is the least popular to live in because there are a lot of factories.
La parte noreste de la ciudad es la menos popular para vivir porque hay muchas fábricas.

The office we saw in the downtown area was the least spacious.
La oficina que vimos en el centro de la ciudad era la menos espaciosa.

3. SENTENCE STRUCTURES OF EQUIVALENCE (ESTRUCTURAS DE EQUIVALENCIA)

Cuando queremos comparar dos sustantivos o acciones que son iguales, utilizamos la siguente fórmula:

as + adjective/adverb + as (tan + adjetivo/adverbio + como)

This office is as clean as that one (is).
Esta oficina está tan limpia como ésa.

He gave the real estate agent the check as quickly as he could.
Le dio el cheque al representante de bienes raíces tan rápido como pudo.

Para la forma negativa, se utiliza la palabra *not,* y en muchos casos, se puede indicar el grado de diferencia utilizando *quite* o *nearly. Not quite* significa "casi," mientras que *not nearly* implica una mayor distinción y significa "lejos."

This building is not quite as tall as that one.
Este edificio no llega a ser (casi) tan alto como ése.

The rent in this part of town is not nearly as expensive as the rent in the downtown area.
Los alquileres en esta parte de la ciudad están lejos de ser tan altos como en el centro de la ciudad.

4. GOOD VS. WELL

El adverbio *well* puede en ciertos casos actuar como adjetivo o como adverbio. Se utiliza como adjetivo con el verbo *to be* con el significado de "estar bien de salud." Se utiliza como adverbio cuando se quiere indicar que cierta acción se ejecuta bien.

Mary Ann had a cold last week, but now she's well.
Mary Ann tuvo un resfriado la semana pasada, pero ya está bien.

Jim plays chess well.
Jim juega ajedrez bien.

Con el verbo *to feel* (sentir) se puede utilizar *well* o *good*. Al utilizar *well* se destaca la salud de la persona, mientras que al utilizar *good* se destaca su condición física o emocional.

I feel well.
Me siento bien (de salud).

I feel good.
Me siento bien (físicamente/emocionalmente).

D. IDIOMATIC STUDY

EXPRESSING PREFERENCES (CÓMO EXPRESAR UNA PREFERENCIA)

Al expresar lo que preferimos es importante no sonar exigentes. Las siguientes son algunas frases útiles:

a. *I'd rather . . .*

I'd rather . . . /I would rather . . . (Preferiría . . .) es una frase muy común para expresar lo que preferimos. Se usa con la forma simple del verbo.

I'd rather rent a place in a more convenient location.
Preferiría alquilar un espacio en un lugar más conveniente.

I'd rather finalize the lease today.
Preferiría finalizar el contrato hoy mismo.

I'd rather . . . /I would rather . . . se puede utilizar también para expresar lo que usted preferiría que otra persona hiciera.

I'd rather you finish the report tonight and come in late tomorrow.
Preferiría que terminara el informe esta noche y llegara tarde mañana.

I'd rather you call us when the contract is ready.
Preferiría que usted nos llamara cuando el contrato esté listo.

b. *I'd prefer . . .*

I'd prefer . . . /I would prefer . . . es otra frase muy común. Se utiliza con el infinitivo del verbo o con un sustantivo.

I'd prefer to lease an office downtown.
Preferiría alquilar una oficina en el centro de la ciudad.

I'd prefer the office with the garden view.
Preferiría la oficina con vista al jardín.

   c. *I'd like* . . .

Y, claro, puede utilizar verbos como *to like* (gustar) y hacer comparaciones.

I like the suburbs better than the city.
Me gustan más los suburbios que la ciudad.

A: *Would you like to go see the new Woody Allen film tonight?*
   A: ¿Te gustaría ir a ver la última película de Woody Allen esta noche?

B: *I'd rather go bowling with Mark and Clarissa. How about you?*
   B: Preferiría ir a jugar bolos con Mark y Clarissa. ¿Y tú?

A: *I'd like that too. Let's call them.*
   A: A mí también me gustaría. Llamémoslos.

A: *I'd like to go on vacation for two weeks in November.*
   A: Me gustaría tomar mis vacaciones en noviembre.

B: *I'd prefer you took your vacation in December. November is going to be a very busy month.*
   B: Preferiría que las tomara en diciembre. Noviembre va a ser un mes de mucho trabajo.

E. STRICTLY BUSINESS

1. *REAL ESTATE* (BIENES RAÍCES)

La mejor manera de encontrar una oficina, un apartamento o una casa es buscar en los avisos clasificados del periódico. Generalmente estos avisos utilizan muchas abreviaturas y es sólo cuestión de acostumbrarse a ellas.

Retail Space
Prime Location
4500 sq. ft. (may divide) + partial basement. Classic industrial style space w/13' ceils & new storefront. Ideal for Furniture/Design/Gallery.
B. Snyder Realty 212-609-9000

**Local para venta
al por menor**
Excelente lugar
4500 pies cuadrados (puede dividirse) + sótano parcial. Espacio para industria en estilo clásico con techos de 13 pies de alto y parte frontal nueva. Ideal para una tienda de muebles, de diseño o para galería.
B. Snyder Bienes Raíces
212-609-9000

Apts. Unfurnished
Three, Four, and Five Rooms 80's E residential, safe blk. Beautiful newly renov. between 1300–1400 sq. ft. 2 full BRs w/sep full LR and lrg wndw. Sunny EIK. 765-3213

Aptos. sin amoblar
Tres, cuatro y cinco habitaciones
Calle 80 Este residencial y segura. Bonito, acabado de renovar y entre 1300–1400 pies cuadrados. 2 alcobas completas con sala independiente y grandes ventanas. Cocina con espacio para comer y mucha luz. 765-3213

Nótense las abreviaciones utilizadas en estos anuncios:

blk	*block*	manzana
BRs	*bedrooms*	alcobas
E	*east*	occidente
EIK	*eat-in kitchen*	cocina con área para comer
LR	*living room*	sala
lrg wndw	*large window*	ventanas amplias
renov.	*renovated*	renovado
sq. ft.	*square feet*	pies cuadrados
w/	*with*	con

Usted puede también dirigirse a una agencia de bienes raíces. Por lo general, la agencia le cobrará una comisión que varía de un lugar a otro. En una ciudad como Nueva York, por ejemplo, donde el espacio es muy limitado y hay mucha gente compitiendo por el mismo local o apartamento, la comisión promedio es del 10% al 12% del alquiler anual. En otros estados se acostumbra cobrar lo equivalente a un mes de alquiler.

LOS APARTA-ESTUDIOS

Los estudios son por lo general los más baratos. Son apartamentos de una sola habitación con una cocina pequeña y baño. Los estudios son ideales para una sola persona.

APARTAMENTOS AMOBLADOS

Los apartamentos amoblados son generalmente más caros que los no amoblados. Por ley, en la mayoría de los Estados Unidos un apartamento debe incluir un refrigerador y una estufa. Lo demás depende del propietario.

La mayoría de los apartamentos no vienen equipados con lavadora y secadora de ropa. Estas se encuentran en el sótano del edificio y funcionan por medio de monedas. Son para el uso de todos los inquilinos.

Un apartamento amoblado generalmente incluirá los muebles esenciales, alfombras, lámparas y cortinas. Debe encargarse de los utensilios de cocina, platos, sábanas, toallas y aparatos eléctricos.

Debido a que la mayoría de los pisos son construidos en madera, si el apartamento no es alfombrado debe poner alfombras que cubran las áreas de mayor tráfico para no molestar a las personas que vivan en el apartamento de abajo.

2. *ROOMMATES* (COMPAÑEROS DE VIVIENDA)

Debido al costo tan alto de la vivienda, muchas personas deciden compartir apartamentos o casas. En los avisos clasificados se encuentra una sección dedicada a aquellos que están buscando un compañero de vivienda. Por lo general, cada persona tiene su propia habitación y comparten las áreas comunes, como la sala, el comedor, el baño y la cocina. Los costos de alquiler y servicios públicos también se comparten.

Si usted decide responder a un anuncio de este tipo, la persona por lo general le hará una entrevista. Estas entrevistas son un medio excelente de determinar si los dos podrían compartir la vivienda o no. Es importante decidir quien va a hacer la limpieza y cuándo, cuáles son los hábitos de estudio y/o trabajo de cada uno, si la otra persona fuma o no, o si hace fiestas invita gente con frecuencia, tiene mascotas, etc.

3. *THE LEASE* (EL CONTRATO DE ALQUILER)

La mayoría de los contratos de alquiler se hacen en forma escrita. El inquilino o arrendatario debe recibir una copia del contrato. Los contratos de alquiler son por lo general por un año. Al término de este plazo, el inquilino y el propietario pueden reanudar el contrato o terminarlo. En muchos casos, si usted rompe el contrato y decide mudarse antes del tiempo especificado en el contrato, el propietario puede cobrarle una multa equivalente a los meses de alquiler que falten o puede exigirle que encuentre otro inquilino.

Es muy común que al firmar el contrato usted deba pagar el equivalente al primer y último mes de alquiler. Esto es para asegurarse de que si el inquilino va a mudarse antes de que el contrato expire, le notificará al propietario con 30 días de antelación.

En muchos casos el propietario exige también un depósito de seguridad, también conocido como depósito de limpieza. Este depósito es para asegurar que el inquilino no dañe el apartamento. Si el inquilino, al mudarse, deja el apartamento en buen estado, el proprietario le devolverá el depósito. El inquilino debe obtener un recibo de este depósito como prueba de pago. Es muy importante que antes de firmar el contrato usted haga una lista de imperfecciones o daños previos (orificios en las paredes, baldosines rotos o rajados, daños en la carpintería, manchas en la alfombra, etc.) de los que usted no es responsable.

El servicio de gas y electricidad no siempre está incluido en el alquiler y debe pagarse mensualmente. El inquilino debe llamar a la compañía de gas y electricidad para hacer los arreglos necesarios. Los gastos de calefacción pueden llegar a ser bastante altos en ciertas partes del país. Por eso es muy importante tener una idea del promedio mensual que se va gastar en este servicio. La compañía de gas le puede dar esta información. En algunos casos, los servicios de agua y recolección de basura están incluidos en el alquiler.

4. VOCABULARY (VOCABULARIO)

carpeted	alfombrado
classified ads	avisos clasificados
cleaning deposit	depósito de limpieza
efficiency	aparta-estudio
electrical appliances	aparatos eléctricos
fee	cuota/comisión/honorarios
furnished apartments	apartamentos amoblados
heating	calefacción
landlord	propietario
lease	contrato de alquiler
real estate	bienes raíces
roommates	compañeros de vivienda
rug	alfombra
security deposit	depósito de seguridad
studio	aparta-estudio
tenant	inquilino o arrendatario
unfurnished	sin amoblar
utilities	servicios públicos
want ads	avisos clasificados

EXERCISES

1. *Fill in the blanks using the adjective "good" or the adverb "well."* Llene los espacios en blanco utilizando el adjetivo *good* o el adverbio *well*.

   a. *How _____ do you know the city?*
   b. *He's a _____ real estate agent who does his job _____.*
   c. *Green curtains will definitely go _____ with that couch.*
   d. *She may not take phone messages very _____, but she's a _____ typist.*
   e. *Pia is a _____ competitor; she performs _____ under pressure.*

2. *Complete the following sentences using the comparative or the superlative of the word in parentheses.* Complete la oración con la forma del comparativo o del superlativo de la palabra entre paréntesis según sea necesario.

   a. *Which of these three highways is the _____ (short, superlative) route?*
   b. *The apartment will go to the _____ (high, superlative) bidder.*
   c. *The office space we saw first was in _____ (good, comparative) shape, but this one is definitely _____ (spacious, comparative).*
   d. *This lease is _____ (convenient, comparative) for us.*

e. *I liked the _____ (expensive, superlative) apartment, but we can't afford it.*

f. *Julia Morgan is one of the _____ (famous, superlative) architects in the area. Her _____ (good, superlative) client was William Hearst, one of the country's _____ (rich, superlative) newspaper publishers.*

3. *Based on the information provided in the sentences below form new sentences using the comparative, the superlative, or the expressions of equivalence.* Con la información que se le da en cada frase, construya oraciones utilizando el comparativo, el superlativo o las expresiones de equivalencia.

   a. *My apartment is 1000 square feet. Anna's apartment is also 1000 square feet. My apartment is _____ (big) Anna's.*

   b. *The security deposit for an apartment in Atlanta is 8% of the annual rent. The security deposit in New York City is 12% of the annual rent. The security deposit in New York City is _____ (high) the security deposit in Atlanta.*

   c. *My lease is for three years. Al's lease is for one year. His lease is _____ (short) mine.*

   d. *I pay $1200 for my apartment in New York. Steve pays $1000 for his condo in New Jersey. Steve's apartment is _____ (expensive) mine.*

   e. *Our office has two conference rooms. The one on the right is comfortable. The one on the left is uncomfortable. The conference room on the left is _____ (comfortable) the one on the right.*

   f. *I live on the tenth floor, my friend Karen lives on the fifteenth floor and Benny lives on the twentieth floor. Benny's apartment is _____ (high) of all three.*

4. *Write the numbers for the following figures and solve the equations.* Escriba en números las siguientes cifras y resuelva el problema.

   1. *Six hundred times two equals?*
   2. *Forty-eight hundred plus twelve hundred equals?*
   3. *Sixteen hundred minus five hundred makes?*
   4. *Fifty-two hundred plus three hundred makes?*
   5. *One hundred thousand minus eight thousand equals?*
   6. *Twelve hundred minus eight hundred equals?*

READING II

Give me the splendid silent sun with all his beams full-dazzling,
Give me juicy autumnal fruit ripe and red from the orchard,
Give me a field where the unmow'd grass grows,
Give me an arbor, give me the trellis'd grape,
Give me fresh corn and wheat, give me serene moving animals teaching
    content,
Give me nights perfectly quiet as on high plateaus west of the Mississippi,
    and I looking up at the stars,
Give me odorous at sunrise a garden of beautiful flowers where I can walk
    undistrub'd,
Give me for marriage a sweet-breath'd woman of who I should never tire,
Give me a perfect child, give me a way aside from the noise of the world a
    rural domestic life,
Give me to warble spontaneous songs recluse by myself, for my own ears
    only,
Give me solitude, give me Nature, give me again O Nature your primal
    sanities!

These demanding to have them, (tired with ceaseless excitement, and
    rack'd by the war-strife,)
These to procure incessantly asking, rising in cries from my heart,
While yet incessantly asking still I adhere to my city,
Day upon day and year upon year O city, walking your streets,
Where you hold me, enchain'd a certain time refusing to give me up,
Yet giving to make me glutted, enrich'd of soul, you give me forever faces;
(O I see what I sought to escape, confronting, reversing my cries,
I see my own soul trampling down what it ask'd for.)

Keep your splendid silent sun.
Keep your woods O Nature, and the quiet places by the woods,
Keep your fields of clover and timothy, and your corn-fields, and orchards,
Keep the blossoming buckwheat fields where the Ninth-month bees hum;
Give me faces and streets—give me these phantom incessant and endless
    along the trottoirs!
Give interminable eyes—give me women—give me comrades and lovers
    by the thousand!
Let me see new ones every day!—let me hold new ones by the hand every
    day!
Give me such shows—give me the streets of Manhattan!
Give me Broadway, with the soldiers marching—give me the sounds of the
    trumpets and drums!

(The soldiers in companies or regiments—some starting away, flush'd and reckless,
Some, their time up, returning with thinn'd ranks, young, yet very old, worn, marching, noticing nothing;)
Give me the shores and wharves heavy-fringed with black ships!
O such for me! O an intense life, full to repletion and varied!
The life of the theatre, bar-room, huge hotel, for me!
The saloon of the steamer! the crowded excursion for me! the torchlight procession!
The dense brigade bound for the war, with high piled military wagons following;
People endless, streaming, with strong voices, passions, pageants,
Manhattan streets with their powerful throbs, with beating drums as now,
The endless and noisy chorus, the rustle and clank of muskets, (even the sight of the wounded,)
Manhattan crowds, with their turbulent musical chorus!
Manhattan faces and eyes for ever for me.

VOCABULARY

beam	rayo
breath'd (breathed)	aliento
clank	ruido estridente
dazzling	deslumbrante
glutted	harto
grape	uva
orchard	huerto
sought	pasado del verbo *to seek*—buscar
rack'd (racked)	despedazado
reckless	descuidado
ripe	maduro
rustle	crujido
throb	latido
trellis'd (trellised)	varaseto
unmow'd (unmowed)	sin segar
warble	cantar con trinos
war-strife	lucha de guerra
wharves	forma plural de *wharf*—muelle(s)
wounded	herido

REVIEW QUIZ 1 (PRIMER REPASO)

A. *Use the appropriate tense of the verb in parentheses to fill in the blank. Make sure the verb agrees with its subject.*

PRODUCTS AGAINST ANIMAL TESTING

In today's market there ___(1)__ (to be) quite a few companies whose main concern ___(2)__ (to be) to produce high quality products without testing them on animals. One such company ___(3)__ (to be) the very popular chain of stores known as "The Body Shop" founded by Anita Roddick, an English housewife and mother in Brighton, England.

Back in 1979, Mrs. Roddick ___(4)__ (to borrow) the equivalent of six thousand U.S. dollars from a bank in Brighton and ___(5)__ (to use) it to open a store stocked with shampoos, lotions, and creams. All of the products in the store ___(6)__ (to be) made with natural and exotic ingredients from all over the world. Mrs. Roddick ___(7)__ (to have) a very strong passion for traveling and foreign countries. Traditional herbal formulas that ___(8)__ (to promote) healthy skin and hair ___(9)__ (to have) always fascinated her. And, one of her great concerns ___(10)__ (to be) saving the earth from environmental pollution and destruction. The store ___(11)__ (to give) her the opportunity ___(12)__ (to combine) all of these passions in one.

Since then, Mrs. Roddick ___(13)__ (to use) the Body Shop not only as a place to sell natural cosmetics and cleansers, but also as a clearinghouse for information on environmental concerns. When a customer ___(14)__ (to walk) in, he or she ___(15)__ (to find) reading material on the plight of inhabitants of the rain forest and of other endangered parts of the world next to the shampoos and facial creams. In addition, the shop ___(16)__ (to always take) strong position against ___(17)__ (to use) animals to test the safety of cosmetic products. Mrs. Roddick ___(18)__ (to believe) that if cosmetic products ___(19)__ (to contain) only natural ingredients and no harmful, artificial ones, such product testing which ___(20)__ (to cause) so much suffering to animals, ___(21)__ (to not be) necessary anymore.

The packaging of Body Shop products ___(22)__ (to be) plain, simple, and recyclable. At the same time, it ___(23)__ (to incorporate) written information that ___(24)__ (to promote) environmental awareness. The staff of the Body Shop ___(25)__ (to go) through a special training program that ___(26)__ (to help) them to become experts in the field of herbal cosmetics. In that way, the salespeople ___(27)__ (to take) more of an interest in their work and ___(28)__ (to serve) customers better.

Today the Body Shop ___(29)__ (to grow) from a small shop in an English town to a huge international corporation. The Body Shop now ___(30)__

(to operate) in thirty-seven different countries. The United States and Japan ___(31)___ (to be) the shop's largest markets.

B. *Fill in each blank with either "a," "an," "the" or "ø."*

1. A: *Have you read _____ New York Times today?*
   B: *No, not yet. I haven't had one free minute _____ entire day.*
   A: *There's _____ article on _____ life on _____ Mars.*
   B: *Really? Do have _____ newspaper with you?*
   A: *No, I don't. I left it at _____ home.*

2. A: *Which is your favorite musical instrument?*
   B: *That's hard to say. It would have to be _____ piano.*
   A: *Do you have _____ piano at _____ home?*
   B: *As a matter of fact, I do. I don't play it though, but my sister does.*

3. A: *I got _____ new job!*
   B: *Congratulations! Where?*
   A: *At _____ United Nations!*
   B: *When do you start?*
   A: *_____ Tuesday.*

4. A: *What did you do last night?*
   B: *I went to _____ movies with Phil.*
   A: *Oh, me too. What movie did you see?*
   B: *Independence Day.*
   A: *Wow! What _____ coincidence, I did too. What _____ theater did you go to?*
   B: *_____ one on Broadway and 68th Street.*
   A: *Oh, we went to _____ one on Broadway and 23rd.*

C. *Join the following words together to form sentences using the comparative.*

The Twin Towers/(+) tall/the Empire State Building/
The Twin Towers are taller than the Empire State Building.

1. *Jack/play tennis/(+) good/Pete.*
2. *Some people think that to work for a woman/(+) hard/to work for a man.*
3. *An athlete/(+) make money/a university professor.*
4. *The New York Times/(+) have readers/the Boston Globe.*
5. *Some people say that people in the South/(+) friendly/people in the North.*

D. *Join the following words together to form sentences using the superlative.*

1. *Alaska/(+) large/state/in the U.S.*
2. *English/(+) popular/language in the world.*
3. *Tom Cruise/one of/(+) famous/actors in the U.S.*
4. *The Concord/(+) fast/ airplane.*
5. *The Nile/(+) longest/river in the world.*

E. *Choose the appropriate modal auxiliary to fill in each blank.*

1. *When visiting someone in the hospital you* _____ *(might, will, should) try to speak in a low tone and talk about things that* _____ *(can't, won't, shouldn't) agitate the patient. Also, there* _____ *(shall, should, would) only be two people in the patient's room at one time.*
2. *I went for my regular checkup yesterday. The doctor said I* _____ *(will, can, must) walk to work. He said I* _____ *(have, must, would) to get as much exercise as I* _____ *(may, will, can) and walking is one of the best ways.*
3. *This information is top secret and* _____ *(would, might, must) never be revealed to anyone.*
4. *I'm not sure yet, but I* _____ *(might, had better, would) be getting promoted next month.*
5. *I* _____ *(wouldn't, shouldn't, couldn't) finish the test because I didn't have enough time.*
6. *When I first came to the United States, I* _____ *(should, could, can) hardly speak any English. Now, I* _____ *(may, will, can) understand everything. It is such a nice feeling.*
7. *You* _____ *(had better, have to, could) not drive too fast on this road, or else you* _____ *(would, should, will) get a ticket.*
8. *I* _____ *(can't, shouldn't, wouldn't) invite fifty people because I have a very small apartment.*
9. _____ *(should, could, would) you like to come over for dinner next Saturday?*
10. _____ *(shall, may, will) we please adjourn now? We've said everything there is to say at this meeting, haven't we?*

LESSON 11

GETTING AROUND.   El transporte.

A. DIALOGUE

PIZZA DELIVERY

Andrew is a college student who works at a pizza restaurant in Manhattan delivering takeout food around the Upper West Side.[1] Henry, a reporter for the New York Times,[2] *interviews him about the risks of his job.*

HENRY: Andrew, why don't you briefly describe what you do?

ANDREW: Well, I'm a delivery man for an Italian restaurant. Basically, when a delivery[3] order is prepared, I get the customer's address and the telephone number. Then, I get on my bike and deliver it as quickly as possible. Sometimes I'm given two or three orders at a time, so I have to ride[4] even faster. I want to make sure the food is still hot when it gets there.

HENRY: How did you find out about this job?

ANDREW: Well, one of my friends at school was working as a delivery boy. He told me about it. I thought it might be a good way to earn some extra bucks[5] and work out[6] at the same time.

HENRY: Is this your bike or did your employer give it to you?

ANDREW: It's mine. The only thing my boss gave me is this container to keep the food warm. When I'm done for the day, I take the container off and go home.

HENRY: What do you like about your job?

ANDREW: As I said before, it keeps me fit,[7] and I meet lots of interesting people every day. It's really a fun job. It's also nice to be outside.

HENRY: What about during winter? It can't be much fun to be outside when it's cold.

ANDREW: That's true. But, when it rains or snows I make better tips.[8] I guess people feel sorry for me out there in the cold. Besides there's always the summer to look forward to.[9]

HENRY: So, how many hours a day do you work?

ANDREW: It really depends on the season.[10] I like to work in the evenings because that's when most people order food for delivery. During winter, when it's cold and people don't want to be outside, I work about thirty-five hours a week. In the summer business tends to be a little slower.

HENRY: So what do you consider to be the main hazards you are faced with [11] while you're on the road?

ANDREW: Taxi drivers and anybody else in a four-wheel vehicle!

HENRY: What about pedestrians?

ANDREW: Well, I've had a few close calls [12] with pedestrians. Some people just walk out in the street and don't even bother to look.

HENRY: I guess you learn who's who on the street after a while?

ANDREW: Yeah, you really have to be alert and watch out for the occasional loser who crosses the street without a clue.[13] I sometimes sneak up [14] behind them and shout "Boo" just to watch them jump. Maybe that'll get them to pay attention.

HENRY: What do you think can be done to protect people using bikes from the dangers of the road?

ANDREW: Well, for one thing, the city should have bicycle lanes. I think that would reduce the number of traffic accidents significantly. Other than that, I think we all have to be more alert on the road. I'm always careful, and I always wear my helmet.

HENRY: Is there anything you don't like about your job?

ANDREW: Yeah, sure. I hate having to carry a kryptonite lock around. Every time I make a delivery I have to lock my bike. It's really a drag [15] to have to worry about someone stealing it.

HENRY: Have you ever had a customer complain about your service?

ANDREW: Sometimes people complain that the food isn't hot when it gets there or that it took me too long to deliver it. I'm telling you, it's hard to keep everyone satisfied.

HENRY: How long have you been doing this? Do you have any plans for the future?

ANDREW: I started last winter, and I don't think I'll stick around [16] for too long. It's about time I get a real job, you know?

HENRY: Well, I wish you lots of luck. Thanks for agreeing to do this interview.

ANDREW: You're welcome.

EL SERVICIO DE PIZZA A DOMICILIO

Andrew es un universitario que trabaja en una pizzería de Manhattan repartiendo pedidos a domicilio en la parte noroeste de la ciudad. Henry, un reportero del *New York Times*, lo está entrevistando para conocer los riesgos de este tipo de trabajo.

HENRY: Andrew, ¿por qué no describes en forma breve tu trabajo?

ANDREW: Trabajo como repartidor para un restaurante italiano. Básicamente, cuando alguien hace un pedido, me dan la dirección y el número de teléfono. Me monto en mi bicicleta y lo llevo tan rápido como me sea posible. A veces tengo que entregar hasta dos y tres pedidos a la vez. De tal manera que tengo que andar mucho más rápido. Quiero estar seguro de que la comida esté caliente cuando llegue a su destino.

HENRY: ¿Cómo encontraste este trabajo?

ANDREW: Uno de mis amigos en la universidad trabajaba como repartidor. Él me contó sobre el trabajo. Pensé que sería una buena manera de ganar unos pesos más y de hacer ejercicio al mismo tiempo.

HENRY: ¿Esta bicicleta es tuya o te la dio tu jefe?

ANDREW: Es mía. Mi jefe solamente me dio este recipiente portátil para mantener la comida caliente. Al terminar el día lo quito de la bicicleta y me voy a casa.

HENRY: ¿Qué te gusta de este trabajo?

ANDREW: Como dije antes, me mantengo en forma y conozco cantidad de gente muy interesante todos los días. Es un trabajo muy divertido. También es agradable estar afuera.

HENRY: ¿Y en el invierno? No debe ser muy divertido cuando hace frío.

ANDREW: Es cierto. Pero cuando nieva y llueve, las propinas son mejores. Creo que la gente siente pena de que ande en la calle cuando hace frío. Además siempre tengo la esperanza de que el verano llegará pronto.

HENRY: ¿Cuántas horas a la semana trabajas?

ANDREW: Depende de la estación. Trabajo en las noches porque es cuando la mayoría de la gente suele hacer pedidos a domicilio. Durante el invierno, cuando hace frío y la gente no quiere salir de sus casas, trabajo más o menos treinta y cinco horas a la semana. Durante el verano suele haber menos trabajo.

HENRY: ¿Cuáles son los principales peligros a los que te ves expuesto cuando vas por la calle?

ANDREW: ¡Los taxistas y cualquiera que esté en un vehículo de cuatro ruedas!

HENRY: ¿Y los peatones?

ANDREW: Sí, he estado muy cerca de tener accidentes con peatones. Hay personas que simplemente cruzan la calle sin siquiera molestarse en mirar.

HENRY: Supongo que después de un tiempo uno aprende a reconocer quien es quien en la calle, ¿no?

ANDREW: Sí, uno tiene que estar siempre alerta y hay que tener cuidado de aquellos que van distraídos y que probablemente van a cruzar la calle sin tener la más mínima idea de lo que sucede a su alrededor. Algunas veces me les acerco a hurtadillas y les grito "buu" para verles saltar del susto. Tal vez eso les haga prestar atención.

HENRY: ¿Qué se puede hacer para proteger a los ciclistas de los peligros de la calle?

ANDREW: Bueno, la ciudad debería tener carriles solamente para bicicletas. Creo que así se reduciría significativamente el número de accidentes de tránsito. Fuera de eso, creo que todos debemos estar más atentos cuando estamos en la calle. Yo siempre tengo cuidado y llevo mi casco puesto todo el tiempo.

HENRY: ¿Hay algo que no te guste de tu trabajo?

ANDREW: Claro que sí. Detesto tener que andar cargando con un candado. Cada vez que hago una entrega tengo que dejar mi bicicleta asegurada. Es muy molesto tener que andar preocupado de que me la puedan robar.

HENRY: ¿Se ha quejado alguien alguna vez de tu servicio?

ANDREW: A veces se quejan de que la comida no está caliente, o de que me he demorado mucho en entregarla. Es muy difícil satisfacer a todo el mundo.

HENRY: ¿Cuánto tiempo hace que trabajas aquí? ¿Tienes planes para el futuro?

ANDREW: Empecé a trabajar aquí el invierno pasado y no creo que me quede mucho tiempo. Creo que ya es tiempo de que busque un trabajo de verdad.

HENRY: Bueno, te deseo mucha suerte. Gracias por acceder a esta entrevista.

ANDREW: De nada.

B. NOTES

1. La ciudad de Nueva York se encuentra en el estado de Nueva York, en el noreste de los Estados Unidos. La ciudad se compone de cinco distritos: *Manhattan, Brooklyn, Queens,* el *Bronx* y *Staten Island.*

   Manhattan es tal vez el corazón de la ciudad, famosa por sus rascacielos (las torres gemelas del *World Trade Center* y los edifios *Empire* y *Chrysler*), sus vecindarios (*Greenwich Village, SoHo, Little Italy, Chinatown, Harlem, the Upper West Side, the Upper East Side,* etc.), sus museos, (*Metropolitan Museum of Art, Museum of Modern Art* o *MOMA,* y el *Guggenheim*), sus restaurantes y *Central Park.* En ella se encuentran también varias universidades, entre ellas *Columbia University* y *New York University.* Es la capital del mundo financiero y el centro de la moda, las artes y la publicidad.

2. El *New York Times* es uno de los periódicos más famosos de la ciudad de Nueva York. Se encuentran, entre otros, el *Wall Street Journal,* el *New York Newsday* y el *New York Post.*

3. En las grandes ciudades de los Estados Unidos es muy común (sobre todo entre las personas solteras) que en vez de preparar la comida en su casa la pidan a un restaurante. Los términos *takeout* y *delivery* son un poco diferentes. *Takeout* quiere decir que usted puede hacer un pedido por teléfono o en persona y llevárselo consigo fuera del restaurante. *Delivery* es cuando usted hace el pedido pero un empleado del restaurante se lo lleva a su casa. Por lo general, aunque el servicio a domicilio es gratuito, se acostumbra dar una propina.

4. Nótese el uso del verbo *to ride,* que significa "montar," "cabalgar" o "ser cargado o llevado por un vehículo," y que se utiliza solamente con ese significado. Otros verbos que se utilizan son:

to drive a car/bus/train	conducir un auto/bus/tren
to sail a boat	navegar un barco
to fly a plane/helicopter	pilotear un avión/helicóptero
to ride a bike/horse/bus/train	montar en bicicleta/a caballo/bus/tren

5. *Bucks* es una palabra coloquial que se utiliza para referirse al dinero. Nótese también el uso del verbo *to earn* que se utiliza con dinero y significa "ganar" dinero.

6. *To work out* en este contexto significa "hacer ejercicio." Pero también significa "salir bien" o "surtir efecto." El significado siempre depende del contexto.

I work out in the gym for an hour every day.
Hago ejercicio en el gimnasio por una hora todos los días.

I hope your plan works out. Otherwise we won't get out of here alive.
Espero que tu plan surta efecto. De lo contrario no saldremos de aquí vivos.

7. *To keep fit* quiere decir "mantenerse en forma." También se puede utilizar con el verbo *to be* para decir "estar en forma" *(to be fit)*.

8. *Tip* es una propina. Por lo general es costumbre dejar una propina del quince por ciento en bares y restaurantes. A diferencia de otros países, en los Estados Unidos la propina es voluntaria y no está incluida en la cuenta. La propina que se deje depende de la calidad del servicio.

9. *To look forward to* es una expresión que se utiliza mucho para indicar que se espera o anticipa que algo ocurra. Por lo general cuando va seguida de un verbo, el verbo utiliza la forma del participio presente *(-ing)*.

I look forward to hearing from you soon.
Espero saber de ti pronto.

She's looking forward to meeting him.
Ella está interesada en conocerlo.

10. La palabra *season* se refiere a las cuatro estaciones del año: primavera, verano, otoño e invierno. Nótese el uso de la palabra *station* (estación) que en inglés se utiliza solamente para designar un lugar como la estación del tren, o el bus *(train/bus station)*, o la estación de radio *(radio station)*.

11. Nótese el uso de la preposición *with* en la expresión *to be faced with*, que quiere decir "enfrentarse a."

12. *Close call* es una expresión coloquial. Se utiliza para referirse a un peligro que se ha evadido por un tris o por milagro.

She was cleaning her windows when she lost balance and almost fell. It was a close call.
Estaba limpiando las ventanas cuando perdió el equilibrio y casi se cae. Se salvó de milagro.

13. La palabra *clue* significa literalmente "pista" o "indicio." Pero la expresión *not to have a clue* quiere decir "sin tener la más mínima idea" o "ignorar algo por completo."

He didn't have a clue about our plans to surprise him on his birthday.
No tenía ni idea sobre nuestros planes para sorprenderlo en el día de su cumpleaños.

14. *To sneak* quiere decir "hacer algo a hurtadillas." En este caso la expresión se usa para decir que la persona se acercó a hurtadillas. Existe también la expresión *to sneak out* o "salir a hurtadillas."

15. *To be a drag* quiere decir "ser molesto" o "causar molestia." Es una expresión bastante coloquial y popular entre la gente joven.

16. *To stick around* quiere decir "quedarse" o "no irse."

C. GRAMMAR AND USAGE

1. *NEGATION* (LA NEGACIÓN)

El negativo en inglés se forma utilizando la palabra *not* inmediatamente después del verbo auxiliar. En caso de que la oración tenga más de un verbo auxiliar, la palabra *not* va inmediatamente después del primer verbo auxiliar. Nótese la forma de la contracción en paréntesis.

He will not (won't) deliver the order unless it has been confirmed first.
Él no entregará la orden hasta que no sea confirmada.

He could not (couldn't) deliver the order because it hadn't been confirmed first.
Él no pudo entregar la orden porque no había sido confirmada.

He is not (isn't) going to deliver the order unless it has been confirmed first.
Él no va a entregar la orden hasta que no sea confirmada.

He cannot (can't) deliver the order unless it has been confirmed first.
Él no puede entregar la orden hasta que no sea confirmada.

He did not (didn't) deliver the order until it was confirmed.
Él no entregó la orden hasta que no fue confirmada.

En inglés no se puede usar dos formas negativas dentro de la misma frase. Compare las siguientes oraciones con su versión en español:

I didn't see anyone crossing the street.
I saw no one crossing the street.
No vi a nadie cruzando la calle.

Carlos never wears his helmet.
Carlos doesn't ever wear his helmet.
   Carlos nunca usa su casco.

El uso de dos formas negativas cambia el sentido de la frase hacién-
dolo positivo. Este uso es extremadamente raro y bastante coloquial.

I can't not go. It's too important. (I have to go.)
   No puedo no ir. Es muy importante. (Debo ir.)

La única excepción es cuando se encuentran dos formas negativas en
una oración pero cada una está en una frase diferente.

A person who doesn't have love can't be truly happy.
   Alguien que no tiene amor no puede ser completamente feliz.

El verbo auxiliar y la palabra *not* generalmente forman una contracción. Las siguientes son las contracciones posibles:

to be
is not = isn't   *are not = aren't*
was not = wasn't   *were not = weren't*

to do
does not = doesn't   *do not = don't*
did not = didn't

to have
has not = hasn't   *have not = haven't*
had not = hadn't

will/would
will not = won't   *would not = wouldn't*

can/could
cannot = can't   *could not = couldn't*

must
must not = mustn't

should
should not = shouldn't

2. *ADVERBS OF NEGATION* (ADVERBIOS NEGATIVOS)

Además de la palabra *not,* existen los siguientes adverbios negativos: *never* (nunca), *rarely* (raramente), *seldom* (rara vez), y *hardly ever* (casi nunca).

I have never been to the coast of Spain.
Nunca he estado en la costa de España.

She rarely drinks beer before dinner.
Ella raramente toma cerveza antes de la comida.

We seldom order takeout from that restaurant.
Rara vez ordenamos comida para llevar de ese restaurante.

They hardly ever come to visit us.
Ellos casi nunca vienen a visitarnos.

3. *THE USAGE OF "NOT" AND "NO"* (LOS USOS DE *NOT* Y DE *NO*)

La palabra *not* se usa para negar un verbo.

I didn't sell my stocks because the price was too low.
No vendí mis acciones porque el precio era demasiado bajo.

I decided not to call because it was late.
Decidí no llamar porque era tarde.

La palabra *no* se usa como adjetivo frente a un sustantivo.

I have no patience today. Please behave.
Hoy no tengo paciencia. Por favor compórtate.

I have no money left in my wallet.
No me queda dinero en mi billetera.

4. *SOME* VS. *ANY*

Estas dos palabras indican un cierto número o cantidad. Se usan con el plural de sustantivos contables o con sustantivos que indican una masa (Lección 3).
Some se utiliza en oraciones afirmativas, en preguntas donde se espera que la respuesta sea afirmativa y al ofrecer o pedir algo.

They drank some wine before dinner.
Tomaron un poco de vino antes de la comida.

Did some of you order Indian food?
¿Algunos de ustedes pidieron comida hindú?

Would you like some cookies?
¿Quisiera unas galletas?

Could you get me some milk, please?
¿Me podrías traer un poco de leche, por favor?

Any se usa con oraciones negativas (precisamente para evitar el doble negativo), en aquellas preguntas en que no se conoce la respuesta o la respuesta es negativa, y con adverbios negativos.

I don't have any matches.
No tengo cerillos.

Do you have any money?
¿Tienes dinero?

Did you make any good tips today?
¿Te han dado alguna buena propina hoy?

I never see them buy any junk food.
Nunca los veo comprar comida que no sea saludable.

Las palabras derivadas de *some* y *any* se utilizan en la misma forma:

SOMEONE, SOMEBODY, SOMETHING ("alguien, algo" en oraciones afirmativas)

Someone/somebody is asking for you at the door.
Alguien está en la puerta preguntando por ti.

If you do not want to pay for delivery, you have to send someone/somebody to pick up your order.
Si no quiere pagar por el servicio a domicilio, tiene que enviar a alguien a recoger el pedido.

ANYONE, ANYBODY, ANYTHING ("algo, alguien" en oraciones no afirmativas)

Anybody/anyone who doesn't obey the law will be fined.
Cualquier persona que no obedezca la ley tendrá que pagar una multa.

Has anyone/anybody seen my bike?
¿Alguien ha visto mi bicicleta?

Existe también el negativo absoluto:

NO ONE, NOBODY, NOTHING ("nadie, nada" en oraciones negativas)

Absolutely nothing about this job bothers me.
Absolutamente nada de este trabajo me molesta.

Nobody/no one wants to be the first one to eat a piece of the cake.
Nadie quiere ser el primero en comer un pedazo de torta.

Y el afirmativo absoluto:

EVERYONE, EVERYBODY, EVERYTHING ("todo el mundo, todo" en oraciones afirmativas)

In the winter everybody/everyone feels sorry for me, so I make good tips.
En el invierno todo el mundo siente pena por mí, así que me dan buenas propinas.

Everybody/everyone in New York likes to wear black.
A todo el mundo en Nueva York le gusta vestir de negro.

D. IDIOMATIC STUDY

PLACING AN ORDER OVER THE PHONE
(CÓMO HACER UN PEDIDO POR TELÉFONO)

Al hacer un pedido a domicilio por teléfono a un restaurante, es importante tener su número de teléfono y dirección a mano, ya que el restaurante necesitará esta información. Si usted va a pagar con tarjeta de crédito, téngala a mano también. Por lo general lo último que le van a preguntar es lo que desea ordenar.

A: Empire Chuang, may I help you?
A: Empire Chuang, ¿en qué puedo servirle?

B: I'd like to order some food to be delivered please.
B: Quiero hacer un pedido a domicilio, por favor.

A: Your telephone number?
A: ¿Número de teléfono?

B: 778-9900.
B: 778-9900.

A: Address?
A: ¿Dirección?

B: 12 Maple Drive.
B: 12 Maple Drive.

A: Will you be paying with cash or a credit card?
　A: ¿Va a pagar en efectivo o con tarjeta de crédito?

B: Cash.
　B: En efectivo.

A: What would you like to order?
　A: ¿Qué desea ordenar?

B: I'd like the lunch special, Chicken with Broccoli on brown rice.
　B: Me gustaría el especial del medio día, el pollo con brócoli y arroz integral.

A: Anything else?
　A: ¿Algo más?

B: No, thanks.
　B: No, gracias.

A: Thank you. It'll be there in 25 minutes.
　A: A usted. Llegará en 25 minutos.

Las siguientes son algunas frases que posiblemente utilizará:

I'd like . . .
　Me gustaría . . .
What toppings (on the pizza)?　　　*Pepperoni, please.*
　¿Qué le gustaría en la pizza?　　　Pepperoni, por favor.
What size?　　　　　　　　　　　*Small.*
　¿De qué tamaño?　　　　　　　　Pequeña.

E. STRICTLY BUSINESS

1. *RELYING ON THE AUTOMOBILE* (LA DEPENDENCIA EN EL AUTOMÓVIL)

A comienzos de siglo, la mayoría de las ciudades de los EE.UU. contaban ya con suficientes medios de transporte. Al tiempo que los coches eléctricos y las líneas del tranvía eran comunes, se construía la ciudad de Nueva York y se inauguraba el primer sistema de trenes suberráneos. Pero con la fundación de la compañía Ford Motor en 1903, se introdujo en los EE.UU. el automóvil, una nueva forma de transporte más privada que por muchos años afectaría seriamente la vida de todos los estadounidenses.

El primer automóvil no se fabricó en los EE.UU., sino en Francia. De ahí la tecnología llegó a otros países, como Alemania y Gran Bretaña. Los fabricantes en estos países tenían la convicción de que el automóvil era para las personas adineradas, no para los ciudadanos de clase media, así que producían coches deportivos de alta calidad y vehículos lujosos. Por el contrario, la producción automotriz en los Estados Unidos era una producción en masa dirigida a suplir las necesidades de la mayoría. Compañías como la Ford y la General Motors fabricaban vehículos menos lujosos pero más accesibles para la gran mayoría de la población. En muy pocos años el automóvil empezó a tomarse las calles de los Estados Unidos.

Se estima que durante los años veinte se fabricaron más de 15 millones de autos anualmente. Como resultado se construyó un intrincado sistema de carreteras y autopistas a lo largo y ancho del país. De hecho, muchas ciudades empezaron a reemplazar las de los tranvías por calles pavimentadas. Al mismo tiempo que más y más gente utilizaba el automóvil para transportarse de un lugar a otro, los medios de transporte públicos fueron decayendo debido a la pérdida de usuarios y de ingresos. Mucho antes de que el público pudiera darse cuenta, el transporte masivo en varias ciudades de los Estados Unidos había desaparecido.

A excepción de unas cuantas ciudades en el país, el coche se ha vuelto un artículo indispensable para poder vivir en los Estados Unidos hoy día. Las distancias que recorre la gente para desplazarse de su casa a su oficina, o de un pueblo a otro, son simplemente demasiado grandes para que cualquier sistema de transporte público las pueda cubrir. Algunas ciudades y sus alrededores, como Los Angeles y Houston, cubren miles de kilómetros cuadrados. De hecho, la mayoría de las ciudades estadounidenses están construidas sobre grandes extensiones de tierra precisamente porque el automóvil hace posible ir de un lugar a otro.

Desafortunadamente, la dependencia del automóvil ha creado graves problemas de tráfico y contaminación para los ciudadanos. Sin embargo, en los últimos años los ciudadanos de los Estados Unidos y sus gobernantes han empezado a tomar medidas para resolver estos problemas. Después de quitar todas las líneas de transporte público hace sólo unas décadas, la mayoría de las ciudades han empezado a construir nuevos sistemas de transporte masivo. Ciudades como Washington D.C. y San Francisco tienen nuevos sistemas de transporte subterráneo, y hasta Los Angeles está empezando a hacer lo mismo. Desafortunadamente, estos nuevos sistemas de transporte masivo son todavía tan limitados que la gente necesita de sus autos.

Mientras que los planificadores urbanos han hecho lo que pueden para reducir el tráfico en las calles y carreteras, los fabricantes de automóviles han tomado medidas significativas para reducir la contaminación. Al principio, los fabricantes se concentraron en desarrollar técnicas para reducir la emisión de gases instalando convertidores catalíticos. Pero recientemente han comenzado a rediseñar por completo los coches que producen. Muchos vehículos ahora funcionan con combustibles más puros y naturales, y los primeros coches propulsados a batería están por salir pronto al mercado. Si los planificadores urbanos y los fabricantes de autos continúan trabajando unidos para implementar un sistema que combine efectivamente las formas privadas y públicas de transporte, los efectos negativos de la dependencia del automóvil podrían tener solución.

2. VOCABULARY (VOCABULARIO)

battery	batería
fuel	combustible
gas station	estación de gasolina
highway	autopista
means of transportation	medios de transporte
public transportation	transporte público
road	carretera
street	calle
subway	metro/subterráneo
traffic jam	embotellamiento
trolley	tranvía
to yield	ceder el paso

EXERCISES

1. *Complete the following dialogue using the words "not" and the auxiliary verb in parentheses.* Complete el siguiente diálogo utilizando la palabra *not* y el verbo auxiliar en paréntesis.

A: *Pizza Express, may I help you?*

B: *Yes, thanks. I'm calling to check on my order. I called about an hour ago and it __(a)__ (to have) arrived yet.*

A: *What's your telephone number?*

B: *772-9087*

A: *That's a large pepperoni and mushroom, right?*

B: *No. I __(b)__ (to do) order pepperoni. I ordered anchovies, tomatoes and mushrooms.*

A: *We __(c)__ (to do) have any more anchovies. Would you like something else?*

B: *How about sausage?*

A: *Sorry, we __(d)__ (to do) have any sausage either.*

B: *Well what do you have?*

A: *Ham, broccoli, and spinach.*

B: *O.K. I'll have a large pizza with spinach and tomatoes, and mushrooms.*

A: *Very well. It will be there in a half hour.*

B: *A half hour?*

A: *Yes sir. Our delivery boy __(e)__ (to be) here. He's making a delivery right now.*

2. *Complete the following paragraph using the negative form of the words in parentheses.* Complete el siguiente párrafo utilizando la forma negativa de las palabras que aparecen en paréntesis.

A real estate agent showed Mr. Loo two apartments: a studio in a high rise and a two-bedroom with a terrace on the third floor. He liked the two-bedroom, but he __(a)__ (can) afford it. Two weeks later he moved into the studio. He thought he had made a good decision. But the real estate agent __(b)__ (tell) him that the apartment had a few problems, and Mr. Loo __(c)__ (notice) anything wrong. Soon Mr. Loo found out that the elevator in the building __(d)__ (will) operate on weekends because there was no one to operate it. The heater __(e)__ (work) and the apartment __(f)__ (have) an air conditioner either. The faucet in the kitchen leaked and only one burner in the stove worked. Mr. Loo tried to call the real estate office to complain, but nobody answered. The office had closed for good, and the real estate agent __(g)__ (have) left a forwarding address or a phone number. Mr. Loo realized that it was all his fault; he __(h)__ (ask) the right questions or carefully inspect the apartment the day the agent showed it to him. Poor Mr. Loo had to start all over again!

3. *Fill in the blanks with a word from the following list. You don't have to use all the words and some words may be used more than once.* Llene los espacios con una palabra de la lista que se da a continuación. No tiene que usar todas las palabras y algunas palabras pueden repetirse.

some	somebody	someone	something
any	anybody	anyone	anything
no	nobody	no one	nothing
every	everybody	everyone	everything

a. *I think _____ is wrong because she hasn't called me yet.*
b. *Do you think _____ is going to believe us?*
c. *I don't think _____ in his or her right mind would drive a car after drinking five beers.*
d. *I didn't see _____ leave after you.*
e. *Does _____ have the correct time?*
f. *I just hope _____ comes in on time today.*
g. *_____ is going to get in the way of this business deal.*
h. *She had _____ plans for the weekend, so I invited her over.*
i. *_____ seemed to be interested in the article, so I threw it out.*
j. *_____ has to know the answer to this question.*

LESSON 12

POLITICS.   La política.

A. DIALOGUE

I'M AN AMERICAN TOO!

Marcos is an architect from Chile who's working in New Jersey.[1] He shares an apartment with his fiancé[2] Lisa who's from Maryland.[3] It's Sunday morning, Marcos is reading the newspaper and Lisa is watching T.V.

MARCOS: I can't believe it!

LISA: What? What's going on?[4]

MARCOS: The title of this article in the *Times!*[5] It reads "Native Americans about to Lose Ancestors' Land."

LISA: What's so special about it?

MARCOS: Look at the map!

LISA: Well, it's a map of a region in South America. I still don't understand what your excitement is all about.

MARCOS: It's the first time since I've been living here, that the word American is used to describe citizens of countries other than the U.S. I think it's great. Finally someone is showing sensitivity toward the implications of leaving most of the continent out when referring to the U.S. as America.

LISA: So you're saying that U.S. citizens shouldn't call themselves Americans?

MARCOS: No, certainly not. U.S. citizens are Americans. But they're not the only ones. Canadians, Colombians, Chileans, Mexicans, and Brazilians are Americans, too. U.S. citizens shouldn't claim the term just for themselves.

LISA: So what do you suggest U.S. citizens call themselves?

MARCOS: Invent a word! Spanish has one: estadounidense. Why couldn't English have the same word. Something like United Stadian.

LISA: You're nuts![6]

MARCOS: No. This is a very serious issue.[7]

LISA: Come on. Everyone around the globe refers to the United States, when they say "America." You're never going to change that.

MARCOS: That's not quite true. America to the Spaniards is Spanish-speaking America, just as America to the Portuguese is Brazil, not the United States.

LISA: OK, so why can't you say that for the non-Spanish speaking world America is the U.S.?

MARCOS: Because it's exclusive. My point is that the term America shouldn't be used for the U.S. or any other country exclusively, but for the entire continent inclusively. I was born in Santiago de Chile. And that makes me an American, too, although I'm not a U.S. citizen.

LISA: Why is this so important to you? It's not like all of a sudden it's going to change.

MARCOS: I guess it's a matter of trying to get rid of[8] terminology that is culturally insensitive.

LISA: I don't think U.S. Americans are intentionally insensitive.

MARCOS: Of course not. But in a world that strives for political correctness,[9] I think it's important that we're careful with our words.

LISA: Well, as a United Stadian I couldn't agree with you more.

¡YO TAMBIÉN SOY AMERICANO!

Marcos es un arquitectono chile que está trabajando en Nueva Jersey. Él comparte un apartamento con su novia Lisa, que es de Maryland. Es domingo por la mañana, Marcos está leyendo el periódico y Lisa está mirando la televisión.

MARCOS: ¡No puedo creerlo!

LISA: ¿Qué? ¿Qué sucede?

MARCOS: ¡El título de este artículo en el *Times!* Dice "Nativos americanos a punto de perder la tierra de sus ancestros."

LISA: ¿Qué tiene eso de especial?

MARCOS: ¡Mira el mapa!

LISA: Bueno, es un mapa de una región en América del Sur. Todavía no comprendo el por qué de tu emoción.

MARCOS: Es la primera vez desde que vivo aquí que la palabra americano se usa para describir a los ciudadanos de otro país que no sea los Estados Unidos. Pienso que es fantástico que finalmente alguien demuestre cierta consideración ante lo que implica ignorar a la mayoría del continente al referirse a los EE.UU. como América.

LISA: Entonces, ¿estás diciendo que los ciudadanos de los Estados Unidos no deberían llamarse americanos?

MARCOS: No, claro que no. Los ciudadanos de los Estados Unidos son americanos. Pero no son los únicos. Los canadienses, los colombianos, los chilenos, los mexicanos, los brasileños también son americanos. Los ciudadanos de los EE.UU. no deberían adjudicarse el término sólo para ellos.

LISA: Y entonces, ¿cómo sugieres que se denominen los ciudadanos de EE.UU.?

MARCOS: ¡Que inventen una palabra! El español tiene una: estadounidense. ¿Por qué no puede el inglés tener la misma palabra? Algo como *United Stadian*.

LISA: ¡Estás loco!

MARCOS: No. Este es un asunto muy serio.

LISA: Vamos. Todos, alrededor del mundo se refieren a los Estados Unidos cuando usan el termino "América." Nunca lo vas a cambiar.

MARCOS: No es del todo cierto. América para los españoles es la América hispano-parlante, así como América para los portugueses es Brasil, no los Estados Unidos.

LISA: Bueno, ¿y por qué no puedes decir que para las personas que no hablan español América es los Estados Unidos?

MARCOS: Porque es exclusivo. Lo que quiero decir es que el término América no debería usarse para referirse a los EE.UU. ni a ningún otro país, sino para todo el continente. Yo nací en Santiago de Chile. Y eso me hace americano, también, aunque no sea ciudadano de los EE.UU.

LISA: ¿Por qué es esto tan importante para ti? No es que de un momento a otro vaya a cambiar.

MARCOS: Creo que se trata de eliminar la terminología que es culturalmente insensible.

LISA: No creo que los ciudadanos de los EE.UU. sean insensibles intencionalmente.

MARCOS: Claro que no. Pero en un mundo que se esfuerza por ser políticamente correcto, creo que es importante ser cuidadoso con las palabras.

LISA: Bueno, como "estadounidense" no podría estar más de acuerdo contigo.

B. NOTES

1. El estado de Nueva Jersey *(New Jersey)* está al noreste del país y su capital es *Trenton*. El estado se encuentra sobre el Océano Atlántico y su costa, conocida como *Jersey Shore,* se extiende desde la península de *Sandy Hook* hasta el cabo *May* en la parte norte. Las playas de Nueva Jersey son muy concurridas durante el verano. En Nueva Jersey se encuentra también *Atlantic City,* una ciudad popular por sus casinos y grandes hoteles. El aeropuerto internacional de *Newark* también se encuentra allí.

2. *Fiancé* es una palabra importada del francés *(fiancé,* masculino y *fiancée,* femenino). Se utiliza para describir a una persona que está comprometida para casarse.

3. *Maryland* es un estado en la costa este del país. Su capital es *Annapolis.* Una de sus principales ciudades es *Baltimore,* lugar donde nació el beisbolista *Babe Ruth* y donde murió el escritor y poeta *Edgar Allan Poe.* Baltimore tiene entre sus atracciones el acuario nacional, el parque *Oriole,* y la Basílica de la Asunción, construida en 1812 y considerada como una de las catedrales de la iglesia católica más antiguas de los Estados Unidos.

4. La frase *What's going on?* (¿Qué pasa?) es muy popular en el inglés informal. Se utiliza también al saludar a alguien conocido en forma casual. Otras frases similares son: *What's up?* y *What's happening?*

5. La palabra *Times* en este contexto es una forma breve para referirse al periódico the *New York Times.* Los ciudadanos de Los Angeles, en cambio, usan este término para referirse al periódico the *Los Angeles Times.*

6. La expresión *to be nuts* en el contexto del diálogo quiere decir "estar loco." También se usa con el significado de "estar muy entusiasmado por algo" o "estar fascinado con algo."

He's nuts about opera.
Le fascina la ópera.

7. El sustantivo *issue* en este contexto quiere decir "tema de discusión" o "asunto." También se utiliza con el significado de "edición" o "publicación." El verbo *to issue* quiere decir "publicar," "dar salida" o "circular o distribuir oficialmente."

This book's second issue will come out in the fall.
La segunda edición de este libro saldrá en el otoño.

The school issued uniforms to all the players.
El colegio distribuyó uniformes a todos los jugadores.

8. La frase *to get rid of* quiere decir "deshacerse de algo." El verbo transitivo *to rid* significa "deshacerse de algo censurable o indeseable."

9. Hoy en día en los Estados Unidos se oye la frase *to be politically correct* más y más. Debido a que el país está compuesto por gente de todos los rincones de la tierra, con diversas costumbres, religiones y tradiciones, el estadounidense se interesa cada vez más por ser respetuoso y existe una gran preocupación porque el lenguaje que se utiliza al referirse a cualquier grupo o institución no sea ofensivo o tenga connotaciones negativas.

C. GRAMMAR AND USAGE

1. *POSSESSIVE NOUNS* (LOS SUSTANTIVOS POSESIVOS)

Para mostrar posesión, se añade un apóstrofe seguido por una *-s* al sustantivo singular al que pertenece algo.

The country has a few social problems.
El país tiene algunos problemas sociales.

Politicians are trying to solve some of the country's social problems.
Los políticos están tratando de resolver los problemas sociales del país.

Si el sustantivo singular termina en *-s,* el posesivo se puede hacer de dos formas: añadiendo apóstrofe y *-s* al final del sustantivo o añadiendo solamente el apóstrofe.

My boss's wife works at the local bank.
La esposa de mi jefe trabaja en el banco local.

My boss's wife only works part-time.
La esposa de mi jefe sólo trabaja medio tiempo.

Cuando se trata de un sustantivo plural regular, es decir que termina en -s, sólo se añade el apóstrofe. Si el sustantivo tiene un plural irregular, se añade el apóstrofe y -s:

The presidents' families stayed at the Waldorf Astoria.
Las familias de los presidentes se hospedaron en el Waldorf Astoria.

The women's rights movement began in the late sixties.
El movimiento de los derechos de la mujer comenzó a finales de los sesenta.

Cuando el objeto poseído está implícito no es necesario mencionarlo otra vez.

Mary's dress was light blue. Sally's was green.
El vestido de Mary era azul claro. El de Sally era verde.

2. *POSSESSIVE ADJECTIVES* (LOS ADJETIVOS POSESIVOS)

Los adjetivos posesivos se usan para modificar un sustantivo indicando posesión. Generalmente van antes del sustantivo y no concuerdan ni en número ni en género con el sustantivo al que modifican. Los adjetivos posesivos siempre van acompañados por el sustantivo.

my	mi
your	tu/su
his	su (de él)
her	su (de ella)
its	su
our	nuestro/a/os/as
your	su, vuestro/a
their	su (de ellos/as)

Good morning. My name is Dororthy Parks.
Buenos días. Mi nombre es Dorothy Parks.

Tom doesn't know where he left his checkbook this morning.
Tom no recuerda dónde dejó su chequera esta mañana.

Their new house is on a hill facing a lake.
Su nueva casa está en una montaña frente a un lago.

3. POSSESSIVE PRONOUNS (LOS PRONOMBRES POSESIVOS)

Los pronombres posesivos se utilizan para reemplazar a un adjetivo posesivo y al sustantivo que lo acompaña. Así es que no van seguidos por un sustantivo y pueden aparecer solos en una oración.

mine	el/la mío/a
yours	el/la tuyo/a, suyo/a
his	el/la suyo/a
hers	el/la suyo/a
ours	el/la nuestro/a
yours	el/la suyo/a, vuestro/a
theirs	el/la suyo/a

Our country is based on a democracy. Theirs isn't.
Nuestro país está basado en un sistema democrático. El de ellos no.

Your congressperson seems to always be available. Mine is always too busy to take calls.
Tu representante en el congreso parece estar siempre disponible.
El mío siempre está demasiado ocupado para aceptar llamadas.

Nótese que debido a su ortografía es fácil confundir las siguientes expresiones: *it's/its* y *there's/theirs*.

It's es la contracción de *it* + *is*.

It's a beautiful day.
Es un día bonito.

Its es un adjetivo posesivo.

The cat has gray hair. Its hair is gray.
El gato tiene el pelo gris. Su pelo es gris.

There's es la contracción de *there* + *is*.

There's a new candidate running for president.
Hay un nuevo candidato postulándose para presidente.

Theirs es el pronombre posesivo.

Our car is old. Theirs is new.
Nuestro coche es viejo. El de ellos es nuevo.

4. REFLEXIVE PRONOUNS (LOS PRONOMBRES REFLEXIVOS)

Los pronombres reflexivos por lo general se refieren al sujeto de la oración y concuerdan con él. Los pronombres reflexivos se colocan después del verbo.

myself	me
yourself	te
himself	se
herself	se
itself	se
ourselves	nos
yourselves	se/os
themselves	se

Los pronombres reflexivos se utilizan mucho menos que en español y en las siguientes circunstancias:

a. Pronombre reflexivo como objeto

Cuando el pronombre reflexivo se usa como objeto directo o indirecto, el sujeto y el objeto son idénticos.

I injured myself playing soccer.
Me lesioné jugando fútbol.

She bought herself some flowers.
Ella se compró unas flores.

b. Pronombre reflexivo después de preposiciones

Cuando un verbo va seguido por una preposición y se hace referencia al sujeto de la oración, se utiliza un pronombre reflexivo.

He's so vain. He's always looking at himself in the mirror.
Él es tan vanidoso que siempre se está mirando en el espejo.

She lives by herself in that old house.
Ella vive sola en esa vieja casa.

c. Para dar énfasis

Los pronombres reflexivos también se utilizan para dar énfasis.

She decorated the room for the dance herself.
Ella misma decoró el salón para el baile.

They built the house themselves.
Ellos mismos construyeron la casa.

En inglés existen varios verbos y frases que utilizan los pronombres reflexivos. Los más comunes son:

to believe in yourself	creer en sí mismo
to blame yourself	culparse
to cut yourself	cortarse
to enjoy yourself	disfrutar/divertirse
to feel sorry for yourself	sentir lástima de sí mismo
to help yourself	ayudarse
to hurt yourself	herirse/lesionarse
to introduce yourself	presentarse
to kill yourself	suicidarse
to be proud of yourself	estar orgulloso de sí mismo
to talk to yourself	hablar consigo mismo
to teach yourself	enseñarse a sí mismo
to work for yourself	trabajar para uno mismo

5. *IMPERSONAL PRONOUNS* (LOS PRONOMBRES IMPERSONALES)

Los pronombres impersonales son aquellos que se usan para referirse a cualquier persona o grupo de personas. En inglés se utiliza *one* y *you*. *One* es un poco más formal que *you*.

As a member of this society you have the right to vote.
Como miembro de esta sociedad uno tiene derecho a votar.

One should always try to be nice to strangers.
Uno siempre debe tratar de ser gentil con los extraños.

6. *EXPRESSIONS WITH "-EVER"* (EXPRESIONES CON *-EVER*)

Las siguientes son las expresiones más comunes con la terminación *-ever* que significa "-quiera":

whoever	quienquiera (sujeto)
whomever	quienquiera (objeto)
whatever	cualquiera
whichever	cualquiera
whenever	cuandoquiera
wherever	dondequiera
however	comoquiera

I have enough money to go wherever I want.
Tengo suficiente dinero para ir dondequiera.

Whoever wants to come with me, should let me know soon.
Quienquiera venir conmigo, deberá avisarme pronto.

7. *EXPRESSIONS WITH "OTHER"*
(EXPRESIONES CON *OTHER*)

Las expresiones que se forman con la palabra *other* se usan como adjetivos o como pronombres.

	ADJETIVO + SUSTANTIVO	PRONOMBRE (REEMPLAZA AL SUSTANTIVO)
SINGULAR	*another* (+ sustantivo sing.)	*another*
	the other (+ sustantivo sing.)	*the other*
PLURAL	*other* (+ sustantivo pl.)	*others*
	the other (+ sustantivo pl.)	*the others*

another	=	"uno más además de los que ya se han mencionado"
other/others	=	"varios más además de los que ya se han mencionado"
the other(s)	=	"el resto; lo(s) que sobra(n)"

Existen otras expresiones que se forman con *other*:

each other/one another	=	indican una relación recíproca
every other	=	"alternar/tomar turnos"

I'd like another piece of pie, please.
Me gustaría otro trozo de torta, por favor.

One of my roommates is from Boston. The other is from San Francisco.
Uno de mis compañeros de vivienda es de Boston. El otro es de San Francisco.

We call each other every week.
Nos llamamos todas las semanas.

I visit my parents every other week.
Visito a mis padres una semana de por medio.

218

D. IDIOMATIC STUDY

EXPRESSING INTENTIONS (CÓMO EXPRESAR UNA INTENCIÓN)

Para preguntarle a alguien sobre lo que planea hacer se pueden usar las siguientes frases.

What are you going to do tomorrow evening?
¿Qué vas a hacer mañana por la noche?

Where are you planning to go?
¿A dónde tienes planeado ir?

Have you decided where to go?
¿Has decidido dónde ir?

Have you made up your mind, yet?
¿Ya has tomado una decisión?

Cuando se quiere expresar que se tiene la intención de hacer algo, se pueden utilizar las frases siguientes:

I'm going to _____.
Voy a _____.

I'm planning to _____.
Estoy planeando _____.

I plan/intend to _____.
Tengo planeado/intenciones de _____.

I've been thinking about _____.
He estado pensando en _____.

Cuando no se sabe exactamente, se pueden utilizar éstas:

I haven't decided yet.
No he decidido todavía.

I haven't made up my mind.
No he tomado una decisión.

I haven't thought about it yet.
No lo he pensado aún.

E. STRICTLY BUSINESS

1. *LAWMAKING IN THE U.S.*
(LA CREACIÓN DE LEYES EN LOS EE.UU.)

Después de la declaración de la independencia en 1776, los Estados Unidos lucharon para crear su propio sistema de gobierno. Los fundadores del país necesitaban desarrollar una verdadera democracia por medio de la cual se hicieran efectivas las leyes. Después de una década de intentos infructuosos, el congreso continental finalmente ratificó la constitución en 1787 que entró en efecto en 1789. Desde entonces, los Estados Unidos ha ido creciendo hasta tener hoy día 50 estados y una población que incluye grupos étnicos de todos los lugares del mundo. Pero a pesar de los cambios que se han dado durante los últimos doscientos años, el sistema democrático delineado en la constitución continúa siendo relativamente el mismo. La constitución divide al gobierno en tres poderes separados: el legislativo, el ejecutivo y el judicial. Este sistema de "verificación y equilibrio," como comúnmente se le conoce, asegura que ninguna de los tres poderes tenga demasiado poder en la creación de leyes. Y aunque el proceso para aprobar una ley puede ser largo y difícil, las que se aprueban son casi siempre apoyadas por la mayoría de los funcionariós del gobierno y por el público.

El proceso para la creación de una ley comienza en el poder legislativo del gobierno. Para asegurar la equidad este poder está divido en dos cámaras, la cámara de representantes y el senado. En base al tamaño de su pobación, cada uno de los cincuenta estados puede elegir un cierto número de miembros a la cámara de representantes. Por otra parte, cada estado, sin importar el tamaño de su población, tiene derecho a enviar dos representantes al senado. El proceso federal legislativo comienza cuando un miembro de la cámara de representantes o del senado hace una propuesta para un proyecto de ley. La propuesta se discute, se debate y se hace una votación. Si la mayoría de esa cámara lo aprueba, el proyecto de ley pasa a la otra cámara para ser aprobado.

Una vez que un proyecto de ley ha sido aprobado tanto por la cámara de representantes como por el senado, pasa al presidente, es decir, al poder ejecutivo del gobierno. El presidente por lo general consultará a los miembros de su gabinete, o consejeros especializados en asuntos militares, de salud, etc., antes de decidir si debe aprobar o rechazar el proyecto de ley. Si el presidente lo aprueba, se convierte en ley. Pero si el presidente decide rechazar o vetar el proyecto de ley, se devuelve a la cámara de representantes y al senado para ser revisado. Una vez que se han realizado los cambios necesarios, las dos cámaras vuelven a votar. Pero esta vez, si dos terceras partes de los miembros aprueban la medida, pueden anular el veto del presidente y el proyecto de ley se convierte en ley aun sin la aprobación del poder ejecutivo.

Una vez que un proyecto de ley se convierte en ley, hay todavía una "verificación" más por parte del poder judicial del gobierno. Este poder está constituido por la corte suprema de justicia y una red de cortes de circuito más pequeñas que se aseguran de que todas las leyes sean constitucionales. Aun así, siempre que un proyecto de ley se convierte en ley hay un pequeño segmento de la población que no está de acuerdo. Estos grupos por lo general presentan su protesta ante la corte suprema de justicia exigiendo que la nueva ley se anule. Entonces la corte suprema de justicia lleva a cabo audiencias y determina si la ley es inconstitucional. Si lo es, se declara inválida, dicha ley, pero si la corte determina que es constitucional, la ley permanece vigente.

Existen muchas personas que critican este sistema de "verificación y equilibrio" alegando que sólo crea un "embotellamiento burocrático" y no una legislación efectiva. Algunas leyes antiguas, como la decisión en el caso Roe vs. Wade de 1973 para la legislación del aborto, están todavía bajo protesta en la corte suprema de justicia. En años recientes, han habido varios proyectos de ley sobre el sistema de salud nacional, la reforma al sistema de beneficencia pública y el control de armas de fuego que nunca llegaron a ser leyes. Este proceso puede ser extremadamente tedioso y largo, pero es importante conservarlo para asegurarse de que exista un equilibrio entre el poder y una verdadera democracia.

2. *VOCABULARY* (VOCABULARIO)

bill	proyecto de ley
cabinet	gabinete
checks and balances	verificación y equilibrio
congress	congreso
debate	debate
executive	ejecutivo
judicial	judicial
law	ley
legislative	legislativo
hearing	audiencia
house	cámara
house of representative	cámara de representantes
to protest	protestar
senate	senado
supreme court	corte suprema
unconstitutional	inconstitucional
to veto	vetar
to vote	votar

EXERCISES

1. *Complete each sentence with the correct word in parentheses.* Complete cada frase con la palabra apropiada entre paréntesis.

   a. *The document on top of the file is* _____ *(my, mine). (Your, Yours)* _____ *is in the folder over there.*
   b. *I bought a new car. (It's, Its)* _____ *a sports car. Although* _____ *(it's, its) not new,* _____ *(it's, its) engine runs like a clock. I have a feeling* _____ *(it's, its) going to last a long time.*
   c. *(My, Mine)* _____ *report won't be ready until next week. How about* _____ *(their, theirs, there's)?*
   d. *(Their, Theirs, There's)* _____ *a new restaurant I'd like to try. Someone told me* _____ *(their, theirs, there's) specialty is lobster.*
   e. *(He's, His)* _____ *from New York, but (he's, his)* _____ *parents are from Seattle.*

2. *Join the following sentences using possessive nouns.* Una las siguiente oraciónes utilizando sustantivos posesivos.

   EXAMPLE: *Sally has a husband. Her husband gave her a new car for her birthday.*
   Sally's husband gave her a new car for her birthday.

   a. *The children have parents. The parents left on a two week trip to Hawaii.*
   b. *The university has a library. The library is closed on Sundays.*
   c. *This is my friend. Her name is Angela.*
   d. *I get a check every month. This month my check is late.*
   e. *That fitting room is for ladies only. The fitting room is not open.*

3. *Fill in the blanks with the appropriate reflexive pronoun.* Llene los espacios en blanco con el pronombre reflexivo apropiado.

   a. *I think I hurt* _____ *this morning when I fell.*
   b. *Does he ever talk to* _____ *?*
   c. *I think she should believe in* _____ *a little more.*
   d. *I'd like each one of you to introduce* _____ *to the rest of the group.*
   e. *I really enjoy living by* _____ *.*
   f. *They taught* _____ *how to read and write.*

4. *Choose a word from the list to complete the following sentences.* Escoja una palabra de la lista para completar la siguientes oraciones.

another	however	whatever
others	whomever	the others
the other	wherever	whenever

222

a. *If you are really unhappy with your job, why don't you look for* _____ *one?*
b. *I'll do* _____ *it takes to not have to take that test again.*
c. *Some people like to have all their money in a savings account.* _____ *prefer to invest in the stock market.*
d. _____ *it rains, I get depressed.*
e. *This dress looks good on you, but I still prefer* _____ *one.*
f. *She'll go* _____, *with* _____, *as long as she has enough money to spend.*

LESSON 13

SPORTS.　Los deportes.

A. DIALOGUE

BALLROOM DANCING

Pat is a new employee at a brokerage firm in downtown Cincinnati.[1] This is her second week at work, and she's talking to her colleague Margaret.

PAT: I was looking at this flyer that came in inter-office mail about the company's exercise programs. I didn't know there was a gym here for employees to use.

MARGARET: Yeah, it's really convenient. I go there after work almost every day. It's part of the company's wellness program. I guess the company provides this because having healthy employees can mean getting a leg up[2] on the competition.

PAT: No wonder you look so fit.[3]

MARGARET: Thanks. Do you exercise frequently?

PAT: Yes, I have my routine. I normally jog three miles every morning. It all depends on the weather, really.

MARGARET: You should try the gym. There's an indoor track, which is pretty good when it's cold outside. And there's also a pool, and a weight room with brand new exercise equipment. You can also take aerobics, yoga, or ballroom dancing classes, if you're interested.

PAT: Ballroom dancing? That doesn't sound like much exercise at all!

MARGARET: That's what I used to think. But honestly, it's one of the best workouts[4] I've found. Plus, you get to socialize at the same time.

PAT: Isn't ballroom dancing a little outdated?

MARGARET: No way! It's fun, and you hardly notice you're working out. I've been doing it for quite some time now, and I really feel sorry for joggers like you who are out there in the heat and the cold, with bugs and dogs, breathing in the smog. Instead, I'm in a beautiful temperature-controlled room dancing away to the rhythms of a cha-cha.

PAT: I guess I just prefer jogging because I'm not a good dancer.

MARGARET: See, that's even more reason to join! You'll learn in no time! You really should come one day this week after work. Dancing is such a great way to relieve stress. It's impossible to keep your mind on your problems when you're swirling around the dance floor.

PAT: I don't know . . .

MARGARET: Well just come and watch. It'll do you good. I think you'll be ready to give it a shot[5] once you see how much fun we have. Besides, there's another reason for you to come . . .

PAT: I know, I could stand[6] to lose a few pounds. I'll go on a diet[7] starting tomorrow.

MARGARET: Oh, come on now! That's not it at all. You know the cute guy who works on the fifth floor?

PAT: He's taking ballroom dancing lessons? You must be pulling my leg![8]

MARGARET: Why not come and see for yourself? By the way, about your diet, there's a nutritionist available to give you advice. There's also an exercise specialist who can help you design a complete workout program.

PAT: You've done one hell of a sales job. I don't see how I can say no.

EL BAILE DE SALÓN

Pat es una nueva empleada en una firma de corredores de bolsa en el centro de Cincinnati. Esta es su segunda semana en el trabajo, y está hablando con Margaret, una de sus colegas.

PAT: Estaba mirando este boletín que me llegó en el correo de la oficina sobre los programas de ejercicio de la compañía. No sabía que había un gimnasio para los empleados.

MARGARET: Sí, es muy conveniente. Yo voy después del trabajo casi todos los días. Es parte del programa de bienestar de la compañía. Pienso que la compañía lo proporciona porque al tener empleados saludabes le lleva la delantera a la competencia.

PAT: Con razón te ves tan bien.

MARGARET: Gracias. ¿Tú haces ejercicio con frecuencia?

PAT: Sí, tengo mi rutina. Normalmente corro tres millas todas las mañanas. La verdad es que depende del clima.

MARGARET: Deberías probar el gimnasio. Tiene una pista para correr cubierta, que es bastante buena para cuando hace frío afuera. Y también hay una piscina, una sala para levantar pesas con un nuevo equipo para hacer ejercicio. Puedes también tomar clases de aeróbicos, de yoga o de baile de salón, si te interesa.

PAT: ¿Baile de salón? ¡Eso no me suena a ejercicio!

MARGARET: Yo pensaba lo mismo. Pero honestamente te digo que es uno de los mejores ejercicios que he encontrado. Además, al mismo tiempo conoces gente.

PAT: ¿No está un poco pasado de moda?

MARGARET: ¡Tonterías! Es divertido y casi ni te das cuenta de que estás haciendo ejercicio. Yo ya lo he estado haciendo por un tiempo, y realmente me dan pena las personas que como tú están corriendo en el calor y el frío, con insectos y perros, inhalando un aire contaminado. En cambio, yo estoy en un lugar con temperatura controlada bailando un cha-cha-cha.

PAT: Creo que prefiero correr porque no soy muy buena bailarina.

MARGARET: ¡Ves, con mayor razón deberías tomar la clase! Aprenderás en muy poco tiempo. Deberías venir uno de estos días después del trabajo. El baile es una manera increíble de reducir el estrés. Es difícil estar pensando en tus problemas mientras estás dando vueltas alrededor de la pista de baile.

PAT: No sé . . .

MARGARET: Bueno, ven a mirar. Te hará bien. Creo que cuando veas cuanto nos divertimos, lo intentarás. Además, hay otra razón por la que deberías venir . . .

PAT: Lo sé, me convendría rebajar unas libras. Mañana empezaré una dieta.

MARGARET: ¡Ay, vamos! Eso no tiene nada que ver. ¿Te acuerdas del muchacho guapo que trabaja en el quinto piso?

PAT: ¿Está tomando clases de baile? ¡Me estás tomando del pelo!

MARGARET: Te sugiero que vengas y lo veas por tí misma. Por cierto, respecto a tu dieta, hay un nutricionista disponible que te puede aconsejar. Y hay también un especialista en educación física que te puede ayudar a diseñar un programa completo de ejercicio.

PAT: Me has convencido. No veo como podría decir que no.

B. NOTES

1. La ciudad de *Cincinnati* está en el estado de *Ohio,* en lo que se conoce como *the Midwest,* o el medio oeste. Originalmente era conocido como el territorio del noroeste *(Northwest)* cedido a los Estados Unidos en 1783 por medio del tratado de París. Otras ciudades importantes del estado son *Cleveland,* a orillas del lago *Erie, Dayton y Toledo.*

2. La expresión *to get a leg up on* quiere decir "sacar ventaja" o "tomar la delantera."

3. La expresión *to be fit* o *to look fit* quiere decir "estar en forma" *(to be in shape).* Existe también el sustantivo *fitness* que quiere decir "estar en buen estado."

Physical fitness is an important part of being healthy.
Estar en buen estado físico es importante para estar saludable.

El verbo *to fit* quiere decir "ser del tamaño y la forma apropiadas," o "dar una cita."

I've gained so much weight my clothes don't fit anymore.
He aumentado tanto de peso que la ropa ya no me queda bien.

The nutrionist had a very busy schedule, but she fit me in at two o'clock anyway.
La nutricionista estaba muy ocupada, pero de todos modos logró darme una cita a las dos.

4. El sustantivo *workout* se usa para referirse al acto de "hacer ejercicio." En un sentido menos literal puede utilizarse para referirse a un trabajo o tarea supremamente difícil.

Debugging a computer program is a workout in itself.
Encontrar el problema en un programa de computador es todo un trabajo.

Existe también el verbo *to work out* que quiere decir "hacer ejercicio." Sin embargo, tiene también otros significados de acuerdo al contexto en el cual se encuentre:

HACER EJERCICIO

I work out every morning at the local gym.
Yo hago ejercicio todas las mañanas en el gimnasio local.

ENCONTRAR UNA SOLUCIÓN A UN PROBLEMA

I managed to work out the problems with my schedule, and now I can take the yoga class.

Finalmente logré solucionar los problemas que tenía con mi horario y ahora puedo tomar la clase de yoga.

FORMULAR

The nutritionist is going to work out a plan to improve my eating habits.

El nutricionista va a formular un plan para mejorar mis hábitos de comida.

TENER ÉXITO

You've lost a lot of weight. It looks like your diet worked out.

Has rebajado mucho de peso. Se ve que tu dieta ha tenido éxito.

5. La expresión *to give something/someone a shot* quiere decir "darle la oportunidad a algo o a alguien." Otra expresión con el mismo significado es: *to give something/someone a chance.*

Otras expresiones populares con el verbo *to give* son:

to give someone a buzz/call	llamar a alguien por teléfono
to give someone an earful	contarle a alguien un gran secreto/contar demasiado/hacer un relato extenso
to give someone hell	molestar a alguien/regañar a alguien
to give someone the cold shoulder	ignorar a alguien
to give someone the boot	deshacerse de alguien

6. El verbo *to stand* en este contexto significa "tolerar" o "soportar." También significa "estar de pie," "estar quieto," o "permanecer intacto e inalterado." Existen también varias expresiones muy populares que se construyen a partir de este verbo:

to stand a chance	tener probabilidad de
to stand one's ground	mantenerse en su puesto/posición
to stand someone up	dejar a alguien plantado
to stand out	destacarse
to stand tall	estar orgulloso por algo
to stand in for	sustituir a alguien
to stand up to someone	enfrentarse a alguien

7. Nótese el uso de la preposición *on* en la expresión *to go on a diet* (hacer dieta) y el uso de verbo *to go.* Otras expresiones similares son:

to go on a trip	hacer un viaje
to go on vacation	tomar unas vacaciones
to go on a holiday	tomar unos días de vacaciones
to go on a shopping spree	ir de compras y comprar mucho
to go on a binge	ir de parranda y embriagarse

8. *To pull someone's leg* quiere decir "tomar el pelo" o "hacerle a alguien una broma." Otras expresiones sinónimas son: *to tease someone* y *to kid someone*. Existen otras expresiones populares con el verbo *to pull:*

to pull a fast one	sacar ventaja de alguien al hacer una maniobra rápida
to pull something off	hacer que algo ocurra
to pull the plug on someone/something	ponerle fin a algo/alguien

C. GRAMMAR AND USAGE

1. *THE GERUND* (EL GERUNDIO)

a. Definición

El gerundio se identifica en inglés por la terminación *-ing*. Como hemos visto antes, la forma *-ing* de un verbo se usa como participio presente en el presente y pasado contínuo, o como adjetivo.

PRESENTE CONTINUO   *I'm leaving right now to go to work.*
Estoy saliendo ahora mismo para ir a trabajar.

PASADO CONTINUO   *I was taking vitamin C every day, but I stopped.*
Estaba tomando vitamina C todos los días, pero desistí.

ADJETIVO   *This is an entertaining way of getting exercise.*
Es una forma entretenida de hacer ejercicio.

La forma *-ing* del verbo o gerundio puede utilizarse también como sustantivo, es decir que puede actuar como sujeto o como objeto del verbo principal.

Lifting weights can be dangerous without supervision.
Levantar pesas puede ser peligroso si se hace sin supervisión.

En este ejemplo, *lifting* es el sujeto de la oración.

She enjoys listening to music while she runs.
A ella le gusta escuchar música mientras corre.

En el ejemplo anterior, *listening* es el objeto directo del verbo *to enjoy*.

b. Verbos seguidos por un gerundio

En inglés existe una serie de verbos que deben estar seguidos por el gerundio. Por lo general, todos los verbos sinónimos de gustar o detestar van seguidos por el gerundio.

to appreciate	apreciar	*to hate*	odiar
to enjoy	disfrutar	*to dislike*	no gustar
to like	gustar	*to loathe*	detestar
to love	querer/amar	*cannot bear*	no poder soportar
to prefer	preferir	*cannot stand*	no poder tolerar

Otros verbos son:

to avoid	evitar	*to consider*	considerar
to delay	demorar	*to discuss*	tratar (discutir)
to finish	terminar	*to mind*	hacer caso a
to keep	continuar	*to mention*	mencionar
to postpone	aplazar	*to talk about*	hablar de
to put off	diferir	*to think about*	pensar en
to quit	desistir	*to suggest*	sugerir
to stop	parar		

We enjoy playing tennis on Saturday mornings.
Disfrutamos de jugar tenis los sábados por la mañana.

I prefer working out early in the morning.
Yo prefiero hacer ejercicio temprano por la mañana.

She keeps trying to lose weight, but she refuses to exercise.
Ella continúa tratando de rebajar de peso, pero se rehusa a hacer ejercicio.

I avoid running in the park after dark.
Yo evito correr en el parque después que oscurece.

c. El gerundio como objeto de una preposición

Por lo general, el objeto de una preposición en inglés es un gerundio y no un infinitivo como en español.

The nutritionist is interested in knowing all about my eating habits.
El nutricionista está interesado en conocer mis hábitos de comer.

You should take advantage of having the gym right here.
Deberías aprovechar tener un gimnasio aquí mismo.

We're used to jogging before breakfast.
Estamos acostumbrados a correr antes de desayunar.

He showed me how to get to the gym by drawing a map.
Me indicó cómo llegar al gimnasio dibujando un mapa.

Cuando se trata de una oración negativa, la palabra *not* va entre la preposición y el gerundio.

I have no excuse for not exercising.
No tengo excusa para no hacer ejercicio.

I apologized to Ann for not making it on time to our aerobic class.
Me disculpé con Ann por no haber llegado a tiempo a nuestra clase de aeróbicos.

d. El verbo *to go* y el gerundio

Cuando se utiliza el verbo *to go* (ir) con expresiones que indiquen actividades recreativas, por lo general va seguido por un gerundio.

to go dancing	ir a bailar
to go jogging	ir a correr
to go running	ir a correr
to go skating	ir a patinar
to go skiing	ir a esquiar
to go shopping	ir de compras
to go swimming	ir a nadar

We'll go skiing in Vermont next week.
Vamos a ir a esquiar a Vermont la semana entrante.

I'd love to go swimming, but I'm afraid the water is too cold.
Me encantaría ir a nadar, pero me temo que el agua está demasiado fría.

Why don't we go dancing tonight?
¿Por qué no vamos a bailar esta noche?

2. PRESENT AND PAST PARTICIPLES (LOS PARTICIPIOS PRESENTE Y LOS PARTICIPIOS PASADO)

El participio presente *(-ing)* y el participio pasado *(-ed)* pueden utilizarse como adjetivos para describir un sustantivo.

El participio presente se utiliza para describir la causa de un sentimiento en una forma activa. Es decir, que el sustantivo al que modifica causa el sentimiento.

The Olympic games usually excite people.
Los juegos olímpicos por lo general emocionan a la gente.

The Olympic games are exciting.
Los juegos olímpicos son emocionantes.

The New York marathon was so long, it exhausted the group of runners.
La maratón de Nueva York fue tan larga que agotó al grupo de corredores.

It was an exhausting marathon.
Fue una maratón agotadora.

El participio pasado, en cambio, se utiliza para describir la forma como se siente una persona. El significado se da en forma pasiva.

People are usually excited about the Olympic games.
La gente por lo general se emociona con los juegos olímpicos.

The people are excited (about the Olympic games).
La gente está emocionada (por los juegos olímpicos).

The group of runners was exhausted because the marathon was so long.
El grupo de corredores estaba agotado porque la maratón fue demasiado larga.

The exhausted runners sat on the grass to rest.
El agotado grupo de corredors se sentó en el césped a descansar.

D. IDIOMATIC STUDY

COMPLIMENTING (CÓMO HACER UN ELOGIO)

Cuando se quiere elogiar a alguien, se pueden utilizar las siguientes frases:

That was a great workout!
¡Esos ejercicios fueron muy buenos!

That was quite a class!
  ¡Esa fue toda una clase!

I really like/love your outfit.
  Me gusta mucho tu vestimenta.

  Con la siguiente frase se pueden utilizar un sinnúmero de adjetivos:

> *I think* _____ *is* + adjetivo.
> *I thought* _____ *was* + adjetivo.

ADJETIVOS:

fabulous	fabuloso
good	bueno
great	grandioso/gran/grande
magnificent	magnífico
terrific	increíble
superb	soberbio
wonderful	maravilloso

I think the evening class is superb.
  Pienso que la clase de la noche es soberbia.

I thought the instructor was excellent!
  ¡El instructor me pareció excelente!

  Para responder a un elogio, se pueden utilizar estas frases:

Thanks.
  Gracias.

Thank you (for saying so).
  Gracias por decírmelo.

It's nice of you to say/think so.
  Te agradezco que me lo dijeras/que lo pienses.

I'm glad you like it.
  Me encanta que te guste.

EXPRESSING DISPLEASURE (CÓMO EXPRESAR DESAGRADO)

  Las siguientes frases son útiles cuando se quiere expresar desagrado por algo:

I was a little disappointed.
  Me sentí un poco desilusionada.

I wasn't very pleased with the class.
No me sentí may satisfecha con la clase.

The instructor was a little disappointing.
El instructor me desilusionó un poco.

I'm very disappointed with my own performance.
Estoy muy desilusionada con mi desempeño.

I don't like the people who attend that class.
No me gusta la gente que asiste a esa clase.

I don't enjoy dancing very much.
No disfruto mucho del baile.

I don't (particularly) care for vegetables.
No me gustan (mucho) las verduras.

I'm not (really) crazy about fishing.
No me enloquece la pesca.

EXPRESSING CONGRATULATIONS (CÓMO EXPRESAR LAS FELICITACIONES)

Al felicitar a alguien, por lo general se usan las siguientes frases:

Congratulations!
¡Felicitaciones!

That's great! Congratulations!
¡Es grandioso! ¡Felicitaciones!

I'm very happy to hear that.
¡Estoy feliz de escucharlo!

I'm so happy for you.
¡Me siento tan feliz por ti!

That's wonderful! You deserve it!
¡Eso es maravilloso! ¡Te lo merecías!

That's wonderful/excellent/fantastic!
¡Eso es maravilloso/excelente/fantástico!

E. STRICTLY BUSINESS

THE BUSINESS OF SPORTS AND ATHLETES (EL NEGOCIO DEL DEPORTE Y LOS ATLETAS)

Los eventos deportivos son parte importante de la vida en los Estados Unidos. Hay decenas de equipos deportivos profesionales de fútbol americano, béisbol, baloncesto, hockey y hasta fútbol (soccer) en las principales ciudades del país. Todos los días miles de espectadores van a ver jugar a sus equipos favoritos, mientras millones más ven los eventos deportivos por televisión.

Con esta cantidad de espectadores, no es sorprendente que los mejores y más carismáticos atletas lleguen a ser personajes famosos en los Estados Unidos. Hace algunas décadas, la popularidad de un atleta beneficiaba a su equipo más que a sí mismo. Babe Ruth, un gran jugador de béisbol de los New York Yankees en los años veinte y treinta, ayudó a vender millones de boletos para su equipo. Esa cantidad de ventas en entradas significaba mayores ganancias para los dueños del equipo, pero los ingresos de Babe Ruth nunca llegaron a ser muy altos a pesar de su popularidad y su desempeño, al menos no en comparación con los estándares de hoy.

Hoy por hoy, la situación es completamente diferente. Los atletas populares todavía ayudan a vender entradas para estadios y arenas, pero sus ingresos pueden llegar a ser hasta de diez millones de dólares. Créanlo o no, el potencial para aumentar esos ingresos no termina ahí. Casi todos los atletas famosos ganan mucho más dinero por medio de los patrocinadores. Es común que una compañía publicitaria contrate atletas para representar o recomendar un producto. Al hacerlo, reciben millones de dólares y algunas veces miles de millones de dólares. Estos contratos por lo general son para hacer comerciales de televisión, pero recientemente los atletas han recibido grandes sumas de dinero por usar una marca determinada de ropa o zapatos en el campo de juego. Es completamente natural tener atletas que patrocinen artículos y ropa deportiva. Sin embargo, los atletas a veces patrocinan productos que no tienen nada que ver con los deportes, como automóviles, tiendas de venta al detal y restaurantes de comidas rápidas. Independientemente de lo que se anuncie, la mayoría de la compañas insisten en que vale la pena tener a un atleta famoso patrocinando sus productos. Sus estudios demuestran que la mayor parte de los consumidores están dispuestos a pagar por un producto o servicio que esté patrocinado por un personaje deportivo que ellos admiren.

Pero ahí no termina todo. Los deportistas estadounidenses más populares y carismáticos ganan millones trabajando como comentaristas deportivos para las diferentes cadenas de televisión. Algunos hasta se vuelven actores de televisión y cine. Puede que no sean buenos comentaristas o actores, pero por lo general eso no es importante. El simple hecho de que un atleta famoso aparezca en la televisión o el cine es suficiente para atraer grandes masas de gente.

2. VOCABULARY (VOCABULARIO)

athlete	atleta
advertisement	anuncio publicitario
audience	público
basketball	baloncesto
championship	campeonato
commentator	comentarista
endorsement	patrocinio
football	fútbol americano
sneakers	zapatos tenis
soccer	fútbol
sport	deporte
sponsor	patrocinador
team	equipo
viewer	televidente

EXERCISES

1. *Complete the following sentences with the gerund and appropriate preposition, if required.* Complete las siguientes frases con el gerundio y la preposición apropiada cuando sea necesario.

    a. *Pat is interested _____ (to know) _____ more about the company's fitness program.*
    b. *Instead _____ (to excercise) _____, Margaret went (to shop) _____.*
    c. *I'm used _____ (to run) _____ three miles every morning.*
    d. *I enjoy _____ (to walk) _____ to work because it's invigorating.*
    e. *I saw the nutritionist yesterday, and we talked _____ (to supplement) _____ my diet with vitamins.*
    f. *I look forward _____ (to spend) _____ a week hiking and camping in the Rockies.*

2. *Complete the following sentences with one of the words given below.* Complete las siguientes oraciones con una de las palabras sugeridas.

    a. *It was probably very _____ for you to have to sit around and wait until I was done with my jazz class.*
        boring   bored

    b. *The yoga class was _____ because, for the first time in my life, I was aware of what each one of my muscles can do.*
        fascinated   fascinating

c. *Most people are _____ about taking ballroom dancing lessons. Many don't know how to dance. At first they feel _____ and _____. But, once they've got the steps, they're _____. Some of them end up being _____ dancers.*

excited	exciting
confused	confusing
frustrated	frustrating
thrilled	thrilling
amazed	amazing

d. *I find it _____ that there are people who continue to smoke even though they are aware of the risks.*

surprised   surprising

3. *Fill in the blanks in the following dialogue with the verb in parentheses. You must decide whether to use one of the following structures: "to go" + -ing, verb +ing, or a form of "to go."* Llene los espacios en blanco en el diálogo con el verbo en paréntesis. Debe utilizar una de las siguientes estructuras: *to go + -ing*, verbo +*ing*, o una forma del verbo *to go*.

Sandra: *We're __(a)__ (to go) on vacation next week.*

Lisa: *Sounds great. Where are you going?*

Sandra: *We'd like __(b)__ (to go) upstate, near lake Oneida.*

Lisa: *I'm sure Ted is going __(c)__ (to fish).*

Sandra: *Probably not too much. The kids want __(d)__ (to hike).*

Lisa: *But, you're not into __(e)__ (to hike), are you?*

Sandra: *Not really. I think I'll __(f)__ (to swim) in the lake, if it's not too cold. And I'll most likely __(g)__ (to jog) every once in a while.*

Lisa: *It sounds like a lot of fun. Enjoy your trip. I've got to run, Beth and I are __(h)__ (to shop).*

Sandra: *I'll call you when I get back. Bye-bye.*

LESSON 14

THE MEDIA.   Los medios de comunicación.

A. DIALOGUE

NOTHING TO WATCH

Laura and Catherine live in Little Rock, Arkansas.[1] They're good friends and share an apartment together. It's been a tough day at work for both of them, and they're trying to unwind[2] in front of the television. Unfortunately, deciding what to watch isn't very simple.

CATHERINE: Could you please stop flipping through the channels like that?

LAURA: I'm just trying to find something decent to watch.[3]

CATHERINE: Wouldn't it be easier if you looked in the TV guide instead of driving me nuts?[4]

LAURA: I'm sorry, I don't mean to get on your nerves,[5] but there's absolutely nothing on.[6] Those trashy news programs are on every channel!

CATHERINE: I think *Prime Time Live*[7] is on right now, and it isn't a trashy program at all. It's very informative, and besides I really like Diane Sawyer.[8]

LAURA: Oh, come on! All those news programs are the same.

CATHERINE: No way! They're entirely different. I admit there are a few shows out there that focus more on scandals than on real news. *Hard Copy* and *A Current Affair* for example. But programs like *Prime Time Live* do cover important stories.

LAURA: Like what?

CATHERINE: Well, they do stories on political candidates, government corruption, insurance fraud, things like that . . .

LAURA: The problem is the personalities of the news presenters have become more important than the news they are presenting.

CATHERINE: What do you mean?

LAURA: The networks treat newscasts like any other T.V. show. Their main goal is high ratings. To gain ratings they give journalists celebrity status. Some anchors[9] become so popular that people are willing to believe anything they say, whether it's accurate or not.

CATHERINE: But I don't see anything wrong with treating anchors like celebrities. After all, they're the ones who make the news interesting and credible because of their personality and charm.

LAURA: Yeah, but that's what makes it so impossible to distinguish fact from fiction. Newscasters don't just tell us what happened or give us some shots of the events. It's ironic to see how we're moving away from the news in an era when technology has finally made it possible to experience events as they really happen.

CATHERINE: We're just moving away from traditional ways of presenting the news, that's all. Let me have the remote. I'll find something we can both watch.

LAURA: How about if we go get a movie instead?

CATHERINE: Terrific.[10] I'm in the mood for something light and fun. How about you?

LAURA: I'd like something romantic. There are no good comedies anymore, everything . . .

CATHERINE: Oh, no. Here we go again.

NADA QUE VER

Laura y Catherine viven en Little Rock, Arkansas. Son buenas amigas y comparten un apartamento. Ha sido un día difícil para las dos y están tratando de descansar mirando televisión. Desafortunadamente decidir qué ver no es sencillo.

CATHERINE: ¿Podrías por favor dejar de pasar canales así?

LAURA: Sólo estoy tratando de encontrar algo que ver.

CATHERINE: ¿No sería más fácil buscar en la guía de televisión en vez de volverme loca?

LAURA: Lo siento, no es mi intención molestarte, pero no hay absolutamente nada que ver. Esa basura de noticieros están ahora en todos los canales.

CATHERINE: Creo que ahora dan *Prime Time Live,* y no es una basura de programa. Es muy informativo, y además me gusta mucho Diane Sawyer.

LAURA: ¡Vamos! Todos esos programas son iguales.

CATHERINE: ¡Qué va! Son completamente diferentes. Admito que hay algunos programas que se centran más en los escándalos, y no en las noticias de verdad. *Hard Copy* y *A Current Affair,* por ejemplo. Pero programas como *Prime Time Live* sí cubren historias importantes.

LAURA: ¿Como qué?

CATHERINE: Bueno, tienen noticias sobre los candidatos políticos, la corrupción en el gobierno, el fraude en los seguros, esas cosas . . .

LAURA: El problema es que la personalidad de los presentadores es más importante que las noticias que presentan.

CATHERINE: ¿Qué quieres decir?

LAURA: Las cadenas de televisión tratan las noticias como si fueran cualquier otro programa. Su meta principal es atraer más público. Para atraer más público le adjudican a los periodistas cualidades de celebridad. Algunos presentadores se vuelven tan populares que la gente está dispuesta a creer cualquier cosa que ellos digan, sin importar si es cierta o no.

CATHERINE: No veo nada de malo en tratar a los presentadores como celebridades. Después de todo, ellos son los que hacen las noticias interesantes y creíbles debido a su personalidad y encanto.

LAURA: Sí, pero eso es lo que hace imposible distinguir entre lo que es realidad y lo que es ficción. Los presentadores no se limitan a contar lo que sucedió y a mostrarnos unas fotografías de los eventos. Es irónico ver como nos vamos alejando de la noticia en una era en que la tecnología finalmente hace posible que vivamos los sucesos tal y como suceden alrededor del mundo.

CATHERINE: Solamente nos estamos alejando de formas tradicionales de presentar las noticias, eso es todo. Préstame el control. Encontraré algo que las dos podamos ver.

LAURA: ¿Qué te parece si en cambio vamos a buscar una película?

CATHERINE: ¡Fantástica idea! Tengo ganas de ver algo ligero y divertido. ¿Y tú?

LAURA: Me gustaría algo romántico. Ya no hay buenas comedias, todo . . .

CATHERINE: Ay, no. Ahí vamos otra vez.

B. NOTES

1. *Little Rock* es la capital del estado de *Arkansas,* que se encuentra en el valle del río Mississippi en el centro y al sur del país. La ciudad está a orillas del río *Arkansas,* es el centro gubernamental y financiero del estado. Además, cuenta con gran cantidad de tierras

para la agricultura hacia el sur y el este, y gran variedad de bosques hacia el norte y el oeste.

2. El verbo *to unwind* se usa en este caso en su forma más coloquial con el significado de "relajarse y descansar." *To wind* quiere decir "darle cuerda a algo," por ejemplo un reloj, o "enredar." Al añadirle el prefijo *un-* significa lo opuesto: "devolver la cuerda" o "desenredar." Nótese que este verbo, pronunciando [waind], se escribe igual que el sustantivo *wind* (viento) que se pronuncia [wind].

3. El verbo *to watch* quiere decir "observar algo con atención." Se utiliza con actividades que requieren cierta concentración, como mirar televisión o una película *(to watch television/a movie)*. Puede utilizarse también con el significado de "vigilar," "cuidar" o "tener cuidado con":

Please watch the children while I'm out.
Por favor vigila a los niños mientras estoy fuera.

The glass on that table is broken. Watch out!
El vidrio de esa mesa está roto. ¡Ten cuidado!

4. *To drive someone nuts* es una expresión popular que significa "enloquecer a alguien." Otras expresiones con el mismo significado son:

to drive someone bonkers	*to drive someone insane*
to drive someone crazy	*to drive someone up the wall*

5. *To get on someone's nerves* es otra expresión coloquial que quiere decir "exasperar," "molestar" o "irritar a alguien."

6. La preposición *on* se utiliza aquí con el verbo *to be* con el significado de "estar programado," "estar en progreso" o "aparecer/estar en un programa o espectáculo."

When I got to my friend's house, the football game was already on.
Cuando llegué a la casa de mi amigo, el partido de fútbol ya había comenzado.

There is a good movie on T.V. tonight.
Esta noche hay una buena película en televisión.

Robert Redford was on the Tonight Show *last week.*
Robert Redford apareció en el programa *Tonight Show* la semana pasada.

That was a great concert. The band was really on tonight.
Fue un concierto excelente. La orquesta tocó muy bien esta noche.

7. *Prime Time Live* es un programa de noticias, a veces dramatizadas, que presenta la cadena de televisión ABC. Otros programas similares son: *Dateline, 20/20,* y *Nightline.*

8. *Diane Sawyer* es una famosa presentadora de televisión. Otros presentadores famosos en la televisión estadounidense son *Barbara Walters, Walter Cronkite* y *Ted Koeppel.*

9. El sustantivo *anchor* quiere decir literalmente "ancla." Pero también se utiliza para referirse a un presentador de noticias en la radio y la televisión *(anchor person).*

10. El sustantivo *terrific* es un amigo falso. Quiere decir "excelente" o "fantástico." El verbo *to terrify* y el adjetivo *terrifying* significan "horrorizar" o "producir espanto."

C. GRAMMAR AND USAGE

1. *THE INFINITIVE* (EL INFINITIVO)

a. Definición

El infinitivo de los verbos en inglés corresponde a la forma simple del verbo precedida por la preposición *to: to watch, to ask, to buy.* Como hemos visto anteriormente el objeto de un verbo puede ser un sustantivo, un pronombre o un gerundio. El objeto de un verbo también puede ser un infinitivo:

I want to watch the news before going to bed.
Quiero mirar las noticias antes de irme a la cama.

En el ejemplo anterior el objeto del verbo *want* es el infinitivo *to watch.*

I'd like to buy a 19-inch color television set, but I'm not sure what brand I want.
Me gustaría comprar un televisor a colores de 19 pulgadas, pero no estoy segura qué marca quiero.

b. Verbos seguidos por un infinitivo

Algunos verbos en inglés sólo admiten un infinitivo como objeto, aun cuando el verbo principal vaya seguido de un pronombre o un sustantivo. Estos verbo son:

to agree	estar de acuerdo	to need	necesitar
to appear	aparecer	to offer	ofrecer
to ask	preguntar	to plan	planear
to beg	pedir	to pretend	pretender
to care	cuidar	to promise	prometer
to claim	reclamar	to refuse	rehusar
to consent	consentir	to struggle	luchar
to decide	decidir	to swear	jurar
to demand	demandar	to threaten	amenazar
to deserve	merecer	to try	intentar
to expect	esperar	to volunteer	ofrecerse
to fail	fallar	to wait	esperar
to hesitate	dudar	to want	querer
to hope	esperar	to wish	desear
to intend	proponerse		
to learn (how)	aprender cómo		
to mean	querer decir		

would like	querer	would love	querer mucho
can't afford	no tener con que	can't wait	no poder esperar

I plan to go to the movies tonight.
Pienso ir al cine esta noche.

She asked me to stop flipping through the channels.
Me pidió que dejara de pasar los canales.

The network decided to hire two new anchorwomen.
La cadena de televisión decidió contratar a dos nuevas presentadoras.

I'm trying to convince her to get another movie, but she won't listen.
Estoy tratando de convencerla de que llevemos otra película, pero no me escucha.

c. Verbos + infinitivo o gerundio

Existen algunos verbos que pueden estar seguidos por un infinitivo o por un gerundio sin cambiar de significado. Estos verbos son:

to begin	comenzar
to continue	continuar
to hate	odiar
to like	gustar
to love	querer/amar
to not stand	no tolerar
to start	empezar

243

I hate watching sitcoms.
I hate to watch sitcoms.
    Detesto mirar comedias.

She continued making noise even though I asked her to stop.
She continued to make noise even though I asked her to stop.
    Ella continuó haciendo ruido aunque le pedí que no lo hiciera.

He had just started watching the game when the lights went out.
He had just started to watch the game when the lights went out.
    Acababa de empezar a ver el partido cuando se fue la luz.

    Hay algunos verbos que, según se use el gerundio o el infinitivo, cambian de significado:

| *to forget* | + | infinitivo | = | olvidar hacer algo |
| | + | gerundio | = | olvidar algo que sucedió en el pasado |

Laura sometimes forgets to turn off the T.V.
    Laura a veces se olvida de apagar el televisor.

I'll never forget going to the movies the first time.
    Nunca olvidaré la primera vez que fui al cine.

| *to remember* | + | infinitivo | = | recordar hacer algo |
| | + | gerundio | = | recordar algo que sucedió en el pasado |

Please, remember to rewind the movie when you're finished with it.
    Por favor, recuerda devolver la película cuando termines de verla.

I remember watching this movie when I was 10 years old.
    Recuerdo haber visto esta película cuando tenía 10 años.

| *to regret* | + | infinitivo | = | lamentar decir o informar algo a alguien |
| | + | gerundio | = | lamentar algo que sucedió en el pasado |

I regret to tell you that tonight's performance has been canceled.
    Lamento informarle que la función de hoy ha sido cancelada.

I regret asking Laura out tonight. She's always complaining.
    Lamento haber invitado a Laura esta noche. Siempre se está quejando.

| *to try* | + | infinitivo | = | tratar de |
| | + | gerundio | = | experimentar con algo para ver si funciona |

I'm trying to find something interesting to watch.
Estoy tratando de encontrar algo interesante para ver.

I tried cleaning the VCR's heads, but the image is still blurry.
Traté de limpiar las cabezas de la videocasetera, pero la imagen sigue estando borrosa.

d. Adjetivos + infinitivo

Existen algunos adjetivos, especialmente aquellos que se usan para describir personas (sus sentimientos o actitudes), que van seguidos por un infinitivo:

ashamed	avergonzado	*prepared*	preparado
content	contento	*proud*	orgulloso
delighted	encantado	*ready*	listo
disappointed	decepcionado	*relieved*	aliviado
fortunate	afortunado	*sad*	triste
glad	encantado	*shocked*	sobresaltado
happy	alegrarse de	*surprised*	sorprendido
lucky	con suerte	*sorry*	apesadumbrado
pleased	tener gusto en	*upset*	molesto

I'm pleased to meet you.
Es un placer conocerlo.

We're not ready to go back to work next week.
No estamos listos para regresar a trabajar la semana próxima.

She was relieved to hear that her dentist appointment had been canceled.
Ella se sintió aliviada al saber que su cita con el dentista había sido cancelada.

e. El Infinitivo para expresar un propósito

En inglés se usa *in order* + verbo en infinitivo, o solamente el verbo en infintivo, para expresar un propósito. Nótese que <u>no</u> se usa la preposición *for.*

In order to be a newscaster you have to take speech lessons.
To be a newscaster you have to take speech lessons.
Para ser presentador de televisión tiene que tomar clases de alocución.

In order to attract a large audience, networks hire celebrity anchors.
To attract a large audience, networks hire celebrity anchors.
Para atraer más público, las cadenas de televisión contratan personas famosas como presentadores.

She needs to get another job in order to pay her rent.
She needs to get another job to pay her rent.
Ella necesita conseguir otro trabajo para poder pagar el alquiler.

D. IDIOMATIC STUDY

APOLOGIZING (CÓMO PEDIR DISCULPAS)

Las siguientes son algunas frases comunes que se utilizan para pedir disculpas:

FORMAL

Please accept my apology.
Por favor acepte mis disculpas.

I'd like to apologize for interrupting you.
Me gustaría disculparme por haberlo interrumpido.

I hope you'll forgive me.
Espero que usted me disculpe.

Please forgive me.
Por favor discúlpeme.

I apologize.
Mis disculpas.

INFORMAL

I'm sorry.
Lo siento.

I want/need to apologize for disturbing you.
Quiero/Necesito disculparme por haberlo molestado.

I'm really/very/awfully sorry.
Lo siento muchísimo.

Sorry.
Lo siento.

Al aceptar una disculpa se pueden utilizar las siguientes frases:

Don't worry about it.
No se preocupe.

That's/It's all right.
Está bien.

That's okay.
Está bien.

No problem.
No hay problema.

These things happen.
Estas cosas pasan.

It's not your fault.
No es su culpa.

I understand.
Lo entiendo.

E. STRICTLY BUSINESS

1. *THE POWER OF THE MASS MEDIA* (EL PODER DE LOS MEDIOS DE COMUNICACIÓN)

El público estaounidense ha dependido siempre de los medios de comunicación para conocer el mundo que lo rodea. Después de todo, los medios de comunicación permiten transmitir la información a un gran número de personas eficazmente y en un corto período de tiempo. Hasta los años cincuenta, la información se comunicaba por medio de los periódicos y otras publicaciones, y en menor escala a través de la radio. Sin embargo, con la aparición de la televisión, los medios de comunicación cambiaron totalmente. Durante las últimas décadas, la televisión ha probado contínuamente su habilidad para transmitir información a más estadounidenses que cualquier otro medio. Aunque esto puede tener un efecto positivo en la sociedad, hay una gran cantidad de evidencia que prueba que depender de la televisión como fuente principal de información tiene efectos negativos significativos.

Para muchos estadounidenses, los medios de comunicación, y más específicamente la televisión, son la única fuente de noticias e información. Siendo éste el caso, los medios tienen la habilidad de dar forma a la opinión pública sobre los eventos que suceden a nuestro alrededor. Esto se puede hacer de dos maneras. Primero, los medios están en completa libertad de seleccionar qué presentar en las noticias y qué ignorar, ya que ése es su derecho constitucional. Y segundo, aunque el periodismo responsable debe ser objetivo, los medios pueden, y con frecuencia lo hacen, ser subjetivos en la cobertura de una noticia. La presencia de cualquier parcialidad política o social puede afectar seriamente al público. Al presentar una noticia en forma inadecuada o parcializada, los medios pueden manipular el país para que se acepte la historia como se presenta. Uno de los mejores ejemplos de esto es la forma en que los noticieros de televisión presentaron la guerra del Golfo Pérsico en 1991. La transmisión en vivo y en directo hizo que el conflicto pareciera como un guerra "limpia" con un mínimo de destrucción de propiedades y pérdidas humanas. Pero cuando la guerra terminó, las narraciones de muchos soldados, e incluso de algunos periodistas, pintaban una realidad completamente diferente. Como resultado, el apoyo del público a la guerra bajó enormemente.

Muchos críticos sostienen que la habilidad de los medios para limitar el conocimiento y dar forma a las percepciones del público se asemeja a la propaganda. Sin embargo, quienes defienden a los medios de información sostienen que la única razón por la cual los medios tienen el poder es porque el público, de cierta forma, se lo ha dado. Algunos expertos sostienen que es dañino darle al público demasiada información. Si el público no escogiera las noticias, estaría inundado por más información de la que podría procesar y recordar. Irónicamente, tal sobredosis de información sólo haría que la gente se sintiera ansiosa e impotente. Muchas agencias de noticias de televisión resuelven este problema reduciendo las noticias a breves informes con sonido e imagen. En vez de contar toda la historia, le dan al público una versión abreviada y exagerada que pueda procesar y recordar. Además, la información en los EE.UU. con frecuencia toma la forma de entretenimiento. El número de los programas dramatizados en serie y los programas que combinan la noticia con el chisme ha crecido enormemente en los últimos años. Como este tipo de programas atraen gran cantidad de televidentes, resultan muy lucrativos para las cadenas de televisión. A su vez, se da más tiempo de sintonía a este tipo de programas que a los noticiarios tradicionales. Al combinar las noticias con el entretenimiento se trivializan muchos de los temas que afectan al público estadounidense.

Afortunadamente, existen formas de evitar el enfoque limitado, la parcialidad y la trivialización de la noticia. Aunque la misma tendencia del periodismo televisivo se puede fácilmente encontrar en el periodismo impreso, existen todavía periódicos que cubren eventos mundiales y nacionales de una manera honesta y fidedigna. Además, el país está inundado por periódicos extranjeros que dan a sus lectores diferentes puntos de vista y opiniones sobre diversas noticias importantes. Y si usted observa con detenimiento, existen todavía algunos noticieros que dan a sus televidentes un completo análisis de todo tipo de acontecimientos a nivel mundial.

2. *VOCABULARY* (VOCABULARIO)

anchor	presentador/a
cable television	televisión por cable
channel	canal
coverage	cobertura
entertainment	entretenimiento
household	hogar
journalism	periodismo
mass media	medios masivos de comunicación
network	cadena
news	noticias
newspaper	periódico
show	programa
story	historia

EXERCISES

1. *Choose a verb from the following list to complete the paragraph below. Decide whether the verb should be in the infinitive or the gerund form.* Escoga un verbo de la lista para completar los espacios en blanco del parráfo. Decida si el verbo debe ir en infinitivo o en gerundio.

buy	feel	sell	believe	
promote	put	make	stay	dream

Celebrities have always been paid __(a)__ products, but recently it has become a booming business. Advertisers have discovered that the best way __(b)__ is to put together a star and a product. Consumers tend __(c)__ a product is worth buying simply because a celebrity is promoting it. "It's all about image," says Peter Setts, co-owner of French Style Perfumes. "I can remember __(d)__ certain products because I had seen them advertised by famous celebrities. The same thing happens whenever I have a star promote one of my perfumes. Women want __(e)__ as glamorous and uninhibited as the star herself. So they buy the fragrance she represents. People enjoy __(f)__ about living a more exciting life. __(g)__ together the product and the star is a way of __(h)__ people's dreams come true. It's also important __(i)__ ahead of the competition. Everybody seems to be using celebrities. So why shouldn't we?"

2. *Decide whether the verb in parentheses should be in the infinitive or the gerund form.* Decida si en las siguientes oraciones el verbo en paréntesis debe ir en infinitivo o en gerundio.

   a. *She's trying _____ (memorize) her lines for the play.*
   b. *I can't ever remember _____ (watch) a more depressing movie.*
   c. *She was fortunate _____ (win) two tickets to the Oscar's.*
   d. *She always forgets _____ (rewind) the video tape before _____ (return) it to the store.*
   e. *I was sorry _____ (hear) that the show had been canceled.*
   f. *I regret _____ (buy) a bigger T.V. set.*
   g. *Celebrities are not always eager _____ (give) people their autograph.*
   h. *They tried _____ (sell) their product by asking Cher _____ (promote) it, but she refused.*

3. *Decide whether to use "for" or "to" to complete each sentence.* Decida si debe usar *for* o *to* para completar cada oración.

   a. *We could tell the anchor had gone through a lot of trouble _____ get the story.*
   b. *Maggie bought a new T.V. set _____ her daughter's birthday.*
   c. *We have a surprise _____ Jim.*
   d. *They went to Dallas _____ a business conference.*
   e. *On her way to the airport, she stopped at the office _____ get her mail.*
   f. *I think that you have to be handsome _____ be an anchor.*

4. *Decide whether the verb in parentheses should be followed by a gerund or an infinitive.* Decida si al verbo en paréntesis debe seguirle el gerundio o el infinitivo.

   a. *Would you like _____ (watch) the sports channel or the movie channel?*
   b. *I enjoy _____ (play) basketball more than volleyball.*
   c. *She quit _____ (smoke) and decided _____ (exercise) instead.*
   d. *They thought about _____ (move) closer to the park so they could go _____ (jog) every morning.*
   e. *Would you mind _____ (pick) my son up from school this afternoon? I have _____ (go) to my aerobic class.*
   f. *I like _____ (watch) people exercise, but I hate _____ (do) it.*

LESSON 15

SOCIAL PROBLEMS IN THE U.S.   Los problemas sociales en los EE.UU.

A. DIALOGUE

AN ENCOUNTER WITH THE HOMELESS

*Mark is a graduate student at the University of Pennsylvania. He's currently
doing some research on the homeless in the U.S. for his dissertation. He has
interviewed almost 50 people who live on the streets of Philadelphia.[1] He's
now talking to Jack, who lives under a bridge in the downtown area.*

MARK: Excuse me. Do you have a minute?

JACK: Who wants to know?

MARK: My name is Mark, and I'm a college student doing a study
of life on the streets. Would you mind if I asked you a few questions?

JACK: Go ahead, shoot. I have all the time in the world.

MARK: I've been told that you're known as the "loony toon."[2]
Why's that?

JACK: I suppose it's because I used to hang out[3] at the local jazz
joint[4] drawing people's portraits for free. I was always told I
was loony[5] for not charging anything. I used to be pretty good
at it, you know?

MARK: I know it's none of my business, but how did you end up on
the streets?

JACK: Would you like me to do your portrait?

MARK: O.K. Why not?

JACK: Thanks. You got any cigarettes on you?[6]

MARK: Sorry, I don't smoke. So, getting back to your story . . .

JACK: Well, I was working late one night. I used to work as a cartoonist. Free-lancing, of course. I guess I just fell asleep for a
moment or two. Next thing I knew, the place was in flames. I
couldn't breathe, and there was fire everywhere.

MARK: Your apartment was on fire?

JACK: Yup. Afterwards, I was told the fire was caused by the cigarette I was smoking. Fell from the ashtray into the trash can
when I dozed off.

MARK: Were you injured?

JACK: It was pretty bad. I had third degree burns over a third of my body. My right hand was burnt. I was told I'd never be able to draw again.

MARK: Did you have any kind of insurance?

JACK: Hell, no! I worked as a free-lancer, remember? I could barely afford to pay the rent.

MARK: What happened when you got out of the hospital?

JACK: I was devastated.[7] I had lost everything, you know? So, I began drinking, and the more I drank the more depressed I got.

MARK: How do you survive now?

JACK: I'm on welfare,[8] but it's not enough to pay for a decent home. I panhandle sometimes . . . But I'll tell you, I'd much rather live here under the clear blue sky than in one of those low-income housing projects.[9]

MARK: Why?

JACK: Too much crime. And, who wants to sleep with a bunch of other guys snoring all night?

MARK: So are you looking for work now?

JACK: Come on! No one would hire me now.

MARK: With your skills, you could probably teach at a community center. Have you tried that?

JACK: I'm no teacher . . .

MARK: What do you do during the winter? It must get cold out here.

JACK: The police try to take us into shelters,[10] but I always hide from them. It's really not so bad. You get used to the cold and the hunger. It's surprising to see just how well human beings can adapt.

MARK: So, you've accepted this kind of lifestyle?

JACK: Well, I don't know. More or less. It's tough to deal with people's cold looks. There's not much understanding for people in my situation. What can I do? It's a vicious circle. Without a job, I can't have a home. And without a home, I can't keep a job.

MARK: So you don't see a way out.

JACK: No. Do you? Here. Your portrait is ready.

MARK: **Wow! That's pretty good! Thanks. How much do I owe you?**

JACK: **Don't worry about it. I've enjoyed talking to you. I don't always get company, you know?**

UN ENCUENTRO CON UN HOMBRE SIN HOGAR

Mark es un estudiante de post-grado en la universidad de Pennsylvania. Está haciendo una investigación sobre las personas sin hogar en los Estados Unidos para su tesis. Ha entrevistado a casi 50 personas que viven en las calles de Filadelfia. Ahora está hablando con Jack, quien vive debajo de un puente en el centro de la ciudad.

MARK: Disculpe. ¿Tiene un minuto?

JACK: ¿Quién quiere saber?

MARK: Me llamo Mark, soy estudiante universitario y estoy haciendo un estudio sobre la vida en las calles. ¿Le molestaría si le hago algunas preguntas?

JACK: Adelante, dispare. Tengo todo el tiempo del mundo.

MARK: Me han dicho que lo conocen con el nombre de "loony toon," ¿por qué?

JACK: Supongo que es porque solía frecuentar el bar local de jazz dibujando retratos de todo el mundo gratuitamente. Me decían que era una locura no cobrar nada. Solía ser bastante bueno.

MARK: Sé que no es de mi incumbencia, pero ¿cómo terminó viviendo en las calles?

JACK: ¿Le gustaría que le hiciera un retrato?

MARK: Bueno, ¿por qué no?

JACK: Gracias. ¿Tiene cigarrillos?

MARK: Lo siento, no fumo. Bueno, y volviendo a su historia . . .

JACK: Bueno, pues una noche bastante tarde estaba trabajando. Solía trabajar como caricaturista. Por contrato, claro está. Creo que me quedé dormido por uno o dos minutos. Y de repente el lugar estaba en llamas. No podía respirar y había fuego por todas partes.

MARK: ¿Su apartamento se incendió?

JACK: Sí. Luego, me dijeron que el incendio lo causó el cigarrillo que había estado fumando. Cayó del cenicero a la papelera mientras dormía.

MARK: ¿Sufrió alguna herida?

JACK: Fue terrible. Sufrí quemaduras de tercer grado en una tercera parte del cuerpo. Se me quemó la mano derecha. Me dijeron que no volvería a dibujar.

MARK: ¿Tenía usted algún tipo de seguro?

JACK: ¡Claro que no! Trabajaba por contrato, ¿recuerda? A duras penas podía pagar el alquiler.

MARK: ¿Qué sucedió cuando salió del hospital?

JACK: Me sentía desolado. Lo había perdido todo. Y entonces comencé a tomar, y mientras más tomaba, más deprimido me sentía.

MARK: ¿Cómo sobrevive ahora?

JACK: Estoy recibiendo asistencia económica, pero no es suficiente para pagar un lugar decente. Y a veces pido limosna . . . Pero le confieso que prefiero vivir aquí bajo el azul del cielo y no en uno de esos edificios para personas con escasos recursos.

MARK: ¿Por qué?

JACK: Hay demasiado crimen. Además, ¿quién quiere dormir con una cantidad de hombres roncando toda la noche?

MARK: ¿Así que está buscando trabajo?

JACK: ¡Vamos! Nadie me contrataría.

MARK: Con sus habilidades, probablemente podría enseñar en un centro comunitario. ¿Lo ha intentado?

JACK: Yo no soy profesor . . .

MARK: ¿Qué hace durante el invierno? Debe hacer mucho frío aquí afuera.

JACK: La policía trata de llevarnos a los albergues, pero yo siempre me escondo. No es tan malo. Uno se acostumbra al frío y al hambre. Es sorprendente ver cómo los seres humanos se adaptan.

MARK: Entonces, ¿usted ha aceptado esta vida?

JACK: Bueno, no lo sé. Más o menos. Es difícil lidiar con la mirada fría de la gente. Las personas en mi situación no son comprendidas. ¿Qué puedo hacer? Es un círculo vicioso. Sin trabajo, no puedo tener un hogar. Sin hogar, no puedo mantener un trabajo.

MARK: Entonces no le ve una salida a esto.

JACK: No. ¿Y usted? Aquí tiene. Su retrato está listo.

MARK: Es muy bueno. ¡Gracias! ¿Cuánto le debo?

JACK: No se preocupe. He disfrutado charlar con usted. No siempre tengo compañía.

B. NOTES

1. El estado de *Pennsylvania* está en la costa atlántica y su capital es *Harrisburg*. Una de la ciudades más importantes es sin duda alguna *Philadelphia*, fundada en 1683 por el cuáquero inglés William Penn. En esta ciudad, que es la quinta ciudad del país, se encuentra la primera casa de gobierno *(Independence Hall)*, donde se firmó el acta de la Constitución el 17 de septiembre de 1787. Entre sus atracciones turísticas se encuentran numerosos lugares famosos por su historia, como la casa de Betsy Ross, la mujer que confeccionó la primera bandera estadounidense, y la plaza de independencia *(Independence Square)*, donde se exhibe la campana de la libertad.

2. Se conoce con el nombre de *loony toon* a los personajes de los dibujos animados creados por los hermanos Warner. *Toon* es en realidad un diminutivo de la palabra *cartoon* o caricatura.

3. El verbo *to hang out* en este contexto quiere decir "frecuentar." En otros contextos puede significar "no hacer nada" o "estar ocioso."

4. El sustantivo *joint* en un contexto coloquial quiere decir "taberna" o "establecimiento de mala categoría." A este tipo de lugar también se le da el nombre de *dive*.

I don't think I want to spend the whole evening in this dive.
No estoy seguro de querer pasar toda la noche en este bar.

5. El sustantivo *loony* significa "loco" o "demente." Otros sinónimos en inglés son *crazy* o *mad*. Nótese que el sustantivo *mad* también puede utilizarse con el significado de "estar enojado" o "gustar mucho de algo." *To be crazy about something* se utiliza también con el significado de "gustar mucho de algo" o "estar loco por algo."

I was mad at myself for sleeping in too late.
Estaba enojado conmigo mismo por haber dormido hasta tarde.

I'm mad/crazy about jazz.
Me fascina el jazz.

6. Nótese que la pregunta *"You got any cigarettes on you?"* no comienza con el verbo auxiliar *to have*. En el inglés coloquial, el hablante con frecuencia omite el verbo auxiliar. La pregunta gramaticalmente correcta sería: *Have you got any cigarettes on you?* La pregunta también podría hacerse utilizando el verbo auxiliar *to do (Do you have any cigarettes on you?)*.

7. En el inglés informal se puede utilizar el verbo *to devastate* para describir el sentimiento de "estar destrozado." En español el verbo "devastar" se utiliza solamente cuando se hace referencia a algo que ha sido arruinado.

8. *To be on welfare* quiere decir estar recibiendo ayuda o beneficios del gobierno.

9. Se conoce como *low income housing projects* a ciertos conjuntos de edificios de apartamentos que son subsidiados por el gobierno y por lo tanto muy económicos. Se construyen específicamente para personas de pocos recursos y que reciben asistencia pública. Por lo general, estas edificaciones se encuentran en estado deplorable, son muy ruidosas y cuentan con un alto índice de criminalidad.

10. Los albergues o *shelters* para personas desamparadas, ya sea por desastres naturales o por razones económicas, son por lo general lugares que ofrecen un lugar donde dormir. Muchas veces los albergues también distribuyen comida y ropa a las personas necesitadas.

C. GRAMMAR AND USAGE

1. *THE PASSIVE VOICE* (LA VOZ PASIVA)

a. Forma

En la voz pasiva, el objeto o receptor del verbo en una oración activa se convierte en el sujeto, y el agente se menciona por medio de una cláusula introducida por la preposición *by,* o simplemente se omite:

VOZ ACTIVA

> Agente (sujeto) + verbo + receptor (objeto).

VOZ PASIVA

> Receptor (sujeto) + *to be* + participio pasado del verbo + *by* + agente.

VOZ ACTIVA

The parishioners feed the homeless every Sunday.
Los feligreses alimentan a las personas sin hogar los domingos.

VOZ PASIVA

The homeless are fed by the parishioners every Sunday.
Las personas sin hogar son alimentadas por los feligreses los domingos.

The homeless are fed every Sunday.
Las personas sin hogar son alimentadas los domingos.

La voz pasiva se usa sólo con verbos transitivos, es decir, verbos que pueden ir seguidos de un objeto. Nótese que en la voz pasiva el tiempo y la conjugación se hace con el verbo *to be* ya que el verbo principal toma la forma de participio pasado.

VOZ ACTIVA

PRESENTE SIMPLE	*Mark prepares the interview.*
PRESENTE CONTINUO	*Mark is conducting the interview.*
PRESENTE PERFECTO	*Mark has interviewed three homeless people.*
PASADO SIMPLE	*Jack drew a portrait of Mark.*
PASADO CONTINUO	*Mark was recording the interview.*
PASADO PERFECTO	*Mark had conducted the interview.*
FUTURO	*Mark is going to prepare the report.*
	Mark will prepare the report.

VOZ PASIVA

PRESENTE SIMPLE	*The interview is prepared (by Mark).*
PRESENTE CONTINUO	*The interview is being conducted (by Mark).*
PRESENTE PERFECTO	*Three homeless people have been interviewed (by Mark).*
PASADO SIMPLE	*A portrait of Mark was drawn (by Jack).*
PASADO CONTINUO	*The interview was being recorded (by Mark).*
PASADO PERFECTO	*The interview had been conducted (by Mark).*
FUTURO	*The report is going to be prepared (by Mark).*
	The report will be prepared (by Mark).

b. Usos

En la voz pasiva, cuando el agente de la acción no es importante, se omite del todo. De ahí que se utiliza más cuando se desconoce el agente o cuando el agente no es importante. Cuando es importante dar a conocer el agente de la acción, se utiliza la preposición *by* para indicarlo.

En español no es raro escuchar frases como la siguiente, en las que simplemente se omite el agente del verbo porque se desconoce o no es importante:
Le dijeron que no podría volver a dibujar como antes.
La frase anterior está en voz activa, y aunque se desconoce el agente

del verbo decir, la frase es aceptable y al hablante de español no le resulta extraño que esta información sea omitida.

Si tradujéramos esta frase literalmente al inglés en la voz activa, el hablante querría saber quien dijo que no volvería a dibujar.

They told him he would not be able to draw as he used to.
Who told him?

Por esto en inglés, es mejor utilizar la voz pasiva:

He was told he would not be able to draw as he used to.

Sin embargo, se puede utilizar el sujeto impersonal; *they* si en el contexto se especifica a quién se refiere *they.*

After the operation two doctors came and talked to him. They said he wouldn't be able to draw as he used to.

La voz pasiva puede también utilizarse cuando se quiere destacar el receptor de la acción y no su agente.

This portrait was drawn by a homeless guy I met in Philadelphia.
Este retrato fue hecho por un hombre sin hogar que conocí en Filadelfia.

Es muy común que en español se usen las oraciones impersonales con "se" que en inglés deben ir en voz pasiva.

The contract was signed.
Se firmó el contrato.

A new building was erected.
Se erigió un nuevo edificio.

c. La voz pasiva con los verbos auxiliares

Cuando una oración tiene un verbo auxiliar *(will, would, can, could, may, might, should, ought to, had better, must)* la voz pasiva se construye de la siguiente forma:

> sujeto + verbo auxiliar + *be* + participio pasado

Jack will be taken to a shelter in the winter.
Jack va a ser llevado a un albergue durante el invierno.

The homeless should not be allowed to live on the streets.
No debería ser permitido que personas sin hogar vivieran en las calles.

d. La voz pasiva en función de adjetivo

Por lo general, el verbo *to be* puede ir seguido por un adjetivo que describe al sujeto de la oración. También puede ir seguido por un participio pasado en función de adjetivo. Es decir que se utiliza el participio pasado del verbo para describir al sujeto de la oración. Cuando se utiliza el participio pasado para describir un estado y no una acción, se le da el nombre de *stative passive* o forma pasiva para describir un estado.

TO BE MADE OF

The bottle is made of plastic.
La botella está hecha de plástico.

TO BE QUALIFIED

Jack was qualified to work as a cartoonist.
Jack estaba capacitado para trabajar como caricaturista.

TO BE DRUNK

Jack is drunk.
Jack está borracho.

Existen varias expresiones que utilizan esta construcción. Las más comunes son:

to be acquainted with	estar familiarizado con
to be bored with	estar aburrido con
to be broken	estar roto
to be closed	estar cerrado
to be composed of	estar compuesto de
to be crowded with	estar lleno de
to be devoted to	ser devoto de
to be disappointed in	estar desilusionado con
to be done with	terminar con
to be drunk	estar borracho
to be engaged to	estar comprometido con
to be excited	estar emocionado
to be exhausted	estar exhausto
to be finished with	haber terminado con
to be frightened by	estar asustado por
to be gone	haberse ido
to be hurt	estar herido
to be interested in	estar interesado en
to be involved in	estar involucrado en

to be lost	estar perdido
to be made of	estar hecho de
to be married to	estar casado con
to be opposed to	estar en contra de
to be pleased with	estar a gusto con
to be prepared for	estar preparado para
to be qualified for	estar capacitado para
to be related to	estar relacionado con/
	ser familiar de
to be satisfied with	estar satisfecho con
to be shut	estar cerrado
to be spoiled	estar dañado
to be terrified	estar aterrado
to be worried about	estar preoucupado por

D. IDIOMATIC STUDY

TAKING LEAVE (CÓMO DESPEDIRSE)

Las siguientes son algunas frases útiles que pueden utilizarse cuando uno se quiere despedir de alguien o para indicar que uno desea partir.

Well, it's been nice talking to you.
Bueno, ha sido un placer hablar con usted.

Well, it's been nice seeing you again.
Bueno, ha sido un placer verlo de nuevo.

I've enjoyed talking to you.
He disfrutado mucho de nuestra conversación.

I'd love to continue this conversation, but I better get going.
Me encantaría continuar con esta charla, pero debo partir.

Sorry I have to run off like this.
Discúlpeme por tener que salir corriendo así.

I'm afraid it's getting late.
Me temo que se está haciendo tarde.

I think I should be/get going now.
Creo que debería irme ahora.

I think I'd better get going.
Creo que es mejor que me marche.

I've (really) got to go now.
Tengo que marcharme ahora.

I need to go now.
  Necesito partir ahora.

I have to run.
  Tengo que apresurarme.

Las siguientes son algunas frases típicas para despedirse:

Let's get together again sometime.
  Reunámonos otra vez.

I hope we'll see each other again soon.
  Espero que nos veamos otra vez pronto.

Give me a ring sometime soon.
  Llámame pronto.

Let's stay in touch.
  No te pierdas.

I'll talk to you later/soon.
  Te hablaré más tarde/pronto.

I'll see you later/soon.
  Te veré más tarde/pronto.

Take care.
  Cuídate.

Take it easy.
  Hasta la vista.

Good-bye.
  Adiós.

Bye-bye.
  Chao.

See you soon.
  Hasta luego.

E. STRICTLY BUSINESS

1. *SOCIAL RESPONSIBILITIES* (LA RESPONSABILIDAD SOCIAL)

Desde que los primeros colonizadores británicos llegaron a lo que hoy es los EE.UU. a principios del siglo XVII, la autosuficiencia ha sido parte importante de la sociedad y la cultura estadounidense. Debido a que el país fue agrario hasta la mitad del siglo XIX, la mayoría de los individuos nunca dependieron de nadie más que de sí mismos. Ellos reclamaron su propia tierra, construyeron sus propias casas, cultivaron sus propios campos y se educaron a sí mismos. Esto cambió, sin embargo, a medida que el país se urbanizó e industrializó. De pronto, la gente tuvo que depender de otros para la vivienda, los comestibles y el empleo. Pero aunque la sociedad se volvió más interdependiente, la creencia fundamental en la autosuficiencia permaneció fuerte, y cada ciudadano trabajó arduamente para asegurarse de estar contribuyendo al sistema social tanto como sus vecinos.

La gran depresión que tuvo lugar durante los años treinta trajo consigo los primeros programas sociales para aquellos que necesitaban asistencia económica. Bajo el nuevo pacto, el gobierno patrocinaba empleos en entidades públicas y ofrecía asistencia económica a aquellos con necesidades inmediatas. En 1935 la ley de Seguridad Social fue aprobada para asistir a los ciudadanos mayores de edad y a aquellos con ciertos impedimentos. Aunque se pretendía que esta ley fuera permanente, muchos de los programas de asistencia creados durante los años treinta eran temporales solamente. Aunque el país se recuperó de la depresión, muchos ciudadanos y sus familias no lo hicieron. De manera que las formas temporales de asistencia pública continuaron ayudando a los necesitados, y el número de ciudadanos que requería ayuda ecónomica continuó creciendo en proporciones alarmantes.

Desde sus inicios, los políticos y los ciudadanos han expresado su desaprobación por esta clase de programas de ayuda gubernamental. Aunque muchos se identifican más con la situación de los ancianos y los niños, otros creen que no hay razón para dar este tipo de ayuda a aquellos en condiciones de trabajar. En los años cincuenta y sesenta, el sistema de beneficencia social, como se denominó a la red de asistencia pública, creció sin control. Las razones para este crecimiento incluían un aumento de la población, largos períodos de desempleo, reducción en el número de trabajos para obreros y el aumento en el número de hogares con un solo padre de familia. Mientras que cada año, el gobierno continuaba sosteniendo a millones de personas bajo el programa de beneficiencia social se hizo evidente la necesidad de reformar el sistema.

Las peticiones para reformar el sistema no vinieron sólo de aquellos políticos que querían abolirlo. Aun aquellos que lo favorecían exigían que se reformara. En general, la gente piensa que el sistema de beneficiencia pública mina la ética laboral y le cuesta al gobierno demasiado dinero. Muchos críticos también sostienen que el sistema es ineficaz y desigual en la forma en que distribuye la ayuda. En los últimos años, muchos políticos han iniciado reformas que incluyen capacitación laboral para contrarrestar la dependencia de los individuos al sistema. Otros simplemente exigen que se limite el acceso a personas que realmente lo necesiten y que se terminen los beneficios después de un período de tiempo. Mientras tanto, hay muchos políticos que quieren responsabilizar a cada estado por la asistencia pública individual.

A CLOSER LOOK

Welfare Population In 15 Large Cities

City	Percent of population on welfare
Detroit	26.1%
Cleveland	22.0
Miami	18.0
Milwaukee	15.3
Chicago	14.4
Philadelphia	14.0
New York City	**13.1**
Boston	11.9
Los Angeles	10.7
San Francisco	10.4
Denver	7.6
Houston	7.1
Portland, Ore.	6.9
Seattle	6.4
Dallas	5.8

Sources: Census Bureau, Queens College Department of Sociology.

a closer look—
una mirada de cerca

welfare population—
la población que recibe servicios de asistencia

city—
ciudad

percent—
porcentaje

source—
fuente

Census Bureau—
departamento del censo

sociology—
sociología

Con los años se han ido adoptando algunos aspectos de estas reformas, pero la mayoría han sido rechazados. Mientras que el gobierno federal contínua gastando millones de dólares al año en asistencia económica y se endeuda cada vez más, la reforma del programa de beneficiencia social contínua siendo un tema político volátil. Todo el mundo está de acuerdo con que las personas que reciben ayuda económica deben volverse autosuficientes, así como lo eran los ciudadanos de generaciones pasadas. El verdadero debate es si el gobierno debe seguir sosteniendo a aquellos que lo necesitan o si debe suprimir los beneficios y forzar a la gente a que, una vez más, dependa de sí misma.

2. *VOCABULARY* (VOCABULARIO)

assistance	ayuda
depression	depresión
disability	incapacidad
debt	deuda
elder	anciano
plight	petición
poverty	pobreza
self-sufficient	autosuficiente
senior citizen	ciudadano de la tercera de edad
social security	seguridad social
unemployment	desempleo
welfare	bienestar social

EXERCISES

1. *Complete the following paragraph with the correct form of the verb (active or passive) in parentheses.* Complete el siguiente párrafo con la forma correcta del verbo (voz pasiva o activa) en paréntesis.

   A homeless man _____ (to find) yesterday on the deck of a cruise ship that _____ (to anchor) in New York harbor. The man, authorities _____ (to say), had been severely beaten. He _____ (to take) to Bellevue hospital where he is in stable condition. The identity of the man _____ (to not disclose). This is the third case this week of a homeless person _____ (to attack) and left to die near the harbor. What _____ (not to know) yet is the motive of these attacks or how the criminals who committed this crime managed to get on the ship. Authorities have several possible suspects and clues, but refuse to comment any further.

2. *Change the following sentences from active to passive.* Cambie las siguientes oraciones de la voz activa a la voz pasiva.

   a. *The local supermarket employs homeless people to sweep the sidewalk and to remove snow from the parking lot.*
   b. *When it gets too cold, the police pick up homeless people and take them to shelters.*
   c. *Volunteers at the soup kitchen feed and help people in need.*
   d. *Social workers place homeless children in foster homes.*
   e. *Some people give panhandlers money.*
   f. *Many people ignore and mistreat the homeless.*

3. *Complete the following sentences using the expressions on the list.* Complete las oraciones siguientes utilizando las expresiones en la lista.

to be shut	to be exhausted	to be qualified	to be scared
to be drunk	to be excited about	to be interested in	

   Mark: *Wouldn't you like to go back to work?*
   Jack: *Of course. But, I __(a)__. I don't think I __(b)__ to do a lot of jobs. What would I do?*
   Mark: *Well, let's see. What __(c)__ you _____ doing?*
   Jack: *I'd like to be able to draw again.*
   Mark: *Maybe you can't draw the way you used to, but that doesn't mean you can't teach others how to do it.*
   Jack: *I guess you're right. But, I __(d)__. I wouldn't know where to begin. Plus, I __(e)__. Who's going to hire a drunk?*
   Mark: *Well, the first step is to get you a hot cup of coffee, a shower and a change of clothes. Come on, let's go to the nearest church. I'm sure they'll be able to help us there.*
   Jack: *What if it __(f)__.*
   Mark: *Let's be a little more optimistic, will you? I __(g)__ this. I'm sure it will work.*

4. *Change the following sentences to the passive voice. If the information introduced in the "by clause" is not important, you may omit it.* Cambie la siguientes oraciones a la voz pasiva. Si la información contenida en la cláusula introducida por la preposición *by* no es importante, puede omitirla.

   a. *Some employers might not want to hire a homeless person.*
   b. *Mark must hand in the report by Friday.*
   c. *We ought to find a place for Jack to live.*
   d. *The government should provide better shelters for the homeless.*
   e. *The insurance company will mail Jack a form to declare all his losses.*

READING III

HOW YOUNG IS TOO YOUNG FOR C.E.O.S? *
BY MICHAEL BRUSH

A 20-something entrepreneur walks through the door with what seems like a great idea, a knockout business plan and a winning exuberance. The youngster with the flip chart could be the next Bill Gates, who founded the Microsoft Corporation at just such a tender age. More likely, though, his business venture will "blow up," as the money managers say. So, in a stock market enamored of hot new companies . . . how is an investor to separate the rockets from meteorites that will crash to earth?

Chief executives under 35 are more likely to succeed both in attracting capital and in long-term performance if they have some reinforcements on their business team with experience, money managers say. In addition, they have a greater likelihood of success if their youth works to their advantage in some way, by putting them close to the age of their customers, for example. . . .

In some cases, management's youth might be an outright advantage. "I would argue that because the biotech area is so cutting edge, someone who is younger is closer to what's happening," said Rachel Leheney, who follows biotechnology companies. . . . Technology is not the only field in which young managers may be a plus. Being "with it" can help in fashion, sports, and the Internet.

VOCABULARY

being "with it"	estar al día
business venture	negocio
CEO (chief executive officer)	jefe, executivo
cutting edge	filo/vanguardia
enamored	enamorado
entrepreneur	empresario
exuberance	exuberancia
flip chart	carpeta con hojas unidas por la parte superior
knockout	de maravilla
likelihood	probabilidad
20-something	de más de 20 años de edad

* El artículo completo apareció originalmente en el *New York Times* en la edición del 25 de agosto de 1996. Estos pasajes fueron impresos nuevamente con autorización del autor, Michael Brush, y del *New York Times*.

LESSON 16

IMPORT AND EXPORT.   La importación y la exportación.

A. DIALOGUE

A LATE SHIPMENT OF SUGAR

John Hume and Kevin Ricksen work for a company in New Haven, Connecti-cut[1] that imports goods from South America. They are currently working on a sugar deal with Ms. Karen Klett, the U.S. representative for a small Ecuado-rian company.

JOHN: Good afternoon, Ms. Klett. Please come in and have a seat.

MS. KLETT: Thanks, and please call me Karen.

JOHN: Very well, Karen. I'm afraid Kevin won't be able to join us. He called about a half hour ago[2] and left a message on my voice mail.[3] He said he was running late[4] and that he wouldn't be able to make it[5] on time. Why don't we go through the final details of this deal and I'll bring Kevin up to date[6] when he gets in?

MS. KLETT: That's fine with me. But, first of all, I have to tell you that we won't be able to ship the thirty tons of sugar by the end of this month as we had originally planned.

JOHN: That definitely changes things. Why the delay?

MS. KLETT: I'm afraid one of our suppliers . . .

Two hours later Kevin finally makes it to the office. He's running and gasping for air.

KEVIN: I apologize for missing our meeting with Ms. Klett. You'd never believe what happened! There was an oil spill in the middle of the road. Anyway, I'll spare you the details. So, how did it go? Will she be able to supply us with the thirty tons of sugar by the end of the month?

JOHN: Well, not all of it.

KEVIN: What do you mean? What happened?

JOHN: According to Ms. Klett, one of her suppliers lost all of the merchandise in a flood last week.

KEVIN: You've got to be kidding me! What are we going to tell our clients? Are you aware of how much money we're going to lose?

JOHN: Take it easy. After I threatened to sue the company, she finally agreed to send us everything she has in stock now, and the rest ASAP.[7] She figures she has about ten tons, and that should be enough to cover the orders of our most important clients.

KEVIN: When will we get the other twenty tons?

JOHN: Ms. Klett said she'll be able to find a last minute supplier in Bolivia to cover the rest. We should have it by the middle of next month.

KEVIN: Well, I hope you didn't agree to pay her initial price . . .

JOHN: No way! I got her to lower her price by 20%, and she also agreed to ship everything C.I.F.[8] so we don't have to pay extra freight and insurance.

KEVIN: Wow! That's a huge savings for us!

JOHN: I know. Considering the extra money we'll make once the sugar is sold, I'm beginning to think this isn't a disaster after all.

KEVIN: Well, let's hope Ms. Klett doesn't come up with some other excuse for not delivering the sugar on time. Otherwise, this will be the last time we do business with that company.

UN CARGAMENTO DE AZÚCAR RETRASADO

John Hume y Kevin Ricksen trabajan para una compañía de New Haven, Connecticut, que importa mercancía de América del Sur. Actualmente están trabajando en un negocio de azúcar con la señora Karen Klett, la representante en los EE.UU. de una pequeña compañía ecuatoriana.

JOHN: Buenas tardes, Señora Klett. Pase por favor y tome asiento.

MS. KLETT: Gracias, y por favor llámeme Karen.

JOHN: Muy bien, Karen. Me temo que Kevin no podrá acompañarnos. Me llamó hace una media hora y dejó un mensaje en mi contestador automático. Dijo que estaba retrasado y que no podría llegar a tiempo. ¿Por qué no examinamos los últimos detalles de este negocio y yo lo pondré al tanto cuando llegue?

MS. KLETT: Está muy bien. Primero que todo, tengo que decirle que no podremos entregar las treinta toneladas de azúcar para finales del mes como originalmente habíamos planeado.

JOHN: Eso definitivamente cambia las cosas. ¿A qué se debe el retraso?

MS. KLETT: Me temo que uno de nuestros proveedores . . .

Kevin finalmente llega a la oficina dos horas más tarde. Entra corriendo y sin aliento.

KEVIN: Discúlpame por no haber estado en la reunión con la señora Klett. ¡No creerías lo que pasó! Hubo un derrame de aceite en la mitad de la carretera. En todo caso, te ahorraré los detalles. Y, ¿cómo salió todo? ¿Nos podrá suministrar las treinta toneladas de azúcar para finales del mes?

JOHN: Bueno, no toda.

KEVIN: ¿Qué quieres decir? ¿Qué sucedió?

JOHN: Según ella, uno de sus proveedores perdió la mercancía en una inundación la semana pasada.

KEVIN: ¡Me estás tomando del pelo! ¿Qué le vamos a decir a nuestros clientes? Te has dado cuenta de cuánto dinero vamos a perder?

JOHN: Tómalo con calma. Después de que le amenacé con demandar a su compañía, él finalmente acordó que nos enviaría todo lo que tiene en existencia ahora y el resto tan pronto como sea posible. Ella cree que tiene más o menos diez toneladas y eso será suficiente para cubrir las órdenes de nuestros clientes más importantes.

KEVIN: ¿Cuándo recibiríamos las otras veinte toneladas?

JOHN: La señora Klett dijo que ella podría encontrar un proveedor de último momento en Bolivia para cubrir el resto. Las vamos a recibir a mediados del próximo mes.

KEVIN: Bueno, espero que no hayas acordado pagarle el precio inicial . . .

JOHN: ¡De ninguna manera! Logré que bajara su precio en un 20%, y también estuvo de acuerdo en embarcar todo C.S.F. así que no tendremos que pagar más por flete y seguro.

KEVIN: ¡Es un ahorro gigantesco para nosotros!

JOHN: Lo sé. Teniendo en cuenta el dinero extra que vamos a ganar una vez que se venda el azúcar, estoy empezando a pensar que esto no es un desastre después de todo.

KEVIN: Bueno, esperemos que la señora Klett no nos salga con alguna otra excusa para no hacer la entrega a tiempo. De lo contrario, será la última vez que hagamos negocios con esa compañía.

B. NOTES

1. El estado de *Connecticut* está al noreste del país. Su capital es *Hartford*. Las ciudades más importantes del estado son *Stamford, Bridgeport, New Haven* y *New London*. En la ciudad de New Haven se encuentra la Universidad de Yale, que cuenta con uno de los centros

de arte británicos más completos fuera del Reino Unido, y el museo *Peabody* de historia natural, uno de los más grandes de la región.

2. El adverbio *ago* significa en español "hace." En inglés este adverbio va después de la expresión de tiempo.

Two months ago we purchased 5 tons of wheat.
Hace dos meses compramos 5 toneladas de trigo.

3. El sistema de correo electrónico, o *voice mail,* es muy popular hoy en día a todo nivel. Casi todas las oficinas de negocios lo tienen debido a su conveniencia. Cada empleado tiene instalado en su teléfono un contestador automático que contesta el teléfono y toma los mensajes indicando la hora y la fecha. Por medio del teclado y el discado por tonos se tiene acceso a los mensajes recibidos desde cualquier lugar y a cualquier hora del día o la noche. También, si se quiere dejar el mismo mensaje a varias personas, no hay necesidad de llamar a cada una, ya que con sólo presionar una tecla, el mensaje es transmitido electrónicamente.

4. El verbo *to run* se utiliza con varias expresiones con significados diferentes.

to run against	competir como oponente
to run after	perseguir
to run away	escapar
to run for	postularse como candidato
to run high	exaltarse
to run into someone	encontrarse con alguien por accidente
to run out/short	quedarse sin/acabársele a uno algo

5. *To make it* puede significar "aguantar," "llegar a tiempo," o "triunfar" dependiendo del contexto en que se encuentre.

I didn't think Jack would make it to the end of the race because he's never run a marathon before.
No creí que Jack aguantara hasta el final de la carrera porque nunca antes había corrido en una maratón.

Because he was stuck in traffic, he didn't make it to the meeting on time.
Debido a que estuvo en un embotellamiento de tráfico, no llegó a tiempo a la reunión.

The national team made it all the way to the Olympics.
El equipo nacional triunfó hasta llegar a los juegos olímpicos.

6. La expresión *to bring up to date* significa "poner al tanto." Otras expresiones con el verbo *to bring* son:

to bring suit	entablar una demanda
to bring to mind	hacer recordar
to bring to light	revelar
to bring into play	poner en juego

7. La sigla *ASAP* se utiliza coloquialmente, tanto en la forma escrita como en la forma hablada, y significa "tan pronto como sea posible," o *as soon as possible*.

8. La sigla *C.I.F.* significa *cost, insurance and freight* o "costo seguro y flete." En el mercado internacional esto quiere decir que el costo de carga y seguro del flete están incluidos en el precio que el importador paga por el producto. La sigla *F.O.B.* quiere decir *free on board* o "franco a bordo." Esto quiere decir que el precio que se paga por el embarque de un producto no incluye los costos de seguro y flete. Estos deben pagarse por separado.

C. GRAMMAR AND USAGE

1. *DIRECT VS. INDIRECT SPEECH* (EL DISCURSO DIRECTO VS. EL DISCURSO INDIRECTO)

Tanto en español como en inglés usamos el discurso directo para citar las palabras exactas del hablante. En la forma escrita se utilizan comillas al principio y al final de la cita.

"Hi John, this is Kevin. It's about a quarter to three. I'm calling to let you know that I'm running late for our meeting."
"Hola John, habla Kevin. Falta un cuarto para las tres. Te llamo para avisarte que llegaré un poco tarde a la reunión."

El discurso indirecto se utiliza cuando se expresa la idea del hablante sin utilizar sus palabras exactas. En este caso ocurren cambios en el uso de pronombre y en la forma de los verbos, y no es necesario el uso de comillas.

Kevin called about a half hour ago. He said he was running late.
Kevin llamó hace más o menos media hora. Dijo que llegaría tarde.

Es muy importante recordar que todos los verbos en la oración deben obligatoriamente ir acompañados de un sujeto. Es decir, el sujeto no puede omitirse en ningún caso, como ocurre en español.

Nótese también que en inglés el uso del pronombre relativo *that* es opcional en la mayoría de los casos.

Al utilizar el discurso indirecto es importante prestar atención al cambio en el tiempo del verbo y su concordancia con el sujeto. Por lo general es necesario utilizar el tiempo pasado.

Los cambios más frecuentes aparecen en la siguiente lista:

Discurso directo   →   Discurso indirecto
Presente simple   →   Pasado simple

"I work for a company in Connecticut."
"Trabajo para una compañía de Connecticut."

He said (that) he worked for a company in Connecticut.
(Él) dijo que (él) trabajaba para una compañía de Connecticut.

Presente contínuo   →   Pasado contínuo

"My secretary is answering all my calls."
"Mi secretaria está contestando todas mis llamadas."

She said (that) her secretary was answering all her calls.
(Ella) dijo que su secretaria estaba contestando todas sus llamadas.

Presente perfecto   →   Pasado perfecto

"I've found a new supplier."
"He encontrado un nuevo proveedor."

He told us (that) he'd found a new supplier.
(Él) nos dijo que (él) había encontrado un nuevo proveedor.

Presente perfecto contínuo   →   Pasado perfecto contínuo

"I've been waiting to close this deal for ages."
"He estado esperando mucho tiempo para cerrar este negocio."

She said (that) she'd been waiting to close that deal for ages.
(Ella) dijo que (ella) había estado esperando mucho tiempo para cerrar ese negocio.

Pasado simple   →   Pasado perfecto

"We purchased three tons last week."
"Compramos tres toneladas la semana pasada."

They told us (that) they'd purchased three tons last week.
(Ellos) nos dijeron que (ellos) habían comprado tres toneladas la semana pasada.

Futuro   →   Condicional

"I'll call you when the shipment arrives."
Le llamaré cuando llegue el cargamento."

He said (that) he'd call me when the shipment arrives.
(Él) dijo que (él) me llamaría cuando llegue el cargamento.

Condicional   →   Condicional

"I'd like to have it delivered tomorrow."
"Me gustaría que lo enviaran mañana."

She said she'd like to have it delivered tomorrow.
(Ella) dijo que le gustaría que se lo enviaran mañana.

Los verbos más comunes que se utilizan con el discurso indirecto son: *to say* (decir) y *to tell* (contar).
    El verbo *to say* va seguido por una frase sujeto, es decir, una frase introducida por el subordinador "that."

He said (that) his supplier lost all the merchandise.
(Él) dijo que su proveedor había perdido toda la mercancía.

El verbo *to tell,* en cambio, va seguido primero por un pronombre de objeto directo y luego por una frase sujeto.

I told him (that) we'd like to buy more sugar.
Yo le dije (a él) que nos gustaría comprar más azúcar.

Nótese que en español existe el verbo "contar" que equivale en inglés al verbo *to tell.* En inglés existe el verbo *to count.* Este es uno de esos amigos falsos, pues quiere decir "computar" o "hacer cuentas."

Otros verbos útiles son:

to add (agregar)	*to object* (objetar)
to admit (admitir)	*to observe* (observar)
to answer (contestar)	*to point out* (señalar)
to argue (discutir)	*to protest* (protestar)
to assure (asegurar)	*to remark* (notar)
to complain (quejarse)	*to reply* (contestar)
to deny (negar)	*to threaten* (amenazar)
to explain (explicar)	

Para expresar el discurso indirecto, se pueden también utilizar los verbos *to agree* (estar de acuerdo con), *to refuse* (rehusar), *to offer* (ofrecer), y *to promise* (prometer), seguidos de un verbo en infinitivo:

John agreed to wait for Kevin to arrive.
John estuvo de acuerdo en esperar a que llegara Kevin.

The bank refused to give us another loan.
El banco rehusó darnos otro préstamo.

My secretary offered to work overtime.
Mi secretaria se ofreció a trabajar horas extra.

The supplier promised to have the shipment ready by next Tuesday.
El proveedor prometió tener el cargamento listo para el próximo
martes.

Existe otro grupo de verbos que se pueden utilizar en el discurso
directo. Estos verbos van seguidos por un pronombre de objeto directo
y un verbo en infinitivo.

to advise (aconsejar)   *to permit* (permitir)
to ask (preguntar)   *to remind* (recordarle a alguien
                                         algo)
to encourage (motivar)   *to tell* (contar)
to invite (invitar)   *to warn* (advertir)
to order (ordenar)

The president ordered us to buy 30 more tons of sugar.
El presidente nos ordenó que compráramos 30 toneladas más de
azúcar.

I invited him to come to the meeting, but he had a previous engagement.
Lo invité a la reunión, pero él tenía un compromiso previo.

En el caso de oraciones interrogativas, se deben utilizar verbos de
interrogación para introducir el discurso indirecto. Nótese que estos
verbos van acompañados de las conjunciones *if* o *whether* (si). *If* se
utiliza con oraciones afirmativas e interrogativas en el condicional, y
whether se usa para expresar alternativas u opciones:

to ask if/whether (preguntar)
to inquire if/whether (averiguar)
to wonder if/whether (preguntarse)
to want to know if/whether (querer saber)

I asked him if he could give us a lower price.
Le pregunté si nos podría dar un precio más bajo.

We wanted to know whether the price would be the same or higher.
Queríamos saber si el precio sería el mismo o más alto.

D. IDIOMATIC STUDY

EXPRESSING CERTAINTY/UNCERTAINTY (CÓMO EXPRESAR CERTEZA/INCERTIDUMBRE)

Las siguientes son unas frases útiles para expresar certeza:

I'm positive/certain/sure.
Estoy convencido/seguro.

I'm absolutely positive/certain/sure.
Estoy absolutamente convencido/seguro.

I'm a hundred percent sure.
Estoy cien por ciento seguro.

There's no doubt about it.
Sin duda alguna.

Para expresar incertidumbre o duda se pueden utilizar las siguientes frases:

I don't know for sure.
No lo sé con seguridad.

I'm not (completely) positive/sure.
No estoy (completamente) convencido/seguro.

I'm not a hundred percent sure.
No estoy cien por ciento seguro.

I'm not sure/certain.
No estoy convencido/seguro.

I don't know yet.
No sé todavía.

I don't think so.
No lo creo.

Not as far as I know.
Hasta donde yo sé, no.

I doubt it.
Lo dudo.

E. STRICTLY BUSINESS

1. *IMPORTING PRODUCTS INTO THE U.S.*
(LA IMPORTACIÓN DE PRODUCTOS A LOS EE.UU.)

La leyes y procedimientos para el transporte internacional de productos son complicados, especialmente cuando se exporta a los EE.UU. Cuando los productos importados no cumplen con los requisitos y estándares federales, o cuando el procedimiento apropiado no se sigue, la aduana de los EE.UU. rechaza, decomisa, y hasta destruye la mercancía. Sin embargo, cuando se cumplen los requisitos, la importación a los EE.UU. es un proceso relativamente sencillo.

La única manera de comprobar que su producto satisface los requisitos de los EE.UU. es teniendo la documentación apropiada. Al igual que cualquier viajero sin pasaporte, a la carga internacional sin los documentos necesarios se le negará la entrada al país. A continuación se da una lista de los más importantes documentos para la importación de mercancía:

1. FACTURA COMERCIAL—Éste es un documento obligatorio para cualquier carga, sin excepción. Cada vez que usted exporte un producto a los Estados Unidos debe entregar una lista en inglés con los siguientes datos: 1) nombre y dirección del remitente y del fabricante; 2) nombre y dirección del comprador en los EE.UU.; 3) cantidad y descripción completa del producto; 4) número de cajas; y 5) nombre del país donde se fabricó el producto (país de origen). Cuando sea posible, la información de embarque también debe ir incluida en la factura. La omisión de cualquiera de estos datos puede causar serios retrasos.

2. CONOCIMIENTO DE EMBARQUE ORIGINAL—El conocimiento de embarque es el contrato para el transporte (generalmente marítimo) de la mercancía con los términos de entrega de la carga a su destino final. Al exportar grandes cargamentos que no sean urgentes, la mayoría de los embarcadores utilizan el transporte marítimo. Aunque el embarque puede tardar entre dos y tres semanas en llegar a su destino final, este medio de transporte es muy confiable y económico. Para este tipo de transporte, el conocimiento de embarque original debe estar endosado y debe ser entregado a la entidad de carga en el puerto de destino antes de que la mercancía pueda ser entregada al comprador. Aunque el transporte marítimo es el medio más popular para transportar mercancía, a veces los fabricantes extranjeros tienen embarques pequeños o urgentes que transportan por vía aérea. Este medio de transporte puede ser bastante costoso, pero si se maneja en forma apropiada, la mercancía puede pasar aduana y ser entregada al comprador el mismo día que se envía. Para este tipo de transporte se necesita la guía aérea. Finalmente si el embarque se hace por vía terrestre se necesita una carta de porte.

3. CERTIFICADO DE ORIGEN FORMULARIO A—Por medio del certificado de origen se comprueba que el producto exportado ha sido producido en el país de donde procede. Muchos países latinoamericanos tienen tratados de comercio con los EE.UU. destinados a promover el comercio internacional y el crecimiento económico. Estos tratados permiten la importación a los EE.UU. de varios tipos de mercancía libres de derechos. El tratado más grande se llama Sistema Generalizado de Preferencia, o SGP, que incluye a los países en desarrollo de América Latina, Africa y Asia. Existen dos tratados de comercio dentro del acuerdo del SGP—el Grupo Andino y NAFTA. El Grupo Andino incluye a varios de los países de América del Sur y el Mercado Común del Caribe. En 1994 entró en efecto el Tratado de Libre Comercio de Norte América, o NAFTA. Este tratado asegura la importación y exportación sin restricciones de mercancía entre al Canadá, los EE.UU. y México.

4. VISA—De la misma manera en que los EE.UU. abre sus puertas para que otros países exporten sus productos, los EE.UU. también cuenta con leyes que limitan la cantidad que se puede importar de un país en particular. Estas limitaciones, o cuotas, se utilizan por lo general para los textiles, la ropa y los comestibles. Si un producto de exportación o importación tiene una restricción debido a una cuota, se debe presentar una visa comprobando que no se ha excedido el límite para que la mercancía pueda pasar por la aduana.

Para facilitar el proceso de la exportación, muchos fabricantes extranjeros se valen de compañías internacionales de exportación para manejar el transporte de su mercancía. Estas compañías no sólo se encargan del transporte y embarque de la mercancía, sino que por lo general lo hacen por un valor menor al que usted obtendría si lo hiciera por su cuenta. Y como están familiarizados con las leyes que regulan la importación de productos a los EE.UU., se aseguran de que tenga toda la documentación necesaria. Una vez que la mercancía llega al puerto de destino en los EE.UU., debe pasar por la aduana. Si la carga vale menos de US$1.250 y contiene artículos de uso personal, usted mismo puede hacer los trámites de aduana. Sin embargo, si la mercancía es de uso comercial o su valor excede los US$1.250, necesitará un corredor de aduana. Estas compañías tienen una licencia del gobierno de los Estados Unidos y conocen todas las leyes y reglamentos relativos a su producto. También se encargan de completar todas los formularios necesarios que hay que presentar y harán los arreglos necesarios para que la mercancía sea entregada una vez que pase por la aduana. El precio a pagar por estos servicios es por lo general muy razonable, y así se evitan muchos dolores de cabeza y problemas.

DEPARTMENT OF THE TREASURY
UNITED STATES CUSTOMS SERVICE

ENTRY SUMMARY

1. Entry No.	2. Entry Type Co...
4. Entry Date	5. Port Code
6. Bond No.	7. Bond Type C...

9. Ulimate Consignee Name and Address	10. Consignee No.	11. Importer of R...
		13. Exporting Co...
		15. Country of O...
State		17. I.T. No.

19. B/L or AWB No.	20. Mode of Transportation	21. Manufacturer
23. Importing Carrier	24. Foreign Port of Lading	25. Location of G...
26. U.S. Port of Unlading	27. Import Date	

28. Line No.	29. Description of Merchandise			33.
	30. (A) T.S.U.S.A. No. (B) ADA/CVD Case No.	31. (A) Gross Weight (B) Manifest Qty.	32. Net Quantity in T.S.U.S.A. Units	(A) Entered (B) CHGS (C) Relatio...

department of the treasury = departmento del tesoro

United States Customs Service = servicio de aduanca de los EE.UU.

entry summary = resumen de entrada

port = puerto

port of lading = puerto de cargo

---

bond = bono

consignee = consignatorio

broker = agente

importer = importador

exporting country = país exportador

country of origin = pais de origen

importing carrier = compañia importadora

manufacturer = fabricante

...RY SUMMARY

Form Approved OMB No. 1515-0065

2. Entry Type Code	3. Entry Summary Date
5. Port Code	
7. Bond Type Code	8. Broker/Importer File No.

11. Importer of Record Name and Address	12. Importer No.
13. Exporting Country	14. Export Date
15. Country of Origin	16. Missing Documents
17. I.T. No.	18. I.T. Date
21. Manufacturer I.D.	22. Reference No.
25. Location of Goods/G.O. No.	

33. (A) Entered Value (B) CHGS (C) Relationship	34. (A) T.S.U.S.A. Rate (B) ADA/CVD Rate (C) I.R.C. Rate (D) Visa No.	35. Duty and I.R. Tax	
		Dollars	Cents

to declare =
declarir

set forth =
indicado

↓ U.S. CUSTOMS USE ↓		TOTALS	
A. Liq. Code	B. Ascertained Duty	(37) Duty	
	C. Ascertained Tax	(38) Tax	
	D. Ascertained Other	(39) Other	
	E. Ascertained Total	(40) Total	
(41) Signature of Declarant, Title, and Date			

RECORD COPY   Customs Form 7501 (081790

(36) Declaration of Importer of Record (Owner or Purchaser) or Authorized Agent

I declare that I am the
☐ importer of record and that the actual owner, purchaser, or consignee for customs purposes is as shown above.   **OR**   ☐ owner or purchaser or agent thereof.

I further declare that the merchandise
☐ was obtained pursuant to a purchase or agreement to purchase and that the prices set forth in the invoice are true.   **OR**   ☐ was not obtained pursuant a purchase or agreement purchase and the statement the invoice as to value or pr are true to the best of knowledge and belief.

I also declare that the statements in the documents herein filed fully disclose to the best of my knowled and belief the true prices, values, quantities, rebates, drawbacks, fees, commissions, and royalties and true and correct, and that all goods or services provided to the seller of the merchandise either free or at redu cost are fully disclosed. I will immediately furnish to the appropriate customs officer any information show a different state of facts.

Notice required by Paperwork Reduction Act of 1980: This information is needed to ensure that importers/ porters are complying with U.S. customs laws, to allow us to compute and collect the right amount of mon to enforce other agency requirements, and to collect accurate statistical information on imports. Your respo is mandatory. (Continued on back of form.)

PART 1 – F

horized Agent

☐ owner or purchaser or agent thereof.

☐ was not obtained pursuant to a purchase or agreement to purchase and the statements in the invoice as to value or price are true to the best of my knowledge and belief.

disclose to the best of my knowledge s, commissions, and royalties and are e merchandise either free or at reduced stoms officer any information showing

is needed to ensure that importers/ex- and collect the right amount of money, information on imports. Your response

↓ U.S. CUSTOMS USE ↓		TOTALS	
A. Liq. Code	B. Ascertained Duty	(37) Duty	
	C. Ascertained Tax	(38) Tax	
	D. Ascertained Other	(39) Other	
	E. Ascertained Total	(40) Total	
(41) Signature of Declarant, Title, and Date			

PART 1 – RECORD COPY   Customs Form 7501 (081790)

2. VOCABULARY (VOCABULARIO)

bulk commodities	productos a granel
consumer goods	bienes de consumo
customs	aduana
delay	demora
delivery	entrega
free alongside ship (F.A.S.)	franco al costado del buque
free on board (F.O.B.)	franco a bordo
freight	flete
invoice	factura
liner trade	tráfico marítimo regular
load	carga
manufactured goods	mercancía manufacturada
merchandise	mercancía
shipper	embarcador
trade zone	zona de comercio libre
waterway systems	vías fluviales

EXERCISES

1. *Change the following sentences from direct speech to indirect speech.*
   Cambie las siguientes oraciones del discurso directo al discurso
   indirecto.

   a. *Tom is giving an explanation to his partner. He explains, "The ship-ment will arrive next month due to a delay at the docks."*
   b. *Mr. Brown is asking his secretary something. He asks, "Bring me a copy of the contract, please."*
   c. *Beth is telling something to her friend. She tells her, "I've just been offered a job at the bank!"*
   d. *Mark is answering his colleagues question. He answers, "Well, last week the price was very low, but I'm sure it's gone up."*
   e. *Carol is telling something to her secretary. She tells her, "I'm sure he's inviting everyone to the dinner party, but I'm not going."*
   f. *Frank agrees with Stephanie. "All right, wait here until Tom arrives," he agrees.*

2. *Fill in the blank with the appropriate word.* Llene los espacios en blanco con la palabra apropiada.

against	away	after	into	for	high	out

a. *My cousin is running _____ governor. She's running _____ a very popular candidate.*

b. *The man ran _____ the thief for two blocks, but finally lost him.*

c. *I think Sally's daughter ran _____ . Sally hasn't heard from her in two days.*

d. *I ran _____ of paper just as I was about to be done printing.*

e. *I ran _____ my boss at a club last night. It was a bit uncomfortable.*

f. *Tempers are running _____ at work these days bacause we're being audited.*

3. *Find six words in the puzzle that match the definitions below. Circle each word as you find it. The words can be in any direction.* Busque seis palabras en la sopa de letras que correspondan a los significados que se dan a continuación. Ponga un círculo alrededor de cada palabra. Las palabras pueden aparecer en cualquier dirección.

a. *Government agency authorized to collect duties or taxes on imported goods.*

b. *A detailed list of goods or services with an account of all costs.*

c. *Articles of trade or commerce that can be transported—agricultural/mining product.*

d. *Amount of material transported by a vehicle.*

e. *Person in charge of making goods available to a buyer.*

f. *The maximum number or quantity of a product imported into a country.*

```
Y  N  Q  U  O  T  A  F
T  O  E  S  I  C  J  B
I  R  U  T  N  I  S  C
D  S  P  H  V  M  U  I
O  A  V  B  O  Q  P  N
M  G  O  T  I  R  P  E
M  P  S  X  C  D  L  W
O  U  F  N  E  L  I  D
C  Y  A  Z  M  E  E  T
F  D  A  O  L  K  R  R
```

LESSON 17
HIGHER EDUCATION IN THE U.S.
La educación superior en los EE.UU.

A. DIALOGUE

REGISTERING AT THE LOCAL COLLEGE

Juan Luis is a foreign exchange student from Spain at the University of California at Berkeley.[1] This is his freshman[2] year in college. Rod, his roommate,[3] is helping him register.

ROD: O.K., let me tell you what you need to do to register. You can register in person or by phone. If you decide to do it in person, you need to walk over to the admissions building and . . .

JUAN LUIS: Will there be someone who can help me?

ROD: I'm sure there will be some advisors and other students to help you. But, the process is really easy. I don't think you'll need any help. When you get there, you'll see a room full of computers. Just sit down and key in[4] your PIN[5] number.

JUAN LUIS: What's that?

ROD: It's your Personal Identification Number. You should have received one with your acceptance letter.

JUAN LUIS: I was wondering what that number was for. So, I punch it in, and then I enter the numbers of the courses I want, right?

ROD: You got it. But, you can also register by phone. It's easier. Want to try?

JUAN LUIS: Why not?

ROD: Let's use the speaker phone so I can help you. Let me dial the number: eight, zero, five, thirty-five hundred. It's ringing.

PHONE SERVICE: Welcome to the University of California touch-tone[6] services. If you are calling from a touch-tone phone, press one now.

JUAN LUIS: O.K. One.

PHONE SERVICE: To register or change your registration, press one now. To hear your grades press two now. To change your PIN, press three now.

JUAN LUIS: One, again.

PHONE SERVICE: **One moment please . . . Please enter your nine digit student ID number[7] now.**

JUAN LUIS: **Is that the same as my PIN number?**

ROD: **No, your PIN number is a secret number that you can change at any time and only you know.[8] Your ID is generally the same as your social security number. Since you're an exchange student, the university probably assigned you a number.**

PHONE SERVICE: **You have exceeded your time limit. Please try again.**

JUAN LUIS: **I'm not sure I can do this. It's a little confusing and I'm getting nervous.**

ROD: **Calm down. You'll get the hang of it.[9] Give me that number. Let's see . . . one, two, one, seven, six, three, five, three, zero. There you go.**

PHONE SERVICE: **Please enter your five digit PIN, now.**

JUAN LUIS: **Let's see . . . three, four, eight, five, six.**

PHONE SERVICE: **You have ten minutes to complete your registration. Enter the information one course at a time. You will receive a written statement within a week. To add a course, press one. To drop[10] a course, press two.**

15 minutes later.

JUAN LUIS: **Well, that wasn't so bad after all. I'm glad I'm done with this whole thing.**

ROD: **Not so quick, man. You still have to get your immunizations.**

JUAN LUIS: **You mean I have to get some shots?[11] Can I do that over the phone too?**

ROD: **Very funny!**

EL PROCESO PARA MATRICULARSE EN LA UNIVERSIDAD LOCAL

Juan Luis es un estudiante español que viene en un programa de intercambio a la Universidad de Berkeley en California. Este es su primer año. Rod, su compañero de cuarto, le está ayudando a matricularse.

ROD: Bueno, déjame explicarte lo que tienes que hacer para matricularte. Puedes hacerlo en persona o por teléfono. Si decides hacerlo en persona tienes que ir hasta el edificio de admisiones y . . .

JUAN LUIS: ¿Habrá alguien que me pueda ayudar?

ROD: Claro, habrá consejeros y otros estudiantes que te podrán ayudar. El proceso es muy sencillo. No creo que necesites ayuda. Cuando llegues, verás un salón lleno de computadoras. Simplemente te sientas frente a una y utilizando el teclado escribes tu PIN.

JUAN LUIS: ¿Qué es eso?

ROD: Es tu número de identificación personal. El tuyo debe aparecer en la carta de ingreso que te enviaron.

JUAN LUIS: Ya me preguntaba para que era ese número. Entonces, sólo tengo que escribir este número y luego escribir el número de los cursos que quiero tomar, ¿correcto?

ROD: Exactamente. Pero también puedes matricularte por teléfono. Es más fácil. ¿Quieres intentarlo?

JUAN LUIS: ¡Por qué no!

ROD: Vamos a usar el altavoz del teléfono para que te pueda ayudar. Déjame marcar el número: ocho, cero, cinco, tres, cinco, cero, cero. Está sonando.

SERVICIO TELEFÓNICO: Bienvenidos al servicio por tono de la Universidad de California. Si está llamando desde un teléfono con tonos, marque el uno ahora.

JUAN LUIS: Bueno. Uno.

SERVICIO TELEFÓNICO: Para matricularse o cambiar su matrícula, marque el uno ahora. Para conocer sus notas, marque el dos ahora. Para cambiar su número de identificación personal, marque el cuatro.

JUAN LUIS: Uno, otra vez.

SERVICIO TELEFÓNICO: Un momento, por favor . . . Por favor marque las nueve cifras de su número de identificación ahora.

JUAN LUIS: ¿Es el mismo número que mi número de identificación personal?

ROD: No, tu número de identificación personal es un número secreto que puedes cambiar y que solamente tú conoces. Tu número de identificación es por lo general el mismo que el número del seguro social. Como eres un estudiante de intercambio, la universidad probablemente te asignó uno.

SERVICIO TELEFÓNICO: Usted ha excedido el tiempo límite. Por favor inténtelo otra vez.

JUAN LUIS: No creo que pueda hacer esto. Es muy confuso y me estoy poniendo nervioso.

ROD: Cálmate. Vas a aprender a hacerlo. Dame ese número. A ver . . . uno, dos, uno, siete, seis, tres, cinco, tres, cero. Listo. Ahora, sigue tú.

SERVICIO TELEFÓNICO: Por favor marque las cinco cifras de su número de identificación personal ahora.

JUAN LUIS: A ver . . . tres, cuatro, ocho, cinco, seis.

SERVICIO TELEFÓNICO: Usted dispone de diez minutos para matricularse. Marque la información para cada curso uno a la vez. Recibirá confirmación escrita en una semana. Para añadir un curso, marque el uno. Para retirarse de un curso, marque el dos.

15 minutos más tarde.

JUAN LUIS: Bueno, no fue tan difícil después de todo. Estoy feliz de haber terminado.

ROD: No cantes victoria tan rápido, hombre. Todavía te falta pasar por el proceso de inmunización.

JUAN LUIS: ¿Quieres decir que me tengo que vacunar? ¿Crees que pueda hacerlo por teléfono también?

ROD: ¡Muy chistoso!

B. NOTES

1. La Universidad de *Berkeley* se encuentra en el estado de *California,* en la costa oeste del país. La capital del estado es *Sacramento. Los Angeles, San Francisco* y *San Diego* son las ciudades más importantes. El estado es conocido por su industria vinícola y su industria de cine, televisión, computadores y programas de computación. Los condados de *Napa* y *Sonoma* producen algunos de los vinos más exquisitos del mundo. El estado tiene también parques espectaculares, como el parque nacional *Yosemite.*

2. A los estudiantes de primer año de universidad o de secundaria se les llama *freshmen* (singular *freshman*), a los de segundo año *sophomores,* a los de tercero *juniors,* y a los de cuarto *seniors.*

3. Es muy común que durante los primeros años de estudios en la universidad los estudiantes vivan en el dormitorio. La mayoría comparten su habitación con otro estudiante o *roommate.*

4. *To key in* y *to punch in* son verbos que indican la acción de usar el teclado para dar entrada a los datos en el computador o el teléfono.

5. *PIN* es la sigla de *Personal Identification Number* o "Número de Identificación Personal" utilizado en los cajeros automáticos de los bancos, por ejemplo.

6. El sistema de teléfonos de los Estados Unidos funciona con un teclado en tonos o *touch-tone phone*. Existe también el sistema con discado o *rotary phone*. Este tipo de teléfono es un poco anticuado y no es eficaz para las telecomunicaciones.

7. *ID* es otra sigla que significa *Identification* o "Identificación." Se utiliza para referirse a cualquier documento de identificación, bien sea la licencia de conducir, el pasaporte, la tarjeta de identificación escolar, universitaria o de trabajo, o cualquier otro documento que se utilice con este propósito.

8. El verbo *to know* corresponde a los verbos "saber" y "conocer" en español.

I know how to register by phone. Let me show you.
Yo sé cómo matricularme por teléfono. Déjame mostrarte.

I know the woman sitting across the hall, but I can't remember her name.
Conozco a la mujer que está al otro lado del corredor, pero no recuerdo su nombre.

El pasado del verbo *to know* es *knew*. Nótese que estas dos formas del verbo, aunque se escriben de manera diferente, se pronuncian igual que las palabras *no* (negativo) y *new* (nuevo).

9. *To get the hang of* es una expresión coloquial que significa "comprender" o "aprender a hacer o usar algo."

10. *To drop* en este caso significa "retirarse." Este verbo también significa "dejar caer" o "soltar."

She dropped the course because it was too difficult.
Ella se retiró del curso porque era muy difícil.

I dropped the glass and it broke.
Dejé caer el vaso y se rompió.

11. En medicina se utiliza el sustantivo *shot* con el significado de "vacuna" o "inyección." También se pueden utilizar las palabras *injection* o *vaccination*.

C. GRAMMAR AND USAGE

1. PREPOSITIONS (LAS PREPOSICIONES)

Las preposiciones son palabras que van antes de un sustantivo o un pronombre y muestran la relación de ese sustantivo o pronombre con otra palabra en la oración. En inglés el uso de las preposiciones no sigue reglas estrictas y son muchas las excepciones. También, muchas preposiciones cambian de significado de acuerdo al contexto en que se encuentren. El siguiente es un resumen de los usos más frecuentes.

a. Preposiciones de lugar *(at, in, under, on, above, below, next to, in front of, behind, between, beneath)*

In indica "dentro de" y se utiliza con lugares que tienen fronteras o límites:

in a country/in a town/in a square/in a street/in a room/in a forest
en un país/en un pueblo/en una plaza/en una calle/en una habitación/en un bosque

I was in Paris last summer.
Yo estuve en París el verano pasado.

Some of my classmates are studying in a foreign country this semester.
Algunos de mis compañeros de clase están estudiando en un país extranjero este semestre.

At, en cambio, se utiliza con un lugar específico:

at home/at work/at the office/at school/at an address/at the bridge
en casa/en el trabajo/en la oficina/en la escuela/en una dirección/en el puente

I am working at home today.
Hoy estoy trabajando en casa.

I'll be at work till seven.
Estaré en el trabajo hasta las siete.

Las siguientes preposiciones se utilizan en forma similar al español:

next to	cerca de, al lado de
in front of	delante de/en frente de/frente a
behind	detrás de
between	entre
beneath	debajo de

in	adentro/dentro
out	afuera

I was sitting in front of Maria and next to Jane.
   Estaba sentada frente a María y al lado de Jane.

My school is next to the library.
   Mi escuela está al lado de la biblioteca.

The ball is in the box.
   La pelota está dentro de la caja.

Las siguientes preposiciones no tienen traducciones exactas al español:

under/on	debajo de/encima de
below/above	por debajo de/por encima de

Nótese que existe una diferencia muy sutil entre *under* y *below* y entre *on* y *above*. *Under* quiere decir que está debajo y puede haber algún tipo de contacto entre las dos cosas, mientras que *below* implica que está por debajo de algo y que existe un espacio entre los dos objetos. De la misma manera *on* implica que hay algún tipo de contacto entre los objetos, mientras que *above* implica que existe un espacio.

The VCR is under the television set.
   La video-casetera está debajo del televisor.

The lamp is on the nightstand.
   La lámpara está encima de la mesa de noche.

Mary hung the painting on the wall above the sofa.
   Mary colgó el cuadro en la pared sobre el sofá.

The people who live below me are very noisy.
   La gente que vive debajo de mí hace mucho ruido.

   b. Preposiciones de tiempo *(at, on, by, in, for, since)*

At se utiliza con una hora o momento específico:

at dawn	*at six*	*at midnight*	*at 4:30*
al amanecer	a las seis	a la medianoche	a las 4:30

The class will begin at seven o'clock.
   La clase comenzará a las siete en punto.

The party ended at midnight, but we left at three.
   La fiesta terminó a la medianoche, pero nosotros nos fuimos a las tres.

At también se utiliza con la edad:

at twenty/at the age of twenty
   a los veinte/a la edad de veinte años

I plan to start my master's degree at the age of 25.
   Pienso empezar mis estudios de post-grado a la edad de veinticinco años.

On se utiliza con los días de la semana o con una fecha específica (nótese que en español se usa solamente el artículo):

on Monday	*on the fourth of June*	*on Christmas Day*
el lunes	el cuatro de junio	el día de Navidad

I registered on Friday.
   Me matriculé el viernes.

By se utiliza con un momento, una fecha o período de tiempo para indicar una fecha u hora límite.

Registration ends at 5:00, so you better be there by 4:30.
   Las matriculas terminan a las 5:00, así que debes estar allí a más tardar a las 4:30.

In se utiliza con los años, los meses y las estaciones:

in 1911	*in March*	*in the spring*
en 1911	en marzo	en la primavera

I will register for that course in the fall.
   Me matricularé en esa clase en el otoño.

I graduated from high school in 1983.
   Me gradué de secundaria en 1983.

Excepciones: *on the weekend* (en el fin de semana), *in the morning/afternoon* (en la mañana/la tarde), *in the evening* (en las primeras horas de la noche), *at night* (en la noche)

I study at night on the weekends.
   Estudio en la noche los fines de semana.

In the evening, I'm too tired to study, so I watch TV instead.
   Por las noches estoy muy cansada para estudiar, así que en cambio veo televisión.

La preposición *from* generalmente se utiliza en combinación con *to* o *till/until* para indicar el comienzo y el final de un período de tiempo.

Most people work from nine to five.
La mayoría de la gente trabaja de nueve a cinco.

Since se utiliza con un momento específico tiene el mismo significado que la preposición "desde" en español. Generalmente se utiliza en combinación con el presente perfecto o el pasado perfecto.

He has been in the country since August.
Él ha estado en el país desde agosto.

La preposición *for* también se utiliza con el presente perfecto y el pasado perfecto, pero únicamente con un período de tiempo para indicar la duración.

for six years	*for two months*	*forever*
por seis años	por dos meses	por/para siempre

I have been working here for three years.
He trabajado aquí por tres años.

    c. Preposiciones de movimiento *(from . . . to, into/out of, toward, away from, to)*

Para indicar el punto de partida y el punto de llegada se utiliza *from . . . to:*

They flew from Paris to Rome.
Ellos viajaron de París a Roma.

Las preposiciones *into/out of* significan "adentro"/"afuera" respectivamente, y se utilizan para indicar movimiento.

He went into the store to buy a pen.
El entró a la tienda para comprar un bolígrafo.

Las preposiciones *toward/away from* significan "hacia"/"lejos de."

That man is walking toward our car. Please lock your door.
Ese hombre está caminando hacia nuestro coche. Por favor cierra tu puerta con llave.

We live away from the downtown area because it's too noisy.
Vivimos lejos del centro de la ciudad porque es muy ruidosa.

To se utiliza para indicar dirección.

The bookstore is to the left of the cafeteria.
La librería está a la derecha de la cafetería.

Nótese que la preposición *to* no puede ir acompañada de ninguna otra preposición.

They will come to the city on Friday.
Ellos vienen a la ciudad el viernes.

Please call the admissions office to find out at what time they open.
Llama a la oficina de admisiones para averiguar a qué hora abren.

I gave the books to Peter.
Le di los libros a Peter.

En español se permite usar una preposición antes del verbo en infinitivo. Esto es algo que <u>nunca</u> ocurre en inglés. Si es necesario, el verbo debe ir en el gerundio, es decir con la terminación *-ing*. Nótese que el infinitivo en inglés lleva la preposición *to*.

After registering, we went to see a movie.
Después de matricularnos, fuimos a ver una película.

I bought a separate notebook to do my homework.
Compré otro cuaderno para hacer mis deberes.

El inglés formal no permite el uso de una preposición al final de una oración.

I don't know for which course my friend registered.
No sé en que curso se matriculó mi amigo.

For which courses have you registered?
¿En qué cursos te has matriculado?

From which college did you graduate?
¿De qué universidad te graduaste?

How long have you been waiting in line?
¿Cuánto hace que estás haciendo fila?

Sin embargo, el inglés informal permite el uso de la preposición al final de una oración.

I don't know which course my friend registered for.
No sé en que curso se matriculó mi amigo.

Which courses have you registered for?
¿En qué cursos te has matriculado?

Which college did you graduate from?
¿De qué universidad te graduaste?

En inglés existen también verbos que dependiendo de la preposición que les sigue cambian de significado. Estos verbos son conocidos como *phrasal verbs* y los estudiaremos en la lección 19.

D. IDIOMATIC STUDY

OFFERING HELP (CÓMO OFRECER AYUDA)

Existen muchas formas de ofrecer ayuda a alguien. Dependiendo de la ocasión deberá ser más o menos formal. Las siguientes frases serán útiles en una situación formal:

Would you like me to help you _____?
   ¿Le gustaría que le ayudara _____?

I'd be glad/happy to help you _____.
   Me encantaría ayudarle a _____.

I'd be glad/happy to lend a hand.
   Me encantaría darle una mano.

Is there anything I can do to help?
   ¿Puedo ayudarle en algo?

Is there anything else I can help you with?
   ¿Hay algo más en que pueda ayudarle?

Allow me to _____.
   Permítame _____.

May I help you?
   ¿Me permite ayudarle?

En la forma escrita, se pueden utilizar las siguientes frases:

Please let me know if I can be of further assistance.
   Por favor déjeme saber si puedo ayudarle con alguna otra cosa.

If I can be of any further assistance, please don't hesitate to ask/let me know.
   Si puedo ayudarle en algo más, por favor no dude en pedírmelo/hacérmelo saber.

Las siguientes frases serán útiles en una situación informal:

(Do you) need any help?
   ¿Necesita (usted) ayuda?

(Do you) want a hand?
   ¿Necesita (usted) una mano?

Let me help you _____.
Déjeme ayudarle a _____.

Let me give you a hand.
Déjeme darle una mano.

What can I do to help?
¿Qué puedo hacer para ayudarle?

Al responder a una oferta se puede contestar así:

If you don't mind.
If you wouldn't mind.
If it's no trouble.
Si no es molestia.

That would be great.
Eso sería maravilloso.

I really appreciate it.
Se lo agradezco mucho.

I don't want to ⟨ *trouble you.*
⟨ *bother you.*
⟨ *inconvenience you.*
No quiero molestarle/causarle una inconveniencia.

No, thanks. I can manage by myself.
No, gracias. Puedo hacerlo solo/a.

E. STRICTLY BUSINESS

1. *HIGHER EDUCATION IN THE U.S.*
(LA EDUCACIÓN SUPERIOR EN LOS EE.UU.)

El sistema universitario en los Estados Unidos es bastante complejo. Por lo general una universidad consiste de varios *colleges* o colegios, escuelas para estudios de post-grado y escuelas profesionales.

La mayoría de las universidades ofrecen estudios de pregrado en las áreas de humanidades y ciencias. Durante el penúltimo año de la escuela secundaria, los estudiantes se preparan para ingresar a la universidad. Por esta época toman un examen nacional conocido como el *SAT (Scholastic Aptitude Test)* o "prueba de aptitud escolástica." Cada universidad determina el puntaje promedio que se requiere para ingresar. Además de este examen, al aceptar o rehusar a un solicitante, el personal de admisiones de cada universidad tiene en cuenta el promedio de calificaciones del estudiante y el puntaje del estudiante en diferentes pruebas vocacionales.

Los estudios de pregrado tardan más o menos cuatro años. Los cursos funcionan por medio de un sistema de créditos que varía en cada universidad. Por lo general cada curso corresponde a 3 o 4 créditos y para graduarse, un estudiante debe acumular aproximadamente 125. Durante los primeros dos años de estudios, el estudiante debe tomar aquellos cursos que son requeridos en su programa de estudios, así como también aquellos que forman parte de los requisitos generales de la institución. Generalmente, el estudiante debe tomar ciertos cursos de ciencia, arte, lenguas extranjeras y filosofía. Cada estudiante es libre de escoger las clases que quiera tomar en cada área específica. Por lo general, es requisito tomar un cierto número de créditos en el área de enfoque o concentración.

Al término de estos cuatro años se obtiene la Licenciatura en Artes *(Bachelor of Arts—B.A.)* o la Licenciatura en Ciencias *(Bachelor of Science—B.S.)* dependiendo de cuál haya sido el enfoque del estudiante. Este título o diploma no es un título o diploma profesional. Si se quiere ser abogado o médico, el estudiante debe realizar estudios de postgrado.

Muchas universidades cuentan con sus propias escuelas de postgrado. Pero hay también escuelas independientes que ofrecen programas de estudios más especializados, ya sea para la maestría *(Master of Arts—M.A.* o *Master of Sciences—M.S.)* o el doctorado *(Doctor of Philosophy—Ph.D.* o *Doctor of Education—Ed.D.)*. En los cursos de postgrado se utiliza también el sistema de créditos, pero no hay tanta libertad en cuanto a los cursos que el estudiante puede tomar, ya que se trata de un estudio más especializado en un área determinada.

Las escuelas profesionales son instituciones que por lo general están afiliadas a una universidad y que se especializan en un solo campo de estudio, como por ejemplo la medicina, la odontología, las leyes, la administración de negocios, etc. El tiempo de estudio varía de acuerdo al campo de estudio y en muchos casos incluye un período de capacitación práctica.

Cada universidad está constituida por lo que se conoce como el campo universitario. En este "campo" se encuentran los edificios para salones de clases, los dormitorios, las instalaciones deportivas, las cafeterías, la biblioteca, los edificios administrativos, los teatros, los bancos, la librería y una que otra tienda. Son varias las universidades que se encuentran dentro de una ciudad. Pero con frecuencia el campo universitario es casi un mundo aislado del mundo exterior.

Existen también lo que se conoce como Instituciones Técnicas o Vocacionales *(Technical or Vocational Institutions),* que son instituciones no académicas que se especializan en la capacitacíon de personal técnico. Por lo general no ofrecen cursos que se puedan transferir a una universidad. Son instituciones dedicadas a capacitar al individuo para un trabajo específico como mecánico, técnico en computación, asistente odontólogico, etc. En muchos casos es posible terminar un curso en sólo unos meses. Aquellas personas que completan el curso satisfactoriamente obtienen un certificado que sirve como prueba de su capacitación en esa labor.

Existen también lo que se conoce como *junior college, community college, o city college.* Estas son entidades que ofrecen programas de dos años de duración. Ofrecen entrenamiento técnico y programas académicos básicos. La mayoría de los estudiantes no son de tiempo completo. Son instituciones dedicadas casi en su totalidad a la comunidad que las rodea. De tal manera que atraen a la población adulta y a los jóvenes que necesitan trabajar. Por esta misma razón, y debido a que los estudiantes no vienen de otros estados, estas escuelas no cuentan con dormitorios para estudiantes. Al terminar el programa de estudios se obtiene el grado A.A. o *Associate of Arts Degree.* Para obtener el B.A. *(Bachelor of Arts),* es necesario transferir los créditos cursados a un *college* o universidad.

La mayoría de las universidades de los Estados Unidos se rigen por un código de honor o guía de honestidad y originalidad. Estas reglas varían de institución a institución y es muy importante conocerlas y obedecerlas. Hacer trampa en una prueba y recibir información no autorizada de otro estudiante sobre una tarea o examen, por ejemplo, son considerados actos de deshonestidad. El plagio es considerado como falta de originalidad en la preparación de un trabajo o asignatura. Se considera literalmente como un "robo." Un estudiante que infrinja el código de honor generalmente recibe una nota de reprobación y, dependiendo de la gravedad de la infracción, puede llegar a ser expulsado de la institución.

Cada universidad ofrece a sus estudiantes una variedad de programas de asistencia financiera, así como también diferentes tipos de becas. Existen también programas de este tipo para estudiantes extranjeros. Lo mejor es hacer las averiguaciones necesarias antes de viajar a los Estados Unidos, ya que el número de estudiantes extranjeros es cada vez mayor y la competencia más reñida. Las oportunidades de trabajo son bastante limitadas para los estudiantes extranjeros y dependen directamente del tipo de visa que se tenga. Las siguientes son los tipos más comunes de visas para estudiantes:

F-1 ACADEMIC STUDENT VISA (VISA PARA ESTUDIOS ACADÉMICOS)

Esta visa se otorga a estudiantes de tiempo completo, es decir que asisten a clases por lo menos 12 horas por semana. El estudiante puede permanecer en el país hasta que termine sus estudios. Debido a que para obtener esta visa el estudiante debe probar que puede pagar todos sus gastos académicos y personales, el estudiante no está autorizado a trabajar. La única excepción son los estudiantes de post-grado, que pueden trabajar dentro de la universidad como asistentes de investigación o de instrucción.

Al término del programa de estudios, el estudiante puede tomar hasta 12 meses de capacitación práctica.

M-1 VOCATIONAL STUDENT VISA (VISA PARA ESTUDIOS VOCACIONALES)

Esta visa se otorga a estudiantes de tiempo completo que han sido aceptados en instituciones técnicas o vocacionales. Al igual que con la visa F-1, el estudiante no está autorizado a trabajar, sin excepción alguna, debido a que la ley asume que puede pagar todos sus gastos.

J-1 EXCHANGE VISITOR VISA (VISA PARA ESTUDIOS DE INTERCAMBIO, GENERALMENTE A NIVEL DE POST-GRADO)

Esta visa se otorga a estudiantes que vienen al país en un programa de intercambio. Esta visa permite que el estudiante trabaje dentro o fuera del campo universitario. Al término del programa de estudios, el estudiante puede tomar hasta 18 meses de capacitación práctica. Una de las condiciones de esta visa es que una vez terminados sus estudios (si estos han sido financiados por una entidad gubernamental), el estudiante tiene la obligación de regresar a su país por un mínimo de dos años antes de poder regresar a los Estados Unidos.

2. VOCABULARY (VOCABULARIO)

Bachelor of Arts (B.A.)	Licenciatura en Artes
Bachelor of Science (B.S.)	Licenciatura en Ciencias
credit	crédito
Doctor of Philosophy (Ph.D.)	Doctor en Filosofía
Doctor of Medicine (M.D.)	Doctor en Medicina
GPA (Grade Point Average)	Calificación Promedio
freshman	estudiante de primer año
grades	notas
honor code	código de honor
instructor	instructor
junior	estudiante de tercer año
major	área de concentración o enfoque
Master of Arts (M.A.)	Maestría en Artes
Master of Science (M.S.)	Maestría en Ciencias
practical training	capacitación práctica
professor	profesor
research	investigación
SAT (Scholastic Aptitude Test)	prueba de aptitud escolástica
senior	estudiante de cuarto año
sophomore	estudiante de segundo año
tuition	matrícula

EXERCISES

1. *Complete the following sentences with the following words: "had known,"*
   "know," "knew," "no," and "new." Complete las oraciones siguientes con
   las palabras: *had known, know, knew, no,* y *new.*

   a. *He's _____ in town, so he doesn't _____ his way to the college.*
   b. *If I _____ that this class was so hard, I wouldn't have taken it.*
   c. *_____, I don't feel any pain.*
   d. *This is a _____ course, but we don't _____ how many students will*
      enroll in it.
   e. *The professor _____ that there were _____ more books left. The book-*
      store had to order some _____ ones.

2. *Most prepositions have been left out of the following letter. Fill in the*
   blanks with the preposition that best completes the sentence. En la siguiente carta se han omitido las preposiciones. Llene los espacios con
   la preposición que mejor complete la frase.

   June 29, 1995

   Mr. Mark Kern
   Foreign Student Advisor
   Foreign Student Office, Room 345
   University of California at Berkeley

   Dear Mr. Kern:

   I received your letter dated June 3, 1995. Attached you will find an offi-
   cial copy of my undergraduate work. I still don't understand the reason
   __(1)__ the immunization form. Should I have it signed by my doctor?
   __(2)__ when do I have to submit it?
   *   I will be arriving __(3)__ San Francisco International Airport __(4)__*
   Thursday, the 28th of August, __(5)__ 3:00 P.M. __(6)__ America West,
   flight #335. If it is convenient __(7)__ someone in your office to pick me
   up, I would appreciate it. Otherwise, I will take a bus __(8)__ the airport
   __(9)__ Berkeley. I'm sure it will not be very difficult.
   *   Anyway, I will call you as soon as I arrive. Thank you very much for*
   all your help. I look forward to meeting you soon.

   Sincerely,

   Juan Luis Outeriño

3. *Complete the following crossword puzzle.* Complete el siguiente cruci-grama.

VERTICAL

a. *If you want to study in a quiet place, you should go to the* _____.
d. *To register by phone, you need a* _____ *-tone phone,*
e. *This is his first year of school. He is a* _____.
g. *Personal Identification Number.*

HORIZONTAL

b. *I need to buy some books. I'll go to the* _____.
c. *I think I'm going to* _____ *this class. I will take it again next semester.*
f. *Another way of saying "turn left" is "*_____ *a left."*
h. *I think I* _____ *who you're talking about. I met him last week.*
i. *This is her third year of school. She is a* _____.

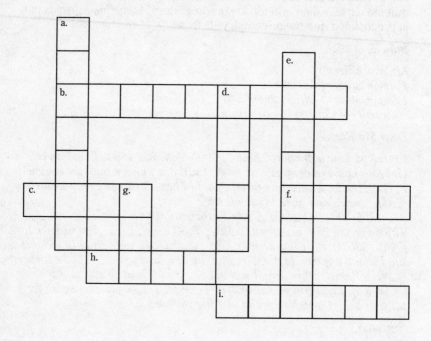

LESSON 18

MARKETING AND ADVERTISING.   El mercadeo y la publicidad.

A. DIALOGUE

LIKE GOOD WINE

Mary Bailey is the product marketing manager for Kophee, *a private company that distributes Colombian coffee around the U.S. The company has been studying the possibility of producing its own line of gourmet coffee, and Ms. Bailey is presenting her marketing plan to the CEO,[1] Mr. Ed Smiley.*

MS. BAILEY: As you are well aware, there is a growing market for gourmet coffee in the United States. I was surprised to find that the most demanding[2] consumers are not in New York, Boston, or Chicago. But rather on the west coast. More specifically, in the state of Washington.[3] In fact, not long ago the *Seattle Post* published an article titled "Seattle: Coffee Capital of the World."

MR. SMILEY: Do you have a copy of the article?

MS. BAILEY: As a matter of fact, I do. As you can see, the article summarizes the biggest private exporters and the different U.S. companies that are buying gourmet coffee. In the United States today, coffee is becoming a quality product, just like good wine. Consumers are willing[4] to pay higher prices for better quality and taste. People are looking for new experiences—for products that are unique, special, and trendy.

MR. SMILEY: Let's[5] talk a little about promotion and price. Who exactly are we targeting? What do you anticipate the selling price will be, and will the consumer be willing to pay it?

MS. BAILEY: The price for high quality coffee is not determined by the futures market.[6] This coffee has a specific price depending on two essential factors: exclusiveness and differentiation. In producing this new coffee, we should use trees of the Bourbon variety known for their larger, high-quality beans with a rich, acidic flavor. Since coffee produced from these beans is so rich in flavor and aroma, it will surely meet the standards of even the most selective consumers.

MR. SMILEY: That makes sense to me. But going back to the price . . .

MS. BAILEY: This type of coffee is intended for consumers with a fairly high income. I have the results of a market research survey that shows that the average consumer is willing to pay $8.99[7] for a pound of high-quality coffee, and high-income consumers are willing to pay even more. In order to keep our prices competitive, I figure we should sell our coffee for $10.99 a pound.

MR. SMILEY: Well, we also have to consider that the investment costs of producing such coffee are greater. If I remember correctly, trees of the Bourbon variety, like the ones you suggest we use, produce fewer beans and have to be planted at a greater distance from each other. We would therefore be spending more money for less output. I'm afraid that profits will be low at the price you're suggesting.

MS. BAILEY: I understand, but we're competing with coffees like *Blue Mountain* from Jamaica, or *Kona* from Hawaii, which go for[8] two or three dollars more per pound. We're competing in a two-tier market,[9] and evidence suggests that the consumers favor higher quality. But if we can ensure the same quality at a slightly lower price, we will attract more consumers. Our profits would therefore increase relative to the high sales volume that is projected.

MR. SMILEY: This all sounds very interesting, but unfortunately I've got another meeting to go to right now. Would it be possible for you to meet with me again? I'd be interested in hearing some of your ideas on how to entice this market segment to buy our coffee.

MS. BAILEY: Sure, I'd be happy to put some ideas together. Did you have a particular date in mind?

MR. SMILEY: How about next Monday, say, at three in the afternoon?

MS. BAILEY: Sounds great. I'll mark my calendar.

COMO EL BUEN VINO

Mary Bailey es la gerente de mercadeo de productos *Kophee,* una compañía privada que distribuye café colombiano en los Estados Unidos. La compañía ha estado estudiando la posibilidad de producir su propia línea de café gourmet, y la señora Bailey está presentando su plan de mercadeo al director ejecutivo, el Sr. Ed Smiley.

SRA. BAILEY: Como usted bien sabe, en los Estados Unidos existe un mercado cada vez más grande para el café gourmet. Me sorprendió descubrir que los consumidores más exigentes no están en Nueva York, Boston, y ni siquiera Chicago, como uno podría suponer, sino que están en la costa oeste, y más específicamente, en el estado de Washington. De hecho, no hace mucho, el *Seattle Post* publicó un artículo titulado "Seattle: capital cafetera del mundo."

SR. SMILEY: ¿Tiene usted una copia del artículo?

SRA. BAILEY: Sí. Como puede ver, el artículo hace un resumen de los principales exportadores y de las diferentes compañías estadounidenses que están comprando café gourmet. Hoy en día, en los Estados Unidos, el café se está conviertiendo en un artículo de calidad, tal como el buen vino. Los consumidores están dispuestos a pagar precios más altos a cambio de mejor calidad y sabor. La gente está buscando nuevas experiencias—productos que sean únicos, especiales y que estén de moda.

SR. SMILEY: Hablemos un poco sobre promoción y precio. ¿A quién estamos tratando de alcanzar? ¿Cuál cree usted que será el precio de venta, y cree usted que el consumidor estará dispuesto a pagarlo?

SRA. BAILEY: El precio del café de alta calidad no está determinado por el mercado de futuros. Este café tiene un precio específico dependiendo de dos factores esenciales: exclusividad y diferenciación. Al producir este nuevo café, deberíamos usar árboles de la variedad Borbón, conocidos por sus granos más grandes y de alta calidad, con un sabor rico y de mayor acidez. Como el café producido con estos granos es muy rico en sabor y aroma, muy seguramente va a satisfacer los éstandares de los consumidores más exclusivos.

SR. SMILEY: Tiene sentido. Pero, volviendo al precio . . .

SRA. BAILEY: Este tipo de café va dirigido a consumidores de altos ingresos. Tengo los resultados de un estudio de mercadeo que muestra que el consumidor promedio está dispuesto a pagar US $8,99 por una libra de café de alta calidad, y que el consumidor de altos ingresos está dispuesto a pagar mucho más. Para que nuestros precios sean competitivos, pienso que deberíamos vender nuestro café a US $10,99 la libra.

SR. SMILEY: Bueno, tenemos que considerar que el costo de inversión para la producción de este café es mucho mayor. Si mal no recuerdo, los árboles de la variedad Borbón, como los que usted sugiere que utilicemos, producen menos granos y tienen que ser sembrados a mayor distancia unos de otros. Estaríamos entonces invirtiendo más dinero por menos producción. Me temo que las ganancias serían muy bajas al precio que usted ha sugerido.

SRA. BAILEY: Comprendo, pero estaríamos compitiendo con cafés como el *Blue Mountain* de Jamaica, o el *Kona* de Hawaii, que se venden en el mercado por dos o tres dólares más por libra. Estamos compitiendo en un mercado escalonado y la evidencia sugiere que los consumidores favorecen la alta calidad. Pero si pudiésemos asegurar la misma calidad a un precio un poco más bajo, atraeríamos a más consumidores.

Por consiguiente, nuestras ganancias aumentarían en relación con el alto número de ventas estimado.

SR. SMILEY: Todo esto suena muy interesante, pero desafortunadamente tengo que ir a otra reunión ahora. ¡Le sería posible reunirse conmigo otra vez? Me gustaría mucho escuchar sus ideas sobre cómo atraer a este segmento del mercado para que compre nuestro café.

SRA. BAILEY: Claro, me encantaría poder darle algunas ideas. ¿Tiene usted una fecha en mente?

SR. SMILEY: ¿Qué tal el próximo lunes a eso de las tres de la tarde?

SRA. BAILEY: Me parece perfecto. Lo apuntaré en mi calendario.

B. NOTES

1. Las siglas *CEO* se refieren a *Chief Executive Officer* o director general/ejecutivo. Es el ejecutivo responsable por las actividades de una compañía.

2. El verbo *to demand* es un "amigo falso" ya que no significa lo mismo que el verbo español "demandar." *To demand* significa "exigir," "requerir" o "pedir en forma imperativa." Cuando en español usamos el verbo "demandar" equivale al verbo inglés *to sue* o a la frase *to file suit,* es decir "entablar un proceso judicial" o "hacer una petición a un tribunal."

3. El estado de *Washington* se encuentra al noroeste del país. Su capital es *Olympia,* y una de sus ciudades más famosas es *Seattle. Seattle* ha sido desde 1971 la capital del café en los Estados Unidos. La famosa compañía *Starbucks,* que hoy en día cuenta con cafés a lo largo y ancho del país, se originó en esta ciudad. El estado cuenta con varios parques naturales, lagos y montañas así como también unas cuantas islas en el Océano Pacífico, que son el lugar favorito de aquellos que disfrutan del camping y la pesca.

4. Hemos visto que cuando *will* se utiliza como un verbo auxiliar sirve para indicar el tiempo futuro. Al utilizarse como un sustantivo puede tener dos significados: "voluntad" o "deseo," y "última voluntad" o "testamento." Algunas expresiones comunes son:

to do something at will	hacer algo por gusto/voluntad
to make one's will	salirse con la suya
	hacer/escribir un testamento
Where there's a will, there's a way.	Querer es poder.

5. *Let's* es la contracción de *let us* y se utiliza cuando se quiere hacer una sugerencia. No tiene traducción exacta pero equivale al uso del imperativo en español.

6. En el mercado de futuros o *futures market* se negocia con mercancía, más que todo productos agrícolas. Las negociaciones se hacen para comprar o vender mercancía, acciones o moneda en el futuro y no al contado *(spot trading)*.

7. Nótese que en inglés, al escribir una cifra utilizando números se utiliza una coma para indicar números enteros y un punto para indicar fracciones.
   Por ejemplo, la cifra cinco mil trescientos cincuenta se escribe:

EN INGLÉS: *5,350*
EN ESPAÑOL: 5.350

   Y la cifra doce dólares y trece centavos:

EN INGLÉS: *$12.13*
EN ESPAÑOL: $12,13

8. *To go for* en este caso quiere decir "valer," pero su significado varía bastante dependiendo del contexto en que se encuentre:

IR A TRAER/IR POR

When does Mary's flight land? If you'd like I'll go for her.
¿Cuando llega el avión de Mary? Si quieres puedo ir por ella.

ATACAR/EMBESTIR

The bull went straight for the man in the red jacket.
El toro embistió al hombre con la chaqueta roja.

PASAR POR

I believe that a classy package can make almost any coffee go for gourmet.
Creo que un empaque con clase puede hacer que casi cualquier café pase por café gourmet.

APROBAR/ACEPTAR

The board of directors will go for a package that is appealing.
La junta de directores aceptará un empaque que sea atractivo.

GUSTARLE A UNO

I think I'll go for this design. It's my favorite.
Creo que me gusta este diseño. Es mi favorito.

INTENTAR/TRATAR

Ms. Bailey proposes that we produce our own gourmet coffee. I say we go for it.
La Sra. Bailey propone que produzcamos nuestro propio café gourmet. Yo opino que lo intentemos.

9. El término *two-tier market* se utiliza para referirse a un mercado escalonado donde hay un segmento de alta calidad y otro de baja calidad para el mismo producto.

C. GRAMMAR AND USAGE

1. *RELATIVE PRONOUNS* (LOS PRONOMBRES RELATIVOS)

a. Forma

Los pronombres relativos son los siguientes:

	SUJETO	OBJETO	POSESIVO
PARA PERSONAS	*who*	*whom/who*	*whose*
	that	*that*	
PARA COSAS	*which*	*which*	*whose/of which*
	that	*that*	

Nótese que en español usamos el pronombre relativo "que" tanto para personas como para cosas. En contraste, la distinción entre los pronombre relativos para personas y cosas en inglés es muy importante.

b. Usos

Los pronombres relativos se utilizan para describir el sustantivo que les precede y distinguirlo de otros sustantivos de la misma clase. Es decir, el pronombre relativo introduce algo importante que define al sustantivo al que se refiere.

El pronombre relativo puede usarse para referirse a un sustantivo:

People are looking for products that have a history.
La gente está en busca de productos que tengan historia.

I suggest we hire a designer who could take care of the package.
Sugiero que contratemos a un diseñador que se encargue del empaque.

Puede también usarse para referirse al objeto del verbo. En el inglés formal, al referirse a una persona se utiliza *whom,* pero en la forma informal se puede utilizar *who/that:*

The man whom I spoke to told me to come back today.
The man who/that I spoke to told me to come back today.
El hombre con el que hablé me dijo que volviera hoy.

This is the coffee that/which caused such a sensation.
Este es el café que causó tanta sensación.

Cuando se trata del objeto de un verbo se puede utilizar *which/that* o ninguno de los dos. En español en cambio el pronombre es obligatorio:

The coffee bean that we planted last year was not good enough to be gourmet.
The coffee bean we planted last year was not good enough to be gourmet.
El grano de café que sembramos el año pasado no fue lo suficiente-mente bueno para ser gourmet.

Cuando el pronombre relativo introduce a un sustantivo que es el objeto de una preposición, la construcción formal es la siguiente:

This is the coffee about which I told you.
Este es el café del que te hablé.

Did you like the woman to who(m) we spoke?
¿Te gustó la mujer con la que hablamos?

Sin embargo es muy común poner la preposición al final y usar *which/that/who(m),* u omitir el pronombre del todo:

This is the coffee that I told you about.
This is the coffee I told you about.
Este es el café del que te hablé.

Did you like the woman who(m) we spoke to?
Did you like the woman we spoke to?
¿Te gustó la mujer con la que hablamos?

El pronombre *whose* [cuyo/a(s)] se utiliza para indicar posesión. Puede utilizarse para referirse tanto a personas como a cosas:

The designer whose sketches I liked lives in San Francisco.
El diseñador cuyos dibujos me gustaron vive en San Francisco.

Our supplier has some new beans whose price per pound is very high.
Nuestro proveedor tiene unos nuevos granos cuyo precio por libra es muy alto.

2. *COORDINATING CONJUNCTIONS* (LAS CONJUNCIONES DE COORDINACIÓN)

Las conjunciones son palabras que se utilizan para ligar dos frases independientes. Como lo hemos dicho anteriormente, una frase que esté formada por un sujeto y un verbo es independiente cuando puede aparecer sola como una oración completa. La lista siguiente muestra las conjunciones y su puntuación en la oración.

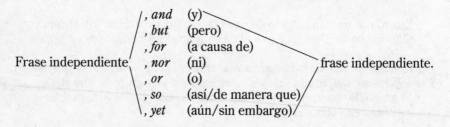

Frase independiente	, and	(y)	frase independiente.
	, but	(pero)	
	, for	(a causa de)	
	, nor	(ni)	
	, or	(o)	
	, so	(así/de manera que)	
	, yet	(aún/sin embargo)	

He says he has about ten tons, and that should be enough to cover the orders of our most important clients.
El dice que tiene más o menos diez toneladas, y eso será suficiente para cubrir las órdenes de nuestros clientes más importantes.

He was running very late, so he called to postpone the meeting.
Estaba muy retrasado, así que llamó para posponer la reunión.

He didn't have enough sugar in stock, yet he managed to fill our order.
No tenía suficiente azúcar almacenada, sin embargo alcanzó a suplir nuestra orden.

3. COORDINATING ADVERBS
(LOS ADVERBIOS DE COORDINACIÓN)

Al igual que las conjunciones, los adverbios de coordinación unen dos frases independientes indicando así su relación.

Consequently,	(consecuentemente)	
Furthermore,	(además)	
However,	(sin embargo)	
Indeed,	(en efecto)	
In fact,	(de hecho)	frase independiente.
Moreover,	(más aún)	
Nevertheless,	(no obstante)	
Then,	(entonces)	
Therefore,	(por lo tanto)	

Se puede substituir el punto y coma por un punto final. En tal caso la conjunción deberá ir en mayúscula ya que se trata de dos oraciones separadas.

I checked with the Department of Commerce, and I was told that the quota won't be filled for another month. Furthermore, the price of sugar is going up and not many people are buying.
Verifiqué con el Departamento de Comercio, y me dijeron que la cuota no se llenará hasta dentro de un mes. Además, el precio del azúcar está subiendo y no hay mucha gente comprando.

Mr. Briz came up with a second excuse for not delivering the coffee on time. Therefore, we canceled our contract with his company.
El Sr. Briz salió con una segunda excusa para no entregar el café a tiempo. Por lo tanto, cancelamos nuestro contrato con su compañía.

4. SUBORDINATING CONJUNCTIONS
(LOS CONJUNCIONES DE SUBORDINACIÓN)

Las conjunciones de subordinación se utilizan para unir una frase independiente con una dependiente (es decir, una frase que por sí misma no es una oración completa). Estas conjunciones pueden estar en la mitad de la oración o al principio. Nótese la diferencia en la puntuación.

	after	(después)		
	although	(aunque)		
	as (as if)	(como/como si)		
	because	(porque)		
	before	(antes)		
	even though	(aunque)		
	if	(si)		
Frase independiente +	*since*	(desde)	+	frase dependiente.
	unless	(a menos que)		
	until	(hasta que)		
	when(ever)	(cuandoquiera)		
	whereas	(puesto que)		
	while	(mientras que)		

After	(después)
Although	(aunque)
As (as if)	(como/como si)
Because	(porque)
Before	(antes)
Even though	(aunque)
If	(si)
Since	(desde) + frase dependiente, + frase independiente.
Unless	(a menos que)
Until	(hasta que)
When(ever)	(cuandoquiera)
Whereas	(puesto que)
While	(mientras que)

We had to reduce our order by 40% because the price of coffee was too high.
Tuvimos que reducir nuestra orden en un 40% porque el precio del café estaba demasiado alto.

Even though Mr. Briz lowered his price by 30%, we decided to cancel our contract with his company.
Aunque el Sr. Briz bajó su precio en un 30%, decidimos cancelar nuestro contrato con su compañía.

D. IDIOMATIC STUDY

ASKING FOR AND GIVING ADVICE
(CÓMO PEDIR Y DAR UN CONSEJO)

Para pedir un consejo o una sugerencia se pueden utilizar las siguientes frases:

Could you give me some advice?
¿Podría darme algún consejo?

Would you be able to recommend something/someone?
¿Podría usted recomendar algo/a alguien?

Do you have any suggestions/recommendations/ideas?
¿Tiene usted alguna sugerencia/recomendación/idea?

I was wondering if you had any suggestions/ideas.
¿Me preguntaba si usted tiene alguna sugerencia/idea?

I'd like your input/opinion (on this).
Me gustaría conocer su opinion sobre esto.

What do you think about _____?
¿Qué piensa usted sobre _____?

Para dar un consejo o sugerencia se pueden utilizar las siguientes frases:

I suggest/recommend _____.
Le sugiero/recomiendo _____.

I'd suggest/recommend that you _____.
Le sugeriría/recomendaría que _____.

I advise you to _____.
Le aconsejo que _____.

If I were you, I would _____.
Si fuera usted, yo _____.

How/What about _____?
¿Qué tal _____?

Let's _____.
No tiene traducción exacta pero equivale al uso del imperativo del verbo.

Why don't we _____?
¿Por qué no _____?

Can I offer you some advice?
  ¿Puedo ofrecerle un consejo?

Don't you think it might be a good idea to _____?
  ¿No cree(s) que sería una buena idea _____?

Have you considered _____?
  ¿Has considerado _____?

Have you thought about _____?
  ¿Has pensado en _____?

  Algunas respuestas son:

That's a good idea!
  ¡Esa es una muy buena idea!

That sounds great!
  ¡Eso suena muy bien!

Why didn't I think of that!
  ¡Por qué no pensé en eso antes!

I hadn't thought about that!
  ¡No se me había ocurrido eso!

That's not a bad idea!
  ¡No es mala idea!

E. STRICTLY BUSINESS

1. *MARKETING* (EL MERCADEO)

El mercadeo es, en términos simples, el movimiento de productos y servicios del fabricante al consumidor para satisfacer la demanda y lograr los objetivos de la compañía. Es decir, se trata de cómo hacer llegar el producto o servicio al consumidor en el lugar y momento en que éste lo desee adquirir, a un precio razonable para el cliente y lucrativo para la empresa. El mercadeo se puede dividir en cuatro partes importantes: producto, precio, colocación y promoción.

El producto es lo que la compañía desea vender. Por lo general esto requiere investigación y desarrollo de un nuevo producto, investigación sobre el mercado potencial, prueba del producto para garantizar su calidad y, finalmente, su introducción al mercado. Hoy en día es el consumidor quien determina lo que se vende y se compra. Una vez que se tiene el producto es necesario llegar al consumidor. Esto se hace por medio de observaciones directas del mercado y de pruebas y ensayos del producto para ver cómo reaccionan los presuntos compradores. También se usan encuestas y sondeos para conocer mejor al cliente y sus necesidades.

Una vez se haya determinado el mercado de un producto, se puede crear una marca para ayudar al consumidor a reconocer la mercancía que se ha puesto en venta. Para que la marca sea una marca comercial o de fábrica en los EE.UU. hay que registrarla ante el gobierno federal. La marca registrada sirve para proteger la identidad de un producto a nivel nacional e internacional.

La compañía debe considerar también el precio de introducción al mercado. Existen tres opciones que se deben tener en cuenta: por encima, igual a y por debajo del precio que los competidores están cobrando. La mayoría de las compañías fijan sus precios con el precio del mercado y venden sus productos o servicios por un precio medio establecido por los principales productores en la industria. Los productores que fijan estos precios son conocidos como líderes. Es importante tener en cuenta que el precio mínimo, o suelo, cubrirá los costos de producción y comercialización para que la compañía no pierda dinero de entrada, y el precio máximo, o techo, será lo que el consumidor está dispuesto a pagar por el producto.

La estrategia para seleccionar el precio del producto es simple: si el producto se vende por un precio bajo, más gente lo comprará; si se vende por un precio alto, el consumidor puede pensar que se trata de un artículo de alta calidad y, por ende, mejor, y lo comprará a cambio de un producto similar más barato; si se vende por un precio promedio, se espera un producto de buena calidad y accesible a todos.

La colocación del producto implica hacer que el producto llegue al consumidor a través de diferentes canales de distribución. La mayoría de las veces se hace del fabricante al mayorista, del mayorista al minorista, y del minorista al consumidor.

Finalmente, el éxito del producto o servicio dependerá de la forma en que se promueva, bien sea en forma personal o a través de medios publicitarios. Un producto o servicio se puede anunciar a nivel local, regional, nacional o internacional, a través de varios medios de difusión: la televisión, la radio, la prensa escrita, los letreros, las carteleras, los catálogos, los concursos, las rebajas, etc. Los anuncios por lo general incluyen una descripción del producto, sus beneficios y a veces un lema llamativo.

2. *VOCABULARY* (VOCABULARIO)

above price	por encima del precio
below price	por debajo del precio
billboard	cartelera
ceiling price	precio de techo
consumer	consumidor
manufacturer	fabricante
price leaders	precios líderes
marketing	mercadeo

placement	colocación
product	producto
promotion	promoción
price	precio
retailer	minorista
rock-bottom price	precio de suelo
sign	letrero
trademark	marca comercial/marca de fábrica
wholesaler	mayorista

EXERCISES

1. *Complete the following sentences using "who," or "whom."* Complete las siguientes oraciones utilizando *who* o *whom.*

    University of Seattle
    Career Services Office

    To __(a)__ It May Concern:

    Please post the following notice:

    We are interested in hiring a graphics designer. Candidates __(b)__ apply for this position should have a Bachelor of Arts degree and credits towards a Master of Arts degree. We are interested in someone __(c)__ has experience with point of purchase design and package design. Anyone __(d)__ is interested should send resume, portfolio and expected salary to:

    Mary Bailey, Manager
    Kophee Inc.
    345 Lincoln Plaza, Suite 12B
    Miami, FL 00456

2. *Fill in the blanks using a coordinating conjunction.* Llene los espacios en blanco utilizando una conjunción de coordinación.

    a. *I'm late because there was an oil spill in the middle of the road, _____ I had a flat tire.*
    b. *We have nothing to worry about, _____ he knows we'll sue him if he doesn't deliver the shipment on time.*
    c. *I tried to call you a couple of times, _____ everytime I got a busy signal.*
    d. *I have a meeting at seven tomorrow morning, _____ I'm going to bed early.*
    e. *He didn't have a degree, _____ he got the job anyway.*

3. *Join the following sentences using a coordinating adverb.* Una las siguientes frases con un adverbio de coordinación.

   a. *I can assure you that we will try to have the shipment in by the end of the month. _____, you understand that our company is not responsible for delays incurred by customs officials.*
   b. *Each country has its own rules and regulations when it comes to importing and exporting. _____, it's best to use the services of companies that specialize in international trade.*
   c. *You will need and import license along with your government's approval of this shipment. _____, before delivering the coffee, we will need to pass customs inspection and receive a sanitation certificate.*
   d. *Once the goods have cleared customs, it will be your responsibility to get them to their final destination. _____, if you'd like, my company could arrange to deliver the goods for a small fee.*

4. *Join the following sentences using a subordinating conjunction.* Una las siguientes frases con una conjunción de subordinación.

   a. *_____ we hear from you within the next week, we'll assume the shipment is ready to be picked up.*
   b. *A nation's trade balance is measured primarily in terms of its import-export activity. _____ imports are greater than exports, a negative trade balance is recorded for that year.*
   c. *_____ an import-export deal is signed, the exporter has to make sure that payment is guaranteed by a bank through a letter of credit.*
   d. *Domestic trade requires very few intermediaries, _____ international trade requires intermediaries to ensure delivery and payment to both parties involved.*

LESSON 19

THE ENVIRONMENT.   El medio ambiente.

A. DIALOGUE

THE OZONE LAYER

Professor Sullivan teaches Environmental Science at the University of North Dakota.[1] His recent lectures[2] have focused on global warming and the atmosphere. Today he has invited Dr. Frances Moor, a well known environmentalist, to be a guest lecturer.

PROFESSOR SULLIVAN: I'd like to introduce a long-time friend and colleague, Dr. Frances Moor, who works for the EPA.[3] She's here today to tell us a little about her efforts to save the ozone layer. Dr. Moor, why don't you give us an idea of exactly what it is you're doing?

DR. FRANCES MOOR: Certainly, Professor Sullivan. But first, I'd like to say that it's a pleasure to be here, and please feel free to ask me questions at any time. As some of you might already know, I spent decades researching the destruction of the ozone layer. Now, however, I've turned my attention toward stopping its destruction. Basically, I do a lot of traveling, mostly to developing countries, and I give lectures on how to eliminate the production and use of chlorofluorocarbons, or CFCs.

STUDENT: What exactly are CFCs?

DR. FRANCES MOOR: These are chemicals commonly used in refrigerators, air conditioners, foam insulation, fast food packaging, cleaning agents, aerosol sprays. These chemicals destroy the shield of ozone gas that protects the earth's atmosphere from the sun's harmful rays.

STUDENT: What are some of the health problems caused by ozone depletion?

DR. FRANCES MOOR: If there is less ozone in the atmosphere, higher amounts of UV radiation are reaching the earth. Exposure to this radiation affects the skin, causing premature aging, wrinkling, and several types of skin cancer. It can also affect the eyes, causing cataracts[4] that can eventually lead to blindness. Excessive UV radiation may also affect the immune system, leaving the body too weak to fight off disease.[5]

STUDENT: As I understand it, it can also affect crops and animals.

DR. FRANCES MOOR: **That's absolutely correct. UV radiation reduces the yield[6] of certain basic crops, such as wheat and soybeans, and can kill plankton and small fish that serve as food for larger fish.**

STUDENT: **So why are you targeting the developing world? Aren't the industrialized nations the ones at fault?**

DR. FRANCES MOOR: **That was the case in the past. But, most industrialized countries are aware of the problem and have taken measures to solve it. You see, in 1985 with the discovery of a hole in the ozone layer over Antarctica,[7] industrialized nations were forced to take matters into their own hands. Two years later, more than two dozen countries met in Canada to sign the "Montreal Protocol," which provided for a fifty percent phase out of CFCs over the next ten years. Developing countries, on the other hand, have not yet become aware of the problem or its danger.**

STUDENT: **I would imagine that since 1985 many non-industrialized countries have already agreed to the Montreal Protocol.**

DR. FRANCES MOOR: **Certainly. Over the last ten years more than sixty countries have joined in the fight against ozone depletion. However, if this is to work, we need the cooperation of every present and potential user.**

STUDENT: **What do you think the chances are that these nations will eventually cooperate?**

DR. FRANCES MOOR: **That's hard to say. There is, in fact, a fund financed by the industrialized nations created to help those countries switch to safer technologies. In all probability, many of these countries will contribute once they realize help is on the way.**

PROFESSOR SULLIVAN: **Well, I'm sure that you all[8] have lots of interesting questions to ask Dr. Moor. But, unfortunately, we're running out of time. However, she'll be having lunch with me later on in the cafeteria. If any of you are interested, you're welcome to join us.**

LA CAPA DE OZONO

El profesor Sullivan enseña Ciencia y el Medio Ambiente en la universidad de North Dakota. Sus últimas conferencias han sido sobre el efecto invernadero y la atmósfera. Hoy ha invitado al Dr. Frances Moor, una conocido ambientalista, para dar una charla.

PROFESOR SULLIVAN: Me gustaría presentarles a un amigo y colega de muchos años, el doctor Dr. Frances Moor, quien trabaja para la Agencia para la protección del medio ambiente. Está aquí para hablarnos un poco sobre sus esfuerzos para salvar a la capa de ozono. Dr. Moor, ¿por qué no nos da una idea sobre lo que usted hace exactamente?

DR. FRANCES MOOR: Como no, professor Sullivan. Pero primero, quisiera decir que es un placer estar aquí, y por favor siéntanse en libertad de hacerme preguntas cuando lo deseen. Como algunos de ustedes ya sabrán, pasé años investigando la destrucción de la capa de ozono. Ahora, sin embargo, he volcado mi atención a detener su destrucción. Básicamente, viajo mucho, más que todo a países en desarrollo y doy conferencias sobre cómo eliminar la producción y el uso de clorofluorocarbonatos, o CFCs.

ESTUDIANTE: ¿Qué son exactamente los CFCs?

DR. FRANCES MOOR: Son químicos comúnmente utilizados en neveras, acondicionadores de aire, aislamiento cón espuma, empaque para comidas rápidas, limpiadores y aerosoles. Estos químicos destruyen la capa de gas ozono que proteje a la tierra de los dañinos rayos del sol.

ESTUDIANTE: ¿Cuáles son algunos de los problemas de salud causados por el agotamiento de la capa de ozono?

DR. FRANCES MOOR: Si hay menos ozono en la atmósfera, mayores cantidades de rayos ultravioleta llegan a la tierra. La exposición a estos rayos afecta la piel causando envejecimiento prematuro, arrugas, y varios tipos de cáncer de la piel. Puede también afectar los ojos causando cataratas que con el tiempo pueden ocasionar la ceguera. El exceso de rayos ultravioleta puede afectar el sistema inmunológico dejando al cuerpo demasiado débil para defenderse de las enfermedades.

ESTUDIANTE: Según entiendo, puede también afectar a los cultivos y a los animales.

DR. FRANCES MOOR: Eso es absolutamente correcto. Los rayos ultravioleta reducen la producción de ciertos cultivos básicos como el trigo y la soya, y pueden matar el plankton y los pequeños peces que sirven de alimento a peces más grandes.

ESTUDIANTE: ¿Por qué está usted dirigiendo su atención a los países en desarrollo? ¿No son acaso las naciones industrializadas las que tienen la culpa?

DR. FRANCES MOOR: Así era en el pasado. Pero la mayoría de los países industrializados están conscientes del problema y han tomado medidas para solucionarlo. Vean ustedes, en 1985, con el descubrimiento de un hueco en la capa de ozono sobre la Antártica, las naciones industrializadas se vieron forzadas a tomar cartas en el asunto. Dos años después, más de dos docenas de países se reunieron en el Canadá para firmar el Protocolo de Montreal por medio del cual se reduciría en un cincuenta por ciento el uso de CFCs durante los siguientes diez años. Las naciones en desarrollo, por otra parte, todavía no han tomado conciencia de su peligro.

ESTUDIANTE: Me imagino que desde 1985 muchos países no industrializados ya se habrán adherido al Protocolo de Montreal.

DR. FRANCES MOOR: Ciertamente. Durante los últimos diez años más de sesenta países se han unido en la lucha contra el debilitamiento de la capa de ozono. Sin embargo, para que esto funcione, necesitamos la cooperación de todos los usuarios presentes y potenciales.

ESTUDIANTE: ¿Es factible que estas naciones cooperen?

DR. FRANCES MOOR: Es difícil decirlo. De hecho, hay un fondo financiado por naciones industrializadas creado para ayudar a esos países a hacer el cambio a tecnologías más seguras. Probablemente, muchos de estos países contribuirán cuando se den cuenta de que existe esta ayuda.

PROFESOR SULLIVAN: Bueno, estoy seguro de que muchos de ustedes tienen cantidades de preguntas interesantes para el doctor Moor. Desafortunadamente, se nos ha acabado el tiempo. Sin embargo, voy a almorzar con él en la cafetería más tarde. Si alguno de ustedes está interesado, nos encantaría que nos acompañara.

B. NOTES

1. El estado de *North Dakota,* ubicado en el centro del país, hacia el norte, en la frontera con el Canadá, está en un territorio conocido como the *Great Plains* o Grandes Llanuras, que comprende además los estados de *Missouri, Oklahoma, Kansas, Nebraska* y *South Dakota.* La capital del estado de *North Dakota* es *Bismarck,* la cual es un centro político importante a orillas del río Missouri.

2. El sustantivo *lecture* es otro amigo falso. Su traducción al español es "conferencia." *To give a lecture* quiere decir "dar una conferencia" o "dar catédra," por lo general a nivel universitario. A nivel informal, se utiliza el verbo *to lecture* con el significado de "regañar" o "dar un sermón." El sustantivo español "lectura" equivale en inglés al sustantivo *reading*.

Professor Sullivan gave a lecture on endangered species.
El profesor Sullivan dio una conferencia sobre especies en peligro de extinción.

The company's president lectured his employees on the waste of paper in the office.
El presidente de la compañía regañó a sus empleados por el desperdicio de papel en la oficina.

3. Las siglas *EPA* corresponden a *Environmental Protection Agency,* o Agencia para la protección del medio ambiente.

4. Es importante notar que en inglés el sustantivo *cataracts* tiene un solo significado que corresponde, al igual que en español, a la enfermedad de los ojos que puede llegar a causar la ceguera. Sin embargo, en español, este sustantivo tiene también el significado de "caida de agua," que en inglés es *waterfall* o *fall,* como en *Niagara Falls* (las Cataratas del Niágara).

5. El sustantivo *disease* (enfermedad) puede confundirse fácilmente con el sustantivo *decease* (muerte) debido a que su ortografía es semejante. En la forma hablada, se diferencian porque la pronunciación de las eses en *disease* es más sonora y vibrante [diziz] que en *decease* [disis], en donde se pronuncian como una ese normal suave.

6. El verbo *to yield* tiene significados diferentes dependiendo del contexto en que se encuentre. En este caso quiere decir "producir como consecuencia del cultivo de la tierra." Pero puede también utilizarse para indicar productividad, especialmente en el sector financiero, "rendir algo debido a una derrota," o "ceder."

We invested our money in funds that yield six percent a year.
Invertimos nuestro dinero en fondos que producen un seis por ciento al año.

In ancient times, it was customary to yield your land and possessions to your enemy if you were defeated in battle.
En tiempos antiguos, era costumbre rendir su tierra y sus posesiones al enemigo si se había perdido la batalla.

7. En 1985, el científico inglés Joe Forman, y sus colegas descubrieron un gigantesco hueco en la capa de ozono sobre la parte británica del Antártico. Se estima que este hueco es más grande que el territorio de los Estados Unidos y es comparable en profundidad a la altura del Monte Everest.

8. En ciertas partes de los Estados Unidos, especialmente en el sureste, se utiliza mucho el pronombre *you* acompañado del adjetivo *all* cuando se dirije la palabra a dos o más personas. Equivale en español al pronombre plural "ustedes/vosotros."

C. GRAMMAR AND USAGE

1. *PHRASAL VERBS* (LOS VERBOS COMPUESTOS)

En inglés existen muchos verbos compuestos, es decir que se forman con una preposición, y que de acuerdo con la preposición que se use cambian de significado. Estos verbos también se conocen con el nombre de *two* o *three-word verbs* (verbos de dos o tres palabras). Dentro de este tipo de verbos existen dos clases: los separables y los inseparables.

a. Verbos compuestos separables

Se dice que un verbo compuesto es separable cuando se puede poner un sustantivo o un pronombre entre el verbo y su preposición.

At the National Conference on the Environment, scientists handed out brochures.
At the National Conference on the Environment, scientists handed brochures out.
En la Conferencia nacional sobre el medio ambiente, los científicos repartieron unos folletos.

Nótese que en el ejemplo anterior el sustantivo *brochure* puede ir después o antes de la preposición.
  Cuando se utiliza un pronombre personal con verbos separables, el pronombre debe ir siempre entre el verbo y la preposición.

At the National Conference on the Environment, scientists handed them out.
En la Conferencia nacional sobre el medio ambiente, los científicos los repartieron.

A continuación se da una lista de algunos verbos compuestos separables:

to ask out	invitar a alguien a salir
to bring about	causar
to bring up	criar/mencionar algo
to call back	devolver una llamada
to call up	llamar por teléfono
to check out	sacar un libro/investigar
to cheer up	animarse
to clean up	limpiar
to cross out	tachar
to cut out	detener una actividad molesta
to drop off	dejar a alguien en un lugar

to figure out	deducir
to fill out	rellenar
to find out	descubrir
to get back	regresar
to give back	devolver
to give up	darse por vencido
to hand in	entregar
to hang up	colgar el teléfono
to keep out	no entrar
to kick out	forzar a alguien a salir
to look over	revisar
to look up	buscar información
to make up	reconciliarse
to pass out	distribuir/desmayarse
to pick out	seleccionar
to pick up	recoger algo/a alguien
to point out	indicar
to put away	guardar
to put back	volver a poner algo en su sitio
to put off	posponer
to put on	ponerse la ropa
to put out	apagar un cigarrillo
to shut off	detener/apagar
to take off	despegar/quitarse la ropa
to take out	invitar a alguien/remover
to take over	tomar control de
to take up	empezar una nueva actividad
to tear up	romper
to think over	pensar algo con detenimiento
to throw away	botar
to turn down	bajar el volumen
to turn in	entregar a alguien a la justicia
to turn off	apagar
to turn out	apagar una luz/llegar a ser
to turn up	aumentar el volumen

The professor didn't give our reports back until the semester was over.
El profesor no nos devolvió nuestros informes hasta que terminó el semestre.

Don't throw that file away! It contains information I need.
¡No botes ese archivo! Contiene información que necesito.

Some nations are passing laws to keep hunters out of certain regions where there are species in danger of extinction.
Algunas naciones están promulgando leyes para evitar que los cazadores entren a ciertas regiones donde hay especies en peligro de extinción.

b. Verbos compuestos inseparables

Como su nombre lo indica, los verbos inseparables deben ir siempre seguidos de su preposición y el pronombre o sustantivo debe ir después de la preposición.

El verbo *to fight off* es un verbo compuesto inseparable. El verbo *to fight* significa "pelear." Al añadírsele la preposición *off,* cambia su significado y quiere decir "defenderse de."

Once the body's immune system is affected, the organism can't fight off disease.
Una vez que el sistema inmunológico del cuerpo se ve afectado, el organismo no puede defenderse de las enfermedades.

A continuación se da una lista de algunos verbos compuestos inseparables:

to call on	visitar
to catch up (with)	ponerse al tanto de algo
to check in	registrarse en un hotel
to check out	salir de un hotel
to come across	encontrarse accidentalmente
to drop by	visitar de improviso
to drop out	retirarse de
to get along	llevarse bien con alguien
to get in	entrar/llegar
to get off	bajarse de un vehículo
to get out of	salir de un lugar/situación
to get over	recuperarse de una enfermedad
to get through	terminar
to go over	repasar/revisar
to grow up	crecer
to keep up	mantenerse al tanto de algo
to look after	cuidar
to look into	investigar
to look out	tener cuidado
to pass away	morir
to put up with	tolerar
to show up	aparecer

*Some biologists believe that the worst damage from oil spills in the ocean will
not show up until years after the accident.*
> Algunos biólogos piensan que los peores daños causados por derrames de petróleo en el oceáno no se notarán sino hasta varios años después del accidente.

*It's hard for non-industrialized nations to keep up with the technological
advances of industrialized countries.*
> Para las naciones no industrializadas es difícil mantenerse al día con los avances tecnológicos de los países industrializados.

*Many times, I come across people who are so interested in wildlife, that they
even adopt and look after wild animals as if they were pets.*
> Muchas veces me he encontrado con gente que está tan interesada en la vida salvaje que hasta han adoptado y cuidan animales salvajes como si fuesen mascotas.

2. *THE SUBJUNCTIVE* (EL SUBJUNTIVO)

El subjuntivo en inglés se forma utilizando la forma simple del verbo. No tiene ni número ni una conjugación diferente para cada tiempo, como en español. Generalmente se utiliza con ciertos verbos o frases seguidas de una cláusula introducida por el pronombre relativo "que" *(that)*.

It is very important that the lecturer arrive at the conference on time.
Es muy importante que el profesor llegue a la conferencia a tiempo.

En el ejemplo anterior el verbo llegar *(to arrive)* está en el subjuntivo.
Las siguientes son algunos verbos y frases que por lo general se utilizan con el subjuntivo:

to demand (that)	exigir (que)
to insist (that)	insistir en (que)
to request (that)	pedir (que)
to ask (that)	preguntar (que)
to suggest (that)	sugerir (que)
to recommend (that)	recomendar (que)
it is important (that)	es importante (que)
it is essential (that)	es esencial (que)
it is imperative (that)	es imperativo (que)
it is necessary (that)	es necesario (que)
it is vital (that)	es vital (que)

Some environmentalists strongly demand that oil be transported in double-tankers to reduce the risk of oil spills in the ocean.

Algunos ambientalistas exigen que el petróleo se transporte en buques-tanque de doble casco para reducir el riesgo de derrames de petróleo en el océano.

It is important that people around the world become aware of the ozone problem.

Es importante que la gente en el mundo entero tenga conciencia del problema del ozono.

It is essential that Congress introduce more bills to tighten restrictions on garbage disposal in the ocean.

Es esencial que el congreso introduzca más proyectos de ley para aumentar las restricciones sobre el despojo de basuras en el océano.

D. IDIOMATIC STUDY

EXPRESSING PROBABILITY/IMPROBABILITY (CÓMO EXPRESAR PROBABILIDAD/IMPROBABILIDAD)

Existen varias frases que se pueden utilizar cuando se desea saber el grado de probabilidad de que algo ocurra.

What do you think the chances are of _____?
¿Es factible que _____?

What's the likelihood/possibility of _____?
¿Qué probabilidades hay de que _____?

Is there a good chance that _____?
¿Existe la posibilidad de que _____?

In all likelihood _____.
In all probability _____.
Muy probablemente/posiblemente.

The chances are very good.
Las probabilidades son muy altas.

There's a chance.
Existe una posibilidad.

It's possible/probable.
Es posible/probable.

It could happen.
Podría suceder.

You never know!
Nunca se sabe.

The chances are not very good.
Las probabilidades no son muy buenas.

The chances are pretty slim.
Las probabilidades son muy pocas.

There's not much chance of that happening.
No hay muchas probabilidades de que eso ocurra.

That isn't very likely.
No es muy posible.

I don't think that will happen.
No creo que eso ocurra.

E. STRICTLY BUSINESS

1. *ENVIRONMENTAL PROTECTION* (LA PROTECCIÓN DEL MEDIO AMBIENTE)

La protección del medio ambiente ha sido una de las mayores preocupaciones de los Estados Unidos durante las últimas decadas. Aunque el movimiento ambientalista comenzó en el siglo XIX, cuando el gobierno federal empezó a protejer el paisaje creando un sistema de parques naturales, no fue sino hasta los años sesenta que el público empezó también a preocuparse. Primero, la gente protestó contra el uso de pesticidas químicos en los cultivos, alegando que se contaminaba el suministro de agua y que se ponía en peligro la salud de aquellos que consumieran esos víveres. Luego la población empezó a preocuparse por la desforestación, el agotamiento de las fuentes naturales de energía, la contaminación ambiental, la lluvia ácida, y los deshechos tóxicos. Muchos lo consideraban algo inevitable y de poca importancia, debido a que cualquier restricción por parte del gobierno sería perjudicial para la economía del país. Sin embargo, la protección ambiental se convirtió en un asunto importante en los años ochenta, cuando los científicos descubrieron un desgaste de la capa de ozono y mostraron su preocupación por lo que se denominó el "efecto invernadero." Ya no se trataba de problemas ambientales individuales que afectaban a ciertas áreas del país solamente. El mundo entero se enfrentaba a dos monstruosos problemas ambientales que amenazaban con alterar significativamente la forma de vida en el planeta.

Los Estados Unidos, al igual que muchos otros países, han empezado a implementar leyes para la protección ambiental para restituir la capa de ozono e invertir el efecto invernadero. Al principio, estas medidas fueron criticadas severamente por muchos políticos y empresarios porque la conservación ambiental trae consigo una reducción a corto plazo en las ganancias de los negocios y la industria. Cualquier ley que obligue a los fabricantes a reducir las emisiones producidas por la quema de combustible significa, para cualquier compañía, una reducción en la producción y por lo tanto una reducción en las ganancias. Más aún, el costo asociado con poner al día las instalaciones de fabricación para así usar fuentes de energía más puras, tales como la energía solar y la hidroelectricidad, es bastante alto y de seguro quebraría a muchas compañías.

A pesar de estas inquietudes económicas, el gobierno de los Estados Unidos estaba comprometido a adoptar algunas de estas importantes leyes ambientales. En la última década, el gobierno ha aprobado una serie de leyes federales que prohíben el uso de clorofluorocarbonos y reducen las emisiones de gases en la atmósfera. En 1990, el entonces presidente George Bush ayudó a patrocinar la ley para un aire más puro o *Clean Air Act*. Esta ley promueve formas innovadoras y económicamente plausibles para controlar la contaminación. Por ejemplo, exige que los fabricantes de gasolina desarrollen un producto que produzca emisiones menos dañinas al ser quemado. También obliga a los fabricantes de automóviles a desarrollar vehículos eléctricos y coches que funcionen con gas natural o alcohol. Además, se está poniendo en efecto un plan para reducir las emisiones de gas sin afectar la economía local de aquellas áreas del país en donde la contaminación ambiental es mayor, como *Los Angeles, Houston* y Nueva York. Finalmente, todas las ciudades tienen la obligación de cumplir con los requisitos federales de ozono para el año 2000.

Es fácil sumar el costo de estas restricciones ambientales. Sin embargo, es imposible evaluar el costo del daño que ocurriría si esas medidas no se adoptaran. Aunque algunas de las leyes parecen dar resultado, el efecto invernadero y el desgaste de la capa de ozono siguen siendo una amenaza ecológica para todo el planeta. Esta amenaza global simplemente demuestra que cualquier desarrollo económico o social que no tome en cuenta los factores ambientales tiene pocas posibilidades de sobrevivir.

2. *VOCABULARY* (VOCABULARIO)

acid rain	lluvia ácida
carbon dioxide	dióxido de carbono
chemical pesticide	pesticida químico
coal	carbón
deforestation	desforestación
environment	medio ambiente
greenhouse effect	efecto invernadero
nature	naturaleza
ozone layer	capa de ozono
poison	veneno
pollution	contaminación
radiation	radiación

ray   rayo
toxic   tóxico
ultraviolet light   luz ultravioleta
waste   desperdicio

EXERCISES

1. *Choose a phrasal verb to complete each sentence and conjugate each verb to agree with its subject.* Escoja un verbo compuesto para completar cada oración y conjugue cada verbo de acuerdo con su sujeto.

| *to give up* | *to wash up* | *to run across* | *to cut off* | *to turn to* |
---

   a. *Many non-industrilized nations believe that they are being asked _____ the benefits of modern technology.*
   b. *Many people don't realize that by _____ CFC-free technolgy, they are improving their quality of life.*
   c. *It is no longer a surprise _____ garbage on the beaches of almost any country in the world.*
   d. *As a result of oil spills, many dead sea lions and other animals have _____ on the shores of the Atlantic Ocean.*

2. *Complete the following sentences using the correct form of the verb in parentheses.* Complete las siguientes oraciones con la forma correcta del verbo en paréntesis.

   a. *It is vital that people _____ (to become) aware of the importance of recycling garbage.*
   b. *Doctor Moor _____ (to visit) several factories in each country and _____ (to give) advice on ways to reduce the use of CFCs.*
   c. *Professor Sullivan asked that each student _____ (to write) a reaction paper to Dr. Moor's lecture.*
   d. *It's important that developing nations _____ (to realize) that non-polluting technologies are far better and cost efficient than the existing technologies.*
   e. *Some industries have _____ (to decide) to follow the EPA's recommendations and have _____ (to switch) to CFC-free technology.*
   f. *A student suggested that the class _____ (to organize) a campaign against air pollution in their neighborhood.*

3. *Complete the following sentences with the appropiate words. The words can be found in the puzzle below.* Complete las siguientes oraciones con las palabras apropiadas. Las palabras se pueden encontrar en la sopa de letras que se da a continuación.

   a. *The less ozone in the _____, the higher the amounts of UV radiation that reaches the earth.*
   b. *Ozone _____ is caused by chemicals found in aerosol _____.*
   c. *Exposure to UV _____ may affect the _____, causing blindness. It may also affect the skin, causing premature _____.*
   d. *It is important that all nations _____ their technolgies to one that is CFC-free.*

R	I	N	P	T	U	L	A	C	D
A	T	M	O	S	P	H	E	R	E
D	E	S	H	U	G	M	Y	T	P
I	L	P	J	I	R	B	E	S	L
A	M	R	O	R	A	C	S	U	E
T	A	A	Z	I	D	A	N	B	T
I	G	Y	F	O	E	O	P	F	I
O	P	S	Q	N	K	L	S	D	O
N	D	A	G	I	N	G	B	R	N

LESSON 20

A NATION OF IMMIGRANTS. Una nación de inmigrantes.

A. DIALOGUE

TOURING ELLIS ISLAND

Lisa and her friend Suzie are from Omaha, Nebraska,[1] and are visiting New York for the first time. After spending a few days sightseeing in Manhattan, they decided to take the ferry across New York Harbor to tour Ellis Island.[2] As the tour group arrives on the island, they are greeted by one of the park rangers.[3]

PARK RANGER: Welcome to Ellis Island National Monument. Before we begin our tour of the main building of the museum, I have to tell you about the Park regulations. No eating, drinking, smoking, or chewing gum is allowed in the museum or exhibit areas. For those of you who would like to tour the park on your own, we have audiotapes available in English, French, German, Italian, and Spanish at the information booth.

LISA: What do you think? Should we tour the island on our own?

SUZIE: No, I'd like to follow the park ranger. It's more fun, don't you think?

LISA: I guess you're right.

PARK RANGER: Ladies, are you with us?

LISA: Yes, wait up! We're coming![4]

PARK RANGER: Ellis Island was originally known to Native Americans[5] as *Kioshk,* or Gull Island. It was purchased by colonist governors from the Native Americans on[6] July 12th, 1630, in exchange for some goods. During the 1700s, the island was used as a base for oyster fishing and a place to execute state criminals by hanging. About the time of the Revolution,[7] the Island was purchased by Samuel Ellis. In the early 1800s, the Ellis family agreed to sell the island to the City of New York for $10,000. As millions of immigrants arrived in New York Harbor throughout the nineteenth century, officials decided they needed a better way to control the immigration process, and the island was designated as an immigration station on April 11th, 1890.[8]

LISA: Someone told me that immigrants were not allowed to get off the arriving ships until they were examined by medical inspectors.

PARK RANGER: That's correct. Ships were anchored in the quarantine area outside the lower bay of New York Harbor. All passengers, except U.S. citizens, were inspected for contagious diseases. Few cabin-class passengers[9] were marked to be sent to Ellis Island for more complete examinations. Steerage passengers,[10] however, were all sent to the island where a doctor quickly examined their face, hair, neck and hands. Two out of every 10 immigrants were detained for further medical inspection. An X was marked on the immigrant's right shoulder if the doctors suspected mental defects, while an X was marked on the left shoulder if they perceived a physical deformity or disease. And if a definite symptom was detected, immigrants were marked with an X with a circle around it.

SUZIE: That sounds awful! How long did these people have to wait on the island?

PARK RANGER: It all depended on the speed at which they were processed. Sometimes it would take a few days. A marked immigrant would undergo additional examinations and would most certainly be deported. Children who were 12 or older were sent back to Europe alone. Children younger than that had to be accompanied by a parent. Many families were forced to split up and decide who would go back and who would stay. If you take a look at this time table here, it shows you the number of immigrants arriving on the island each day. It also shows where these immigrants were originally from.

SUZIE: Check this out,[11] Lisa. In 1905, of 100,000 cabin passengers arriving in New York, only 3,000 had to go through the island for additional examinations. In the same year, 800,000 steerage passengers were examined on the island!

LISA: These pictures are so depressing. I can't stop thinking about what it must've been like. How disenchanting it must have been.

PARK RANGER: But you also have to think about the many immigrants who survived and made something of themselves. This chart here shows you a list of Ellis Island immigrants who became famous.

LISA: Kahlil Gibran, the author of *The Prophet,* is on this list. Wow!

PARK RANGER: And on this side, you can look for people related to you. Let's see, who wants to volunteer?

SUZIE: I do.

PARK RANGER: **What's your last name?**

SUZIE: **McKenzie.**

PARK RANGER: **That's a Scottish name, isn't it?**

SUZIE: **Sure is.**

PARK RANGER: **Well, let's look it up on this chart. As you can see, there are several McKenzies who came in at different times.**

LISA: **Neat!** [12] **Maybe we should try to trace your ancestors!**

PARK RANGER: **You can if you want. At the end of this visit we'll tell you how to trace your ancestors and find out if any came through the island. In the meantime, let's proceed to the theater. We're going to watch a thirty-minute film called** *Island of Hopes/Island of Tears,* **in which you will hear the accounts** [13] **of several people who pulled up their roots and came to the United States in search of their dreams.**

UN RECORRIDO POR LA ISLA ELLIS

Lisa y su amiga Suzie son de Omaha, Nebraska, y están visitando Nueva York por primera vez. Después de pasar unos días paseando por Manhattan, ellas deciden tomar el ferry a través de la bahía de Nueva York y hacer una excursión a Ellis Island. Cuando el grupo de visitantes llega a la isla, una de las guardabosques les da la bienvenida.

GUARDABOSQUES: Bienvenidos al museo nacional de Ellis Island. Antes de comenzar el recorrido por el edificio principal, es necesario que les informe sobre las reglas del parque. No está permitido comer, beber, fumar o mascar dentro del museo o las áreas de exhibición. Para aquellas personas que deseen hacer el recorrido por su cuenta, tenemos cintas de audio disponibles en inglés, francés, alemán, italiano y español en el mostrador de información.

LISA: ¿Qué piensas? ¿Crees que debemos hacer el tour por nuestra cuenta?

SUZIE: No, me gustaría seguir a la guardabosques. Es más divertido, ¿no lo crees?

LISA: Tal vez tengas razón.

GUARDABOSQUES: ¿Señoritas, vienen con nosotros?

LISA: ¡Sí, esperen! ¡Ya vamos!

GUARDABOSQUES: Originalmente los indígenas se referían a Ellis Island con el nombre de *Kioshk,* o isla de gaviotas. Fue comprada por gobernadores de la colonia el 12 de julio de 1630 a cambio de mercancía. Durante el siglo XVIII, la isla se utilizó como una base para la pesca de ostras y como lugar para ahorcar a criminales del estado. Más o menos durante la época de la independencia, la isla fue comprada por Samuel Ellis. A comienzos del siglo XIX, la familia decidió vender la isla a la ciudad de Nueva York por US $10.000. Debido a los millones de inmigrantes que llegaron al puerto de Nueva York durante el siglo XIX, los funcionarios decidieron designar la isla como estación para inmigración el 11 de abril de 1890.

LISA: Alguien me contó que los inmigrantes no podían abandonar los barcos en que llegaban hasta no ser examinados por inspectores médicos.

GUARDABOSQUES: Sí, es correcto. Los barcos anclaban en el área de cuarentena en las afueras de la bahía del puerto de Nueva York. Todos los pasajeros, con excepción de los ciudadanos estadounidenses, eran examinados para determinar enfermedades contagiosas. Muy pocos de los pasajeros de primera y segunda clase eran marcados para ser enviados a la isla para exámenes más completos. En cambio, todos los pasajeros de tercera clase eran enviados a la isla, donde un médico les examinaba la cara, el cabello, el cuello y las manos. Dos de cada diez inmigrantes eran detenidos para ser examinados con más detenimiento. Se les maracaba una X en el hombro derecho si el médico sospechaba que la persona tenía defectos mentales, se les marcaba una X en el hombro izquierdo si se percibía una deformidad o enfermedad. Y si se había detectado un síntoma definido, los inmigrantes eran marcados con una X dentro de un círculo.

SUZIE: ¡Eso suena espantoso! ¿Cuánto tiempo tenían que esperar en la isla?

GUARDABOSQUES: Todo dependía de la rapidez con la que se les procesara. Algunas veces se demoraban días. Un inmigrante que estuviera marcado tendría que pasar otros exámenes y muy seguramente sería deportado. Los niños mayores de doce años eran enviados de regreso a Europa solos. Los niños menores de doce años tenían que ser acompañados por uno de los padres. Muchas familias se vieron forzadas a separarse y decidir quien se quedaría y quien se devolvería. Este cuadro muestra el número de inmigrantes que llegaba a la isla cada día. También indica de donde provenía cada uno.

SUZIE: Mira esto, Lisa. En 1905, de los 100.000 pasajeros de primera clase que llegaron a Nueva York, solamente 3.000 tuvieron que pasar por la isla para ser examinados. En el mismo año, ¡800.000 pasajeros de tercera clase fueron examinados en la isla!

LISA: Estas fotografías son tan deprimentes. No puedo dejar de pensar cómo debe haber sido. Debe haber sido una experiencia muy desencantadora.

GUARDABOSQUES: Pero usted debe también pensar en aquellos inmigrantes que sobrevivieron e hicieron algo de sí mismos. En este cuadro hay una lista de aquellos inmigrantes que pasaron por *Ellis Island* y llegaron a ser famosos.

LISA: Kahlil Gibran, el autor de *El Profeta,* está en esta lista. ¡Increíble!

GUARDABOSQUES: Y a este lado, pueden buscar a sus familiares. A ver, ¿quién quiere ser un voluntario?

SUZIE: Yo quiero.

GUARDABOSQUES: ¿Cuál es su apellido?

SUZIE: McKenzie.

GUARDABOSQUES: Ese es un apellido escosés, ¿no es verdad?

SUZIE: Sin duda alguna.

GUARDABOSQUES: Bueno, pues busquemos en este cuadro. Lo ven, hay varios McKenzies que llegaron en diferentes épocas.

LISA: ¡Fascinante! ¡Talvez deberíamos tratar de buscar a tus antepasados!

GUARDABOSQUES: Pueden hacerlo si así lo desean. Al final de esta visita les diremos como buscar a sus antepasados y saber si alguno pasó por esta isla. Mientras tanto, pasemos al teatro. Vamos a ver una película de treinta minutos llamada *Isla de Esperanza/Isla de Lágrimas,* en la cual escucharan las historias de varias personas que dejaron sus raíces para venir a los Estados Unidos en busca de sus sueños.

B. NOTES

1. El estado de *Nebraska* está en el centro del país, en lo que se conoce como *the Great Plains,* una zona de grandes praderas al este de las Montañas Rocosas. Su capital es *Lincoln,* y una de sus principales ciudades es *Omaha,* centro del comercio y la industria. En *Omaha* se encuentra el parque zoológico *Henry Doorly,* el museo *Western Heritage,* donde se exhibe el primer biplano que atravesó América del Norte, y *Boys Town,* el primer pueblo en el país creado y diseñado especialmente para los niños.

2. *Ellis Island* se encuentra en el puerto de Nueva York. La isla se puede visitar durante todo el año de 9:30 A.M. a 5:00 P.M. y durante el verano hasta entrada la noche. Para llegar a la isla hay que tomar el ferry que sale de *Battery Park* en *Manhattan. Ellis Island* es famosa porque sirvió como puerto de entrada y centro de detención y deportación de immigrantes desde 1892 hasta 1954.

3. La mayoría de los parques de conservación natural y varios monumentos como *Ellis Island* son patrullados y cuidados por guardabosques o *park rangers*.

4. Por lo general los verbos *to come* (venir) y *to go* (ir) se utilizan de la misma forma en inglés y en español. Nótese, sin embargo, que en la traducción de la frase en el diálogo los verbos se han invertido. Es decir que el equivalente en español de *to come* en este contexto y únicamente con este sentido es "ir":

We're coming!　　　　　　　　¡Ya vamos!
—Suzie, hurry up!　　　　　　—¡Suzie, apúrate!
—Yes, I'm coming!　　　　　　—¡Sí, ya voy!

5. Se conoce como *Native Americans* a los indígenas que vivían en América del Norte antes de ser colonizada. El término se sigue utilizando para referirse a los descendientes de este grupo étnico.

6. La preposción *on* se utiliza con días y fechas; en español en cambio utilizamos el artículo definido:

I went to Ellis Island on Monday.
Fui a Ellis Island el lunes.

I'm going back to Omaha on March 16th.
Regresaré a Omaha el dieciséis de marzo.

7. En 1776 los Estados Unidos proclamaron su independencia como resultado de la revolución en contra del imperio inglés.

8. La isla abrió sus puertas oficialmente el primero de enero de 1892. El 14 de junio de 1894 la mayoría de los edificios fueron destruidos por un incendio en el que afortunadamente no hubo víctimas. Fue reconstruida, y en 1917 reabrió sus puertas para ser utilizada como centro de detención para enemigos extranjeros y como centro de procesamiento y deportación de inmigrantes hasta 1954. La isla permaneció cerrada hasta el 10 de septiembre de 1990, cuando abrió sus puertas como monumento nacional.

9. Los pasajeros de primera y segunda clase, o *cabin passengers,* generalmente pagaban grandes sumas de dinero por su boleto y eran examinados y procesados en el barco por un oficial de inmigración antes de ser transferidos inmediatamente a Nueva York.

10. Los pasajeros de tercera clase, o *steerage passengers* eran en cambio llevados a la isla, donde tenían que pasar otra serie de exámenes físicos y donde eran entrevistados por un intérprete.

11. El verbo *to check out* tiene diferentes significados dependiendo del contexto en que se utilice. En el contexto de diálogo se utiliza en una forma muy informal y coloquial para decir "¡Mira esto!" Por lo general se utiliza para significar el hecho de pagar la cuenta y partir de un hotel o un hospital.

Mary checked out of the hotel this morning.
Mary pagó la cuenta del hotel y se fue esta mañana.
Se utiliza también al llevar prestado libros de una biblioteca.

My daughter keeps checking out books from the library without remembering to return them.
Mi hija se pasa sacando libros de la biblioteca sin acordarse de devolverlos.

12. El adjetivo *neat* al utilizarse en esta forma coloquial expresa aprobación y deleite. Normalmente es un adjetivo que significa "puro," "sin mezcla," "pulcro" o "nítido."

13. El sustantivo *account* se utiliza para designar cuentas bancarias, como: *savings account* (cuenta de ahorros), *checking account* (cuenta corriente), pero también significa "cuento" o "narración." Existen también otras expresiones muy populares en las que se utiliza este sustantivo:

on account of	a causa de, a favor de
on no account	de ninguna manera
on one's own account	por su propia cuenta
to give an account of	dar cuenta de
to make little account of	no hacer mucho caso de
to settle an account	pagar/saldar una cuenta

C. GRAMMAR AND USAGE

1. *CAPITALIZATION* (EL USO DE LAS MAYÚSCULAS)

Las mayúsculas, al igual que en español, se utilizan para indicar el comienzo de una oración y con nombres propios. Sin embargo, en inglés se usan con más frecuencia en varios casos específicos.
El pronombre sujeto de la primera persona singular siempre se escribe con mayúscula sin importar el lugar que ocupe dentro de la oración.

No, I'd like to follow the guide.
No, yo quiero seguir al guía.

Se deben escribir con mayúsculas los sustantivos que denoten lo siguiente:

a. Nacionalidad

That's a French name, isn't it?
Ese es un apellido francés, ¿no es verdad?

b. Religión

A great number of the people who live in the northeast are Catholic.
Una gran parte de la gente que vive en el noreste es católica.

c. Raza

Ellis Island was originally known to Native Americans as Kioshk, *or Gull Island.*
Los indígenas norteamericanos conocían a Ellis Island con el nombre de *Kioshk,* o Isla de Gaviotas.

d. País/Ciudad

Lisa and her friend Suzie, who are from Omaha, Nebraska, are visiting New York for the first time.
Lisa y su amiga Suzie son de Omaha, Nebraska y están visitando Nueva York por primera vez.

e. Mes/Día de la semana

It was later bought by the City of New York and designated as an immigration station on April 11, 1890.
Más tarde fue comprada por la ciudad de Nueva York y designada como una estación para inmigración el 11 de abril de 1890.

f. Días festivos

Thanksgiving is a traditional holiday in the United States.
El día de acción de gracias es un día festivo tradicional en los Estados Unidos.

g. Idioma

We have audiotapes available in English, French, German, Italian, and Spanish.
Tenemos cintas de audio disponibles en inglés, francés, alemán, italiano y español.

Se utilizan las mayúsculas con los siguientes sustantivos *únicamente* cuando funcionan como nombres propios:

Calles: *Main Street*
Edificios: *Chrysler Building*
Organizaciones: *United Nations*
Hechos históricos: *World War I*
Títulos: *Professor Sullivan*
Sustantivos que indiquen una relación familiar: *Dad*
Monumentos: *Statue of Liberty*

During the Revolution, the island was purchased by Samuel Ellis.
Durante la revolución la isla fue comprada por Samuel Ellis.

We saw Professor Rodriguez at Silver Hall, where he was delivering a talk on the Spanish Civil War.
Vimos al profesor Rodríguez en el edificio Silver, donde estaba dando una charla sobre la guerra civil española.

I think Aunt Lisa might be able to give us some information on my family's history.
Creo que la tía Lisa nos puede dar información sobre la historia de la familia.

The United Nations is a world organization.
Las Naciones Unidas es una organización mundial.

Se usan las mayúsculas con sustantivos como norte, sur, este y oeste solamente cuando indican un lugar geográfico. Cuando se usan para indicar la dirección se usan las minúsculas.

The tourists went to the South for their winter vacation.
Los turistas fueron al sur en sus vacaciones de invierno.

Go south on this road for three miles.
Siga hacia el sur por esta carretera por tres millas.

Se usan las mayúsculas con los nombres de materias académicas cuando se refieren a un curso específico con nombre y número o cuando indican el título del curso:

Last semester, I took Psychology 101.
El semestre pasado tomé el curso de psicología 101.

Have you ever studied psychology?
¿Has estudiado psicología alguna vez?

I just finished my History of Western Art final exam.
Acabo de terminar el examen final de Historia del Arte
Occidental.

2. *PREFIXES* (LOS PREFIJOS)

Los prefijos son afijos o partículas que se añaden al comienzo de una
palabra alterando su significado. Los prefijos más comúnes en
inglés son:

PREFIJO	SIGNIFICADO	EJEMPLOS
bi-	dos	*bilateral, biweekly*
co-, com-, con-, col-	con, junto	*coexist, commutable, conjuntive, collateral*
ex-, e-, ef-	afuera, lejos de	*eccentric, egress, efface*
in-, im-	en, dentro	*indoors, immigrate*
in-, il-	no	*indubitable, illogical*
intro-, intra-	hacia adentro	*introduce, intravenous*
mis-	malo, pobremente, no	*misinterpret, misunderstand*
non-	no	*nonviable, nonstop*
over-	sobre, excesivamente	*overpay, overproduce*
post-	después	*postpone, postmeridian*
pre-	antes	*premeditate, prenatal*
pro-	a favor de, en lugar de	*proclaim, pronoun*
re-	otra vez, hacia atrás	*recapture, recoil*
un-	no, inverso de	*unfold, undo*

3. *SUFFIXES* (LOS SUFIJOS)

Los sufijos son también afijos que se añaden al final de una palabra.
Existen dos tipos de sufijos: los que tienen un oficio gramatical pero
que no alteran el significado de la palabra, como las terminaciones en
la conjugación de un verbo (*-s, -es, -ed, -ing* etc.), y los que sí alteran el
significado de la palabra. Cuando un sufijo cambia el significado de la
palabra, por lo general cambia también su función gramatical. De ahí
que los sufijos sirven también para clasificar las palabras de un idioma.
Los sufijos más comúnes en inglés son:

a. Sustantivos

Los siguientes sufijos indican un proceso, estado, rango, condición o cualidad:

SUFIJO	EJEMPLOS
-age	*passage, bondage*
-ance	*alliance, acceptance*
-ate	*delegate, primate*
-ation	*communication, accusation*
-cy	*literacy, accuracy, excellency*
-dom	*kingdom, freedom*
-ence	*evidence, patience*
-ion, -tion	*duration, creation, union*
-ment	*punishment, entertainment*
-ness	*emptiness, fullness*
-tude	*solitude, multitude*
-ty	*novelty, inactivity*
-ure	*culture, signature,*
-y	*jealousy, jewelry*

Los siguientes sufijos tienen otros significados:

SUFIJO	SIGNIFICADO	EJEMPLOS
-ee	alguien que recibe la acción	*addressee, employee*
-er	nativo de, ejecutor de una acción	*butcher, murderer, foreigner*
-ess	femenino	*waitress, princess, actress*

b. Adjetivos

SUFIJO	SIGNIFICADO	EJEMPLOS
-able/-ible	capaz, probable	*probable, audible, capable*
-en	hecho de, como	*wooden, golden*
-ful	lleno, marcado por	*vengeful, beautiful*
-ish	que sugiere, como	*stylish, foolish*
-less	sin	*tastless, fearless*
-ly	de naturaleza de	*friendly, possibly*
-ous	marcado por	*famous, religious*
-some	capaz de, que muestra	*fearsome, tiresome, lonesome*
-ward	en la dirección de	*forward, toward, backward*

c. Sustantivos y/o Adjetivos

SUFIJO	SIGNIFICADO	EJEMPLOS
-al	ejecutor de una acción	*rival, animal, autumnal*
-an	perteneciente a	*Asian, human*
-ant	agente	*peasant, servant*
-ary	perteneciente a	*penitenciary, primary*
-ese	de un lugar o estilo	*Japanese*
-ile	marcado por	*juvenile, sterile*
-ine	que tiene que ver con	*genuine*
-ory	perteneciente a	*accessory, contributory*

d. Verbos

SUFIJO	SIGNIFICADO	EJEMPLOS
-en	causar	*harden, lighten*
-ate	formar, tratar	*cultivate, formulate*
-esce	crecer, continuar	*convalesce, acquiesce*
-fy	hacer, causar	*nullify, magnify*
-ish	hacer, llevar a cabo	*punish, finish*
-ize	hacer, causar	*modernize, capitalize*

D. IDIOMATIC STUDY

ASKING SOMEONE TO REPEAT SOMETHING
(CÓMO PEDIR A ALGUIEN QUE REPITA ALGO)

Las siguientes frases son útiles cuando es necesario pedirle a alguien que repita lo que ha dicho:

FORMAL

Would/Could you please repeat that?
¿Podría usted repetir eso, por favor?

Could you say that again, please?
¿Podría usted decir eso otra vez por favor?

Would you mind saying that again?
¿Le molestaría decir eso otra vez?

Would you mind repeating that?
¿Le molestaría repetir eso?

Could you please repeat the last two instructions/directions?
¿Podría usted repetir las dos últimas instrucciones?

I'm sorry, could you run that by me again?
Disculpe, podría usted decir eso otra vez?

I'm afraid I forgot what you just said.
Me temo que olvidé lo que usted acaba de decir.

Sorry, I didn't hear you.
Disculpe, pero no le escuché.

I didn't (quite) catch that.
No alcancé a escuchar lo que dijo.

I didn't get that.
No escuché lo que dijo.

I missed that.
No comprendí lo que dijo.

I'm lost.
Me siento perdido.

I'm afraid I'm not following you.
Me temo que no estoy entendiendo lo que usted está diciendo.

Run that by me again?
¿Podría usted decir eso otra vez?

What was that?
¿Qué dijo?

Excuse me, what did you say?
Disculpe, ¿qué fue lo que dijo?

E. STRICTLY BUSINESS

1. *HISPANICS IN THE U.S.* (LOS HISPANOS EN LOS EE.UU.)

Los Estados Unidos ha sido siempre un país de inmigrantes. Hasta 1965 la mayoría era de origen europeo. Ingleses, franceses y alemanes fueron los primeros, y luego los irlandeses, los italianos y los judíos. Hoy en día los inmigrantes de origen asiático forman casi la mitad de las 570.000 personas que entran al país legalmente cada año. Los latinoamericanos, en su mayoría mexicanos, representan el otro 40%, mientras que sólo un 5% son de origen europeo. Al país llegan anualmente entre 300.000 y 500.000 personas ilegales, la mayoría de ellos cruzando la frontera con México por el Río Grande.

Esta nación de inmigrantes está siendo modificada cultural, social, y económicamente por esta nueva ola de extranjeros. En Los Angeles, por ejemplo, hay más de 50 publicaciones diarias, semanales y mensuales que atienden a las exigencias de lectores del tercer mundo. Existen tres periódicos en español, el más antiguo fundado en 1925, seis en chino, cuatro en coreano, tres en vietnamita, cuatro en inglés para lectores filipinos y dos con artículos escritos especialmente para la población hindú, para nombrar algunos. Uno de los sectores de la ciudad donde circulan publicaciones en persa y farsi se ha denominado "Irangeles." Casi la mitad de los immigrantes que llegan a California se establece en la parte sur del estado, que cuenta hoy en día con más o menos 13 millones de personas.

La ciudad de Nueva York se conoce como el *"melting pot,"* donde un cuarto de los 8 millones de residentes son de origen extranjero. Cada grupo étnico forma su propia comunidad, y así los coreanos son los propietarios de la mayoría de los puestos de ventas de frutas y verduras, mientras que los hindúes son los que operan la venta de periódicos. En Brooklyn, el sector de Brighton Beach es el hogar de miles de rusos, mientras que en Queens se encuentra la colonia más grande de latinoamericanos, especialmente colombianos.

Miami, la capital económica de América Latina, es otra ciudad en donde los residentes hablan varios idiomas diferentes. Aproximadamente 800.000 cubanos viven en el área, así como también gran cantidad de nicaragüenses y salvadoreños. A ellos se suman los miles de haitianos que en años recientes se han refugiado en este estado.

Muchos de estos "nuevos inmigrantes" viven en condiciones muy difíciles, trabajando en fábricas con salarios mínimos, especialmente en ciudades como Los Angeles y Nueva York. Trabajan lavando platos en restaurantes, como taxistas, en fincas cultivando la tierra, o lavando pisos en casas de familia. Trabajan largas horas con la esperanza de alcanzar el sueño americano, enfrentándose en muchas ocasiones a la intolerancia de una mayoría blanca y la discriminación racial. Muchos estadounidenses opinan que los inmigrantes son una carga para la sociedad. Se han tratado de aprobar leyes como la 187 de California, por medio de la cual se le negaría el derecho a la educación y a los servicios de salud a cualquier persona que estuviera en el país ilegalmente. Muchos estados multan duramente a aquellos empleadores que contraten a trabajadores ilegales, y se ha llegado a plantear la posibilidad de prohibir el uso de cualquier idioma que no sea el inglés en lugares públicos.

Muchos sociólogos opinan sin embargo que por definición el inmigrante es por lo general ambicioso, trabajador, y que a la larga contribuirá positivamente a la sociedad. La variedad en costumbres, creencias, culturas y opiniones de los habitantes de este país es lo que mantiene a esta nación en una constante batalla por la igualdad y la libertad.

UNOS DATOS INTERESANTES SOBRE LOS HISPANOS EN LOS EE.UU.

Hoy los hispanos forman el 10% de la población de los EE.UU. Para el 2020 formarán el 16%. Nótese los cambios en la mezcla racial y étnica en los EE.UU.

	WHITE	BLACK	HISPANIC	ASIAN, PACIFIC ISLANDER	AMERICAN INDIAN, ESKIMO
1995	82.9	12.6	10.2	3.7	0.8
2000	81.9	12.8	11.3	4.4	0.9
2005	80.9	13.1	12.4	5.1	0.9
2010	80.0	13.4	13.5	5.7	0.9
2020	78.2	13.9	15.7	7.0	0.9

Los cambios raciales y étnicos cambian los negocios: California se clasifica como el primero en negocios con propietarios latinos. Pero en cuanto a firmas latinas como porcentaje de los negocios en total en los EE.UU. es el cuarto.

Total Latino Firms

State	Number	Receipts (billions)
California	249,717	$19.6
Florida	118,208	16.1
Texas	155,909	11.8
New York	50,601	4.7
New Jersey	22,198	2.8
New Mexico	21,586	1.5
Illinois	18,368	2.0
Arizona	17,835	1.3
Colorado	13,817	1.2
Virginia	7,654	1.0

Latino Firms as % of Total Firms

State	Latino firms as % of total	Latinos as % of population
New Mexico	20.1%	38.9%
Texas	12.4	28.5
Florida	11.8	12.9
California	11.1	27.0
Arizona	7.2	19.6
Nevada	4.4	11.2
New York	4.4	13.1
New Jersey	4.3	10.3
Colorado	4.3	13.2
D.C.	4.1	6.0

Source: Census Bureau, Commerce Department

2. VOCABULARY (VOCABULARIO)

census	censo
cross-cultural awareness	conciencia transcultural
ethnic group	grupo étnico
green card	tarjeta de residente
immigrant	inmigrante
illegal alien	indocumentado/a
intolerance	intolerancia
racial	racial
refugee	refugiado
to deny	negar

EXERCISES

1. *The following paragraphs have several errors in capitalization. Please correct them.* El siguiente párrafo tiene varios errores en el uso de las mayúsculas. Por favor corríjalos.

THE STATUE OF LIBERTY

the statue of liberty is located on liberty island in new york harbor. It was designed by frédérique-auguste bartholdi, a french sculptor and painter. The interior framework was designed by famed engineer alexandre-gustave eiffel, who also designed the eiffel tower in paris.

The two designers wanted to present the statue to the united states on july 4, 1876, in honor of the country's centennial. An appeal for funds to underwrite the cost of creating the statue was launched in french newspapers in september 1875. elaborate fund-raising events were organized, including a banquet at the grand hotel de louvre; and a gala benefit performance of a new liberty cantata by french composer charles gounod at the paris opera. Unfortunately, not enough money was collected to complete the statue by the anticipated date. On july 4 1876, bartholdi visited the site where the statue would be placed. The tiny island was then known as beldoe's island. Eighty years later, in 1956, its name was officially changed to liberty island. In august of that year, the 30-foot arm of the statue arrived in philadelphia, where it was exhibited.

2. *Fill in the blank with the appropriate prefix.* Llene el espacio en blanco con el prefijo apropiado.

   a. *Many immigrants who didn't speak English, _____ understood what officials said to them.*
      non-   contr-   mis-   un-
   b. *Some immigrants were _____ capable of leaving letting their loved ones go back alone.*
      un-   in-   non-   im-
   c. *Immigrants learned to _____ exist with people from different parts of the world.*
      over-   pro-   contra-   co-
   d. *It seems _____ logical that doctors would only examine steerage passengers.*
      dis-   il-   non-   sub-
   e. *Officials would often _____ spell people's last names.*
      over-   post-   dis-   mis-
   f. *Although the whole operation was _____ seen by government officials, a lot of _____ legal transactions were happening.*
      inter-   non-   mis-   over-
      il-   post-   non-   pro-

3. *Fill in the blank with the appropriate sufix.* Llene el espacio en blanco con el sufijo apropiado.

   a. *Most immigrants waited for hours in the dark _____ (-ful, -ness, -less, -ment), and damp _____ (-ful, -ness, -less, -ment) of the immigration station.*
   b. *Their disappoint _____ (-ing, -ful, -ment, -ance) began when they realized that it would be days, maybe even weeks, before they would be allowed to leave the island.*
   c. *Many immigrants were thank _____ (-less, -some, -ful, ness) when they saw the island, thinking their trip was final _____ (-ly, -ized, -some, -ment) over.*
   d. *I'm sure many people who came through the island were hope _____ (-less, -some, -ful, ness), but many also felt help _____ (-less, -some, -ful, ness) because they were all alone in a strange country.*

READING IV

YOU HATE WHEN THEY CALL, BUT THEIR STOCKS LOOK GOOD *
BY SANA SIWOLOP

The phone call always seems to come just as you are sitting down to dinner or turning on your favorite TV show. A relentlessly cheery voice interrupts your evening to doggedly hawk a new credit card, a long distance carrier or, say, T-bone steaks delivered right to your door.

Even if the customer in you recoils from such pitches, the investor in you may want to take note. The telemarketing business is booming, and for the handful of companies that have gone public in the last year, the stocks are soaring. . . .

It doesn't take a marketing wizard to spot what is buoying the stocks. American companies now spend almost $80 billion a year on tele- marketing chores—almost triple what they did a decade ago—and the growth continues at 10% a year.

Most big companies . . . used to handle their own telemarketing. But with corporations shrinking, these chores are increasingly farmed out to . . . independent telemarketing companies, which say they have lower cost and more expertise. The practice, called outsourcing, now accounts for only 5% of the telemarketing business, but that segment is growing 50 to 75 percent a year.

. . . Of course, the potential for skyrocketing earnings does not come with- out risk. These stocks are best suited to investors comfortable with strato- spheric price-to-earnings ratios perhaps 50 times estimated 1997 earnings. Aggressive growth stocks with numbers like that could tumble into the cellar if the stock market entered a prolonged slump.

To get a fix on telemarketing stocks, investors may need to discard some of their assumptions about the industry.

People outside the industry, Ms. Pettirossi said, tend to view it as relatively low tech—"a lot of people sitting around in rooms with phones"—as well as "a little shady." In fact, she said, the newly public companies are technology intensive, operating sophisticated information systems that capture data efficiently and limit intrusive calls to con- sumers.

* El articulo completo apareció originalmente en el *New York Times* en la edición del 25 de Agosto de 1996. Estos pasajes fueron impresos nuevamente con autorización del autor, Sana Siwilop, y del *New York Times*.

VOCABULARY

aggressive growth stock	crecimiento agresivo de una acción
assumption	suposición
to buoy	dar valor
to capture	capturar
to discard	deshechar
doggedly	obstinadamente
efficient	eficiente
to farm out	dar en contrato/ceder
to go public	hacer público
to hawk	arrancar
intrusive	intrusión
outsourcing	sacar de su fuente
pitch	propaganda
price-to-earnings ratio	relación precio/beneficio
prolonged	prolongado
to recoil	rechazar
relentless	implacable
segment	segmento
to skyrocket	elevar súbitamente
to soar	subir desmesuradamente
sophisticated	sofisticado
stratospheric	estratosférico
to tumble	caer
wizard	genio

REVIEW QUIZ 2

A. *Complete the following dialogue with the infinitive or the gerund of the verb in parentheses.*

AN INTERVIEW WITH SPIKE LEE

Reporter: Of all the past decade's films yours have been the one's __(1)__ (receive) the most attention. Why is that?

Spike Lee: Well, I try __(2)__ (make) films that are thought provoking and at the same time entertaining.

Reporter: Your films have put "race relations back on the agenda."

Spike Lee: That's right. There are far too many people __(3)__ (walk) around __(4)__ (think) that racism is a thing of the past.

Reporter: How did you get into __(5)__ (direct)?

Spike Lee: I started __(6)__ *(make)* films a while back. It was a kind of one-man band. You were the one __(7)__ *(come up)* with the idea in the beginning and in the end you were the one __(8)__ *(cut)* it as well. I've always had __(9)__ *(write)*, direct and edit everything myself.

Reporter: Do you like the management side of __(10)__ *(direct)*?

Spike Lee: I enjoy __(11)__ *(do)* both. I think you have __(12)__ *(know)* both in order __(13)__ *(make)* adjustments, assess priorities, and better execute your ideas.

Reporter: Do you feel under pressure __(14)__ *(repeat)* the success of *say* Do the Right Thing *or* Jungle Fever?

Spike Lee: I think the key is not __(15)__ *(attempt)* __(16)__ *(duplicate)* that success. I'm __(17)__ *(go)* __(18)__ *(continue)* to follow my instincts. You can't force lightning __(19)__ *(strike)* in the same place twice. I'll keep __(20)__ *(do)* my best. I know that at some point I'll make a better film, but it may take a while.

B. *Change the following sentences to the negative form. Use the appropriate frequency adverb when necessary.*

1. *When she was a child, she was almost always sick.*
2. *The President has vetoed several bills.*
3. *Nancy has lived in Paris for ten years.*
4. *I need some help.*
5. *Yesterday at the aquarium, we were able to see a few sharks in the water.*
6. *I see someone coming this way.*

C. *The following sentences contain separable phrasal verbs. Replace the underlined object nouns with pronouns and place them correctly in each sentence.*

1. *Kids don't catch colds by taking off their clothes.*
2. *The parents picked up their children after school.*
3. *The assistant handed in his report two days late.*
4. *Our boss finally figured out the problem with the new employee.*
5. *She didn't give back the car until after she had it fixed.*
6. *Please turn off the lights.*
7. *Mary loves to try on all of my clothes.*
8. *He turned down the volume, but it was still loud.*
9. *Immediately after she gave up smoking, she gained weight.*
10. *He tore up her pictures.*

347

D. *Rewrite the following sentences. If the sentence is written in the passive voice change to active, and vice versa.*

1. *Teachers have taught the students special techniques to read faster.*
2. *English is spoken by a large number of people.*
3. *Shakespeare wrote* Romeo and Juliet.
4. *Many people are employed by that company.*
5. *My next door neighbor bought my old car.*
6. *I wasn't surprised by the news.*
7. *Did you write this poem?*

E. *Decide whether the* 's *represents* is, has, *or a possessive form.*

1. A: <u>Who's</u> that man in the blue suit?
   B: His <u>name's</u> Henry and <u>he's</u> worked at <u>Lloyd's</u> bank for fifteen years.

2. A: <u>She's</u> been there for at least an hour. <u>What's</u> she doing?
   B: <u>She's</u> waiting for my <u>father's</u> sister, <u>who's</u> applying for a <u>driver's</u> license.

3. A: Are all the <u>children's</u> parents coming to the <u>school's</u> fiftieth anniversary celebration?
   B: I don't think so. <u>It's</u> a tough hour for those parents who work the night shift.

4. A: My <u>friend's</u> sister won a free trip to Jamaica. I think <u>she's</u> traveling on her own.
   B: Lucky her! <u>When's</u> she going?

5. A: Excuse me, I ordered <u>today's</u> special, not vegetable lasagna.
   B: I'm afraid <u>there's</u> been a mistake. I'll bring your order right away.

ANSWER KEY

LESSON 1

1. a. *I* b. *they* c. *them* d. *you* e. *I* f. *you* g. *I* h. *you* i. *it* j. *them*
   k. *you* l. *you* m. *he* n. *me* o. *it*
2. a. *it* b. *it* c. *it* d. *it* e. *he o she* f. *it* g. *he o she* h. *him* i. *she*
   j. *he* k. *it* l. *he*
3. a. *there are* b. *there are* c. *there is/there's* d. *there is/there's* e. *there
   are* f. *there are* g. *there is/there's* h. *there is/there's* i. *there are*
   j. *there is/there's*
4. a. *embarrassed* b. *borrow* c. *actual* d. *pregnant* e. *excited* f. *lend*
   g. *presently*
5. a. *For most international flights, to arrive at the airport two hours prior to
   departure is required.* b. *To have to wait for a connecting flight is
   annoying.* c. *To make flight reservations ahead of time during the holiday
   season is necessary.* d. *To eat something before getting on the plane is
   important.*

LESSON 2

1. a. *their* b. *they're* c. *there; their* d. *there; their* e. *they're; they're*
   f. *their; there*
2. a. *loses; loose* b. *lose* c. *lose* d. *loose* e. *lose; lose*
3. a. *is writing* b. *are trying* c. *begin; talks; want* d. *are changing; are
   beginning; need* e. *feel; realize; are getting*
4. a. *Most of the problems fathers have today <u>aren't</u> due to a lack of time.*
   b. *The host isn't interviewing several fathers for her show today.* c. *Father's
   today <u>don't want</u> to provide financial support.* d. *My husband <u>isn't going</u>
   through a mid-life crisis.* e. *Many fathers don't find it difficult to let go of
   their children.* f. *The television crew isn't <u>taping 2</u> shows today.* g. *Most
   fathers <u>don't give</u> their children emotional support.* h. *This show <u>doesn't</u>
   <u>air</u> everyday at 4:00 P.M.* i. *Some people in the audience <u>don't know</u> Dr.
   Cassid.* j. *He <u>doesn't want</u> to ask him a question.* k. *The center <u>doesn't</u>
   <u>solve</u> all of your problems.*

LESSON 3

1. a. *an* b. *a* c. *the* d. *the* e. *Ø* f. *the* g. *the* h. *the* i. *an* j. *a*
   k. *a* l. *an* m. *Ø* n. *the* o. *Ø* p. *a* q. *a* r. *an* s. *the* t. *the*
2. a. *much* b. *a few/some* c. *a lot of* d. *some* e. *any* f. *no* g. *some*
   h. *a lot of* i. *some* j. *a few*
3. a. *businesses; technologies* b. *people; beliefs; customs; languages* c. *feet*
   d. *children; computers* e. *echo; waves* f. *dentists; tooth* g. *parents*
   h. *phenomena* i. *men; women* j. *fish*

4. *innovate=renew   delete=erase   save=keep   return=go back*
   withdraw=remove   insert=add

LESSON 4

1. a. *turned* b. *decided* c. *thought* d. *went* e. *made* f. *could not*
   g. *gave* h. *seemed* i. *signed up.*
2. a. *was; got used to; used to* b. *am used to; got used to* c. *used to* d. *are*
   used to; get used to e. *used to* f. *used to*
3. a. *were trying* b. *did not hear; was sleeping* c. *was climbing; tripped;*
   fell, did not hurt d. *called; was having* e. *were recording; went out*

LESSON 5

1. a. *received* b. *Did you know* c. *have been* d. *have received* e. *have*
   been f. *were* g. *have retired*
2. a. *for* b. *since* c. *since* d. *for* e. *since* f. *for* g. *for* h. *since* i. *for*
3. a. *to have* b. *to have* c. *to be; to be* d. *to be* e. *to have* f. *to be*
   g. *to be* h. *to be* i. *to have* j. *to be*
4. a. *to let go* b. *lawyer; prosecutor* c. *to retire* d. *suit*
5. a. *had finished* b. *had been crying* c. *had left* d. *had been coming*
   e. *had escaped*

LESSON 6

1. a. futuro b. presente c. presente d. futuro e. futuro f. futuro
   g. futuro
2. a. *are thinking* b. *are considering* c. *will shop/are going to shop*
   d. *are buying* e. *will spend/are going to spend*
3. a. *brings to mind* b. *have in mind* c. *change my mind* d. *speaks his*
   mind e. *lose my mind* f. *bear in mind*
4. a. *After you see the mall tomorrow, you'll want to open another store.*
   b. *As soon as I finish signing the contract, I'll call you.* c. *We'll hire new*
   employees when we open the new store. d. *Before you interview her, she'll*
   take the typing test. e. *Whenever you're ready, we'll sign the contract.*

LESSON 7

1. a. *had remembered* b. *can help/will help* c. *will be* d. *were* e. *were*
   f. *might finish/could finish/would finish* g. *convinces* h. *will take*
   i. *might be/will be*
2. a. *two* b. *too* c. *to; two* d. *too* e. *To* f. *to; to* g. *two; to* h. *to*
   i. *two; to* j. *too; to; to; to*
3. a. *If you want to cash a traveler's check, you need to present proper*
   identification. You need to present proper identification if you want to cash
   a traveler's check. b. *If you buy a certificate of deposit, you won't be able to*

withdraw the money until it matures. You won't be able to withdraw the money until it matures if you buy a certificate of deposit. c. If you invest in these bonds, you will receive a yield of 10%. You will receive a yield of 10% if you invest in these bonds. d. If you don't have your address printed on your checks, your check will not be accepted. Your check will not be accepted if you don't have your address printed on your checks. e. If you want to minimize your risks, you should diversify your investments. You should diversify your investments if you want to minimize your risks.
4. a. *a joint account*   b. *an overdraft*   c. *a statement*   d. *a deposit*
   e. *a canceled check*   f. *a broker*
5. a. *it's; its*   b. *know; no*   c. *here; hear*   d. *whether; weather*   e. *who's; whose*

LESSON 8

1. a. *have; am*   b. *is*   c. *are; is*   d. *is; is*   e. *was/is*   f. *do*   g. *was; had*
   h. *has; do*   i. *has*   j. *are; have*
2. a. *made*   b. *made*   c. *do*   d. *do*   e. *do*   f. *make; do*
3. a. *has; is*   b. *is*   c. *have*   d. *are*   e. *is; is*   f. *have*   g. *is*
4. *Horizontal:*   1. *syringe*   2. *genes*   3. *bandage*   4. *rash*   5. *up*   6. *cold*
   Vertical: 1. *surgery*   7. *injection*   8. *fever*   9. *cough*   10. *dose*

LESSON 9

1. a. *ø*   b. *ø*   c. *to*   d. *ø*   e. *to*
2. a. *have to*   b. *can't*   c. *shouldn't*   d. *would*   e. *can't*   f. *might*
   g. *have to*   h. *should*   i. *would*   j. *had better*
3. a. *I might not have enough time to bake a cake for tonight's party.*
   b. *People shouldn't invite an equal number of men and women to their dinner parties.*   c. *She can't bring any guests to the graduation ceremony.*
   d. *If I were you, I wouldn't ask the host whether she needs any help.*
   e. *You don't have to bring a gift for the host.*
4. a. *Would it bother you*   b. *I'd rather you wouldn't.*   c. *I'm not sure it would be appropriate*   d. *is it all right*   e. *Certainly*   f. *I don't mind at all*

LESSON 10

1. a. *well*   b. *good; well*   c. *well*   d. *well; good*   e. *good; well*
2. a. *shortest*   b. *highest*   c. *better; more spacious*   d. *more convenient*
   e. *most expensive*   f. *most famous; best; richest*
3. a. *as big as*   b. *higher than*   c. *shorter than*   d. *less expensive than*
   e. *not as comfortable as/less comfortable*   f. *the highest*
4. 1. $600 \times 2 = 1200$ *(twelve hundred)*   2. $4800 + 1200 = 6000$ *(six thousand)*
   3. $1600 - 500 = 1100$ *(eleven hundred)*   4. $5200 + 300 = 5500$ *(fifty-five hundred)*   5. $100,000 - 8,000 = 92,000$ *(ninety-two thousand)*
   6. $1,200 - 800 = 400$ *(four hundred)*

REVIEW QUIZ 1

A. 1. *are* 2. *is* 3. *is* 4. *borrowed* 5. *used* 6. *were* 7. *has* 8. *promote*
9. *have* 10. *is* 11. *gave* 12. *to combine* 13. *has been using* 14. *walks*
15. *will find* 16. *has always taken* 17. *using* 18. *believes* 19. *contain*
20. *causes* 21. *will not be* 22. *is* 23. *incorporates* 24. *promotes*
25. *must go* 26. *helps* 27. *will take* 28. *will serve* 29. *has grown*
30. *operates* 31. *are*

B. 1. *the; the; an; ø; ø; the; ø* 2. *the; a; ø* 3. *a; the; ø* 4. *the; a; ø; the; the*

C. 1. *Jack plays tennis better than Pete.* 2. *Some people think it is harder to work for a woman than to work for a man.* 3. *An athlete makes more money than a university professor.* 4. *The* New York Times *has more readers than the* Boston Globe. 5. *Some people say that people in the South are friendlier than people in the North.*

D. 1. *Alaska is the largest state in the U.S.* 2. *English is the most popular language in the world.* 3. *Tom Cruise is one of the most famous actors in the U.S.* 4. *The Concord is the fastest airplane.* 5. *The Nile is the longest river in the world.*

E. 1. *should; won't; should* 2. *must; have; can* 3. *must* 4. *might*
5. *couldn't* 6. *could; can* 7. *had better; will* 8. *can't* 9. *Would*
10. *May*

LESSON 11

1. a. *hasn't* b. *didn't* c. *don't* d. *don't* e. *isn't*
2. a. *couldn't* b. *didn't tell* c. *didn't notice* d. *wouldn't* e. *didn't work*
f. *didn't have* g. *hadn't* h. *didn't ask*
3. a. *something* b. *anybody/anyone* c. *anybody/anyone*
d. *anybody/anyone* e. *anybody/anyone* f. *somebody/someone*
g. *nothing* h. *no* i. *nobody/no one* j. *somebody/someone*

LESSON 12

1. a. *mine; yours* b. *it's; it's; its; it's* c. *my; theirs* d. *there's; their*
e. *he's; his*
2. a. *The children's parents left on a two week trip to Hawaii.* b. *The university's library is closed on Sundays.* c. *My friend's name is Angela.*
d. *This month's check is late.* e. *The ladies' fitting room is not open.*
3. a. *myself* b. *himself* c. *herself* d. *yourselves* e. *myself* f. *themselves*
4. a. *another* b. *whatever* c. *others* d. *whenever* e. *the other*
f. *wherever; whomever*

LESSON 13

1. a. *in knowing* b. *of exercising; shopping* c. *to running* d. *Ø; walking*
e. *about supplementing* f. *to spending*

2. a. *boring*   b. *fascinating*   c. *excited; confused; frustrated; thrilled; amazing*   d. *surprising*
3. a. *going*   b. *to go*   c. *fishing/to go fishing*   d. *to go hiking*   e. *hiking* f. *go swimming*   g. *go jogging*   h. *going shopping*

LESSON 14

1. a. *to promote*   b. *to sell*   c. *to believe*   d. *buying*   e. *to feel*   f. *dreaming* g. *putting*   h. *making*   i. *to stay*
2. a. *to memorize*   b. *watching*   c. *to win*   d. *to rewind; returning* e. *to hear*   f. *buying*   g. *to give*   h. *selling/to sell; to promote*
3. a. *to*   b. *for*   c. *for*   d. *for*   e. *to*   f. *to*
4. a. *to watch*   b. *playing*   c. *smoking; to exercise*   d. *moving; jogging* e. *picking; to go*   f. *watching; doing*

LESSON 15

1. *A homeless man <u>was found</u> yesterday on the deck of a cruise ship that <u>was anchored</u> in New York harbor. The man, authorities <u>said</u>, had been severely beaten. He <u>was taken</u> to Bellevue hospital where he is in stable condition. The identity of the man <u>was not disclosed.</u> This is the third case this week of a homeless person <u>being attacked</u> and left to die near the harbor. What <u>is not known</u> yet is the motive of these attacks or how the criminals who committed this crime managed to get on the ship. Authorities have several possible suspects and clues, but refuse to comment any further.*
2. a. *Homeless people are employed by the local supermarket to sweep the sidewalk and to remove snow from the parking lot.*   b. *When it gets too cold, homeless people are picked up by the police and taken to shelters.* c. *People in need are fed and helped by volunteers at the soup kitchen.* d. *Homeless children are placed in foster homes (by social workers).* e. *Panhandlers are given money (by some people).*   f. *The homeless are ignored and mistreated (by many people).*
3. a. *I'm scared*   b. *I'm qualified*   c. *are you interested in*   d. *I'm exhausted* e. *I'm drunk*   f. *it's shut*   g. *I'm excited about*
4. a. *A homeless person might not be hired (by some employers).*   b. *The report must be handed in by Friday.*   c. *A place for Jack to live ought to be found.*   d. *Better shelters for the homeless should be provided by the government.*   e. *A form to declare all his losses will be mailed to Jack.*

LESSON 16

1. a. *Tom explained (that) the shipment would arrive next month due to a delay at the docks.*   b. *Mr. Brown asked his secretary to bring him a copy of the contract.*   c. *Beth told her friend (that) she had just been offered a job at the bank.*   d. *Mark answered (that) the price last week had been very low, but he was sure it had gone up.*   e. *Carol told her secretary (that) she*

was sure he was inviting everyone, but (that) she wasn't going. f. *Frank agreed to wait there until Tom arrived.*

2. a. *for; against* b. *after* c. *away* d. *out* e. *into* f. *high*
3. a. *customs* b. *invoice* c. *commodity* d. *load* e. *supplier* f. *quota*

```
Y  N  Q  U  O  T  A  F
T  I  O  E  S  I  C  J  B
I  D  O  R  U  T  I  I  S  C
D  O  S  A  P  H  N  M  U  I
M  O  M  G  V  B  V  Q  P  N  E
M  O  C  P  O  T  O  R  P  W
O  C  U  S  F  X  I  D  L  I  D
C  Y  A  N  Z  E  E  I  E  T
F  D  A  O  L  M  K  E  R  R
```

LESSON 17

1. a. *new; know* b. *had known* c. *no* d. *new; know* e. *knew; no; new*
2. 1. *for* 2. *by* 3. *at* 4. *on* 5. *at* 6. *on* 7. *for* 8. *from* 9. *to*
3. *Vertical:* a. *library* d. *touch* e. *freshman* g. *PIN*
   Horizontal: b. *bookstore* c. *drop* f. *hang* h. *know* i. *junior*

LESSON 18

1. a. *whom* b. *who* c. *who* d. *who*
2. a. *and* b. *for* c. *but* d. *so* e. *yet*
3. a. *nevertheless/however* b. *therefore* c. *moreover* d. *however*
4. a. *unless* b. *if* c. *whenever* d. *whereas*

LESSON 19

1. a. *to give up* b. *turning to* c. *to run across* d. *washed up*
2. a. *become* b. *visits; gives* c. *write* d. *realize* e. *decided; switched*
   f. *organize*
3. a. *atmosphere* b. *depletion; sprays* c. *radiation; eyes; aging* d. *upgrade*

```
R  I  N  P  T  U  L  A  C  D
A  T  M  O  S  P  H  E  R  E
D  E  S  H  U  G  M  Y  T  P
I  L  P  J  I  R  M  E  S  L
A  M  R  O  R  A  B  S  U  E
T  A  A  Z  I  D  C  N  B  T
I  G  Y  F  O  E  A  P  F  I
O  P  S  Q  N  K  O  S  D  O
N  D  A  G  I  N  G  L  R  N
```

354

LESSON 20

1. *The Statue of Liberty*
   The Statue of Liberty is located on Liberty Island in New York harbor. It was designed by Frédérique-Auguste Bartholdi a French sculptor and painter. The interior framework was designed by famed engineer Alexandre-Gustave Eiffel who also designed the Eiffel Tower in Paris.
      The two designers wanted to present the statue to the United States on July 4, 1876, in honor of this country's centennial. An appeal for funds to underwrite the cost of creating the statue was launched in French newspapers in September 1875. Elaborate fund-raising events were organized, a banquet at the Grand Hotel de Louvre and a gala benefit performance of a new Liberty Cantata by French composer Charles Gounod at the Paris Opera. Unfortunately, not enough money was collected to complete the statue by the anticipated date. On July 4 1876, Bartholdi visited the site where the statue would be placed. The tiny island was then known as Beldoe's Island. Eighty years later, in 1956, it's name was officially changed to Liberty Island. In August of that year, the 30-foot arm of the statue arrived in Philadelphia where it was exhibited.
2. a. *mis-* b. *in-* c. *co-* d. *il-* e. *mis-* f. *over-; il-*
3. a. *-ness; -ness* b. *-ment* c. *-ful; -ly* d. *-ful; -less*

REVIEW QUIZ 2

A. 1. *to receive* 2. *to make* 3. *walking* 4. *thinking* 5. *directing*
   6. *making* 7. *to come up* 8. *to cut* 9. *to write* 10. *directing* 11. *doing*
   12. *to know* 13. *to make* 14. *to repeat* 15. *to attempt* 16. *to duplicate*
   17. *going* 18. *to continue* 19. *to strike* 20. *doing*
B. 1. *When she was a child, she was almost never sick.* 2. *The President hasn't vetoed any bills.* 3. *Nancy hasn't lived in Paris for ten years.* 4. *I don't need any help.* 5. *Yesterday at the aquarium, we weren't able to see any sharks in the water.* 6. *I don't see anyone (anybody) coming this way.*
C. 1. *Kids don't catch colds by taking them off.* 2. *The parents picked them up after school.* 3. *The assistant handed it in two days late.* 4. *Our boss finally figured it out.* 5. *She didn't give it back until after she had it fixed.*
   6. *Please turn them off.* 7. *Mary loves to try them on.* 8. *He turned it down, but it was still loud.* 9. *Immediately after she gave it up, she gained weight.* 10. *He tore them up.*
D. 1. *The students have been taught special techniques (by their teachers) to read faster.* 2. *A large number of people speak English.* 3. *Romeo and Juliet was written by Shakespeare.* 4. *That company employs many people.*
   5. *My old car was bought by my next door neighbor.* 6. *The news didn't surprise me.* 7. *Was this poem written by you?*
E. 1. *is; is; has; possessive* 2. *has; is; is; possessive; is; possessive*
   3. *possessive; possessive; is* 4. *possessive; is; is* 5. *possessive; is*

APPENDIXES (Apéndices)

A. PRONUNCIATION TABLE
(Tabla de pronunciacíon)

Esta tabla de pronunciación es útil como guía de referencia.

CONSONANTES

Algunas letras en inglés tienen varias formas de pronunciación. Los sonidos proporcionados en español son sólo una aproximación.

LETRA EN INGLÉS		SONIDO APROXIMADO EN ESPAÑOL	SÍMBOLO FONÉTICO	EJEMPLO
b		bonita	[b]	boy
c	(antes de *a,o,u*)	cama	[k]	cat
	(antes de *e,i*)	cena	[s]	cereal
d		dedo	[d]	David
f		fútbol	[f]	fine
g	(antes de *a,o,u*)	gato	[g]	game
	(antes de *e,i*)	entre "ch" y "y"	[dʒ]	German
h	(como una *j* suave)	gente	[h]	home
j		ya (entre *"ch"* y *"y"*)	[dʒ]	jacket
k	(antes de *n*)	cama	[k]	keep
		(es muda)		known
l		limón	[l]	life
m		madre	[m]	month
n		nada	[n]	never
p		pobre	[p]	stop
qu		cual	[kw]	quickly
r			[ɹ]	rum
s	(principio o final de sílaba)	siempre	[s]	same
	(entre vocales)	como un "zumbido"	[z]	rose
	(antes de *-ure*)	¡shhh!	[ʃ]	sure
t	(principio o final de sílaba)	tarea	[t]	tip, respect
	(antes de *-tion*)	¡shhh!	[ʃ]	reception
	(antes de *-ure*)	mucho	[tʃ]	mature
v		vino	[v]	verbal
w		huevo	[w]	welcome
y	(principio de palabra)	ya (muy suave)	[j]	yellow
z		como un "zumbido"	[z]	zoo

COMBINACIÓN DE CONSONANTES

LETRA EN INGLÉS	SONIDO APROXIMADO EN ESPAÑOL	SÍMBOLO FONÉTICO	EJEMPLO
ch	mu<u>ch</u>o	[tʃ]	<u>ch</u>eck
dge	<u>y</u>a (entre "ch" y "y")	[dʒ]	knowle<u>dge</u>
gh (final de sílaba)	<u>f</u>aro	[f]	lau<u>gh</u>
	(es muda)		dou<u>gh</u>, ei<u>gh</u>t
(principio de palabra)	<u>g</u>ato	[g]	<u>gh</u>ost
ll (como la "l" española)	diá<u>l</u>ogo	[l]	vi<u>ll</u>a
ph	telé<u>f</u>ono	[f]	tele<u>ph</u>one
sh	¡<u>sh</u>hh!	[ʃ]	<u>sh</u>oes
th (en verbos, sustantivos, etc.)	<u>z</u>ona (partes de España)	[θ]	<u>th</u>anks
(en artículos pronombres, etc.)	la<u>d</u>o	[ð]	<u>th</u>e
wh (antes de *o*)	<u>j</u>ugo	[h]	<u>wh</u>ose
(antes de *a, i, e*)	<u>w</u>hiskey	[w]	<u>wh</u>ite, <u>wh</u>ere

VOCALES

En inglés existen solamente cinco vocales pero hay una gran variedad de sonidos vocálicos.

LETRA EN INGLÉS	SONIDO APROXIMADO EN ESPAÑOL	SÍMBOLO FONÉTICO	EJEMPLO
a	<u>a</u> en <u>a</u>rco	[ɑ]	c<u>a</u>r
	e	[ɛ]	m<u>a</u>ny
(antes de consonante + *e* final)	<u>ei</u> en p<u>ei</u>ne	[eɪ]	l<u>a</u>te
e	entre "a" y "e"	[æ]	th<u>a</u>nks
	<u>e</u> en <u>e</u>star	[ɛ]	l<u>e</u>t
(final de monosílabo)	<u>i</u> en c<u>i</u>nco	[i]	h<u>e</u>, b<u>e</u>
(antes de *w*)	<u>iu</u> en d<u>iu</u>rno	[ju]	f<u>ew</u>, n<u>ew</u>
(final de palabra)	(muda)		fin<u>e</u>, liv<u>e</u>
i	*i* (pero más relajada)	[ɪ]	s<u>i</u>ster
(final de sílaba)	<u>ai</u> en v<u>ai</u>na	[aɪ]	h<u>i</u>
	<u>i</u> en n<u>i</u>ño	[i]	mar<u>i</u>ne
o (entre consonantes)	<u>a</u> en h<u>a</u>bl<u>a</u>	[ɑ]	n<u>o</u>t

(despues de *d, t*)	u en uso	[u]	*to, do*
	au en Laura	[aʊ]	*how*
(final de palabra)	o alargada "ou"	[oʊ]	*hello*
u (antes de consonante + *e* final)	iu en diurno	[ju]	*excuse*
	u en pulso (más relajada)	[ʊ]	*put*
	u en pulso	[u]	*attitude*
	a (pero más relajada)	[ʌ]	*under*
y (final de palabra después de consonante)	ai en vaina	[aɪ]	*my, by*

COMBINACIÓNES DE VOCALES

LETRA EN INGLÉS	SONIDO APROXIMADO EN ESPAÑOL	SÍMBOLO FONÉTICO	EJEMPLO
ai (entre consonantes)	ei en peine	[eɪ]	*rain*
au	similar a la a en bata	[ɑ]	*cause*
ea (antes de *t, d*)	i en rival	[i]	*eat, read*
	ei en rey	[eɪ]	*great*
	e en error	[ɛ]	*sweater*
ee (después de consonante)	i en niño	[i]	*see, bee*
ei	i en niño	[i]	*neither*
	ei en peine	[eɪ]	*eight*
ie	i en niño	[i]	*field*
	ai en vaina	[aɪ]	*pie*
oa (entre consonante y *t* final)	o (pero más alargada)	[oʊ]	*coat*
oo	u en pulso	[u]	*food*
	u en pulso pero más relajada	[ʊ]	*good*
ou	u en pulso	[u]	*you*
	au en Laura	[aʊ]	*round*
ou	a (pero más relajada)	[ʌ]	*tough*

Además, algunas vocales en inglés se pronuncian de manera muy relajada y neutra, especialmente en las sílabas que no tienen énfasis. Este sonido se conoce en inglés como *"schwa"* y no tiene un equivalente exacto en español. Es como una "a" española pero mucho más relajada.

from, tonight, about

B. GRAMMAR SUMMARY
(Resumen de gramática)

1. EL ARTÍCULO. *THE ARTICLE.*

El inglés tiene solamente un artículo definido *(the)* y dos artículos indefinidos (*a* antes de sonidos consonánticos y *an* antes de sonidos vocálicos).

The man is eating an apple and a banana.
El hombre está comiendo una manzana y una banana.

Con frecuencia, no se usa el artículo definido en inglés.
    Con los días de la semana y las estaciones:

next Tuesday   el martes próximo

Con nombres abstractos:

Love is blind.   El amor es ciego.

Con nombres que se refieren a colores o sustancias:

I don't like red.   No me gusta el rojo.

Con nombres que se refieren a una clase o a una especie:

Cats and dogs are faithful.   Los perros y los gatos son fieles.

Con nombres que se refieren a las artes o las ciencias:

I like music and history.   Me gusta la música y la historia.

Con ciertos nombres geográficos:

Alaska is a cold state.   Alaska es un estado frío.

Con nombres de idiomas:

Tommy is studying French.   Tommy está estudiando francés.

Con nombres de avenidas, calles, plazas, etc.:

Mary lives on Main Street.   Mary vive en la calle Main.

Con ciertas expresiones comunes:

last month	el mes pasado
all day long	todo el día
at work	en el trabajo

Con partes del cuerpo y artículos de vestir se usa el adjetivo posesivo en lugar del artículo definido:

Take your shoes off.	Quítese los zapatos.

El artículo definido nunca se usa al expresar la hora:

It's six o'clock.	Son las seis.

En inglés, el artículo indefinido se usa en algunos contextos en los que normalmente no se usa en español.
Antes de las palabras *hundred* (ciento), *thousand* (mil):

a thousand dollars	mil dólares

Antes de un oficio, profesión, título, nacionalidad, etc.:

He's a student.	Él *es* estudiante.

2. CONTRACCIONES. *CONTRACTIONS.*

En el inglés informal se usan contracciones con el verbo *to be* y con otros verbos auxiliares. En la lengua muy formal escrita se evita el uso de las contracciones.

a. Con el pronombre personal:

I am	*I'm*
he is	*he's*
they have	*they've*
I will	*I'll*
I would	*I'd*

b. Con la negación *not:*

is not	*isn't*
are not	*aren't*
was not	*wasn't*
were not	*weren't*

have not	*haven't*
has not	*hasn't*
had not	*hadn't*
do not	*don't*
does not	*doesn't*
did not	*didn't*
will not	*won't*
should not	*shouldn't*
would not	*wouldn't*
cannot	*can't*
must not	*mustn't*

c. Con palabras interrogativas:

How's your father? (How is . . . ?)	¿Cómo está tu papá?
Where's . . . ? (Where is . . . ?)	¿Dónde está . . . ?
What's . . . ? (What is . . . ?)	¿Qué es . . . ?

3. LOS ADJETIVOS. *ADJECTIVES.*

El adjetivo en inglés no tiene género (masculino, femenino) ni número (singular, plural) y precede al sustantivo que modifica:

a young boy	un muchacho joven

Al igual que con los nombres, también es posible formar adjetivos compuestos de varias formas en inglés:

light blue	azul claro
hardworking	muy trabajador
lightheaded	se marea fácil, un poco mareado
poorly lit	mal iluminado

4. EL POSESIVO. *THE POSSESSIVE.*

Se forma generalmente al añadir *-'s* después del nombre de la persona que posee el sustantivo:

a child's toy	el juguete de un niño

Se le añade un apóstrofe al final a los sustantivos en plural y a los nombres propios de más de una sílaba que terminan en *-s:*

the girls' skirts	las faldas de las muchachas

A veces, se puede usar la forma más larga con *of.* Por ejemplo, *a doctors' conference* puede ser *a conference of doctors* (una conferencia de médicos).

5. COMPARATIVO Y SUPERLATIVO. *THE COMPARATIVE AND THE SUPERLATIVE.*

Comparativos y superlativos regulares:

nice	→	*nicer*	→	*the nicest*
expensive	→	*more expensive*	→	*the most expensive*

Comparativos y superlativos irregulares más comúnes:

good	→	*better*	→	*best*	bueno	→	mejor	→	lo mejor
bad	→	*worse*	→	*worst*	malo	→	peor	→	lo peor
little	→	*less*	→	*least*	poco	→	menos	→	lo menos
much	→	*more*	→	*most*	mucho	→	más	→	lo más

6. LOS PRONOMBRES PERSONALES. *PERSONAL PRONOUNS.*

a. Pronombres sujeto:

I	yo
you	tú, usted
he	él
she	ella
it	
we	nosotros, nosotras
you	vosotros, vosotras, ustedes
they	ellos, ellas

b. Pronombres complemento directo e indirecto:

me	me, mí
you	te, ti, le, usted
him	lo, le, él
her	la, le, ella
it	lo, la, ello
us	nos, nosotros, nosotras
you	os, vosotros, vosotras, les, ustedes
them	los, las, les, ellos, ellas

c. Pronombres reflexivos:

myself	me
yourself	te, se
himself	se
herself	se
itself	se
oneself	se
ourselves	nos
yourselves	os, se
themselves	se

d. Pronombres recíprocos:

Each other se usa solamente cuando se refiere a dos personas:

They love each other.
Se aman (uno al otro).

One another se usa cuando se refiere a dos o más personas:

The girls argued with one another.
Las chicas discutieron (entre ellas).

7. PRONOMBRES RELATIVOS. *RELATIVE PRONOUNS.*

	SUJETO	OBJETO	POSESIÓN
PERSONAS	who, that (quien, que)	who(m), that (a quien)	whose (de quien, cuyo)
COSAS	which, that (que)	which, that (que, el cual)	whose (de quien, cuyo)

Además se pueden usar *where* y *when* como pronombres relativos de objeto.

8. PRONOMBRES Y ADJETIVOS INTERROGATIVOS. *INTERROGATIVE ADJECTIVES AND PRONOUNS.*

who?	¿quién?
(to) whom?	¿a quién?
whose?	¿de quién?
which?	¿cuál?
what?	¿qué?

| where? | ¿dónde? |
| when? | ¿cuándo? |

9. ADJETIVOS Y PRONOMBRES DEMOSTRATIVOS. *DEMONSTRATIVE ADJECTIVES AND PRONOUNS.*

Estos adjetivos y pronombres no tienen género en inglés.

this	este, esta, esto
these	estos, estas
that	ese, esa, aquel, aquella, aquello
those	esos, esas, aquellos, aquellas
this one	éste, ésta
that one	ése, ésa, aquél, aquélla

10. ADJETIVOS Y PRONOMBRES POSESIVOS. *POSSESSIVE ADJECTIVES AND PRONOUNS.*

a. Adjetivos posesivos

my	mi, mis
your	tu, tus; su, sus
his	su, sus
her	su, sus
its	su, sus
our	nuestro, nuestra, nuestros, nuestras
your	vuestro, vuestra, vuestros, vuestras, su, sus
their	su, sus

b. Pronombres posesivos

mine	el mío, la mía, los míos, las mías
yours	el tuyo, la tuya, los tuyos, las tuyas, el suyo, la suya, los suyos, las suyas
his	el suyo, la suya, los suyos, las suyas
hers	el suyo, la suya, los suyos, las suyas
ours	el nuestro, la nuestra, los nuestros, las nuestras
yours	el vuestro, la vuestra, los vuestros, etc. el suyo (de usted) etc.
theirs	el suyo, la suya, etc.

11. ORACIONES NEGATIVAS. *NEGATION.*

Cuando el verbo principal es el verbo *to be,* se usa este verbo para llevar a cabo la negación. En este caso, el verbo no cambia.

She is at the beach.
Ella está en la playa.

She is not at the beach.
Ella no está en la playa.

Cuando en la oración aparece sólo un verbo y no es *to be,* se usa el auxiliar *do (does, did)* para la negación. Después de *does* y *did,* se usa la forma de infinitivo sin la preposición *to.*

She studies at night.
Ella estudia por la noche.

She doesn't study.
Ella no estudia.

Cuando hay un verbo auxiliar (*to be, to have,* modales), se usa este verbo para hacer la negación.

I can work tomorrow.
Puedo trabajar mañana.

I can't work tomorrow.
No puedo trabajar mañana.

I have eaten.
Ya he comido.

I haven't eaten.
No he comido.

12. PREGUNTAS. *QUESTIONS.*

El orden de palabras en la oración cambia en las preguntas. Se invierte el verbo y el sujeto:
Cuando aparece el verbo *to be,* ya sea como verbo principal o auxiliar, u otro verbo auxiliar, éste se usa para formar la pregunta.

They are all hungry.	Todos tienen hambre.
Are they all hungry?	¿Tienen todos hambre?
I have made a mistake.	Me he equivocado.
Have I made a mistake?	¿Me he equivocado?
You can go.	Usted puede ir.
Can you go?	¿Puede usted ir?

Cuando no aparece el verbo *to be* o un verbo auxiliar, se usa el auxiliar *do* para formar preguntas en la forma *do/did* + infinitivo sin *to*.

She eats chicken every day.
Ella come pollo todos los días.

Does she eat chicken?
¿Come ella pollo?

I went to the park.
Fui al parque.

Did you go to the park?
¿Fuiste (tú) al parque?

13. LOS ADVERBIOS. *ADVERBS.*

La terminación o sufijo del inglés *-ly*, corresponde a la terminación adverbial del español "-mente."

necessarily	necesariamente
quickly	rápidamente
exclusively	exclusivamente

14. LAS PREPOSICIONES. *PREPOSITIONS.*

Una preposición en español a menudo corresponde a varias en inglés. La traducción es aproximada. Algunas de las preposiciones más comunes son:

at, to	a
in, into, within, inside	en
out, out of, outside	fuera
on, upon	sobre
over, above	encima de
under, below	debajo de
between, among	entre
before, in front of	ante, delante de, enfrente de
behind, in back of	detrás de atrás de
up	arriba
down	abajo
by, near, close to, beside	al lado de
against	contra
along	a lo largo de
about	acerca de
around	alrededor de

from	desde
of	de
through, across	a través
by, for	por
with	con
without	sin
except	excepto
for, in order to	para
in spite of	a pesar de

15. LAS CONJUNCIONES. *CONJUNCTIONS.*

Algunas de las conjunciones más comunes:

and	y, e
or	o, u
but	pero, sino, mas
that	que
as	cuando, como, puesto que
since	puesto que
if, whether	si
why	por qué
because	porque
yet, still, however	sin embargo
then	entonces
therefore	por lo tanto
while	mientras
as soon as	tan pronto como
unless	a menos que
till, until	hasta que
since	puesto que, como
before	antes que
provided that, so that	con tal que
though	aunque

16. LOS TIEMPOS VERBALES. *VERB TENSES.*

El infinitivo se forma con la preposición *to* y la forma simple del verbo: *to walk* (caminar).

LOS TIEMPOS SIMPLES. *THE SIMPLE TENSES.*

a. *The present indicative* (el presente del indicativo): en la tercera persona añada *-s.*

b. *The simple past* (el pasado simple): añada *-ed* en todas las personas.

c. *The future* (el futuro): use el verbo modal *will* + infinitivo sin *to.*

d. *The conditional* (el condicional): use el verbo modal *would* + infinitivo sin *to.*

LOS TIEMPOS COMPUESTOS. *THE COMPOUND TENSES.*

a. *The present perfect* (el presente perfecto): use el presente de *to have* + participio pasado.

b. *The past perfect* (el pasado perfecto): use el pasado de *to have* + participio pasado.

c. *The future perfect* (el futuro perfecto): use *will* + *have* + participio pasado.

d. *The past conditional* (el pasado condicional): use *would* + *have* + participio pasado.

e. *The present continuous* (el presente continuo): use el presente de *to be* + participio presente.

f. *The past continuous* (el pasado continuo): use el pasado de *to be* + participio presente.

g. *The future continuous* (el futuro continuo): use *will* + *be* + participio presente.

h. *The conditional continuous* (el condicional continuo): use *would* + *be* + participio presente.

i. *The present perfect continuous* (el presente perfecto continuo): use el presente de *to have* + *been* + participio presente.

j. *The past perfect continuous* (el pasado perfecto continuo): use el pasado de *to have* + *been* + participio presente.

k. *The future perfect continuous* (el futuro perfecto continuo): use *will* + *have been* + participio presente.

The past participle (el participio pasado): añada *-ed* al infinitivo (sin *to*) en los verbos regulares.
    The present participle (el participio presente): añada *-ing* al infinitivo sin *to*.

17. LA CONJUGACIÓN DE UN VERBO REGULAR. *CONJUGATING A REGULAR VERB.*

INFINITIVE	INFINTIVO
TO WORK	TRABAJAR

a. *Present*

I work	yo trabajo
you work	tú trabajas, Ud. trabaja
he works	él trabaja
she works	ella trabaja
it works	trabaja
we work	nosotros (nosotras) trabajamos
you work	vosotros (vosotras) trabajáis, Uds. trabajan
they work	ellos (ellas) trabajan

b. *Past*

I worked	yo trabajé
you worked	tú trabajaste, Ud. trabajó
he/she/it worked, etc.	él trabajó, etc.

c. *Present Perfect*

I have worked	yo he trabajado
you have worked	tú has trabajado, Ud. ha trabajado
he/she/it has worked, etc.	él ha trabajado, etc.

d. *Past Perfect*

I had worked	yo había trabajado
you had worked, etc.	tú habías trabajado, Ud. había trabajado, etc.

e. *Future*

I will work	yo trabajaré
you will work, etc.	tú trabajarás, Ud. trabajará, etc.

f. *Future Perfect*

I will have worked	yo habré trabajado
you will have worked, etc.	tú habrás trabajado, Ud. habrá trabajado, etc.

g. *Present Conditional*

I would work	yo trabajaría
you would work, etc.	tú trabajarías, Ud. trabajaría, etc.

h. *Past Conditional*

I would have worked	yo habría trabajado
you would have worked, etc.	tú habrías trabajado, Ud. habría trabajado, etc.

i. *Imperative*

Work!	¡Trabaje!
Let's work!	¡Trabajemos!

j. *Infinitive*

k. *Progressive (continuous) Forms*

Present:	*I am working*	estoy trabajando
Past:	*I was working*	estaba trabajando
Present Perfect:	*I have been working*	he estado trabajando
Future:	*I will be working*	estaré trabajando
Conditional:	*I would be working*	estaría trabajando
Past Perfect:	*I had been working*	había estado trabajando
Future Perfect:	*I will have been working*	habré estado trabajando
Past Conditional Perfect:	*I would have been working*	habría estado trabajando

18. EL IMPERATIVO. *THE IMPERATIVE.*

a. Para la segunda persona se usa el infinitivo sin *to* y sin el pronombre:

Go to your room!   ¡Ve a tu cuarto!
Be quiet!   ¡Cállate!

La primera persona del plural del imperativo se forma con el verbo *to let*.

Let's go!   ¡Vamos! ¡Vámonos!
Let's eat!   ¡Comamos!

19. LA VOZ PASIVA. *THE PASSIVE VOICE.*

a. Para formar la voz pasiva se usa el verbo *to be* + el participio pasado (+ *by* + sujeto/agente).

The oven was fixed by the electrician.
El horno fue arreglado por el electricista.

The turkey was prepared with a special recipe.
El pavo fue preparado con una receta especial.

20. LOS VERBOS MODALES. *MODAL VERBS.*

VERBO MODAL	SIGNIFICADO	SUSTITUTO
can, could	poder	*to be able to*
may, might	tener permiso, ser posible	*to be allowed to*
must	deber	*to have to*
will, would	(futuro)	*to be going to*
shall, should	deber	*to have to, to be obliged to*
ought to	tener obligación	*to be obliged to*

21. *PHRASAL VERBS.* LOS VERBOS COMPUESTOS.

to ask out	invitar a alguien a salir
to bring about	causar
to bring back	devolver
to bring down	hacer bajar/hace que algo caiga/matar (caza)
to bring forth	producir/poner de manifiesto

to bring up	criar y educar un niño
to bring down the house	causar aplauso general
to call back	devolver una llamada
to call on	visitar
to call up	llamar por teléfono
to catch up (with)	ponerse al tanto de algo
to check in	registrarse en un hotel
to check out	pagar la cuenta y partir de un hotel o un hospital
to cheer up	animarse
to clean up	limpiar
to clear up	mejorar/desaparecer/poner en orden
to come across	encontrarse accidentalmente
to cross out	tachar
to cut out	detener una actividad molesta
to drop by	visitar de improviso
to drop off	dejar a alguien en un lugar
to drop out	retirarse de
to end up	resultar/terminar
to figure out	deducir
to fill out	llenar (un formulario)
to find out	descubrir
to get along	llevarse bien con alguien
to get back	regresar
to get in	entrar/llegar
to get off	bajarse de un vehículo
to get out of	salir de un lugar/situación
to get over	recuperarse de una enfermedad
to get through	terminar
to give back	devolver
to go over	repasar/revisar
to grow up	crecer
to hand in	entregar
to hang out	frecuentar/no hacer nada/estar ocioso
to hang up	colgar el teléfono
to keep out	no entrar
to keep up	mantenerse al tanto de algo
to key in	usar el teclado para dar entrada a los datos en el computador o el teléfono
to kick out	forzar a alguien a salir
to look after	cuidar

to look into	investigar
to look out	tener cuidado
to look over	revisar
to look up	buscar información
to make up	compensar/inventar/conciliar
to pass out	distribuir/desmayarse
to pick at something	tirar de algo con los dedos
to pick out	escoger
to pick on someone	molestar a alguien
to pick out	seleccionar
to pick up	recoger a alguien
to point out	indicar
to put away	guardar
to put back	volver a poner algo en su sitio
to put off	posponer
to put on	ponerse la ropa
to put out	apagar un cigarrillo
to put up with	tolerar
to run against	competir como oponente
to run after	perseguir
to run away	escapar
to run for	postularse como candidato
to run high	exaltarse
to run into someone	encontrarse con alguien por accidente
to run out/short	quedarse sin/acabársele a uno algo
to stand someone up	dejar a alguien plantado
to stand out	destacarse
to stand in for	sustituir a alguien
to stand up to someone	enfrentarse a alguien
to set up	emprender o abrir un negocio/hacer planes para algo/tender una trampa a alguien/poner en posición vertical/levantar
to show up	aparecer
to shut off	detener/apagar
to stick around	quedarse/no irse
to take off	despegar/quitarse la ropa
to take out	invitar a alguien/remover
to take over	tomar control de
to take up	empezar una nueva actividad
to tear up	romper
to think over	pensar algo con detenimiento
to throw away	botar

to turn down		bajar el volumen	
to turn in		entregar a alguien a la justicia	
to turn off		apagar	
to turn out		apagar una luz/llegar a ser	
to turn up		aumentar el volumen	
to wind up		resultar/terminar	
to work out		hacer ejercicio/encontrar una solución a un problema/ formular/tener éxito	

C. IRREGULAR VERBS
(Verbos irregulares)

INFINITIVE	PAST	PAST PARTICIPLE	MEANING
to bear	bore	born	soportar, sufrir
to beat	beat	beaten	pegar
to become	became	become	hacerse, convertirse
to begin	began	begun	empezar
to bend	bent	bent	doblar
to bet	bet	bet	apostar
to bind	bound	bound	unir
to bite	bit	bitten	morder
to bleed	bled	bled	sangrar
to blow	blew	blown	soplar
to bring	brought	brought	traer
to build	built	built	construir
to burst	burst	burst	estallar
to buy	bought	bought	comprar
to catch	caught	caught	coger
to choose	chose	chosen	elegir
to come	came	come	venir
to cost	cost	cost	costar
to cut	cut	cut	cortar
to deal	dealt	dealt	tratar
to do	did	done	hacer
to draw	drew	drawn	arrastrar
to drink	drank	drunk	beber
to drive	drove	driven	conducir
to eat	ate	eaten	comer
to fall	fell	fallen	caer
to feed	fed	fed	alimentar
to feel	felt	felt	sentir

to fight	*fought*	*fought*	luchar
to find	*found*	*found*	encontrar
to fly	*flew*	*flown*	volar
to forget	*forgot*	*forgotten*	olvidar
to forgive	*forgave*	*forgiven*	perdonar
to freeze	*froze*	*frozen*	helar, congelar
to get	*got*	*gotten*	obtener, conseguir
to give	*gave*	*given*	dar
to go	*went*	*gone*	ir
to grow	*grew*	*grown*	crecer
to hang	*hung*	*hung*	colgar
to have	*had*	*had*	tener, haber
to hear	*heard*	*heard*	oír
to hide	*hid*	*hidden*	esconder
to hit	*hit*	*hit*	golpear
to hold	*held*	*held*	tener, coger
to hurt	*hurt*	*hurt*	herir
to keep	*kept*	*kept*	guardar
to know	*knew*	*known*	conocer, saber
to lay	*laid*	*laid*	poner
to lead	*led*	*led*	guiar
to leave	*left*	*left*	dejar
to lend	*lent*	*lent*	prestar
to let	*let*	*let*	permitir
to lie	*lay*	*lain*	acostarse
to lose	*lost*	*lost*	perder
to make	*made*	*made*	hacer
to mean	*meant*	*meant*	significar
to meet	*met*	*met*	encontrarse
to owe	*owed*	*owed*	deber (algo)
to pay	*paid*	*paid*	pagar
to quit	*quit*	*quit*	dejar
to read	*read*	*read*	leer
to ring	*rang*	*rung*	sonar
to rise	*rose*	*risen*	ascender/ponerse depie
to run	*ran*	*run*	correr
to see	*saw*	*seen*	ver
to shake	*shook*	*shaken*	sacudir
to sell	*sold*	*sold*	vender
to send	*sent*	*sent*	mandar
to set	*set*	*set*	poner
to shine	*shone*	*shone*	brillar
to shoot	*shot*	*shot*	tirar, disparar
to show	*showed*	*shown*	mostrar

to shrink	shrank	shrunk	encoger
to shut	shut	shut	cerrar
to sing	sang	sung	cantar
to sink	sank	sunk	hundir
to sit	sat	sat	sentarse
to sleep	slept	slept	dormir
to slide	slid	slid	resbalar
to speak	spoke	spoken	hablar
to spend	spent	spent	gastar
to split	split	split	dividir/compartir
to spread	spread	spread	difundir/untar
to stand	stood	stood	estar/ponerse de pie
to steal	stole	stolen	robar
to stick	stuck	stuck	pegar, prender
to strike	struck	struck	golpear
to swear	swore	sworn	jurar
to sweep	swept	swept	barrer
to swim	swam	swum	nadar
to swing	swung	swung	columpiar
to take	took	taken	tomar
to teach	taught	taught	enseñar
to tear	tore	torn	romper, rasgar
to tell	told	told	decir, contar
to think	thought	thought	pensar
to throw	threw	thrown	echar
to wear	wore	worn	llevar, vestir, usar
to weep	wept	wept	llorar
to win	won	won	ganar
to write	wrote	written	escribir

D. WRITING LETTERS
(La Correspondencia)

1. INVITACIONES FORMALES Y RESPUESTAS.
FORMAL INVITATIONS AND RESPONSES.

A. INVITACIONES

Mr. and Mrs. John Zamora
request the honor of your presence
at the marriage of their daughter
Sandy Angelica
to
Mr. Victor Smith
on Sunday, the second of July
Nineteen hundred and ninety-eight
at four-thirty in the afternoon

Our Lady of Pilar Church
Main Street and Lincoln Boulevard
Seattle, Washington

El señor John Zamora y Señora solicitan el honor de su presencia en la boda de su hija, Sandy Angelica, con el señor Victor Smith, que se llevará a cabo el domingo dos de julio del presente año, a las 4:30 de la tarde. Tendrá lugar en la iglesia de Nuestra Señora del Pilar, situada en la Calle Main y el Boulevard Lincoln, Seattle, Washington.

Mr. and Mrs. Peter Levenfeller cordially invite you to a reception given for their daughter Annemarie, on Saturday evening, November 24, 1998, at nine o'clock, at the Yacht Club.

El Señor Peter Levenfeller y Señora le invitan a la recepción que darán en honor de su hija Annemarie, el sábado 24 de noviembre de 1998, a las nueve de la noche en el Yacht Club.

Mr. and Mrs. Steve Houston thank Mr. and Mrs. Levenfeller for their kind invitation and regret that they are unable to attend due to a previous engagement.

El Señor Houston y Señora agradecen al Señor Levenfeller y Señora por su amable invitación y se disculpan por no poder asistir debido a un compromiso previo.

Mr. and Mrs. Brown thank you for your kind invitation and will attend with pleasure the reception on November 24th.

El Señor Brown y Señora les agradecen su invitación y con gusto asistirán a la recepción del sábado 24 de noviembre.

2. FORMAS DE AGRADECIMIENTO. *THANK YOU NOTES.*

August 3, 1998

Dear Sandy,

I just wanted to say hello and let you know that I received the beautiful picture frame you sent me. I used it for one of my wedding pictures. I've hung it on the wall in the family room, and you can't imagine how nice it looks.

I hope to see you at Julie's party tomorrow. I think it's going to be a lot of fun.

I hope your family is well. Everyone here is fine.

Love,

Joyce

---

3 de agosto, 1998

Querida Sandy:

Quería saludarte y decirte que recibi el precioso marco que me enviaste. Lo usé para enmarcar una foto de mi boda. Lo he colgado en una de las paredes de la sala y no te imaginas lo lindo que luce.

Espero verte mañana en la fiesta de Julie. Creo que va a *ser* muy divertida.

Espero que tu familia se encuentre bien. Aquí todos estamos bien.

Cariños,

Joyce

3. BUSINESS LETTERS. CARTAS DE NEGOCIOS.

Sports & Co. • *888 W 29th Street, Suite 290* • *New York, NY 10011*
212-555-1999 (tel) • *212-555-1888 (fax)*

October 28, 1997

Andrew Tyler
Account Executive
FunAdvertising
777 E 28th Street
New York, NY 10012

Dear Mr. Tyler:

We have received your drafts for our upcoming print advertisement campaign in Harper's *and* The New Yorker. *We have already discussed your concept with our sales and marketing staff and are quite pleased with your suggestions.*

As we already discussed on the telephone, we would like to make a few minor changes to the advertisements. Our sales manager, Susan Haywirth, will be in contact with you directly to discuss our suggestions.

We would also like to discuss the proposed budget in more detail. Please give me a call at your earliest convenience to set up a meeting.

We look forward to working with you.

Sincerely,

Barbara Millers
Vice President, Sales and Marketing
Sports & Co.

Octubre 28, 1997

Andrew Tyler
Ejecutivo de Cuenta
FunAdvertising
777 E 28th Street
New York, NY 10012

Estimado Sr. Tyler:

Hemos recibido sus borradores para nuestra próxima campaña publicitaria en *Harper's* y *The New Yorker.* Ya hemos discutido sus conceptos con nuestro personal de ventas y mercadeo y están may satisfechos con sus sugerencias.

Como ya habíamos dicho por teléfono, quisiéramos hacer unos

pequeños cambios a los comerciales. Nuestra gerente de ventas, Susan Haywirth, se pondrá en contacto con usted para comunicarle nuestras sugerencias.

También nos gustría hablar sobre nuestra propuesta de presupuesto más detalladamente. Por favor llámeme en cuanto le sea posible para organizar una reunión.

Estamos muy interesados en trabajar con usted.

Sinceramente,

Barbara Millers
Vice Presidente, Ventas y Mercadeo
Sports & Co.

The Sweet Tooth
123 Main Street
New Haven, CT 23456
215-777-8888
215-777-8889 (fax)

November 3, 1997

Karen Klett
Director
Sugar Exports
Avenida de las Américas No. 23
Quito, Ecuador

Dear Karen:

We are in receipt of your shipment of 9.8 tons of sugar. Thank you very much.

The invoice included does not reflect the 20% discount we agreed upon in our meeting on October 24, 1997. As we assume that this was an oversight, we will adjust the bill accordingly and transfer the funds less 20% to your account as usual.

We are looking forward to receiving the remaining 20 tons of sugar later this month. Please be so kind and let us know when exactly we can expect this shipment.

Sincerely,

John Hume

Manager, Import

The Sweet Tooth
123 Main Street
New Haven, CT 23456
215-777-8888
215-777-8889 (fax)

November 3, 1997

Karen Klett
Director
Sugar Exports
Avenida de las Américas No. 23
Quito, Ecuador

Estimado Karen:

Hemos recibido el cargamento de 9,8 toneladas de azúcar. Muchas gracias.

La factura adjunta no refleja el 20% de descuento que acordamos en nuestra reunión del 24 de octubre de 1997. Como creemos que esto ha ocurrido debido a un descuido, vamos a ajustar la cuenta y transferiremos los fondos menos el 20% a su cuenta como es costumbre.

Esperamos recibir las otras 20 toneladas de azúcar a más tardar este mes. Por favor avísenos exactamente cuándo recibiremos este cargamento.

Sinceramente,

John Hume
Gerente de Importación

———————

Karen Klett
Director
Sugar Exports
Avenida de las Américas No. 23
Quito, Ecuador

John Hume
Manager, Import
The Sweet Tooth
123 Main Street
New Haven, CT 23456

Dear John:

We apologize for having failed to adjust our invoice according to our agreement from October 24. Enclosed is an adjusted bill for your files. Please do transfer the funds to our account as usual.

The remainder of the shipment will go out to you by November 15, 1997. I will call you personally to confirm this date within the next few days.

We apologize for any inconvenience this delay may have caused you.

Best,

Karen Klett
Director, Sales and Marketing

Karen Klett
Director
Sugar Exports
Avenida de las Américas No. 23
Quito, Ecuador

John Hume
Gerente de Importación
The Sweet Tooth
123 Main Street
New Haven, CT 23456

Estimado John:

Le pedimos disculpas por no ajustar nuestra factura a la suma que acordamos el 24 de octubre. Adjunto a esta carta una factura para su archivo. Por favor transfiera los fondos a nuestra cuenta de la manera usual.

El resto del cargamento le será enviado el 15 de noviembre de 1997. Yo personalmente le llamaré para confirmar esta fecha dentro de los próximos días.

Le pedimos disculpas por cualquier inconveniente que esta demora le haya podido causar.

Atentamente,

Karen Klett
Director de Ventas y Mercadeo

4. CARTAS INFORMALES. *INFORMAL LETTERS.*

February 23, 1998

Dear Victor,

   I was happy to receive your letter. It was good to hear that you're feeling better after your stay in the hospital. I have some good news for you. I have finally decided to make the trip to New Mexico. I will probably spend at least three weeks there, starting on the first of August. Thanks so much for the invitation to stay with you. It'll be wonderful to see you.
   Laura is going with me. She is excited about meeting the two of you. We'll finally have a chance to catch up. The business seems to be doing fine. I saw Albert the other day, and he asked me about you.
   Write soon. Give my regards to Sandy.

Yours,

Michael

---

23 de febrero de 1998.

Querido Víctor:

   Me dio mucho gusto recibir tu carta. Me alegra saber que ya te sientes mejor después de tu estudía en el hospital. Te tengo buenas noticias. Por fin he decidido hacer el viaje a Nuevo México. Probablemente pasaré por lo menos tres semanas allí, a partir del primero de agosto. Muchas gracias por la invitación para quedarnos en tu casa. Será un gusto volver a verte.
   Laura va a ir conmigo. Le encanta la idea de conocerlos. Finalmente tendremos oportunidad de ponernos al día.
   El negocio parece que marcha bien. El otro día vi a Albert y me preguntó por ti.
   Escríbeme pronto. Salúdame a Sandy.

Saludos,

Michael

5. FORMAS DE SALUDO Y DESPEDIDA EN LA CORRESPONDENCIA.
GREETINGS AND CLOSINGS IN LETTERS.

A. SALUDOS FORMALES

Sir:	Señor:
Madam:	Señora:
Dear Sir:	Muy señor nuestro:
Dear Sir or Madam:	Muy señores nuestros:
Dear Mr. McCurdy:	Estimado señor McCurdy:
Dear Mrs. McCurdy:	Estimada señora McCurdy:
Dear Miss McCurdy:	Estimada señorita McCurdy:
Dear Ms. Smith.	Estimada Sra. Smith:
Dear Dr. Harris:	Estimado doctor Harris:
Dear Professor Araluce:	Estimado profesor Araluce:
Dear Colonel Kent:	Estimado coronel Kent:

B. SALUDOS INFORMALES:

Dear Mr. Gill,	Estimado señor Gill,
Dear Mrs. Gill,	Estimada señora Gill,
Dear Sandy,	Querida Sandy,
Dear Victor,	Querido Victor,
Dearest Robert,	Muy querido Robert,
My darling Maya,	Mi querida Maya,

C. DESPEDIDAS FORMALES

Very truly yours,	Su atento y seguro servidor,
Yours very truly,	Su atto. y S.S.,
Sincerely yours,	Atentamente,
Yours sincerely,	Sinceramente suyo,
Sincerely,	Sinceramente,
Cordially,	Cordialmente,
Very cordially,	Muy cordialmente,

D. DESPEDIDAS INFORMALES

Best (regards),	Nuestros mejores recuerdos,
With our very best regards,	Con nuestros mejores recuerdos,
Affectionately,	Afectuosamente,
Yours,	De quien te estima,
Love,	Cariños,
With love,	Cariñosamente,

6. FORMATO DEL SOBRE. *FORM OF THE ENVELOPE.*

Boxer & Hunter, Inc.
240 Main St., Suite 431
Santa Monica, CA 90404

> *Mr. Matthew Morfin*
> *456 Franklin Avenue*
> *St. George, UT 84770*

Or:

Boxer & Hunter, Inc.
240 Main St., Suite 431
Santa Monica, CA 90404

Mr. Matthew Morfin
456 Franklin Avenue
St. George, UT 84770

GLOSSARY (Glosario)

ENGLISH-SPANISH (Inglés-Español)

A

assist (to) *ayudar*
abdomen *abdomen*
above *arriba*
    above price *por encima del precio*
abroad *en el extranjero*
absolutely *absolutamente*
accept (to) *aceptar*
accident *accidente*
account *cuenta*
ache *dolor*
ache (to) *doler*
achieve (to) *lograr*
acid rain *lluvia ácida*
activity *actividad*
actor *actor*
actually *por cierto, en efecto*
add (to) *agregar*
additional *adicional, otro*
admit (to) *admitir*
adult *adulto*
adulthood *edad adulta*
adventure *aventura*
advertisement *anuncio publicitario*
advise (to) *aconsejar*
after *después*
after all *después de todo*
afternoon *tarde*
agree (to) *estar de acuerdo*
air conditioner *aire acondicionado*
airport *aeropuerto*
aisle *pasillo*
Algebra *álgebra*
almost *casi*
already *ya*
always *siempre*
amazing *fabuloso/a*
American dream *sueño americano*
an *uno, una*
anchor (news) *presentador/a*
and *y*
angry *enojado/a*
ankle *tobillo*

annoying *molesto, incómodo*
annual *anual*
answer (to) *contestar*
anxious *ansioso/a*
anymore *no más*
anyway *de cualquier manera*
apartment *apartamento*
appear (to) *aparecer*
application *solicitud*
appointment *cita*
appreciate (to) *apreciar*
argue (to) *discutir*
argument *discusión*
arm *brazo*
around *alrededor*
arrival *llegada*
as *como*
    as soon as *tan pronto como*
    as long as *siempre y cuando*
ask (to) *preguntar, pedir*
    ask out (to) *invitar a alguien a salir*
assistance *ayuda*
assure (to) *asegurar*
at *en, a*
athlete *atleta*
attitude *actitud*
attorney *abogado*
    attorney at law *procurador*
audience *público*
aunt *tía*
automated teller machine (ATM) *cajero automático*
auto shop *taller de mecánica*
available *disponible*
avoid (to) *evitar*

B

baby *bebé*
babysitter *niñera*
Bachelor of Arts (B.A.) *Licenciatura en Artes*
Bachelor of Science (B.S.) *Licenciatura en Ciencias*

bachelor party *despedida de soltero*
back *espalda*
bad *mal, malo/a*
bag *bolsa*
baggage *equipaje, maletas*
  baggage carousel *transportador de*
    equipaje
bake (to) *hornear*
balance *saldo, balance*
ball *pelota*
band *banda, grupo musical*
bank *banco*
  bank check *cheque bancario*
banker *banquero*
barbecue *parrillada, barbacoa*
bargain (to) *regatear*
baseball *béisbol*
basketball *baloncesto*
bathroom *baño*
bathtub *tina de baño/bañera*
battery *batería/pila*
be (to) *ser, estar*
  be allowed (to) *tener permiso*
  be careful (to) *tener cuidado*
  be hungry (to) *tener hambre*
  be in charge (to) *estar encargado/a*
  be late (to) *llegar tarde*
  be on one's mind (to) *preocuparle a uno*
  be on sale (to) *estar rebajado/a*
  be on time (to) *ser puntual*
  be proud (to) *estar orgulloso/a*
  be supposed (to) *suponerse que*
  be worth it (to) *valer la pena*
beach *playa*
bear in mind (to) *tener presente*
beautiful *hermoso/a*
because *porque*
because of *debido a*
become (to) *convertirse, volverse, llegar a*
    ser
bedroom *habitación, recámara*
beef *carne de res*
beer *cerveza*
beg (to) *pedir, rogar*
behind *atrás*
believe (to) *creer*
belong (to) *pertenecer*
below price *por debajo del precio*
bet (to) *apostar*
better *mejor*
between *entre*
big *grande*
bill *proyecto de ley*

billboard *cartelera*
blinker *direccional*
block *manzana*
blouse *blusa*
board (to) *abordar*
boat *barco*
book *libro*
borrow (to) *pedir prestado*
boss *jefe, patrón*
both *ambos/as*
bottle *botella*
box *caja*
boxing *boxeo*
boy *chico, muchacho*
branch *sucursal*
bread *pan*
break (to) *quebrar, descomponer*
break down (to) *descomponerse*
breath *suspiro*
breakfast *desayuno*
bride *novia*
bring (to) *traer*
  bring about (to) *causar*
  bring back (to) *devolver*
  bring back memories (to) *hacer*
    recordar
  bring forth (to) *producir*
  bring to mind (to) *recordar*
  bring up (to) *criar; mencionar algo*
broadcast *transmisión (radio, TV)*
broadcast (to) *transmitir*
broccoli *brócoli*
broken *descompuesto*
brother *hermano*
brotherhood *hermandad*
brother-in-law *cuñado*
brush *brocha/pincel*
bucks *dólares (informal)*
buddy *amigo, colega*
build (to) *construir, mejorar*
bulk commodities *productos a granel*
bulletin board *tablilla para fijar*
    anuncios
bumper *defensa*
  bumper to bumper *tráfico muy lento*
burn (to) *quemar*
bus *autobús*
busy *ocupado/a*
but *pero*
buy to *comprar*
by *para/por*
  by the time *para cuando*
bye *adiós*

C

cabinet *gabinete*
cable television *televisión por cable*
call *llamada*
call (to) *llamar*
camp *campamento*
campaign *campaña*
can *poder*
candidate *candidato*
capacity *capacidad*
capital *capital*
car *coche, carro*
car jacking *robo de coche*
carbon dioxide *dióxido de carbono*
care (to) *cuidar*
career *carrera, profesión*
carefully *cuidadosamente*
careless *descuidado*
carrot *zanahoria*
carry (to) *cargar, llevar*
  carry out (to) *realizar, llevar a cabo*
cash *dinero en efectivo*
cash (to) *cobrar*
cash register *caja registradora*
cashier's check *cheque al portador/ad-*
  ministración
casserole *cacerola*
cause *causa*
ceiling price *precio de techo*
census *censo*
certainly *claro, seguro*
certified check *cheque certificado*
chair *silla*
chairperson *presidente*
championship *campeonato*
change (to) *cambiar*
  change one's mind (to) *cambiar de*
  idea
channel *canal*
character *símbolo, personaje*
charge (to) *cobrar, debitar de, cargar a*
  una cuenta
chat (to) *charlar, conversar*
cheap *barato/a*
checking account *cuenta corriente,*
  cuenta de cheques
check *cheque*
check (to) *revisar*
  check in (to a hotel) (to) *registrarse (en*
  un hotel)
  check out (of a hotel) (to) *salir y pagar*
  (de un hotel)

checks and balances *verificación y*
  equilibrio
Cheers! *¡Salud!*
chemical pesticide *pesticida químico*
chest *pecho*
chicken *pollo*
child *niño/a*
childhood *infancia*
choose (to) *escoger, seleccionar*
Christmas *Navidad*
Christmas Eve *Nochebuena*
  Christmas card *tarjeta de Navidad*
  Christmas tree *árbol de Navidad*
cigarette *cigarrillo*
citizen *ciudadano*
civil rights *derechos civiles*
claim (to) *reclamar*
class *clase*
classical *clásico/a*
classified ad *anuncio clasificado*
clean (to) *limpiar*
climate *clima*
closet *armario, closet*
clothes *ropa*
cloudy *nublado*
clover *trébol*
coach *entrenador*
coal *carbón*
coast *costa*
coat *abrigo*
coffee *café*
coincidence *coincidencia*
cold *frío*
colleague *colega*
collection *colección*
collision *accidente*
come (to) *venir*
  come back (to) *regresar*
  come in (to) *entrar*
  come to mind (to) *ocurrírsele a*
  uno
Come on! Let's go! *Vamos!*
comedy *comedia*
commentator *comentarista*
company *empresa, compañía*
compare (to) *comparar*
complain (to) *quejarse*
complete *completo*
complicated *complicado/a*
complimentary (free) *gratis*
computer *computador, ordenador*
condition *condición, estado*
confess (to) *confesar*

Congratulations! ¡Felicidades!/
    ¡Felicitaciones!
Congress congreso
consent (to) consentir
consequently por consecuencia
conservative conservador
consider (to) considerar
consist of (to) constar de
consumer consumidor
    consumer goods bienes de consumo
contain (to) contener
continue (to) continuar
control key tecla de comando
convince (to) convencer
convinced convencido/a
cookie galleta
cooking cocinar
correct (to) corregir
correctly correctamente
cost (to) costar
cough tos
counter mostrador
courses cursos, clases
cousin primo, prima
cover (to) tapar; cubrir; abarcar
    cover up (to) encubrir
coverage cobertura
cream crema
credit crédito
crime crimen
critic crítico (persona)
cross-cultural awareness conciencia
    transcultural
cruise crucero
cultural cultural
customer cliente
customs aduana
cut (to) cortar
    cut off (a car) (to) atravesarse

D

dad papá
dare (to) atreverse
date cita
daughter hija
day care guardería
deal trato, oferta, ganga
debate debate
debt deuda
decide (to) decidir
declare (to) declarar
decoration decoración

deductible deducción
deep profundo
defeat (to) vencer
deferred billing pago a plazos
deforestation deforestación
delay demora
delay (to) demorar
delicious delicioso/a
delivery entrega
demand (to) demandar
demanding exigente
Democrat demócrata
democratic democrático/a
den cuarto de recreo
dentist dentista
deny (to) negar
Department of Motor Vehicles
    Departamento de Vehículos
departure salida
deposit depósito
depressed deprimido/a
depression depresión
deserve (to) merecer
desk escritorio
dessert postre
diet dieta
different diferente
dinner cena
directly directamente
director director
disability incapacidad
disappointed decepcionado/a
discount descuento
discrimination discriminación
discuss (to) tratar, discutir
dish plato, platillo
dislike (to) no gustar
divorced divorciado/a
dizzy mareado/a
Doctor of Philosophy (Ph.D.) Doctor en
    Filosofía
Doctor of Medicine (M.D.) Doctor en
    Medicina
documentary documental
door puerta
doubt (to) dudar
downtown centro de la cuidad
drama drama
dress vestido
drink (to) beber
driver's license licencia de conducir
drop by (to) pasar por un lugar
drop off (to) dejar, devolver

drums *tambores*
dry (to) *secar*
due *debido, merecido, esperado*
  due (to) *debido a*
dust (to) *sacudir*
duty free *libre de derechos*
dye (clothes, hair) (to) *pintar/teñir*
  (ropa, pelo)

E

ear *oído, oreja*
early *temprano*
  early riser *madrugador/a*
east *este*
economical *económico/a*
educate *educar*
egg *huevo*
elbow *codo*
elder *anciano*
elect (to) *elegir*
electricity *electricidad*
e-mail *correo electrónico*
embarrassed *avergonzado/a*
emergency *emergencia*
emotional *emocionante*
employee *empleado*
encourage (to) *motivar*
end (up) (to) *terminar*
endorse (to) *endosar*
endorsement *patrocinio*
endurance *resistencia*
engaged *comprometido/a*
Engineering *ingeniería*
enjoy (to) *disfrutar*
enough *suficiente, bastante*
entertainment *entretenimiento*
enthusiastic *entusiasmado/a*
environment *medio ambiente*
envy (to) *envidiar*
equipment *equipo, material*
essential *esencial*
essentially *esencialmente*
ethnic group *grupo étnico*
even *incluso*
evening *noche*
event *evento*
every *cada*
  every time *cada vez*
exactly *exactamente*
excited *emocionado/a, entusiasmado/a*
exciting *emocionante*
executive *ejecutivo*

excuse *excusa*
excuse (to) *disculpar*
exercise *ejercicio*
exercise (to) *hacer ejercicio*
exist (to) *existir*
exit *salida*
expect (to) *esperar*
expense *gasto*
expensive *caro/a*
extra *adicional*
eye *ojo*

F

fail (to) *fallar*
fall (to) *caer*
  fall down (to) *caerse*
family *familia*
fascinating *fascinante*
fast *rápido/a*
father *padre, papá*
fatherhood *paternidad*
father-in-law *suegro*
faucet *llave, grifo*
favorite *favorito/a*
fear *miedo*
fear (to) *temer*
federal *federal*
fee *cuota, honorarios, comisión*
feel (to) *sentir, sentirse*
few *poco*
field *campo*
fill (out) (to) *llenar*
film *película*
finally *finalmente*
find (to) *encontrar*
finger *dedo de la mano*
finish (to) *terminar*
first *primero/a*
  first name *nombre*
fish *pescado, pez*
fitting room *vestidor*
fix (to) *arreglar*
fixed *compuesto/a*
flaming *enviar mensajes ofensivos o*
  inapropiados
flexibility *flexibilidad*
flight attendant *azafata*
flip (channels) (to) *cambiar de canales*
floppy disk *disco blando*
flu *gripe*
fluid *líquido*
fly (to) *volar*

foggy *con neblina*
follow (to) *seguir*
food *comida, alimentos*
foot *pie*
football *fútbol americano*
forbid (to) *prohibir*
forecast *pronóstico*
forget (to) *olvidar*
form *formulario*
former *anterior, previo*
free *gratis*
  free on board *franco a bordo*
freeway *autopista*
freight *flete*
freshman *estudiante de primer año*
friend *amigo/a*
friendly *amigable, agradable*
from *de*
frozen *congelado/a*
frustrating *frustrante*
fuel *combustible*
fun *divertido/a*
function key *tecla de función*
furniture *muebles*

G

gain (to) *obtener, subir*
  gain weight (to) *aumentar de peso*
gang *pandilla*
garage *garaje, taller*
gardening *trabajar en el jardín*
garlic *ajo*
gas station *estación de gasolina*
gasoline *gasolina*
gate *puerta de salida*
gelatin *gelatina*
general *general*
general education *educatión general*
gesture *gesto*
get (to) *obtener*
  get away (to) *escapar*
  get drunk (to) *emborracharse*
  get married (to) *casarse*
  get off (to) *salir*
  get something fixed (to) *mandar algo a arreglar*
  get somewhere (to) *llegar a algún lugar*
  get up (to) *levantarse*
ghost *fantasma*
gift *regalo*
  gift exchange *intercambio de regalos*
  gift wrap *envoltura para regalo*

girl *chica, muchacha, niña*
glad *alegre, feliz*
glasses *anteojos*
glove compartment *guantera*
go (to) *ir*
  go ahead (to) *andar, ir adelante*
  go away (to) *marcharse*
  go back (to) *regresar*
  go by (to) *pasar por*
  go down (to) *bajar*
  go in (to) *entrar*
  go out (to) *salir*
  go up (to) *subir*
Good morning *Buenos días*
Good evening *Buenas noches*
gorgeous *precioso/a*
grade point average (GPA) *calificación promedio*
grades *notas*
grandfather *abuelo*
grandmother *abuela*
grandma *abuela (cariñoso)*
grandpa *abuelo (cariñoso)*
grandparents *abuelos*
gravy *salsa*
great *excelente*
green card *tarjeta de residente*
greenhouse effect *efecto invernadero*
groceries *abarrotes, alimentos*
groom *novio*
ground transportation *transporte por superficie*
guess (to) *adivinar*
guest *invitado/a*
guilty *culpable*
guitar *guitarra*
gun *pistola, arma*
  gun shot *balazo*
guys *muchachos, chicos*

H

half *media*
ham *jamón*
handicapped *minusválido*
handsome *guapo*
handyman *hombre que arregla de todo*
happy *feliz*
harass (to) *acosar*
hard disk *disco duro*
hardly *duramente*
hardware store *ferretería*
hate (to) *odiar*

have (to) *tener*
Have a good trip! *¡Buen viaje!*
have doubts (to) *tener dudas*
have to (to) *tener que*
head *cabeza*
health *salud*
   health nut *obsesionado con la salud*
healthy *saludable*
hear (to) *oír*
hearing *audiencia*
heat *calor*
heater *calentador*
here *aquí, acá*
hello *hola*
help (to) *ayudar*
   help oneself (to) *servirse*
hi *hola*
highway *autopista*
hike (to) *escalar*
hit (to) *golpear*
hobby *pasatiempo*
home *hogar*
hope *esperanza*
hope (to) *esperar*
hors d'oeuvre *pasa boca*
hot *caliente*
hotel *hotel*
hour *hora*
house *casa; cámara (gobierno)*
household *hogar*
how? *¿cómo?*
   how much? *¿cuánto/a?*
   how many? *¿cuántos/as?*
   how about . . . ? *¿qué te parece . . . ?*
   How are you? *¿Cómo estás?/¿Cómo está?*
   How's it coming along? *¿Cómo va todo?*
however *sin embargo*
hug (to) *abrazar*
humid *húmedo*
hurt (to) *doler, lastimar, herir, lesionar*
husband *esposo*

I

ice *hielo*
ice cream *helado*
icon *ícono*
identification (ID) *identificación*
illegal alien *indocumentado/a*
illness *enfermedad*
imagine (to) *imaginar*
immediately *inmediatamente*
immigrant *inmigrante*

impossible *imposible*
in *en*
include (to) *incluir*
inconvenience *inconveniencia*
individual account *cuenta individual*
inhibit (to) *inhibir*
insist (to) *insistir*
instructor *instructor*
instrument *instrumento*
insurance *seguro*
   insurance policy *póliza de seguros*
intend (to) *proponerse*
intensive care *cuidados intensivos*
interested *interesado/a*
international *internacional*
interesting *interesante*
interrupt (to) *interrumpir*
interview *entrevista*
into *en, dentro*
intolerance *intolerancia*
invite (to) *invitar*
invoice *factura*
Ireland *Irlanda*
Irish *irlandés/a*
ironing board *mesa de planchar*
island *isla*
issue (to) *girar, emitir*
item *artículo, punto*
itinerary *itinerario*

J

jealous *celoso/a*
job *trabajo*
jog (to) *trotar, correr lentamente*
join (to) *unirse, juntarse*
joint *en conjunto*
   joint account *cuenta mancomunada, cuenta conjunta*
journalism *periodismo*
joy *alegría*
joyous *feliz, alegre*
judge *juez*
judicial *judicial*
jump *salto*
jump (to) *saltar, brincar*
   jump start (a car) (to) *pasar corriente (a un coche)*
junior *estudiante de tercer año*
jury *jurado*
just *acabar de (con verbo), justo, sólo*

K

keep (to) *mantener, guardar*
  keep up (to) *mantener el ritmo*
key *llave, tecla*
keyboard *teclado*
kick (to) *patear*
kid (to) *bromear*
kill (to) *matar*
  kill time (to) *matar el tiempo*
kilo *kilo*
kiss (to) *besar*
kitchen *cocina*
knee *rodilla*
knife *cuchillo*
know (to) *saber, conocer*

L

lake *lago*
land (to) *aterrizar*
landlady *dueña, propietaria (de casa)*
landlord *dueño, propietario (de casa)*
lane *carril, línea*
lasagna *lasaña*
last *último/a*
  last name *apellido*
  last night *anoche*
late *tarde*
lately *últimamente*
laugh (to) *reír*
laundry *lavandería*
law *ley*
lawyer *abogado*
lead (actor) *actor principal*
leaf *hoja*
leak (to) *gotear*
learn (to) *aprender*
leave (to) *dejar, marcharse*
legislative *legislativo*
lemon *limón*
lend (to) *prestar*
let go (to) *soltar*
let me *déjame*
let someone know (to) *dejar a alguien saber algo*
let's go *vamos, vámonos*
Let's see. *Vamos a ver.*
letter *carta*
liberal *liberal*
library *biblioteca*
life insurance *seguro de vida*

light *luz*
  light bulb *foco, bombillo (de luz)*
like (to) *gustar*
liner trade *tráfico marítimo*
liquid *líquido*
list *lista*
little *poco*
live *en vivo*
live (to) *vivir*
living room *sala*
load *carga*
loathe (to) *detestar*
lobby *recepción, vestíbulo*
local *local*
lock *seguro, candado, cerradura*
long *largo/a*
lonely *solitario/a*
look (seem) (to) *parecer*
  look around (to) *hecharuna nirada*
  look at (to) *mirar, revisar*
  look for (to) *buscar*
  look forward to (to) *esperar*
  look into (to) *investigar*
  look over (to) *revisar*
loose *suelto, flojo*
lose (to) *perder*
  lose one's mind (to) *perder la razón*
love (to) *amar*
lovely *bonita, agradable*
lowercase *minúscula*
luggage *equipaje*
lunch *almuerzo, comida*
lurk (to) *espiar*
luxury *lujo*

M

magazine *revista*
mail (to) *enviar (por correo)*
maintenance *mantenimiento*
major *área de concentración, enfoque*
make (to) *fabricar; preparar; confeccionar; deducir; servir para; obligar*
  make a decision (to) *tomar una decisión*
  make a good impression (to) *dar buena impresión*
  make an offer (to) *hacer una oferta*
  make ends meet (to) *tratar de vivir con los ingresos disponibles*
  make it (to) *lograr (algo)*
  make sure (to) *asegurarse*
  make up one's mind (to) *decidir*
mall *centro comercial*

manage (to) *manejar, lograr*
manager *gerente*
mandatory *mandatorio*
manufacturer *fabricante*
many *muchos*
marketing *mercadeo*
married *casado/a*
mashed potatoes *puré de papas*
mass media *medios masivos de
    comunicación*
Master of Arts (M.A.) *Maestría en
    Artes*
Master of Science (M.S.) *Maestría en
    Ciencias*
match (sports) *juego, pelea (de boxeo)*
match *fósforo, cerillo*
match (clothes) (to) *combinar
    (ropa)*
Mathematics *matemáticas*
mature *maduro/a*
may *quizás, es posible que*
maybe *tal vez*
mean (to) *significar, querer decir*
means of transportation *medios de
    transporte*
meat *carne*
mechanic *mecánico*
meet (to) *conocer, encontrar*
meeting *junta, reunión*
memories *recuerdos*
mention (to) *mencionar*
menu *menú, carta*
merchandise *mercancía*
Merry Christmas *Feliz Navidad*
mess (to) *ensuciar*
method of payment *método de pago*
mid-size *coche mediano*
midnight *medianoche*
might *quizás, es posible que*
mileage *millaje*
milk *leche*
mind (to) *hacer caso a, considerar*
minimum *mínimo*
minority *minoría*
minute *minuto*
miss (to) *perder, extrañar*
mistake *error, equivocación*
mom *mamá*
money order *giro postal*
monthly *mensual*
mood *estado de ánimo*
morning *mañana*
most *la mayoría*

mother *madre, mamá*
motherhood *maternidad*
mother-in-law *suegra*
mouse *ratón*
mouth *boca*
move (to) *mudarse, trasladarse*
move up (in the world) (to) *progresar*
movie *película*
mug (to) *asaltar*
mugging *asalto*
mumble (to) *murmurar*
muscle *músculo*
mushroom *champiñón, hongo*
music *música*
musician *músico*
must *tener que*
mystery *misterio*

N

name *nombre*
nature *naturaleza*
near *cerca*
neck *cuello*
need (to) *necesitar*
neighbor *vecino/a*
neighborhood *vecindario*
nephew *sobrino*
nervous *nervioso/a*
network *cadena; red*
networking *funcionar en red*
never *nunca*
nevertheless *sin embargo*
new *nuevo/a*
news *noticias*
newspaper *periódico*
nice *bonito/a*
    Nice to meet you. *¡Mucho gusto!*
nickname *nombre de pila, apodo*
niece *sobrina*
night club *club nocturno*
nobody *nadie*
noise *ruido*
noisy *ruidoso/a*
noon *mediodía*
nose *nariz*
not *no*
not yet *todavía no*
note *nota, recordatorio*
notify (to) *notificar*
novel *novela*
now *ahora*
nurse *enfermera*

O

object (to) *objetar*
observe (to) *observar*
obviously *obviamente*
occasion *ocasión, evento*
occasionally *ocasionalmente*
occur (to) *ocurrir*
of course *por supuesto, claro*
offer *oferta*
offer (to) *ofrecer*
office *oficina, consultorio*
often *a menudo*
old *viejo/a*
on *sobre, en*
on the house (free) *gratis*
once *una vez*
operation *operación*
opinion *opinión*
option *opción*
orange juice *jugo de naranja*
order *orden*
order (to) *ordenar, pedir (en un restaurante)*
ornament *ornamento*
other *otro/a*
our *nuestro/a, nuestros/as*
out of wedlock *sin estar casado/a*
outlet *sucursal*
outstanding *fabuloso, formidable*
oven *horno*
overdraft *sobregiro*
overdrawn check *cheque sin fondos*
over there *allá*
overpriced *demasiado caro/a*
owe (to) *deber*
own (to) *ser dueño*
owner *dueño/a*
ozone layer *capa de ozono*

P

package *paquete*
pain *dolor*
paint *pintura*
paint (to) *pintar*
pale *pálido/a*
pants *pantalones*
parade *desfile*
parenthood *paternidad y maternidad*
parents *padre y madre*
park *parque*
parking *estacionamiento*

party *fiesta, partido político*
pass (on) (to) *pasar (tradición)*
passport *pasaporte*
past *pasado*
pasta *pasta*
peaceful *tranquilo/a*
pediatrician *pediatra*
performance *espectáculo*
permit (to) *permitir*
personal identification number *número de identificación personal*
personnel *personal (en una empresa)*
persuade (to) *persuadir*
pharmacy *farmacia*
piano *piano*
pick (to) *elegir*
  pick at (something) (to) *tirar de algo con los dedos*
  pick on (somebody) (to) *molestar (a alguien)*
  pick out (to) *escoger*
  pick up (to) *recoger*
picnic *picnic*
picture *pintura, fotografía*
pie *pastel*
pig out (to) *comer demasiado*
pinch (to) *pellizcar*
pineapple *piña*
pitiful *lamentable*
pitifully *lamentablemente*
pity (to) *lamentar*
place *lugar*
placement *colocación*
plain *simple*
plaintiff *demandante*
plan (to) *planear*
plane *avión, aeroplano*
play (to) *jugar; tocar (instrumentos)*
plight *petición*
plumber *plomero*
plumbing *plomería*
pocket *bolsillo*
point out (to) *señalar*
poison *veneno*
political *político*
  political party *partido político*
poll *encuesta*
pollution *contaminación*
poor *pobre, deficiente, inadecuado*
popular *popular*
possess (to) *poseer*
post office *oficina de correos*
postcard *tarjeta postal*

postpone (to) *aplazar*
potato *papa, patata*
pound *libra*
poverty *pobreza*
practical training *capacitación
  práctico*
practice *práctica*
practice (to) *practicar*
prairie *pradera*
prefer (to) *preferir*
pregnancy *embarazo*
pregnant *embarazada*
premium *prima*
preparation *preparación*
prepare (to) *preparar*
prescribe (to) *prescribir*
present *presente, regalo*
present (to) *presentar*
presently *actualmente*
presidential *presidencial*
pretend (to) *pretender*
pretty *bonito/a*
preventive care *cuidado preventivo*
preview *corto comercial*
previous *anterior, previo*
price *precio*
  price leaders *líderes*
pride *orgullo*
print (to) *imprimir*
printer *impresora*
  laser printer *impresora láser*
problem *problema*
produce *frutas y verduras*
product *producto*
professional *profesional*
professor *profesor/a*
program *programa*
programmer *programador/a*
project *proyecto*
promise (to) *prometer*
promotion *promoción*
promote (to) *promover*
propose (to) *proponer*
prosecutor *fiscal*
protest (to) *protestar*
proud *orgulloso/a*
public transportation *transporte
  público*
publish (to) *publicar*
pumpkin *calabaza*
purchase *compra*
purchase (to) *comprar*
pursue (to) *seguir, tratar de lograr*

Q

quarter *cuarto*
question *pregunta*
quickly *rápidamente*
quit (to) *dejar algo, renunciar, desistir*

R

racial *racial*
radiation *radiación*
rainy *lluvioso*
rarely *raramente*
ray *rayo*
ready *listo/a*
realize (to) *darse cuenta de*
really *de verdad, muy*
Really? *¿De veras?*
recall (to) *recordar*
recently *recientemente*
reception *recepción*
receptionist *recepcionista*
recklessly *imprudentemente*
reclining chair *sillón para reclinar*
recognize (to) *reconocer*
refrigerator *refrigerador, nevera*
refugee *refugiado*
refuse (to) *rehusar*
regular *regular*
relatives *familiares, parientes*
relaxation *relajarse*
reliable *confiable*
remark (to) *notar*
remember (to) *recordar*
remind (to) *recordarle algo a alguien*
remote control *control remoto*
renovate (to) *renovar*
renovated *renovado*
rent (to) *alquilar, arrendar*
rental agency *agencia de alquiler*
repair (to) *reparar, componer*
reply (to) *contestar*
Republican *republicano*
reputation *reputación*
require (to) *requerir*
requirement *requisito*
respected *respetado/a*
rest (to) *descansar*
restaurant *restaurante*
resume *hoja devida, curriculum*
retail *al por menor, al detal*
retailer *minorista*
retire (to) *jubilarse*

retrieve (to) *retirar*
return (to) *devolver*
rice *arroz*
right *derecho, bien*
  right away *enseguida*
  right now *ahora mismo*
rise (to) *subir, aumentar*
road *carretera*
rob (to) *robar*
robbery *robo*
rock and roll *rock and roll*
rock-bottom price *precio de suelo*
room *cuarto*
roommate *compañero/a (de cuarto)*
rose *rosa*
ruin (to) *arruinar*
rumor *rumor*
run (to) *correr*
rush hour *hora de más tráfico, hora pico*

S

safe *seguro, con seguridad*
safety deposit box *caja de seguridad*
salad *ensalada*
salary *salario*
sale *rebaja, liquidación*
  be on sale (to) *estar rebajado*
sales *ventas*
salmon *salmón*
same *mismo/a*
satellite *satélite*
sauce *salsa*
savings *ahorros*
  savings account *cuenta de ahorros*
  savings bank *caja de ahorros*
saxophone *saxofón*
scandal *escándalo*
scare away (to) *asustar*
schedule *horario*
Scholastic Aptitude Test (SAT) *Prueba de Aptitud Escolástica*
science *ciencia*
scrub (to) *tregar*
season *estación*
second *segundo*
section *sección*
sedan *sedán (de 4 puertas)*
see (to) *ver*
  See you later. *Hasta luego.*
seem (to) *parecer*
seldom *casi nunca*
select (to) *seleccionar*

self-sufficient *autosuficiente*
sell (to) *vender*
senate *senado*
senator *senador*
send (to) *enviar*
senior *estudiante de cuarto año*
  senior citizen *ciudadano/a de la tercera de edad*
sensationalist *sensacionalista*
separate *separado/a*
serious *serio*
service *servicio*
set *listo/a*
shake hands (to) *estrechar la mano*
shape *forma, figura*
sharp *agudo, atilado*
shift *turno*
shift key *tecla para mayúscula*
shipment *envío*
shipper *embarcador*
shipping and handling *envío y manejo*
shirt *camisa*
shoe *zapato*
shop (to) *comprar*
short *corto/a*
shorthand *taquigrafía, estenografía*
shoulder *hombro*
shout (to) *gritar*
show *función de cine, programa, espectáculo*
show (to) *mostrar*
shower *ducha, regadera*
siblings *hermanos/as*
sick *enfermo/a*
sickness *enfermedad*
sign *letrero*
sign (to) *firmar*
signal *señal*
signature *firma*
silk *seda*
since *ya que, desde que, desde*
single *soltero/a*
sink *lavabo*
sir *señor*
sister *hermana*
sisterhood *hermandad*
sister-in-law *cuñada*
sit (to) *sentarse*
sitcom *programa cómico, comedia*
size *talla, tamaño*
skill *habilidad*
skirt *falda*
skycap *maletero*

sleep (to) *dormir*
slow *calmado/a, despacio, lento*
small *pequeño/a*
smile *sonrisa*
smile (to) *sonreír*
smoking *fumar*
sneakers *zapatos tenis*
snow *nieve*
so far so good *hasta ahora bien*
soap opera *telenovela*
soccer *fútbol*
social security *seguridad social*
solve (to) *resolver*
some *algo, algún*
sometimes *a veces*
son *hijo*
sophomore *estudiante de segundo año*
sore *dolor, inflamación*
sorry *lo siento*
sound (to) *sonar; parecer*
source *fuente*
spacious *amplio/a*
spamming *poner el mismo anuncio en
diferentes lugares*
speak (to) *hablar*
  speak one's mind (to) *hablar con
franqueza*
speaker *orador*
special *especial*
speech *discurso*
speed *velocidad*
spend (to) *gastar, pasar en*
spinach *espinaca*
sponsor *patrocinador*
sports *deportes*
  sports bag *bolsa deportiva*
  sports car *coche deportivo*
St. Patrick *San Patricio*
stamp *estampilla, sello*
stand (endure) (to) *soportar*
standard *regular, corriente, estándar*
start (to) *empezar; encender (coche)*
state *estado*
statement *declaración, estado de cuentas*
station *estación (de tren)*
stay (to) *quedarse*
steady *estable*
still *todavía*
stomach *estómago*
stop (to) *parar*
story *historia*
stove *estufa*
street *calle*

stressed *ansioso/a, inquieto/a*
struggle (to) *luchar*
student *estudiante*
stuff *cosas (informal)*
stuffing *relleno (de pavo)*
subscription *suscripción*
subway *metro, subterráneo*
successfully *con éxito*
such *tal*
sue (to) *demandar*
sugar *azúcar*
suggest (to) *sugerir*
suit *sastre, traje*
  Suit yourself! *¡Allá usted!*
suite *suite (de un hotel)*
summer *verano*
sunny *soleado*
supermarket *supermercado*
supervisor *supervisor*
suppose (to) *suponer*
Supreme Court *Corte Suprema*
sure *claro, seguro/a*
surprise *sorpresa*
surprised *sorprendido*
swear (to) *jurar*
sweat *sudor*
sweet *dulce*
swim (to) *nadar*
swimming *natación*

T

table *mesa*
tabloids *prensa sensacionalista*
take (to) *tomar, llevar*
  take care of oneself (to) *cuidarse*
  take classes (to) *tomar clases*
  take a look (to) *revisar*
  take for granted (to) *no valorar*
  take off (to) *despegar*
tall *alto/a*
tapes *cassettes, cintas*
taste (to) *probar*
tavern *taberna, bar*
tea *té*
televise (to) *pasar por televisón*
television *televisión*
tell (to) *decir, contar*
temperature *temperatura*
tenant *inquilino*
terrible *terrible*
terrific *excelente*
thank you *gracias*

Thanksgiving *Día de Acción de Gracias*
that *ese, tan, que*
    That's true. *Es cierto.*
the *el, la, los, las*
then *entonces*
therefore *por lo tanto*
thigh *muslo*
think (to) *pensar*
thinner *solvente*
this *este, esto, esta*
thought *pensamiento*
threaten (to) *amenazar*
throat *garganta*
tickets *boletos, billetes*
tip *propina, consejo*
toast *brindis*
tonight *esta noche*
too *demasiado, también*
    too expensive *demasiado caro/a*
tooth *diente*
tough *duro*
tow (to) *llevar con grúa*
    tow away (to) *remolcar*
tow truck *grúa*
toxic *tóxico*
toy *juguete*
trademark *marca comercial, marca de fábrica*
traditional *tradicional*
traffic *tráfico*
    traffic jam *embotellamiento (de tráfico)*
train *tren*
transportation *transporte*
trash *basura*
travel (to) *viajar*
travel agency *agencia de viajes*
traveler's checks *cheques de viajero*
treat (to) *invitar, convidar a*
trial *juicio*
tricky *engañoso, no muy claro*
trillion *billón*
trip *viaje*
trolley *tranvía*
try (to) *tratar, intentar*
    try on (to) *probarse algo*
tuition *matrícula*
turkey *pavo*
turn (to) *voltear, doblar, girar*
    turn in (to) *entregar*
    turn on (to) *prender, encender*
twice *dos veces*
type (to) *escribir a máquina*

U

ugly *feo/a*
ultraviolet light *luz ultravioleta*
unacceptable *inaceptable*
uncle *tío*
unconstitutional *inconstitucional*
under *abajo, debajo*
understand (to) *comprender*
understanding *comprensivo/a*
unemployment *desempleo*
unexpected *inesperados/as*
unlimited *sin límite*
until *hasta*
upcoming *cercano/a, próxima*
uppercase *mayúscula*
use (to) *usar*
U.S. Census Bureau *Departamento del Censo de los EE.UU.*
usual *usual, de costumbre*
usually *normalmente, usualmente*
utilities *servicios públicos*

V

vacation *vacaciones*
vacuum (to) *aspirar*
vegetable *verdura*
very *muy*
veto (to) *vetar*
video *video*
viewer *televidente*
violence *violencia*
virus *virus*
visit (to) *visitar*
volunteer (to) *ofrecerse*
vote (to) *votar*
voucher *cupón, boleto*

W

wages *sueldo*
wait (to) *esperar*
wake up (to) *despertar*
walk (to) *caminar*
wall *pared*
want (to) *querer*
warehouse *depósito*
warm *calor, caluroso*
warm up (to) *calentar*
warn (to) *advertir*
waste *desperdicio*
watch *reloj*

watch (to) *mirar, ver, vigilar, cuidar*
  watch out (to) *tener cuidado*
water *agua*
wear (to) *vestir, usar*
weather *tiempo, clima*
wedding *boda*
  wedding reception *fiesta de boda*
weekend *fin de semana*
weight *peso*
welcome *bienvenido, de nada*
welfare *bienestar social*
well *bien*
  well-liked *apreciado*
west *oeste*
what? *¿qué?*
  What time is it? *¿Qué hora es?*
when? *¿cuándo?*
whenever *quando (quiera)*
where? *¿dónde?*
which *¿cuál?*
while *mientras*
who? *¿Quién, quiénes?*
wholesaler *mayorista*
whom (to) *¿a quién?*
whose *¿de quién?*
why not? *¿Por qué no?*
why? *¿por qué?*
widow *viuda*

widower *viudo*
wife *esposa*
windy *con viento*
wine *vino*
wise *sagaz*
wish (to) *desear*
withdraw (to) *retirar*
woe *aflicción, miseria*
woefully *lamentablemente, tristemente*
wonderful *maravilloso/a*
work *trabajo*
work (to) *trabajar*
world *mundo*
worried *preocupado/a*
worry (to) *preocuparse*
wrist *muñeca (parte del brazo)*
write (to) *escribir*
write checks (to) *girar/emitir*
  cheques

Y

yard sale/garage sale *venta de cosas*
  (en la casa)
yesterday *ayer*
yet *ya, todavía*
yield (to) *ceder el paso*
You're right. *Tienes razón.*

SPANISH-ENGLISH (Español-Inglés)

A

a *at, on*
  a menudo *often*
  a veces *sometimes*
abajo *under*
abarcar *cover (distance) (to)*
abarrotes *groceries*
abdomen *abdomen*
abogado *attorney, lawyer*
abordar *board (to)*
abrazar *hug (to)*
abrigo *coat*
absolutamente *absolutely*
abuela *grandmother*
abuelo (cariñoso) *grandpa*
abuelos *grandparents*
acá *here*
acabar de *just*
accidente *collision, accident*
aceptar *accept (to)*
aconsejar *advise (to)*
acosar *harass (to)*
actitud *attitude*
actividad *activity*
actor *actor*
  actor principal *lead (actor)*
actualmente *at present, presently*
adicional *additional, extra*
adiós *bye*
adivinar *guess (to)*
admitir *admit (to)*
aduana *customs*
adulto *adult*
advertir *warn (to)*
aeropuerto *airport*
aflicción *woe, affliction*
agencia de alquiler *rental agency*
agencia de viajes *travel agency*
agradable *friendly, nice*
agregar *add (to)*
agua *water*
ahora *now*
  ahora mismo *right now*
ahorros *savings*
aire acondicionado *air conditioner*
ajo *garlic*
al detal *retail*
al por menor *retail*
alegre *glad*

alegría *joy*
alfombra *rug*
alfombrado *carpeted*
álgebra *Algebra*
algo *some*
algún *some*
alimentos *groceries, food*
allá *over there*
  ¡Allá usted! *Suit yourself!*
almuerzo *lunch*
alquilar *rent (to)*
alrededor *around*
amar *love (to)*
ambos *both*
amenazar *threaten (to)*
amigable *friendly*
amigo *friend, buddy*
amplio *spacious*
anciano *elder, old*
anoche *last night*
ansioso *anxious*
anteojos *glasses*
anterior *former, previous*
anual *annual*
anuncio clasificado *classified ad*
anuncio publicitario *advertisement*
aparatos eléctricos *electrical appliances*
aparecer *appear (to)*
aparta-estudio *efficiency, studio*
apartamento amoblado *furnished*
  apartment
apellido *last name*
aperitivo *hors d'oeuvre*
aplazar *postpone (to)*
apostar *bet (to)*
apreciado *well-liked*
apreciar *appreciate (to)*
aprender *learn (to)*
apurarse *hurry (to)*
aquí *here*
¿a quién? *Whom?*
Arbol de Navidad *Christmas tree*
area de concentración o enfoque *major*
arma *gun, weapon*
armario *closet*
arreglar *fix (to)*
arrendar *rent (to)*
arrendatario *tenant*
arriba *above*
arroz *rice*

arruinar *ruin (to)*
artículo *item*
azafata *flight attendant*
asaltar *mug (to)*
asalto *mugging*
asegurar *assure (to)*
asegurarse *make sure (to)*
aspirar *vacuum (to), aspire (to)*
asustar *scare away (to)*
aterrizar *land (to)*
atleta *athlete*
atrás *behind*
atravesarse *cut (a car) off (to)*
atreverse *dare (to)*
audiencia *hearing*
aumentar *rise (to)*
aún así *nevertheless*
autobús *bus*
autopista *freeway, highway*
autosuficiente *self-sufficient*
aventura *adventure*
avergonzado *embarrassed*
avión *airplane*
avisar *warn (to)*
avisos clasificados *classified ads,*
    want ads
ayer *yesterday*
ayuda *assistance, help*
ayudar *help (to), assist (to)*
azúcar *sugar*

B

bajar *go down (to)*
  por debajo del precio *below*
    price
balance *balance*
balazo *gun shot*
baloncesto *basketball*
banco *bank*
banda *band*
banquero *banker*
baño *bath*
bar *bar*
barato *cheap*
barco *boat*
bastante *enough*
basura *trash*
batería *battery*
bebé *baby*
beber *drink (to)*
béisbol *baseball*
besar *kiss (to)*

biblioteca *library*
bien *well*
bienes de consumo *consumer goods*
bienes raíces *real estate*
bienestar social *welfare*
bienvenido *welcome*
billetes *tickets*
billón *trillion*
blusa *blouse*
boca *mouth*
boda *wedding*
boletos *tickets*
bolsa *bag*
  bolsa deportiva *sports bag*
bolsillo *pocket*
bonito/a *nice, pretty*
botella *bottle*
boxeo *boxing*
brazo *arm*
brincar *jump around (to)*
brindis *toast*
brócoli *broccoli*
bromear *kid (to)*
¡Buen viaje! *Have a good trip!*
Buenas noches. *Good evening.*
Buenos días. *Good morning.*
buscar *look for (to)*

C

cabeza *head*
cada *every*
  cada vez *every time*
cadena *network*
caer *fall (to)*
  caerse *fall down (to)*
café *coffee*
caja *box*
  caja de ahorros *savings bank*
  caja de seguridad *safety deposit box*
  caja registradora *cash register*
cajero automático *Automated Teller*
    Machine (ATM)
calabaza *pumpkin*
calefacción *heater, heating*
calentar *warm up (to)*
caliente *hot*
calificación promedio *grade point*
    average (GPA)
calle *street*
calmado *slow, calm*
calor *heat*
caluroso *warm*

cambiar *change (to)*
  cambiar de idea *change one's mind (to)*
  cambiar de línea o carril *switch (lanes) (to)*
  cambiar de canales *flip (channels) (to)*
camilla *stretcher*
caminar *walk (to)*
camisa *shirt*
campamento *camp*
campaña *campaign*
campeonato *championship*
campo *field*
canal *channel*
candado *lock*
candidato *candidate*
capa de ozono *ozone layer*
capacidad *capacity*
capacitación práctica *practical training*
capital *capital*
carbón *coal*
carga *load*
cargar *carry (to)*
  cargar a una cuenta *to charge*
carne *meat*
  carne de res *beef*
caro *expensive*
carrera *career, profession*
carretera *road*
carril *lane*
carta *letter*
cartelera *billboard*
casado *married*
casarse *get married (to)*
cacerola *casserole*
casi *almost*
  casi nunca *seldom*
cassettes *tapes*
causa *cause*
causar *bring about (to), cause (to)*
ceder el paso *yield (to)*
celoso *jealous*
cena *dinner*
censo *census*
centro (de la cuidad) *downtown*
centro comercial *mall, shopping center*
cepillo *brush*
cerca *near*
cercano *upcoming, close*
cerillo *match*
cerveza *beer*
champiñones *mushrooms*
charlar *chat (to)*

cheque *check*
  cheque al portador *check to bearer*
  cheque bancario *bank check*
  cheque certificado *certified check*
  cheque de administración *cashier's check*
  cheque sin fondos *overdrawn check*
  cheques de viajero *traveler's checks*
chica *girl*
chico *boy*
ciencia *science*
cigarrillo *cigarette*
cirugía *surgery*
cirujano *surgeon*
cita *appointment, date*
ciudadano *citizen*
  ciudadano de la tercera de edad *senior citizen*
claro *sure, certainly, of course*
clase *class*
clásico *classical*
cliente *customer*
clima *climate, weather*
club nocturno *night club*
cobertura *coverage*
cobrar *charge (to)*
coche *car*
  coche deportivo *sports car*
  coche mediano *mid-size car*
cocina *kitchen*
cocinar *cooking*
codo *elbow*
coincidencia *coincidence*
colección *collection*
colega *colleague, friend*
colocación *placement*
combinar (ropa, colores) *match (to)*
combustible *fuel*
comedia *comedy*
comentarista *commentator*
comer demasiado *pig out (to)*
comida *food*
como *as*
  ¿Cómo estás?/¿Cómo está? *How are you?*
  ¿Cómo va todo? *How's it coming along?*
compañero (de vivienda/de cuarto) *roommate*
compañía *company*
comparar *compare (to)*
completo *complete*
complicado *complicated*
componer *repair (to), compose (music) (to)*

compra *purchase*
comprar *buy (to), shop (to)*
comprender *understand (to)*
comprometido *engaged*
compuesto *fixed*
computador *computer*
con neblina *foggy*
con éxito *successfully*
con viento *windy*
conciencia transcultural *cross-cultural
    awareness*
condición *condition*
confeccionar *make (to)*
confesar *confess (to)*
confiable *reliable*
congelado *frozen*
congreso *congress*
conocer *meet (to), know (a person)
    (to)*
consejo *advice, tip*
consentir *consent (to)*
conservador *conservative*
considerar *consider (to), mind (to)*
constar de *consist of (to)*
construir *build (to)*
consultorio *office*
consumidor *consumer*
contaminación *pollution*
contar *tell (to)*
contener *contain (to)*
contestar *answer (to), reply (to)*
continuar *continue (to)*
contrato de alquiler *lease*
control remoto *remote control*
convencer *convince (to)*
convencido *convinced*
convertirse *become (to)*
convidar a *treat (to)*
corregir *correct (to)*
correo electrónico *e-mail*
correr *jog (to), run (to)*
cortar *cut (to)*
Corte Suprema *Supreme Court*
corto *short*
corto comercial *preview*
cosas *stuff*
costa *coast*
costar *cost (to)*
crédito *credit*
crema *cream*
criar *bring up (to), raise (children) (to)*
crimen *crime*
crítico (persona) *critic*

crucero *cruise*
¿cuál? *which?*
¿cuándo? *when?*
¿cuánto/a? *how much?*
¿cuántos/as? *how many?*
cuarto *room, quarter*
cubrir *cover (to)*
cuchillo *knife*
cuello *neck*
cuenta *account*
    cuenta de ahorros *savings account*
    cuenta de cheques *checking account*
    cuenta corriente *checking account*
    cuenta individual *individual account*
    cuenta mancomunada *joint account*
cuidados intensivos *intensive care*
cuidado preventivo *preventive care*
cuidadosamente *carefully*
cuidar *care for (to), watch (to)*
cuidarse *take care of oneself (to)*
culpa *fault*
culpable *guilty*
cultural *cultural*
cuñada *sister-in-law*
cuñado *brother-in-law*
cuota *fee*
cupones *vouchers*
curriculum *resume*
cursos *courses*

D

dañarse *break down (to)*
dar *give (to)*
darse cuenta de *realize (to)*
de *from, of*
    de costumbre *as usual*
    de cualquier manera *anyway*
    de manera correcta *correctly*
    ¿De quién? *Whose?*
    ¿De veras? *Really?*
    de verdad *really*
debajo *below, under*
debate *debate*
deber *owe (to); should*
debido *due; right, correct*
    debido a *because of, due to*
debitar de una cuenta *charge (to)*
decepcionado *disappointed*
decidir *decide (to), make up one's mind
    (to)*
decir *tell (to)*
decisión *decision*

declaración *declaration*
declarar *declare (to)*
decoración *decoration*
dedos de las manos *fingers*
dedos de los pies *toes*
deducción *deductible*
defensa *bumper*
deficiente *deficient, poor*
deforestación *deforestation*
déjame *let me*
dejar *leave (to); let (to), allow (to)*
  dejar algo *quit (to)*
  dejar/hacer buena impresión *make a good impression (to)*
delicioso *delicious*
demandante *plaintiff*
demandar *sue (to)*
demasiado *too*
  demasiado caro *overpriced*
demócrata *Democrat*
demora *delay*
demorar *delay (to)*
dentista *dentist*
dentro *in, into, inside*
departmento *department*
  Departamento del Censo de los EE.UU. *U.S. Census Bureau*
  Departamento de Vehículos *Department of Motor Vehicles*
deporte *sport*
depósito *deposit*
  depósito de limpieza *cleaning deposit*
  depósito de seguridad *security deposit*
depresión *depression*
deprimido *depressed*
derecho *right*
  derechos civiles *civil rights*
desayuno *breakfast*
descansar *rest (to)*
descuento *discount*
descuidado *careless*
desde (que) *since*
desear *wish (to)*
desempleo *unemployment*
desfile *parade*
desistir *quit (to)*
despacio *slow*
despedida de soltero *bachelor party*
despegar *take off (to)*
desperdicio *waste*

despertar *wake up (to)*
después *after*
  después de todo *after all*
detestar *loathe (to)*
deuda *debt*
devengar *yield (to)*
devolver *return (to), drop off (to)*
Día de Acción de Gracias *Thanksgiving*
diagnóstico *diagnosis*
diente *tooth*
dieta *diet*
diferente *different*
dinero *money*
  dinero en efectivo *cash*
dióxido de carbono *carbon dioxide*
direccional *blinker*
directamente *directly*
director *director*
disco *disk, record*
  disco blando *floppy disk*
  disco duro *hard disk*
discriminación *discrimination*
disculpar (perdón) *excuse (to)*
discurso *speech*
discusión *argument*
discutir *argue (to)*
disfrutar *enjoy (to)*
disponible *available*
divertido *fun*
divertirse *enjoy oneself (to)*
divorciado *divorced*
doblar *turn (to)*
Doctor en Filosofía *Doctor of Philosophy (Ph.D.)*
Doctor en Medicina *Doctor of Medicine (M.D.)*
documental *documentary*
dólares *dollars, bucks*
doler *hurt (to)*
dolor *pain, ache*
  dolor de cabeza *headache*
¿dónde? *where?*
dormir *sleep (to)*
dos veces *twice*
dosis *dose*
drama *drama*
ducha *shower*
dudar *doubt (to)*
dueña/propietaria (de casa) *owner, landlady*
duramente *hardly*
duro *tough*

E

económico *economical*
edad *age*
  edad adulta *adulthood*
educación general *general education*
educado *educated*
efectivamente *actually*
efecto invernadero *greenhouse effect*
efectos secundarios *side effects*
ejecutivo *executive*
ejercicio *exercise*
el *the*
electricidad *electricity*
elegir *elect (to)*
embarazada *pregnant*
embarazo *pregnancy*
emborracharse *get drunk (to)*
embotellamiento (de tráfico) *traffic jam*
emergencia *emergency*
emocionado *excited*
emocionante *exciting, emotional*
empezar *start (to)*
empleado *employee*
empresa *company, business*
en *in, on, at, into*
  en vivo *live*
  en conjunto *joint*
  en efecto *actually*
  en el extranjero *abroad*
  en punto *sharp*
encargados del edificio *managers,*
  superintendents
encender *turn on (to)*
  encender (coche) *start (a car) (to)*
encontrar *find (to), meet (to)*
encontrarse casualmente con alguien
  run into (to)
encubrir *cover up (to)*
encuestas *poll*
endosar *endorse (to)*
enfermedad *illness, sickness*
enfermera *nurse*
enfermo *sick*
engañoso *tricky*
enojado *mad, upset*
ensalada *salad*
enseguida *right away*
ensuciar *mess (to)*
entonces *then*
entrar *come in (to), go in (to)*
entre *between*
entrega *delivery*

entregar *turn in (to)*
entrenador *coach*
entretenimiento *entertainment*
entrevista *interview*
entusiasmado *enthusiastic, excited*
enviar *send (to), mail (to)*
envidiar *envy (to)*
envío *shipment*
  envío y manejo *shipping and handling*
envoltura para regalo *gift wrap*
equipaje *baggage*
equipo, material *equipment*
error, equivocación *mistake*
Es cierto. *That's true.*
Escalar *hike (to)*
escándalo *scandal*
escapar *escape (to)*
escoger *choose (to), pick out (to)*
escribir *write (to)*
  escribir a máquina *type (to)*
escritorio *desk*
ese, tan, que *that*
esencial *essential*
esencialmente *essentially*
espalda *back*
especial *special*
especialidad *major*
espectáculo *performance, show*
esperado *expected, due*
esperanza *hope, look forward to (to)*
esperar *wait (to); expect (to); hope (to)*
espiar *lurk (to), spy (to)*
espinaca *spinach*
esposa *wife*
esposo *husband*
esta noche *tonight*
estable *steady*
estación *station, season*
  estación de gasolina *gas station*
estacionamiento *parking*
estado *state*
  estado de ánimo *mood*
estampilla *stamp*
estar *be (to)*
  estar encargado *be in charge (to)*
  estar orgulloso *be proud (to)*
  estar de acuerdo *agree (to)*
  estar orgulloso *be proud (to)*
  estar rebajado *be on sale (to)*
este, esto, esta *this*
este *east*
estenografía *shorthand, stenography*
estómago *stomach*

estornudar *sneeze (to)*
Estoy de acuerdo. *I agree.*
estrechar la mano *shake hands (to)*
estudiante *student*
  estudiante de cuarto año *senior*
  estudiante de primer año *freshman*
  estudiante de segundo año
    sophomore
  estudiante de tercer año *junior*
estufa *stove*
evento *event*
evitar *avoid (to)*
examen de sangre *blood test*
exactamente *exactly*
excelente *terrific, great*
excusa *excuse*
exigente *demanding*
existir *exist (to)*
extrañar *miss (to)*

F

fabricante *manufacturer*
fabricar *manufacture (to); make (to)*
fabuloso *outstanding, amazing*
fascinante *fascinating*
factura *invoice*
falda *skirt*
fallar *fail (to)*
familiares *relatives*
familia *family*
fantasma *ghost*
farmacia *pharmacy*
favorito *favorite*
federal *federal*
felicidades *congratulations*
feliz *happy, joyous*
  Feliz Navidad *Merry Christmas*
feo *ugly*
ferretería *hardware store*
fiebre *fever*
fiesta *party*
  fiesta de boda *wedding reception*
fin de semana *weekend*
finalmente *finally*
firma *signature*
firmar *sign (to)*
fiscal *prosecutor*
flete *freight*
flexibilidad *flexibility*
flojo *loose*
foco *light bulb*
forma *shape*

formulario *form*
fósforo *match*
franco a bordo *free on board*
frío *cold*
frustrante *frustrating*
frutas y verduras *produce*
fuente (de información) *source*
fumar *smoking, smoke (to)*
función de cine *show, movie*
  presentation
funcionar en red *networking*
fútbol *soccer*
  fútbol americano *football*

G

gabinete *cabinet*
galleta *cookie*
ganga *deal*
garaje *garage*
garganta *throat*
gasolina *gasoline*
gastar *spend (to)*
gasto *expense*
gelatina *gelatin*
general *general*
gerente *manager*
girar *issue (to)*
  girar cheques *write checks (to)*
giro postal *money order*
golpear *hit (to)*
gotear *leak (to)*
gracias *thank you*
grande *big*
gratis *free, complimentary*
grifo *faucet*
gripe *flu*
gritar *shout (to)*
grúa *tow truck*
grupo étnico *ethnic group*
guantera *glove compartment*
guapo *handsome*
guardería *day care*
guitarra *guitar*
gustar *like (to)*

H

habilidades *skills*
habitación *bedroom, room*
hablar *speak (to)*
  hablar con franqueza *speak one's mind*
    (to)

hacer *make (to), do (to)*
  hacer caso a *mind (to), consider (to)*
  hacer recordar *bring back memories (to)*
  hacer ejercicio *exercise (to)*
  hacer una oferta *make an offer (to)*
hasta *until*
  Hasta luego. *See you later.*
helado *ice cream*
hermana *sister*
hermandad *brotherhood, sisterhood*
hermano *brother*
hermanos *siblings*
hermoso *beautiful*
hielo *ice*
hija *daughter*
hijo *son*
historia *story, history*
hogar *home, household*
hoja *leaf*
  hoja de trébol *clover*
  hoja de vida *resume*
hola *hi, hello*
hombre que arregla de todo *handyman*
hombro *shoulder*
hongos *mushrooms*
hora *hour*
  hora pico *rush hour*
horario *schedule*
hornear *bake (to)*
horno *oven*
hotel *hotel*
huevo *egg*
húmedo *humid*

I

identificación *identification (ID)*
imaginar *imagine (to)*
imposible *impossible*
impresora *printer*
  impresora láser *laser printer*
imprimir *print (to)*
imprudentemente *recklessly*
inadecuado *inadequate, poor*
incapacidad *disability*
incluir *include (to)*
incluso *even*
incómodo *annoying*
inconstitucional *unconstitutional*
inconveniencia *inconvenience*
indocumentado *illegal alien*
inesperado *unexpected*
infancia *childhood, infancy*

ingeniería *Engineering*
inhibir *inhibit (to)*
inmediatamente *immediately*
inmigrante *immigrant*
inmunización *immunization*
inquilino *tenant*
insistir *insist (to)*
instructor *instructor*
instrumento *instrument*
intercambio de regalos *gift exchange*
interesado *interested*
internacional *international*
interrumpir *interrupt (to)*
intolerancia *intolerance*
investigar *look into (to)*
invitado *guest*
invitar *invite (to); treat (to)*
  invitar a alguien a salir *ask out (to)*
inyección *injection, shot*
ir *go (to)*
Irlanda *Ireland*
irlandés/a *Irish*
isla *island*
itinerario *itinerary*

J

jamón *ham*
jaqueca *headache*
jefe *boss*
jeringa *syringe*
jubilarse *retire (to)*
judicial *judicial*
juego *game, match*
juez *judge*
jugar *play (to)*
jugo de naranja *orange juice*
juguetes *toys*
juicio *trial*
junta *meeting*
juntarse *join (to), gather (to)*
jurado *jury*
jurar *swear (to)*

K

kilo *kilo*

L

la/las *the*
lago *lake*
lamentable *pitiful, woeful*

lamentablemente *pitifully, woefully*
largo *long*
lasaña *lasagna*
lavabo *sink*
lavandería *laundry*
leche *milk*
legislativo *legislative*
letrero *sign*
levantarse *get up (to)*
ley *law*
liberal *liberal*
libra *pound*
libre de derechos *duty free*
libro *book*
licencia de conducir *driver's license*
Licenciatura en Artes *Bachelor of Arts (B.A.)*
Licenciatura en Ciencias *Bachelor of Science (B.S.)*
líderes *leaders*
limón *lemon*
limpiar *clean (to)*
líquido *liquid, fluid*
lista *list*
listo *set, ready*
llamada *call*
llamar *call (to)*
llave *key; faucet*
llegada *arrival*
llegar *arrive (to)*
   llegar a algún lugar *get somewhere (to)*
   llegar tarde *be late (to)*
llenar formularios *fill out forms (to)*
llevar *carry (to), take (to)*
   llevar con grúa *tow (to)*
lluvia ácida *acid rain*
lluvioso *rainy*
Lo siento. *I'm sorry.*
lobby *lobby*
local *local*
lograr *achieve (to); make it (to)*
luchar *struggle (to)*
lugar *place*
lujo *luxury*
luz *light*
   luz ultravioleta *ultraviolet light*

M

madre *mother*
madrugador *early riser*
maduro *mature, ripe*
mamá *mom, mother*

Maestría en Artes *Master of Arts (M.A.)*
Maestría en Ciencias *Master of Science (M.S.)*
mal, malo *bad*
maletas *baggage*
maletero *skycap*
mandar a arreglar algo *get something fixed (to)*
mandatorio *mandatory*
manejar *manage (to), drive (a car) (to)*
mantener *keep (to)*
   mantener el ritmo *keep up (to)*
mantenimiento *maintenance*
manzana *apple, block*
mañana *morning*
maravilloso *wonderful*
marca comercial *trademark*
marca de fábrica *trademark*
marcharse *go away (to), leave (to)*
mareado *dizzy*
matar *kill (to)*
   matar el tiempo *kill time (to)*
matemáticas *Mathematics*
maternidad *motherhood*
matrícula *tuition*
mayoría *majority, most*
mayorista *wholesaler*
mayúscula *uppercase*
mecánico *mechanic*
media *half*
   medianoche *midnight*
medicina *medicine*
médico *doctor, physician*
medio ambiente *environment*
mediodía *noon*
medios de transporte *means of transportation*
medios masivos de comunicación *mass media*
mejor *better*
mejorar *improve (to), build (to)*
mensual *monthly*
menú *menu*
mercadeo *marketing*
mercancía *merchandise*
mesa *table*
   mesa de planchar *ironing board*
método de pago *method of payment*
metro *subway, metro, meter*
miedo *fear*
mientras *while*
millaje *mileage*
mínimo *minimum*

minoría *minority*
minorista *retailer*
minúscula *lowercase*
minusválido *handicapped*
minuto *minute*
mirar *watch (to), look (to)*
miseria *misery, woe*
mismo *same*
molestar *bother (to)*
molesto *annoying*
mostrador *counter*
mostrar *show (to)*
motivar *encourage (to)*
muchacha *girl*
muchacho *boy*
mucho *a lot of*
  Mucho gusto *Nice to meet you.*
mucho *many*
mudarse *move (to)*
muebles *furniture*
mundo *world*
muñeca *wrist, doll*
murmurar *mumble (to)*
músculo *muscle*
música *music*
músico *musician*
muslo *thigh*
muy *very; really*

N

nadar *swim (to)*
nadie *nobody*
nariz *nose*
natación *swimming*
naturaleza *nature*
Navidad *Christmas*
necesitar *need (to)*
negar *deny (to)*
nervioso *nervous*
nieve *snow*
niñera *babysitter*
no *not*
  no inaceptable *unacceptable*
  no más *anymore*
  no valorar *take for granted (to)*
noche *evening*
  Nochebuena *Christmas Eve*
nombre *first name*
  nombre de pila *nickname*
normalmente *usually*
nota *note*
notar *note (to), remark (to)*

notas *grades*
noticias *news*
notificar *notify (to)*
novela *soap opera, novel*
novia *bride*
novio *groom*
nublado *cloudy*
nuestro/a, nuestros/as *our*
nuevo *new*
número de identificación personal
  personal identification number (PIN)
nunca *never*

O

objetar *object (to)*
obligar *obligate (to); force (to)*
observar *observe (to)*
obsesionado con la salud *health nut*
obtener *gain (to), get (to)*
obviamente *obviously*
ocasión *occasion*
ocasionalmente *occasionally*
ocupado *busy*
ocurrir *occur (to)*
ocurrírsele a uno *come to mind (to)*
odiar *hate (to)*
oeste *west*
oferta *offer*
oficina *office*
  oficina de correos *post office*
ofrecer *offer (to)*
ofrecerse *volunteer (to)*
oído *ear*
oír *hear (to)*
ojo *eye*
olvidar *forget (to)*
opción *option*
operación *operation*
opinión *opinion*
orador *speaker*
orden *order*
ordenar *order (to)*
orgullo *pride*
orgulloso *proud*
ornamentos *ornaments*
otro *other*

P

padre *father*
padres *parents*
pago a plazos *deferred billing*

pálido *pale*
pan *bread*
pandilla *gang*
pantalones *pants*
papá *dad, father*
papa *potato*
paquete *package*
para *by*
  para cuando *by the time*
parar *stop (to)*
parecer *seem (to), look (to); sound (to)*
pared *wall*
parientes *relatives*
parque *park*
parrillada *barbecue*
partido político *political party*
pasado *past*
pasaporte *passport*
pasar (tradición) *pass on (to)*
  pasar corriente (a un coche) *jump start*
    (a car) (to)
  pasar por un lugar *drop by (to)*
  pasar por *go by (to)*
  pasar en *spend (to)*
  pasar por televisión *televise (to)*
pasatiempo *hobby*
pasillo *aisle, hall*
pasta *pasta*
pastel *pie*
patata *potato*
patear *kick (to)*
paternidad *fatherhood*
patrocinador *sponsor*
patrocinio *endorsement*
pavo *turkey*
pecho *chest*
pediatra *pediatrician*
pedir *ask (to), beg (to)*
  pedir prestado *borrow (to)*
película *movie, film*
pellizcar *pinch (to)*
pensamientos *thoughts*
pensar *think (to)*
pelota *ball*
pequeño *small*
perder *lose (to); miss (to)*
  perder la razón *lose one's mind (to)*
periódico *newspaper*
periodismo *journalism*
permitir *permit (to)*
pero *but*
personal *personal*
persuadir *persuade (to)*

pescado *fish*
peso *weight*
pesticida químico *chemical pesticide*
petición *plight*
pez *fish*
piano *piano*
picnic *picnic*
pie *foot*
pintar *paint (to)*
  pintar, teñir (ropa, pelo) *dye (to)*
pintura *paint, picture*
piña *pineapple*
pistola *gun*
planear *plan (to)*
plato *dish, plate*
playa *beach*
plomería *plumbing*
plomero *plumber*
pobre *poor*
pobreza *poverty*
poco *little/few*
poder *can*
político *political*
póliza de seguros *insurance policy*
pollo *chicken*
popular *popular*
por *by*
  por consecuencia *consequently*
  por cierto *actually*
  por supuesto *of course*
  por lo tanto *therefore*
  ¿por qué? *why?*
  ¿por qué no? *why not?*
porque *because*
poseer *possess (to)*
postre *dessert*
práctica *practice*
practicar *practice (to)*
pradera *prairie*
precio *price*
  precio de suelo *rock-bottom price*
  precio de techo *ceiling price*
precioso *gorgeous, lovely*
preferir *prefer (to)*
pregunta *question*
prender *turn on (radio, TV) (to)*
prensa sensacionalista *tabloids*
preocupado *worried*
preocuparle a uno *be on one's mind (to)*
preocuparse *worry (to)*
preparación *preparation*
preparar *prepare (to); make (to)*
prescribir *prescribe (to)*

presentador *anchor (news)*
presentar *present (to)*
presente *present*
presidencial *presidential*
prestar *lend (to)*
pretender *pretend (to)*
previo *previous*
prima *premium*
primero *first*
primo/a *cousin*
probar *taste (to)*
probarse algo *try on (to)*
problemas *problems*
procurador *attorney at law*
producir *produce (to), bring forth (to)*
producto *product*
productos a granel *bulk commodities*
profesional *professional*
profesor *professor*
profundo *deep*
programa *program, show*
   programa cómico *sitcom*
programador/a *programmer*
progresar *move up (in the world) (to)*
prohibir *forbid (to)*
prometer *promise (to)*
promoción *promotion*
promover *promote (to)*
pronóstico *forecast*
propietario/a *landlord, landlady*
propina *tip*
proponer matrimonio *propose (to)*
proponerse *intend (to)*
protestar *protest (to)*
próximo *next*
proyecto *project*
   proyecto de ley *bill*
Prueba de Aptitud Escolástica
   Scholastic Aptitude Test (SAT)
publicar *publish (to)*
público *audience*
puerta *door*
   puerta de salida *gate*
puré de papas *mashed potatoes*

Q

cuando (quiera) *whenever*
¿qué? *what?*
¿Qué hora es? *What time is it?*
quebrar *break (to)*
quedarse *stay (to)*
quejarse *complain (to)*

quemar *burn (to)*
querer *want (to)*
   querer decir *mean (to)*
¿quién, quiénes? *who?*
que sabe entender *understanding*
¿qué te parece . . . ? *how about . . . ?*
quizás *may, might*

R

racial *racial*
radiación *radiation*
rápidamente *quickly*
rápido *fast*
raramente *rarely*
ratón *mouse*
rayo *ray*
realizar *carry out (to), perform (to)*
recámara *bedroom*
recepcionista *receptionist*
receta médica *prescription*
recetar *prescribe (to)*
recientemente *recently*
reclamar *claim (to)*
recoger *pick up (to)*
recomendar *recommend (to)*
reconocer *recognize (to)*
recordar *recall (to), remember (to), bring to mind (to)*
recordarle algo a alguien *remind (to)*
recuerdos *memories*
red *network*
refrigerador *refrigerator*
refugiado *refugee*
regadera *shower*
regalo *gift*
regatear *bargain (to)*
registrarse (en un hotel) *check in (to)*
regresar *come back (to), go back (to)*
regular *standard*
rehusar *refuse (to)*
reír *laugh (to)*
relajarse *relax (to)*
relleno *stuffing*
reloj *watch, clock*
remedio *medication, cure*
remolcar *tow away (to)*
renovado *renovated*
renovar *renovate (to)*
renunciar *quit (to), resign (to)*
reparar *repair (to)*
republicano *Republican*

reputación *reputation*
requerir *require (to)*
requisito *requirement*
resfriado *cold*
resistencia *endurance*
resolver *solve (to)*
respetado *respected*
restaurante *restaurant*
retirar *retrieve (to); withdraw (to)*
reunión *meeting*
revisar *check (to), take a look at (to), look over (to)*
revista *magazine*
robar *rob (to)*
robo *robbery*
robo de coche *car jacking*
rock and roll *rock and roll*
rodilla *knee*
romper *break (to)*
ropa *clothes*
roto *broken*
ruido *noise*
ruidoso *noisy*
rumor *rumor*

S

saber *know (to)*
sacudir *dust (to)*
sagaz *wise*
sala *living room*
salario *salary*
saldo *balance*
salida *exit, departure*
salir *get off (to), get out (to)*
salir y pagar (de un hotel) *check out (to)*
salmón *salmon*
sarpullido *rash*
salsa *sauce, gravy*
saltar *jump (to)*
salud *health*
¡Salud! *Cheers!*
saludable *healthy*
San Patricio *St. Patrick*
satélite *satellite*
sastre *suit*
saxofón *saxophone*
secar *dry (to)*
sección *section*
seda *silk*
sedán (de 4 puertas) *sedan*
seguir *follow (to); pursue (to)*

segundo *second*
seguridad social *social security*
seguro *sure, safe, certain; lock*
  seguro de auto *auto insurance*
  seguro de vida *life insurance*
seleccionar *select (to), choose (to)*
senado *senate*
senador *senator*
sentarse *sit (to)*
sentir *feel (to)*
sentirse *feel (to)*
seña *gesture* (de mano)
señal *signal*
señalar *point out (to), signal (to)*
señor *sir, mister*
separado *separate*
ser *be (to)*
  ser dueño *own (to)*
  ser puntual *be on time (to)*
serio *serious*
servicio *service*
  servicios públicos *utilities*
servir *serve (to)*
  servir para *serve as (to); make (to)*
siempre *always*
  siempre y cuando *as long as*
significar *mean (to), signify (to)*
silla *chair*
sillón para reclinar *reclining chair*
símbolo *character*
simple *plain*
sin amoblar *unfurnished*
sin embargo *however*
sin límite *unlimited*
sobre *on, on top of, above*
sobregiro *overdraft*
sobrina *niece*
sobrino *nephew*
soleado *sunny*
solicitud *application*
solitario *lonely*
soltar *let go (to)*
soltero *single*
sonar *sound (to)*
sonreír *smile (to)*
sonrisa *smile*
soportar *stand (to), endure (to)*
sorprendido *surprised*
sorpresa *surprise*
subir *go up (to), rise (to)*
  subir (de peso) *gain (weight) (to)*

subterráneo *subway*
sucursal *branch, outlet*
sudor *sweat*
suegra *mother-in-law*
suegro *father-in-law*
sueldo *wages*
suelto *loose*
sueño americano *American dream*
suficiente *enough*
sugerir *suggest (to)*
suite *suite*
supermercado *supermarket*
supervisor *supervisor*
suponer *suppose (to)*
  suponerse que *be supposed to (to)*
suscripción *subscription*
suspiro *sigh*

T

taberna *tavern*
tablilla para fijar anuncios *bulletin board*
tal *such*
  tal vez *maybe*
talla *size*
tallar *carve (to)*
taller de mecánica *auto shop*
tamaño *size*
también *too, also*
tan pronto como *as soon as*
tapar *cover (to), drape (to)*
taquigrafía *shorthand*
tarde *afternoon, late*
tarjeta *card*
  tarjeta de crédito *credit card*
  tarjeta de Navidad *Christmas card*
  tarjeta de residente *green card*
  tarjeta postal *postcard*
té *tea*
tecla *key*
  tecla de comando *control key*
  tecla para función *function key*
  tecla para mayúscula *shift key*
teclado *keyboard*
televidente *viewer*
televisión *television*
  televisión por cable *cable television*
temer *fear (to)*
temperatura *temperature*
temprano *early*

tener *have (to)*
  tener cuidado *be careful (to), watch out (to)*
  tener dudas *have doubts (to)*
  tener hambre *be hungry (to)*
  tener permiso *be allowed (to)*
  tener presente *bear in mind (to)*
  tener que *have to, must*
terminar *finish (to), end up (to)*
terrible *terrible*
tía *aunt*
tiempo *time; weather*
Tienes razón. *You're right.*
tina de baño *bathtub*
tío *uncle*
tirar de algo con los dedos *pick at (something) (to)*
tobillo *ankle*
tocar (instrumentos) *play (instruments) (to)*
todavía *still*
  todavía no *not yet*
tomar *take (to)*
  tomar clases *take classes (to)*
  tomar una decisión *make a decision (to)*
tormenta de nieve *snowstorm*
tos *cough*
tóxico *toxic*
trabajar *work (to)*
  trabajar en el jardín *gardening*
trabajo *job*
tradicional *traditional*
traer *bring (to)*
tráfico *traffic*
  tráfico marítimo *liner trade*
  tráfico muy lento *bumper to bumper*
traje *suit*
tranquilo *peaceful*
transmisión (radio, TV) *broadcast*
transmitir *broadcast (to)*
transportador de equipaje *baggage carousel*
transporte *transportation*
  transporte público *public transportation*
  transporte urbano *urban transportation*
tranvía *trolley*
trasladarse *move (to)*
tratar *try (to); discuss (to)*
  tratar de lograr *pursue (to)*
trato *deal*
tren *train*
triste *sad, sorrowful*
tristemente *woefully*

trotar *jog (to), trot (to)*
turno *shift*

U

últimamente *lately*
último *last*
una vez *once*
unirse *join (to), unite (to)*
uno, una *an*
usar *use (to); wear (to)*
usual *usual*
usualmente *usually*

V

vacaciones *vacation*
vacuna *vaccine*
valer la pena *be worth it (to)*
vamos, vámonos *let's go*
  Vamos a ver. *Let's see.*
vecindario *neighborhood*
vecino *neighbor*
velocidad *speed*
vencer *defeat (to)*
vencido *defeated*
venda *bandage*
vender *sell (to)*
veneno *poison*
venir *come (to)*
venta especial *sale*
venta de cosas (en la casa) *yard sale/garage sale*
ventas *sales*
ventoso *windy*
ver *see (to), watch (to)*
  ver todo *look around (to)*

verano *summer*
verdura *vegetable*
vestido *dress*
vestidor *fitting room*
vestir *wear (to)*
vetar *veto (to)*
viajar *travel (to)*
viaje *trip*
video *video*
viejo *old*
vigilar *watch over (to), keep an eye on*
vino *wine*
violencia *violence*
virus *virus*
visitar *visit (to)*
viuda *widow*
viudo *widower*
vivir *live (to)*
volar *fly (to)*
voltear *turn (to)*
volverse *become (to)*
votar *vote (to)*

Y

y *and*
ya *already*
  ya que *since*
  Ya veo *I see.*
yeso *cast, plaster*

Z

zanahoria *carrot*
zapato *shoe*
zapatos tenis *sneakers*

INDEX (Índice)